图1 李璞先生（1911.7.11—1968.4.26）

图2 1943年，李璞与抗战初期一起工作的同学在昆明滇池留影
右起：李璞、李明、段汝棠、涂光炽（前）、王刚（后）、许寿谔

图3 20世纪40年代，李璞在碧罗雪山进行地质矿产考察

图4 1946年5月，李璞与池际尚女士婚礼合影

前排：孙云铸（左一）、李璞（左三）、池际尚（左四）、袁复礼（左五）

后排：孟宪民（右一）、冯景兰（右二）、张席禔（右三）

图5 1947~1950年，李璞在剑桥大学留学。照片为在图书馆大楼前留影

图6 1947~1950年，李璞（左）在剑桥大学岩石矿物学系学习。照片为使用显微镜做研究工作

图7 1948年8月25日~9月1日，第18届国际地质大会在英国伦敦举行，李璞与参会的中国学者合影

右起：李璞、马杏垣、孙云铸、黄汲清、苏良赫

图8　1950年，李璞获得剑桥大学博士学位，回国前在海边留影
图9　1951年春，李璞与夫人池际尚女士在清华大学宿舍前合影之一
图10　1951年春，李璞与夫人池际尚女士在清华大学宿舍前合影之二

图11 1953年，李璞在西藏拉萨河谷进行野外科学考察

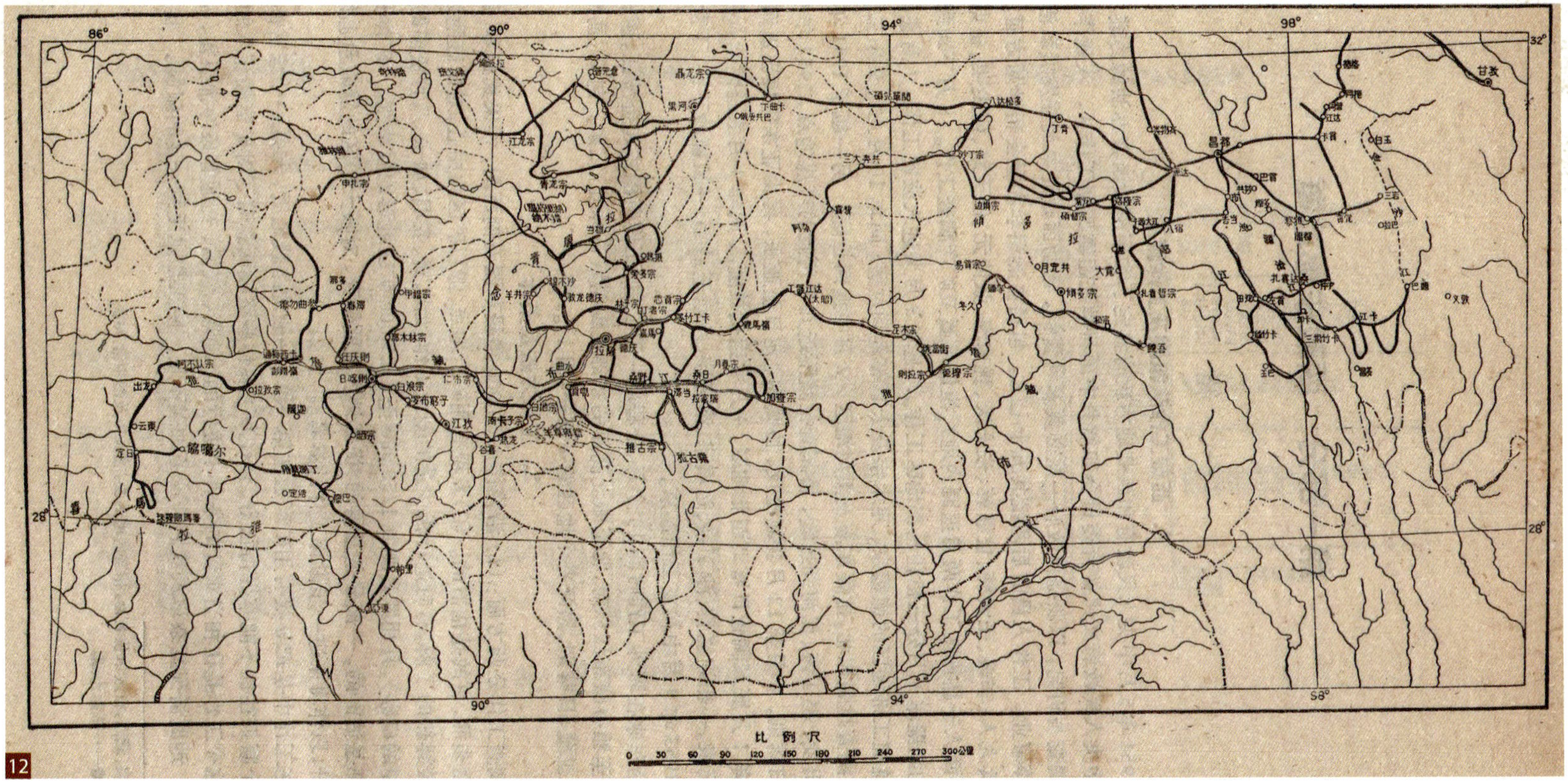

图12 西藏工作队调查路线图（1951~1953）

图13 20世纪50年代中期，李璞与儿子李池在西城区祖家街北京地质学院家属宿舍前留影

图14 1955年初夏，李璞夫妇与中国科学院地质研究所的部分同事及家属在北京颐和园合影

左起：李玉龙、侯珍清、马清泉、边雪峰、李璞、朱瑞亭、涂光炽、池际尚、杨学昌、袁桼林、邵兴亚

15

16

图15 1956年8月，李璞（后排右五）和涂光炽（后排右三）等率中国科学院祁连山队各分队会聚大柴旦举行汇报会，会后部分成员合影
前排：常承法（左一）、姜传武（左二）、汪本善（左三）、向晓荣（右二）、赵大升（右一）
中排：刘若新（左一）、霍玉华（左二）、李锡林（左三）、乌力吉（右三）、胥怀济（右二）、李存悌（右一）
后排：刘钰（左一）、王秀芳（左二）、叶韵琴（左三）、宋云华（左五）、池际尚（左六）、杨绍修（右一）

图16 1956年8月，李璞（左六）等在祁连山进行地质调查，在青海都兰寺与活佛合影
池际尚（左五）、解广轰（右五）、杨绍修（右三）

17

18

图17 1957年夏，岩矿室部分同志与李璞（右二）在北京沙滩地质所院内合影
刘秉光（左一）、杨学昌（左二）、吕德徽（左三）、周作侠（左四）、刘咏仙（右四）、赵大升（右三）

图18 1957年底，欢送岩矿室五同志到河北省井陉县下放劳动
前排右起：李璞、陈瑞先、肖森宏、马清泉、梅厚钧、姜传武、涂光炽

图19 1958年，李璞（左二）和何作霖（左）、池际尚（右）在办公室与苏联专家进行学术交流

图20 1958年，李璞（右一）等在北京接待苏联专家

陈光远（左一）、池际尚（左二）、何作霖（左四）、司幼东（右二）

中国科学院地质研究所李璞教授在访问苏联期间，参观了乌兹别克斯坦、乌拉尔和科拉半岛的矿产地。这是李璞研究希宾的矿石标本。　鄂斯诺诺夫摄

图21 20世纪50年代，李璞（后排右二）等与苏联专家合影
前排：侯德封（右三）、张文佑（左二），后排：涂光炽（左二）、何作霖（右一）

图22 1958年，李璞（中）在苏联考察矿产资源，观察希宾的矿石标本
《苏中友好》杂志1958年第46期刊登了考察照片，俄语翻译陈先女士（左）、苏联专家（右）

图23 祁连山中段走廊南山什念岭的山谷冰川
李璞先生酷爱摄影，1956年夏在祁连山地质考察中，李璞等攀登了半天以上时间，拍得此张照片。

图24 1959年底，李璞（中）和吴天恩（右）等在建设钾-氩法实验室

图25 1959年底，苏联科学院波列娃娅（右三）来华指导建设钾-氩法实验室
钱竞阳（左一）、金铭成（左二）、刘菊英（左三）、李璞（左四）、戴橦谟（右四）、吴天恩（右一）

图26 1960年，在北京祁家豁子地质研究所大门前岩矿室欢送在室工作的转业军人下放支援地方留影
立一排：柴云山（左三）、吴利仁（左四）、郭承基（左五）、涂光炽（左六）、何作霖（左七）、张从周（左八）、司幼东（左九）、李璞（左十）

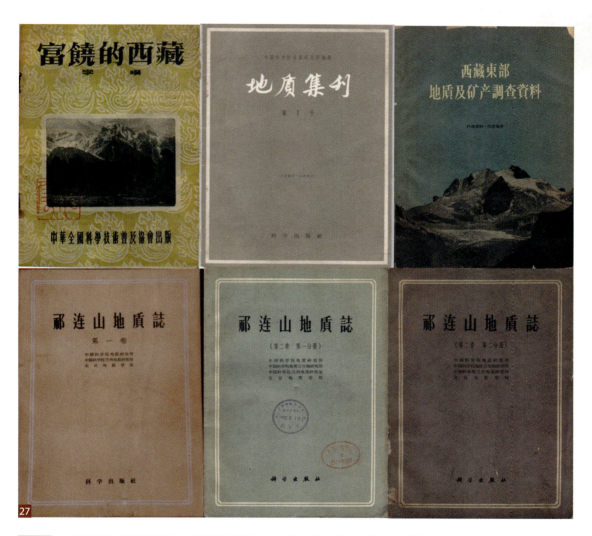

图27 李璞撰写和参与撰写的有关青藏科学考察和岩石矿床学研究的部分著作

图28 1961年，李璞（右）与杨学昌（中）和张梅英（左）等在北京八达岭野外考察

图29 1961年，李璞（右二）等在北京八达岭地质考察时野外午餐

张梅英（右一）、钟富道（右三）、杨学昌（左三）、程学智（左二）、王俊文（左一）

28

29

图30 1961年，李璞（右）指导研究生张玉泉野外地质工作，在八达岭长城留影
图31 20世纪60年代初李璞（后船右二）带领实验室部分人员在颐和园昆明湖游览
左起：姚林褆、戴橦谟、李池、张玉泉、金铭成、李璞、钟富道、姜尚美、张梅英、黄彩玉

图32 20世纪60年代初，李璞（中排左四）带领地质研究所一室部分同事及来室实习和学习人员游览长城，在京张铁路青龙桥站詹天佑铜像前合影

前排：范嗣昆（左一）、王联魁（左三）、李池（左四）、徐淑琼（左五）、卢伟（左六）、胡霭琴（左七）

后排：程学志（左一）、黄承义（左二）、金铭成（左四）、张玉泉（右四）、陈民扬（右二）

图33 20世纪60年代初，李璞（中排右六）带领地质研究所一室部分同事及来室实习和学习人员在八达岭长城合影

前排：张玉泉（左一）、李肇辉（左四）、黄承义（左五）、李池（左六）、王联魁（右五）、姜尚美（右三）、徐淑琼（右二）、韩泽宏（右一）

中排：范嗣昆（左五）、柴保平（右三）、胡霭琴（右二）、卢伟（右一）

后排：程学志（左三）、陈民扬（右二）

图34 1962年夏，李璞（中排左一）等在内蒙古集宁地区察汉营村与村民合影

彭会（中排右一）、欧阳自远（前排左一）、张翼翼（前排左二）、谢鸿森（前排右二）

图35 20世纪60年代中期李璞（右七）和叶连俊（左九）与地质所一室部分同事合影

于津生（左一）、毛存孝（左二）、黄承义（左三）、霍卫国（左四）、李肇辉（左五）、钟富道（左六）、柴保平（左七）、杨学昌（左八）、欧阳自远（右六）、邱纯一（右五）、范嗣昆（右四）、姚林褆（右三）、王先彬（右二）、胡霭琴（右一）

图36 20世纪60年代中期，侯德封（前排左二）、张文佑（前排右一）和李璞（前排左一）等在中国科学院地质研究所大楼门口与外宾合影

中排：左：司幼东，右：刘东生；后排左起：孙枢、彭会、叶连俊、何作霖

图37 20世纪60年代中期，李璞（左二）与张文佑（右一）、吴有训（右三）、刘东生（左一）陪同外国专家游览长城

38

图38 1964年2月，出席中国科学院召开的铀矿地质工作汇报会的领导与专家合影

二机部副部长刘杰（前左十二）、中国科学院副秘书长秦力生（前左十一）、中国科学院计划局局长谷羽（前左十五）、中国科学院地质研究所所长侯德封（前左十三）、党委书记王耀华（前左十）、副所长张文佑（前右六）、副所长涂光炽（前右五）、叶连俊（前左九）、李璞（前右三）

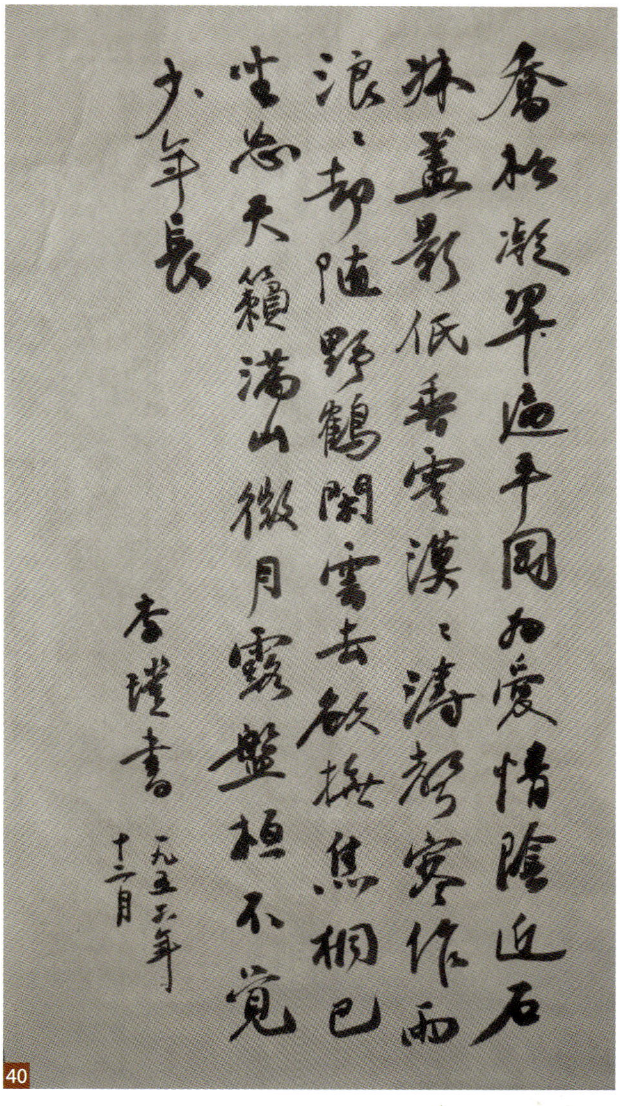

岩松擎翠迎千园　如爱情隔近石
林盖影低垂霄汉、涛鹃寒作雨
浪、却随野鹤闲云去倦栖焦桐已
吐愁天籁满山微月露盘桓不觉
少年长

李璞书　一九五三年
十二月

图39　1965年，李璞（左二）在河南禹州
参加"四清"运动，与地方干部合影
谢鸿森（左一）、彭会（左四）、常子文（右三）
图40　1956年12月，李璞赠友人书法作品

敬承献
汪洲英
陈氏杨
杨凤英

……济同志，……接到你们给地质所的信，……现在放……研究室工作，也是在一起……的化学工作，现在……把国内主持者双方的一些情况告诉你们。

1. 全国搞岩石学及岩石化学部分中主持……的地质所……因为岩石学本身是理论不能……中间应用结合起来……的，现在纯专……工作的除地质所及地质局（……）专门……这方面题目的有学校及研究所。

学校……工作是在各校党委教研室的领导下进行的。
　① 北京大学　　　王嘉荫
　② 北京地质勘探学院　　地质为 苏良赫
　　　　　　　　　荣治铮 老中保
　③ 东北　　　　　　　　富兆鹏等
　④ 南京大学
　⑤ 中南矿冶学院　　丁铁浓

学校……工作部结合一定区域地质图（1）号来进行……北京地质勘探是做……山东，古群山，和秦岭各海中的岩类勘探在做老，东北地勘学院在东北地区及山东部。

科学院机关，地物部定知地质部和治金部……旧工研究的……已编科某章。①华山……定岩石。以敬山。②考……各岩浆岩石和……岩浆岩类。（246以较多）。③碱岩石。考……及……无……岩石。④……岩石。

因为……工作的任务以校先，资料较广的种类。

……（地质所）的设备高比较好，学校的也好，岩石研究的主要的各种 X-Ray，显著，化学分析，岩相，……都以备，……光……还不太合要求。

……为……在地质所做……岩，在地质勘局做比较好的分解岩。（……），去做者一些人，……工作……的工作，如……岩，碱……岩及……岩（无多），七处……学在大专院工作部情况也不太好的。

……为……就我国目前的情况来看，……地质学工作问题：
1）岩山相……岩石问题。②中生代……的岩岩石及变质岩石的问题。③新生代及古岩相……生代（地台合地槽包）

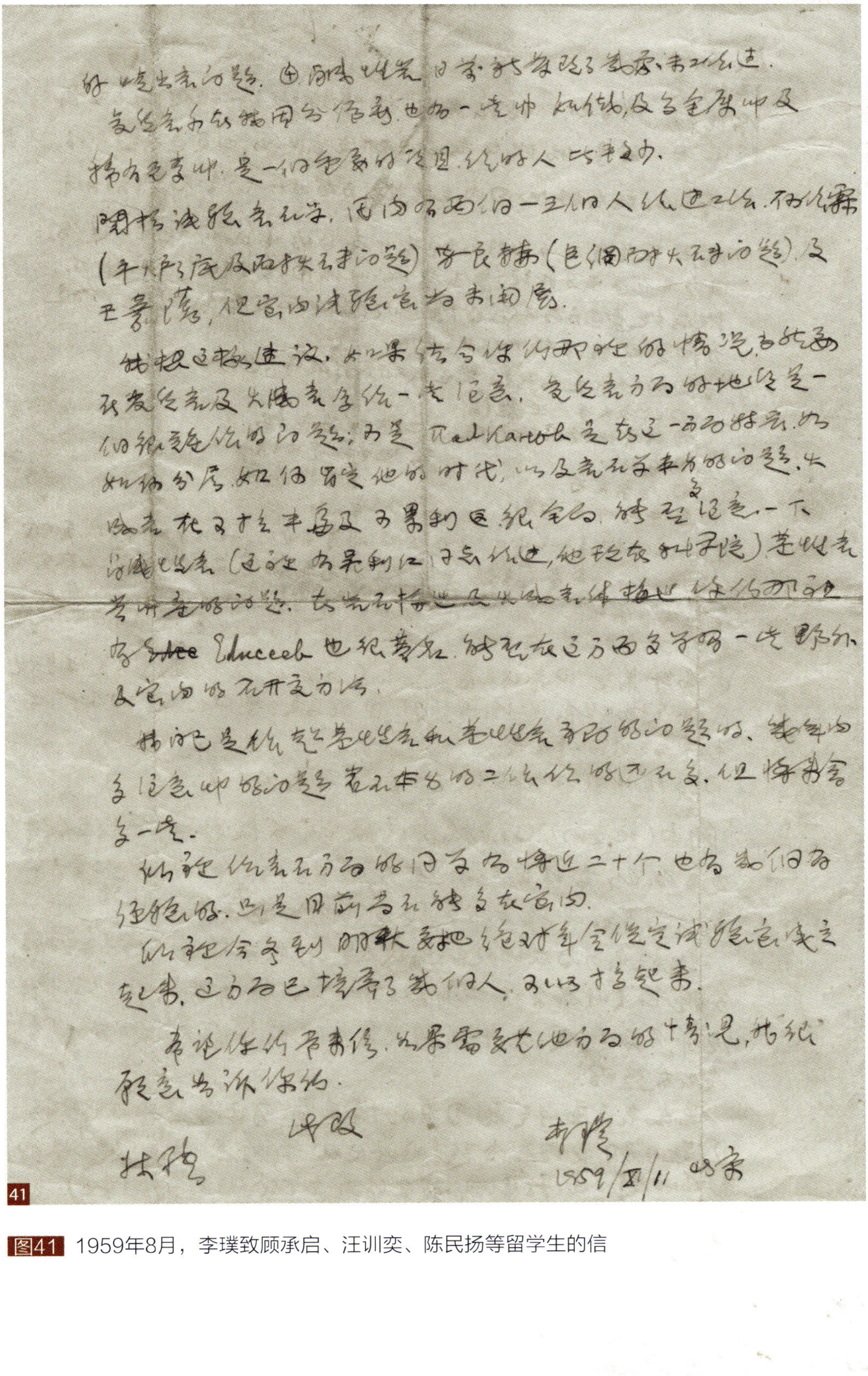

图41　1959年8月，李璞致顾承启、汪训奕、陈民扬等留学生的信

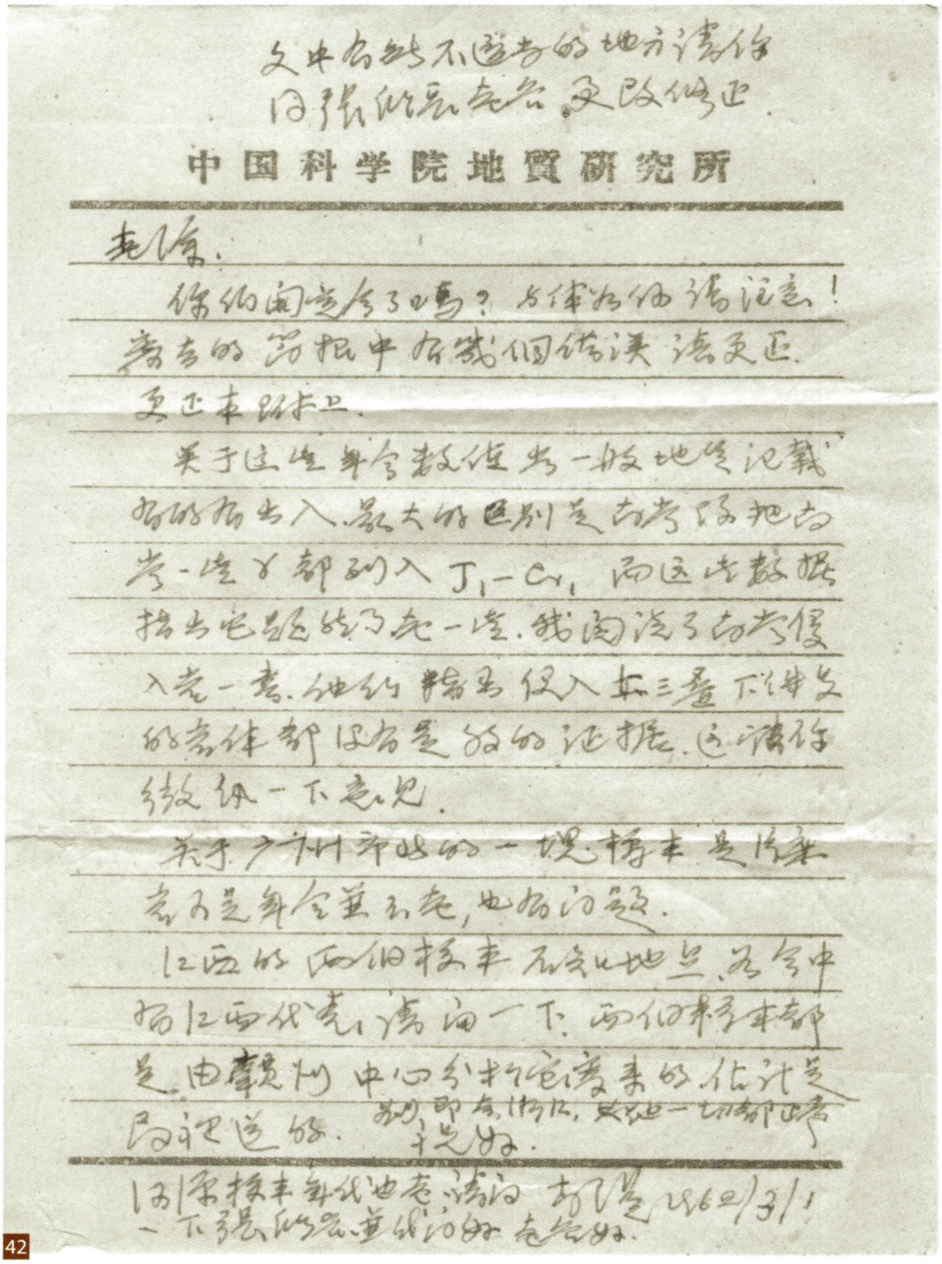

文中有些不适当的地方请你
同张叔良先生文改修正。

中国科学院地质研究所

光炽：

你们闹选举了吗？大概也很热闹吧！

寄去的汇报中有几个错误，法交正。
更正本附上。

关于这些年令数据出一般地质记载
都拿得出入最大的区别是古考琥地方
岩一律均都划入 $J_1 - Cr_1$，而这些数据
指出它绝对不是一律。我闹冷了切大侵
入岩一套，他们都是仅入在三叠下侏罗
的岩体都还有是好的证据。这情况
多数体一下意见。

关于广州那边的一堆样本是什么
岩石是什么年令暂不先，也怕问题。

江西的两个样本不在以此盐，考令中
把江西代表一考问一下，两个样本都
是由赣州中心分析室送来的你说是
同记送的。到那有时候，找机一切都顺考
于光好。

[以下横批字体横行] 同原样本不代地志询问 胡博 1962/3/1
一下张叔良薰代问好 光好。

42

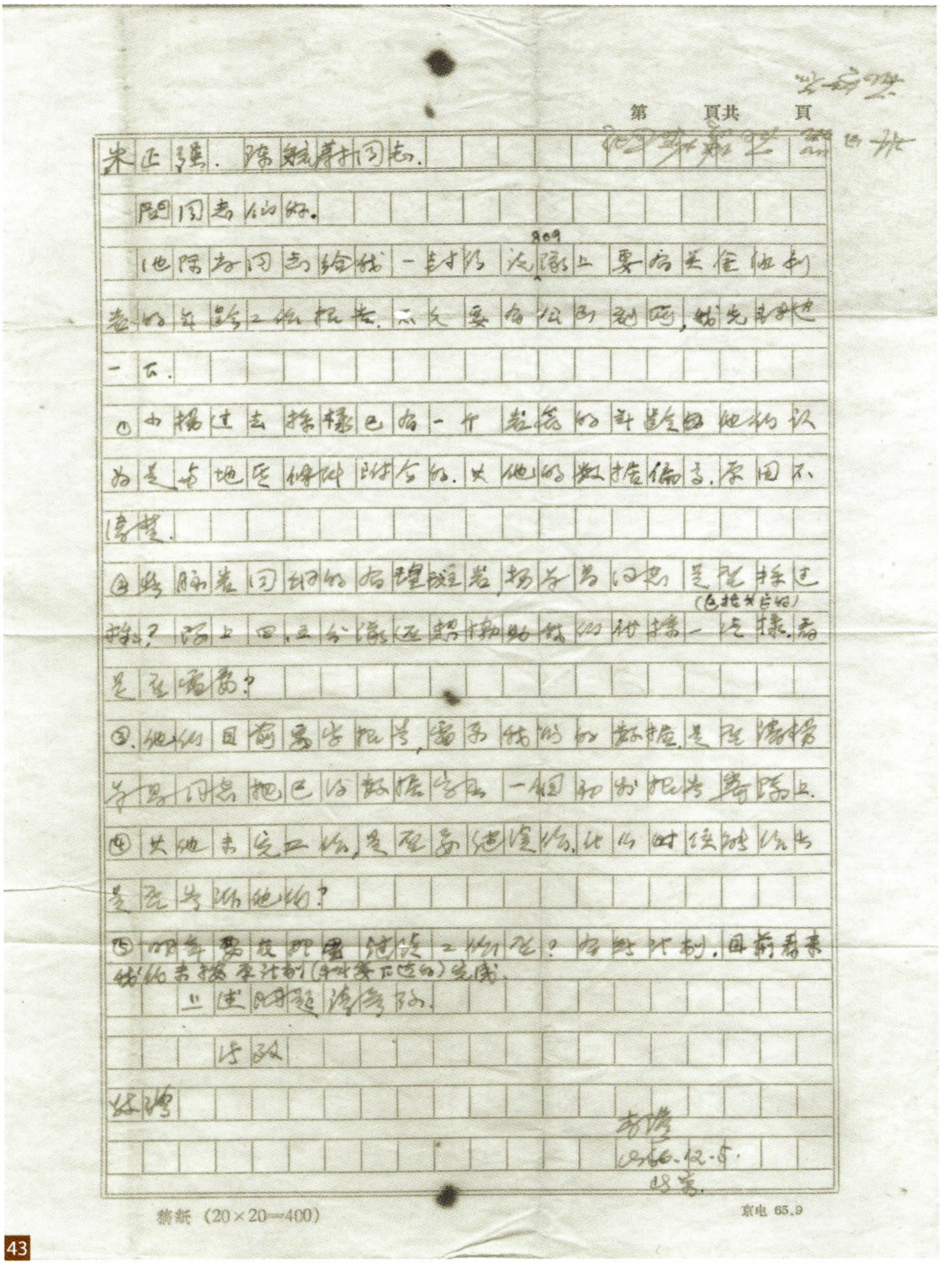

朱正强、陈毓蔚同志，

同志们好。

图43　1966年12月，李璞致朱正强、陈毓蔚的信

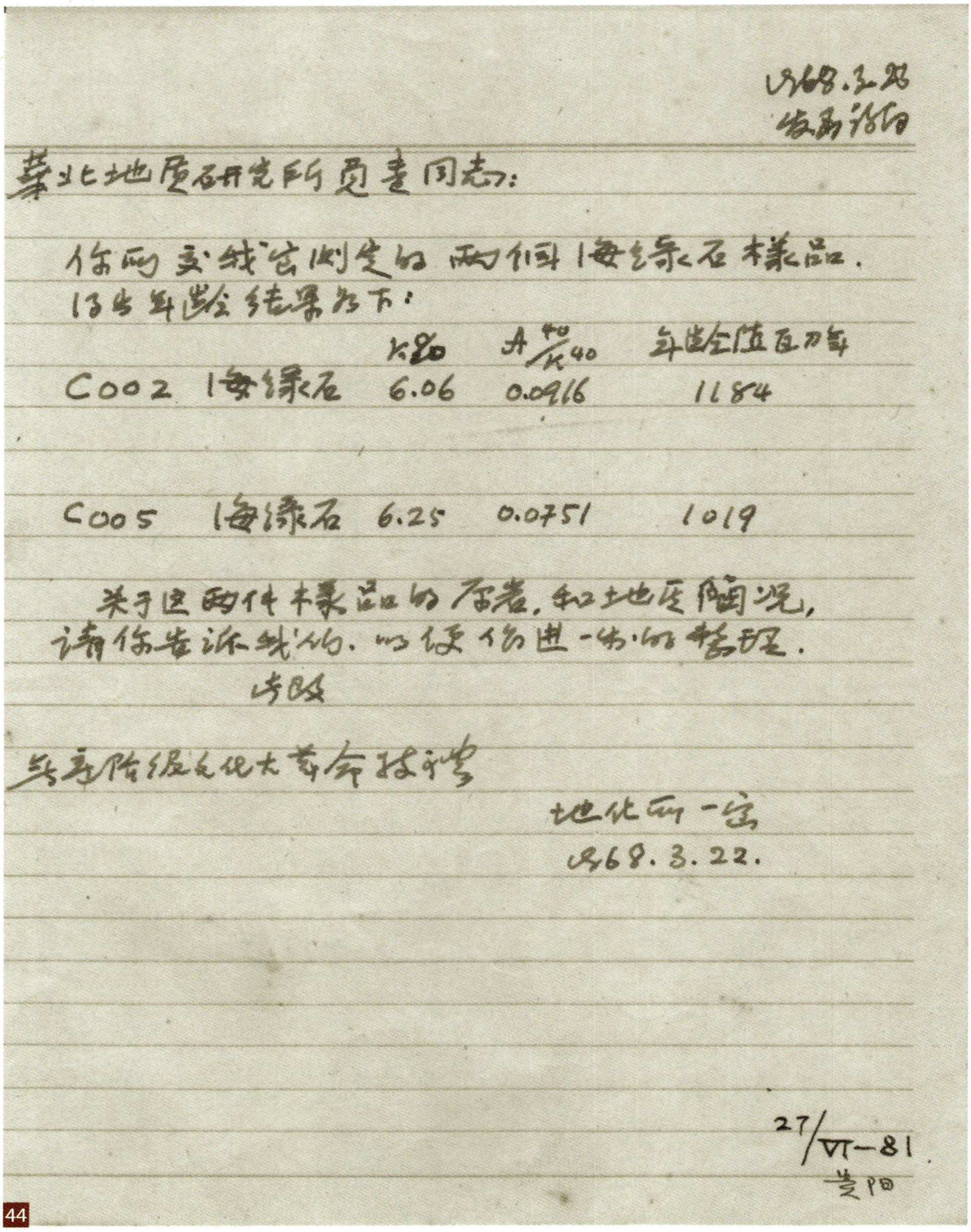

1968.3.28
复函询问

华北地质研究所负责同志：

你所交我室测定的两个海绿石样品，
得出年龄结果如下：

		K%	A^{40}/K^{40}	年龄值百万年
C002	海绿石	6.06	0.0916	1184
C005	海绿石	6.25	0.0751	1019

关于这两件样品的层位，和地层简况，
请你告诉我们，以便作进一步的整理。

此致

无产阶级文化大革命敬礼

地化所一室
1968.3.22.

27/VI-81
贵阳

图44 1968年3月，李璞致华北地质研究所负责同志的信

图45 1978年10月26日，在贵阳为李璞先生举行追悼大会，为他平反昭雪，恢复名誉。会后李璞的亲属与同位素地球化学研究室全室人员合影

第二排：池际尚（左六）、李池（左七）、李璞妹妹（左八）、李璞侄子（左九）

图46 1983年4月，中国科学院地学部前主任尹赞勋院士（左六）到李璞原办公室瞻仰李先生遗物，对李璞表达深切怀念

（A）　　　　　　　　　　　　　（B）

（C）　　　　　　　　　　　　　（D）

47

图47　1988年4月25日，在李璞逝世20周年之际，中国科学院地球化学研究所举行李璞先生学术成就讨论会，涂光炽先生对李先生的学术成就和人格品质做了高度评价（A），李璞的同事陈毓蔚（B）、于津生（C）和朱炳泉（D）等在会上发言

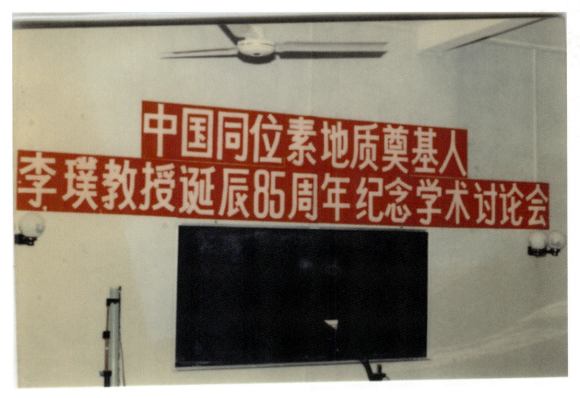

（A）

著名地质学家
我国同位素地质奠基人

李　璞　教授

（1911.6.20 ——
1968.4.26）

Distinguished Geologist
The Founder of Isotope Geology in China
Professor Li Pu

一九九六年六月二十日立

（B）

地球化学

GEOCHIMICA

（C）

图48　1996年6月，中国科学院广州地球化学研究所举行李璞教授诞辰85周年纪念学术讨论会（A），在同位素楼一楼门厅悬挂纪念匾牌（B），出版《地球化学》纪念专辑（1997年第二期）（C）等。

图49 2011年11月30日，同位素地球化学国家重点实验室揭牌仪式暨李璞先生诞辰100周年纪念会在广州举行
左起：朱日祥、黄宁生、潘锋、郑永飞

图50 中国科学院广州地球化学研究所所长、同位素地球化学国家重点实验室主任徐义刚介绍实验室的发展定位和建设目标等情况

图51 出席揭牌仪式暨纪念会的同位素地球化学国家重点实验室学术委员会成员与实验室领导合影

右起：徐义刚、郑洪波、李献华、莫宣学、朱日祥、李曙光、张国伟、金振民、郑永飞、胡瑞忠、徐夕生、孙敏、刘从强、许继峰、王岳军、陈鸣

图52 纪念会上戴橦谟研究员介绍李璞先生生平事迹

图53 纪念会上于津生研究员介绍李璞先生的学术成就

图54 纪念会上李池回忆父亲

纪念李璞教授诞辰100周年

著名地质学家
我国同位素地质奠基人
李　璞　教授

Distinguished Geologist
The Founder of Isotope Geology in China
Professor Pu LI

（1911.7.11–
1968.4.26）

中国科学院广州地球化学研究所
同位素地球化学国家重点实验室
二○一一年十一月三十日

图55　参加李璞先生诞辰100周年纪念会的部分人员合影
图56　重新制作并悬挂于同位素地球化学国家重点实验室一楼门厅的李璞先生纪念牌匾

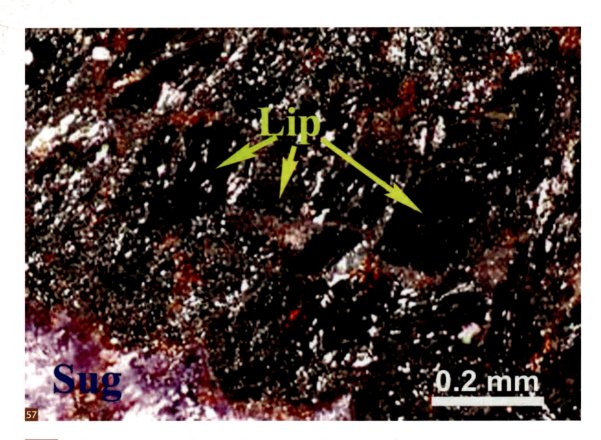

图57 李璞硅锰石的显微照片（Lip为李璞硅锰石，Sug为钠锂大隅石）

由美国亚利桑那大学杨和雄博士、中南大学谷湘平教授和广州地化所谢先德院士等人联合申报，并以李璞姓氏命名的新矿物——李璞硅锰石（lipuite），2014年由国际矿物学会新矿物委员会（IMA-CNMNC）批准。李璞硅锰石原产于南非共和国北开普省卡拉哈里锰矿田，为该锰矿区重要的工业矿物；是兼具硅氧四面体和磷氧四面体的复杂层状结构的硅酸盐矿物，斜方晶系，空间群Pnnm；化学式为 $KNa_8Mn^{3+}_5Mg_{0.5}[Si_{12}O_{30}(OH)_4](PO_4)O_2(OH)_2 \cdot 4H_2O$。

从岩石矿床地质学家到
我国同位素地球化学奠基人

——纪念李璞先生 100 周年诞辰文集

中国科学院广州地球化学研究所
同位素地球化学国家重点实验室　编

科　学　出　版　社
北　京

内 容 简 介

　　本书选择汇编了李璞先生诞辰100周年的纪念文章及李璞先生学术论文，纪念文章主要为李璞先生同辈和后辈对他学术成就和生平事迹的回顾纪念性文章；学术论文主要是关于西藏地质科学考察，我国基性–超基性岩石学及相关矿产，同位素地质年代学的科学论文。同时，文前精选60张左右珍贵照片和图片，文后附李璞先生年谱简编、李璞先生论著目录及已发表的纪念李璞先生的文章名录。

　　本书可供从事地质科学、地球化学和中国地质科学史学研究的专业人员参考，亦可供感兴趣的大专院校师生学习参考。

图书在版编目（CIP）数据

　　从岩石矿床地质学家到我国同位素地球化学奠基人：纪念李璞先生100周年诞辰文集/中国科学院广州地球化学研究所，同位素地球化学国家重点实验室编. —北京：科学出版社，2016

　　ISBN 978-7-03-049042-1

　　Ⅰ.①从… Ⅱ.①中… ②同… Ⅲ.①李璞（1911–1968）–纪念文集②地质学–文集 Ⅳ.①K826.14-53②P5-53

　　中国版本图书馆 CIP 数据核字（2016）第 141896 号

责任编辑：韩　鹏　宋云华　李　静／责任校对：张小霞
责任印制：肖　兴／封面设计：黄华斌

科 学 出 版 社　出版

北京东黄城根北街 16 号
邮政编码：100717
http://www.sciencep.com

中国科学院印刷厂　印刷

科学出版社发行　各地新华书店经销

*

2016 年 6 月第　一　版　　开本：787×1092　1/16
2016 年 6 月第一次印刷　　印张：23 1/4　插页：18
字数：535 000

定价：198.00 元
（如有印装质量问题，我社负责调换）

序

    李璞先生是我国著名的岩石学家、矿床学家和同位素地球化学家，我国同位素地球化学学科奠基人，中国科学院地球化学研究所创始人之一。他于1968年不幸含冤离世，是我国地质地球化学事业的重大损失。为纪念李璞先生诞辰100周年，2011年中国科学院广州地球化学研究所召开了缅怀李璞先生专题研讨会和座谈会，组织编写李璞先生纪念文集。在此文集即将出版之际，编委会特邀我为文集作序。因我敬佩李先生为人做事之道，并与他有过一段特殊的师生情谊，故欣然应允。本人多年一直梦想能对先生说几句心里话，今天正好利用这个机会，兑现一个夙愿。

    我在中国科学院地质研究所学习和工作期间，侯德封、涂光炽和李璞先生是带领和指引我走进科学殿堂的导师，其中我与李璞先生相处的时间最长，聆听他的教诲最多。1960～1961年，我因惯于夜间学习而夜宿办公室，李璞先生也因为领导我国首个同位素地质实验室建设而与我同宿一间办公室。在大约一年多的时间里，我们俩几乎夜夜相聚，每晚临睡前他都向我讲述一段他的经历、体会和经验等事迹，从李先生的言传身教中，我明确了做人做事的道理，受益终生。

    李璞生于山东省文登县的一个农民家庭，15岁辍学，外出谋生。在东北大学图书馆当工友期间，他自学数学、物理和英语等课程，特别是他刻苦学习英语的精神打动了馆长李小缘先生，遂得他亲授英语，奠定了李先生坚实的英语基础。后来他考上南开中学，在一位同学的父亲资助下完成了学业，考入清华大学地质系。结合这段经历，他告诫我："一个人永远要自强不息，艰苦奋斗，将来才能为社会做出贡献。"每当回忆先生的教诲，一种崇高的敬意和强烈的震撼总在激励着我面对挑战，勇往直前。

    20世纪60年代初期，地质研究所成立了核子地球化学研究组，我担任组长。该组以侯德封所长提出的"重核裂变成矿"的设想为指导，开展地球化学研究。根据原子核理论，我计算了地球历史上的核衰变、重核的自发与诱发裂变和核反应产生的能量对地球内部能源的贡献和对地球演化阶段的制约，写成了《核转变能与地球物质的演化》书稿，并送请有关专家及李先生审查。我的工作没能为侯先生的设想提供足够的证据，担心他不同意，寻求李先生帮助。李先生审阅书稿后，对我说："你写的这本书提出了一个重大科学问题，即研究地球内部能量的来源、传导、分配和引起地球内部运动的主导作用。你放心，坦诚地向侯先生如实报告。但从另外一个角度研究地球内部的能源，有新的发现，也有重大科学意义。我相信侯先生一定会接受你的意见，还会鼓励你继续深入研究。"结果如李先生所料，我得到了侯先生的赞同和鼓励，他同意署上自己的名字，并建议尽快出版。通过此事，让我领略到李先生高超的学术鉴赏力和宽广的学术视野，对他的实事求是、坚持真理的精神更加敬佩，他的勉励和指导是我科学生涯的宝贵精神财富。

李璞先生一生以"开拓"著称，在地球科学多个领域都有建树。20 世纪 50 年代初，他率领中央文委西藏工作队随军进藏进行首次综合科学考察，为青藏地质构造格架建立和矿产资源开发奠定了扎实的基础；随后他急国家之所急，从事基性-超基性岩石学及其相关国家紧缺矿产研究，取得了开拓性成果，培育了研究团队；50 年代末至 60 年代早中期，他受命领导创建了中国首个同位素地质实验室，为我国同位素地球化学学科的建立做出了杰出的贡献。我国著名的矿床学家和地球化学家涂光炽先生在纪念李璞先生 85 周年诞辰时写道："李璞同志来不及看到他亲自种植的三棵幼苗——基性-超基性岩石学及成矿学、青藏地质、同位素地球化学，已在中国茁壮成长，成为三棵大树了。"

李璞先生离开我们 44 年了，随着岁月的远去，李先生在我心目中的形象，日渐鲜明和高大。李璞先生在短短十八年的时间里能为祖国做出那么大的贡献，他的力量源泉来自哪里？这是一个经常引起我思考的问题，也是我们今天纪念和学习李璞先生的人们应该探究的问题。我个人认为，他个人艰难困苦的经历，对国家积弱挨打的体验，对他产生了不懈的情感激励；中国传统士人自强不息、忧国忧民的情怀在他身上体现得淋漓尽致；他专业知识及平等理念兼具，理论与实践结合，颇得西方科学理性的真传。李璞先生集中西优秀传统于一身，成就了一个从传统走向现代的中国近代知识分子的光辉形象。李璞先生为我们开辟的道路，必将后继有人。

是为序。

2012 年 6 月 16 日

序

　　李璞先生是我国著名的岩石学家、矿床学家和同位素地球化学家，我国同位素地球化学学科奠基人，中国科学院地球化学研究所创始人之一。他于1968年不幸含冤离世，是我国地质地球化学事业的重大损失。为纪念李璞先生诞辰100周年，2011年中国科学院广州地球化学研究所召开了缅怀李璞先生专题研讨会和座谈会，组织编写李璞先生纪念文集。在此文集即将出版之际，编委会特邀我为文集作序。因我敬佩李先生为人做事之道，并与他有过一段特殊的师生情谊，故欣然应允。本人多年一直梦想能对先生说几句心里话，今天正好利用这个机会，兑现一个夙愿。

　　我在中国科学院地质研究所学习和工作期间，侯德封、涂光炽和李璞先生是带领和指引我走进科学殿堂的导师，其中我与李璞先生相处的时间最长，聆听他的教诲最多。1960～1961年，我因惯于夜间学习而夜宿办公室，李璞先生也因为领导我国首个同位素地质实验室建设而与我同宿一间办公室。在大约一年多的时间里，我们俩几乎夜夜相聚，每晚临睡前他都向我讲述一段他的经历、体会和经验等事迹，从李先生的言传身教中，我明确了做人做事的道理，受益终生。

　　李璞生于山东省文登县的一个农民家庭，15岁辍学，外出谋生。在东北大学图书馆当工友期间，他自学数学、物理和英语等课程，特别是他刻苦学习英语的精神打动了馆长李小缘先生，遂得他亲授英语，奠定了李先生坚实的英语基础。后来他考上南开中学，在一位同学的父亲资助下完成了学业，考入清华大学地质系。结合这段经历，他告诫我："一个人永远要自强不息，艰苦奋斗，将来才能为社会做出贡献。"每当回忆先生的教诲，一种崇高的敬意和强烈的震撼总在激励着我面对挑战，勇往直前。

　　20世纪60年代初期，地质研究所成立了核子地球化学研究组，我担任组长。该组以侯德封所长提出的"重核裂变成矿"的设想为指导，开展地球化学研究。根据原子核理论，我计算了地球历史上的核衰变、重核的自发与诱发裂变和核反应产生的能量对地球内部能源的贡献和对地球演化阶段的制约，写成了《核转变能与地球物质的演化》书稿，并送请有关专家及李先生审查。我的工作没能为侯先生的设想提供足够的证据，担心他不同意，寻求李先生帮助。李先生审阅书稿后，对我说："你写的这本书提出了一个重大科学问题，即研究地球内部能量的来源、传导、分配和引起地球内部运动的主导作用。你放心，坦诚地向侯先生如实报告。但从另外一个角度研究地球内部的能源，有新的发现，也有重大科学意义。我相信侯先生一定会接受你的意见，还会鼓励你继续深入研究。"结果如李先生所料，我得到了侯先生的赞同和鼓励，他同意署上自己的名字，并建议尽快出版。通过此事，让我领略到李先生高超的学术鉴赏力和宽广的学术视野，对他的实事求是、坚持真理的精神更加敬佩，他的勉励和指导是我科学生涯的宝贵精神财富。

李璞先生一生以"开拓"著称，在地球科学多个领域都有建树。20 世纪 50 年代初，他率领中央文委西藏工作队随军进藏进行首次综合科学考察，为青藏地质构造格架建立和矿产资源开发奠定了扎实的基础；随后他急国家之所急，从事基性–超基性岩石学及其相关国家紧缺矿产研究，取得了开拓性成果，培育了研究团队；50 年代末至 60 年代早中期，他受命领导创建了中国首个同位素地质实验室，为我国同位素地球化学学科的建立做出了杰出的贡献。我国著名的矿床学家和地球化学家涂光炽先生在纪念李璞先生 85 周年诞辰时写道："李璞同志来不及看到他亲自种植的三棵幼苗——基性–超基性岩石学及成矿学、青藏地质、同位素地球化学，已在中国苗壮成长，成为三棵大树了。"

李璞先生离开我们 44 年了，随着岁月的远去，李先生在我心目中的形象，日渐鲜明和高大。李璞先生在短短十八年的时间里能为祖国做出那么大的贡献，他的力量源泉来自哪里？这是一个经常引起我思考的问题，也是我们今天纪念和学习李璞先生的人们应该探究的问题。我个人认为，他个人艰难困苦的经历，对国家积弱挨打的体验，对他产生了不懈的情感激励；中国传统士人自强不息、忧国忧民的情怀在他身上体现得淋漓尽致；他专业知识及平等理念兼具，理论与实践结合，颇得西方科学理性的真传。李璞先生集中西优秀传统于一身，成就了一个从传统走向现代的中国近代知识分子的光辉形象。李璞先生为我们开辟的道路，必将后继有人。

是为序。

2012 年 6 月 16 日

前　言

在 20 世纪中叶的中国地质界，李璞先生是一个传奇式的人物。他从剑桥学成甫一归来，就勇担重任，随军进藏率队科考，载誉凯旋，名闻遐迩；他急国家之所急，攻坚铬、镍、金刚石、铀矿等国家紧缺矿产，踏遍青山，贡献卓著；创建中国同位素地质实验室暨同位素地球化学学科，坚苦卓绝，名播海内外。在他的时代，其人其事，传遍各类地质机构，在同行中可谓无人不知，无人不晓。然而，风云不测，命运多舛，李璞先生不幸英年早逝。如今一轮甲子岁月流逝，当年的辉煌，已经淡出社会的记忆，只有那些封存在亲历同侪心中的音容笑貌还依旧鲜活，但也抵抗不住岁月的磨蚀，正在日益从人们的记忆中消退。

通过举办"李璞先生诞辰 100 周年纪念活动"，我们终于将尘封已久的关于李璞先生的感人记忆转化成了可长久储存的物质载体，这既是对先烈英灵的祭奠，也为后人保藏下了一份先辈用智慧和生命换来的宝贵遗产。在这个集子即将出版之际，我们多年来不无遗憾的心情，此时略感宽慰。李璞先生为我们的国家、我们的研究所、我们的实验室，付出那么多、贡献那么大，但我们却没有什么能回报他的。今天我们同仁后辈总算为他老人家尽了一份应尽的义务，为他的精神能流传千古，为方便后人的学习和传承，做了一件应该做的事情。

组织李璞先生诞辰 100 周年纪念活动和编辑出版纪念文集，对于我们是一个难得的学习和重温李璞精神的机会。李璞先生，生逢乱世，自强不息，历尽坎坷，学有所成，做有所成，教有所成，做出了无愧于时代的辉煌贡献。他的开拓进取精神，他的爱国奉献情操，他的助人育人品格，为我们留下了一笔取之不尽、用之不竭的宝贵精神财富。在几乎空白的西藏地质、基性-超基性岩石学及成矿学和同位素地球化学三大领域，在几近无法克服的困难面前，李璞先生发挥了高超的领导艺术和高瞻远瞩的业务领导力，带领团队顽强拼搏，克服了一个又一个困难，建立了不朽的历史功勋，他本人及其领导的团队将永载史册。

如今李璞先生当年开创的三大领域，都已后继有人，蓬勃发展，特别是他亲手开创的同位素地球化学实验室更是取得了长足发展，已于 2011 年晋级为国家重点实验室。我们将继承李璞先生的遗志，发挥李璞先生曾经践行的开拓精神和团队精神，将同位素地球化学国家重点实验室发展到一个更高的阶段，实现从引进消化，到结合国情应用创新，到原始创新引领前沿的历史跨越。这是我们几代中国同位素人的伟大梦想，道路已经开通，任务仍旧艰巨，后辈还须努力。我们将发扬李璞精神，以他为榜样，努力拼搏，做出我们无愧于时代的创造性贡献，以告慰先辈的在天之灵。

2014 年 12 月 28 日

李璞自传

——我的早期求学经历

　　1911 年 7 月 11 日（农历辛亥年六月十六日）我出生于山东省文登县的一个富农家庭，父亲李锡之，我为家中次子。

　　父亲，性格刚强，1935 年前曾当过两年乡长，参加家里部分生产劳动。兄长李志纯，长我两岁，考取公费生，就读于东北大学教育学院，1931 年毕业。小时候，大哥经常教我读书，他刻苦、俭朴和好学的作风，对我影响很深。家中还有一个比我小三岁的弟弟和三个妹妹。

　　1918～1923 年我在本村及邻村读初小和高小；1924～1925 年在本村读私塾，学习四书五经，奠定了传统文化的基础。因母亲去世，家境衰败，于 1926 年夏辍学。

　　几经周折，1926 年秋我在牟平县姜格庄当小学教员，任职一年半。1927 年冬，经大哥的同学介绍，我到辽宁营口盐场工作，住在海边。

　　1929 年春，我只身来到沈阳，经在东北大学读书的大哥的同学介绍，进入东北大学图书馆当工友，管理杂志室。我喜欢那个环境，因为可以看到很多书。同时我请大哥的同学在夜晚教我学习数学、物理、英语等课程，我的英文学得比较好，可以阅读一般书籍。为了读英语，我常常深夜跑到四五里外的地方朗读。馆长李小缘[①]发现我每晚外出，一次对我大发脾气，我痛哭一场。他后来知道我是去读书，而且知道我有些文化，就将我提为馆员，并亲自教我英语。这是一个好的读书机会，我在此阅读了大量进步作品，如《新青年》及当时出版的新小说等。我也认识了一些学生和教授，在他们来借书的时候，我就向他们请教不明白的问题。可是我还想到学校去读书。

　　1931 年夏，我到天津参加南开高中入学招生考试。考完后返回沈阳，一则因为考得没有把握，二则因为考上也不一定能读得起学。虽然我做事积存了几百元钱，可是都被当时的同事借去了，一时他们也还不了（"九一八"事变后，再也没有看见过他们，钱的事早已忘记了）。我回到沈阳后知道自己考上了，但没有办法到天津上学。随后"九一八"事变爆发，沈阳沦陷，我不得不离开东北，同我大哥分开。

　　我到了天津，学校早已开学，费了些周折，学校准许我报到。11 月 8 日"天津事变"暴发，我随着同学到南京请愿，要求抗日。请愿的队伍在警察监视下回天津去了，我没有随同学返回天津，因为学校不能上课，我就不想回去了；并且那时我已经没有钱了。我去找李

---

① 李小缘（1897～1959），江苏省南京市人，图书馆学家、目录学家，毕生从事图书馆事业，中华图书馆协会创始人之一。1921 年赴美国纽约州立图书馆学校和哥伦比亚大学师范学院学习，1925 年获美国哥伦比亚大学教育社会学硕士学位后回国，曾任金陵图书馆学系主任和图书馆馆长及中国文化研究所研究员兼史学部主任，1928～1930 年任东北大学图书馆馆长。

小缘先生，他当时已经调回金陵大学文化研究所工作。经他介绍，我到金陵大学文化研究所做事，我一边工作一边上夜校读法文和英文。1932 年夏季我回到南开，入半工半读新教育班，后来这个班办不下去了，我就入普通班。在 1931 年夏季报考南开高中时，我认识了叶修直（原名叶纪霖）同学，到校后我们两人同住一室，相处很好。待我 1932 年回天津后，他知道我经济困难，就说服他父亲帮助我。此后直到在清华大学读书时期，都是他父亲为我支付每年的学费。

就读南开中学对我影响很大，除从学校教育得到一些基础知识外，还从学校的教学氛围和校园生活中得到了广泛的文化和情趣的熏陶。

在这里我认识了张锋伯，他是国文教师兼初中部主任（中共地下党员），他带着我们参加过长城抗战慰劳和救护工作。我曾到过香河一带，抬过廿九军伤兵，看到而且深刻认识到日寇法西斯的残暴可恶，这是中学生活中比较有意义的事。当时我很喜欢文学，可是到毕业考大学时我却改变了主意，决定报考清华大学地学系，为发展工业，开发矿产做贡献。

1935 年秋，我考入清华大学地学系。当时清华大学在很多方面是进步的，教学上是标准的西洋方式。在这里我理解了科学的精神，认识到知识的力量，当时我的理想就是毕业后当两年助教，考出国留洋继续深造，获得博士学位，再回到清华园教书，为祖国培养更多有用人才。这个想法虽然在抗日战争初期被打乱了，但后来回西南联大复学，以及参加留学考试到英国留学都是沿着这个想法一路走下来的。

就读清华大学不久，"一二·九"运动暴发，很多同学都走出了美丽的清华园，看见了社会上丑恶的东西，我也是在这个运动中，在我的思想上加上了一个新的东西——要革命。我参加了每一次的游行示威，参加了学生会的工作，参加了民族解放先锋队。运动高潮过后，我又投入到原来的学习中，直到 1937 年"七七"事变暴发。

（此文由曹裕波根据李璞档案中 1954 年李璞手书《自传》整理，征得家属同意发表。原件藏于中国科学院地球化学研究所）

目　录

第二部分　李璞学术论文选集

第一部分
李璞先生诞辰100周年纪念文集

缅怀学长、挚友李璞同志

——一位真正的科学工作者

涂光炽

我的学长与挚友李璞同志在他不应当离开我们的时刻和场所，于30年前的"文革"初期去世了。在今天纪念他85岁诞辰，深感千言万语，不知从何处说起。

李璞同志为人正直、诚恳、热情、乐于助人，具有强烈的事业心、责任感与自信、自尊，与他接触不久的同志就能察觉他的性格及为人，并为他的这一精神所感动。他不仅对革命事业作出了重要贡献，而且在学术上也有坚实的、开拓性的造诣。

从1931年到1967年，我与李璞同志有着30多年的交往，其中1938年初到1940年夏的抗日战争工作中，1941~1944年在昆明西南联大的学习及1955~1967年在中国科学院地质研究所和地球化学研究所的共事中，我们更是经常在一起学习、工作、生活、切磋问题、交流经验、共同战斗。作为学长和挚长，他对我的影响及帮助，在革命道路和业务工作中都是深刻的、难忘的。

李璞同志寡言少语，他很少谈自己的过去。为了缅怀他，这里我将提到他的一些鲜为人知的往事，主要是参加革命的那段经历。

1935年夏季，李璞同志毕业于天津南开中学，不久考入清华大学地质、地理、气象学系。当年初冬爆发了震撼中外的"一二·九"学生运动。李璞同志积极投身于运动，在大游行那天，他担任了交通联络，骑自行车多次来往于学校和西直门之间（当时游行队伍被阻于城门紧闭的西直门）。紧接着天津学生响应，引发了"一二·一六"运动。我记得，李璞同志曾回到南开，向同学做过宣传，介绍北京学生运动情况。

1937年，全民抗日战争启动。那年冬天我和几位长沙临时大学的同学激于爱国热情及日寇步步进逼的严峻形势，决定投入抗战工作。因听说过去中学的老师、地下党员张锋伯正在他的家乡开展群众工作，决定先投奔那里。当我们到达长安西大吉村张锋伯同志老家时，李璞同志和几位同学已先期在村里工作了一段时间。我们在大吉村一带主要搞宣传抗日、发动群众的各项活动，李璞同志实际上是我们十几位青年的带头人，他具体安排我们在农村的工作、学习及生活。我们在大吉村的时间很短，1938年春张锋伯同志调任陕西临潼县县长，我们就跟随他转到临潼。在县政府我们担任了科员、股员的工作，利用这一合法身份及日本侵略军已兵临黄河的形势，我们开展了声势浩大的宣传、组织活动，准备应付随时可能入侵的敌军。当时，领导这项群众运动的是张锋伯同志本人和另一位党员郭星桥同志，而具体的组织安排活动则主要由李璞同志负责。

我们在临潼的工作持续了近半年，抗日战争逐渐步入相持阶段。日本侵略军未能西越黄河，进入关中，而我们在临潼的所作所为却引起了近在咫尺的国民党反动势力的注目。为了给今后更加深入和艰巨的工作做好准备，党组织决定我们多数转移到延安学习，只留少数同学继续在临潼工作。

李璞同志先行一步。在八路军办事处的具体组织下，李璞和几位同志背着行李，冲破胡宗南部队的重重阻挠、封锁，徒步走到延安。从临潼来的多数同学则乘八路军军车去延安。一路上可以看到很多风尘仆仆奔向革命圣地的男女青年。

1939年夏，我们在抗大五期毕业。组织上决定让我们仍回原地工作。回到西安后才知道张锋伯县长已被撤职，因而临潼是不能再去了。经张锋伯和郭星桥的安排、介绍，李璞、我还有4位同志一起来到西安东北的蒲城，在蒲城中学任职。当时，给我们的任务是保持力量、搞好学习，相机做一些工作。

我们六个人都承担了教学工作并兼职级任，李璞同志还被任命为训育主任。我们利用一切机会，如远足旅行，开展了必要的学习。李璞还利用他的合法身份，悄悄通知10多位被特务怀疑的进步学生，让他们及时离校他去。我们在蒲城中学任教1年，严峻的形势迫使我们离开那里。经过组织同意，我们多数，包括李璞和我，决定返回已离开将近3年的西南联大复学，这是1940年夏天的事。在这以后的岁月里，李璞同志主要在学校、研究单位学习和工作，他的情况许多同志是了解的。但为了温故以知新，也介绍他的几件事。

正像抗日战争时期许多青年激于爱国热情，投笔从戎，参加抗日工作一样，新中国成立后，李璞同志放弃了他在英国继续深造的机会回到祖国。

李璞同志有着旺盛的事业心和强烈的责任感。在他从事地质科研20余年中，确实做到了废寝忘食、刻苦钻研。他开夜车的习惯是很多同事都知晓的。他重实践，哪里困难去哪里。新中国成立后，他长期承担了铬、镍、钴、铂、金刚石找矿科研的艰巨课题。他跑遍了祖国各地区，包括西藏、青海等的镁铁岩-超镁铁岩分布区。这些地区多数位居边远，自然条件十分恶劣，但他从不畏艰巨。每到一处，他必亲自填图，做剖面，仔细观察。他所做的显微镜下光薄片描述是大量的，也是细致的。1956~1958年，他参加和领导了祁连山空白地区多次路线观察，侧重岩石学工作。在艰苦的条件下，他的工作十分认真和出色，是经得起考验的。正因为这样，作为我国基性岩-超基性岩岩石学和成矿学奠基者之一，李璞同志是当之无愧的。

李璞同志是解放后进入西藏的第一个地质工作队的负责人。这个队的工作带回了我国地质学家经过亲身实践的对西藏尽管粗略但却重要的地质轮廓看法和进一步工作的意见。这就为今后青藏高原的地质及找矿工作打下了重要基础。

1956年制订的我国第一个科技发展远景规划提出了在我国建立及发展地球化学学科，并作为措施之一，应加速建立同位素地球化学实验室。李璞同志接受了在中国科学院地质研究所组建同位素实验室的任务。李璞带领一批从未搞过同位素化学和地质的年轻人边实践、边学习、边建设，用不到两年的时间，以一台经过改装的老质谱计做基础，建立了同位素实验室并得出了第一批K-Ar年龄数据。像过去一样，李璞同志在建室过中事必躬亲。他除了努力钻研同位素应用于固体地球科学的基本原理及技术路线外，还亲自动手，熟悉质谱部件、性能及样品化学前处理过程。这样，李璞和他的同位素同行不仅为我国同位素年代学作出了开拓性的贡献，而且，也树立了同位素地球化学工作者的良好榜样，即亲自跑野外、采样品、参加力所能及的实验室操作、取得数据并最后作出合理解释。

李璞同志来不及看到他亲自种植的三棵幼苗——基性-超基性岩石学及成矿学、青藏地质、同位素地球化学，已在中国茁壮成长，成为三棵大树了。从上述，我们可以认识到，李璞同志是一位不图名利、不畏艰险、勇于实践、努力攀登的科学家，是一位真正的科学家。纪念李璞同志，我们应当努力学习他的爱国主义精神、强烈的事业心、责任感和深入实际刻苦实践的精神。在当前，在各种形式的伪科学和不正之风仍在不同程度地流传的时刻，当一些思想上和行为上的懒汉不在实践上下功夫，却一而再、再而三对故纸堆进行"开发"，并力求作出一举成名的新"发现"的时刻，提倡做一个李璞式的科学工作者还是十分必要的。

（原文发表于《地球化学》1997 年第 2 期，即《纪念我国同位素地球化学奠基人李璞教授诞辰 85 周年》专辑）

缅怀与激励

——李璞先生生平和贡献回顾

朱正强

（中国科学院广州地球化学研究所）

李璞先生离开我们已经 43 年了。当此纪念先生诞辰 100 周年之际，回顾先生艰难、曲折但却光辉的一生，缅怀先生崇高理想、高尚品德和科学贡献，以激励我们为振兴中华而开拓进取、顽强拼搏、奋勇前进。

一、认真读书　聪颖好学

李璞先生 1911 年 7 月 11 日生于山东省文登县，他从小就养成了认真读书、勤学好问的习惯。李璞小学毕业后念了一年私塾，因为家庭困难，不能继续上学。1929 年春天，李璞前往沈阳东北大学图书馆打工。他喜欢那里的环境，面对这图书"海洋"，他如饥似渴。在那里他读了不少的进步作品，特别是《新青年》（党的公开理论刊物）以及当时出版的一些新思想内容的小说等，使他初步受到了革命的熏陶。同时他还结识了不少大学生和教师。他勤思好学、质疑问难，从不放过学习的机会，经常带着读书时的一些疑问乘师生们借书之机向他们请教。李璞白天上班，晚上还要请人帮他补习中学的数学、物理等课程。当时他的英语比较好，能看懂一般的英文书籍。为了读英语，他经常深夜跑到五里以外的地方去朗读。馆长发现李璞几乎每晚都不在家，误认为他在外厮混，便大发脾气加以训斥，受到委屈的李璞痛哭了一场。当馆长得知实情后，便以好言相慰，并决定亲自教他英语，这给他的英语打下了坚实的基础。馆长见他工作认真，学习刻苦，且达到了一定的文化程度，便提拔他为馆员。然而，李璞准备继续升学的决心并未改变。

二、在抗日烽火中锻炼成长

1931 年"九一八"事变，在蒋介石"攘外必先安内"的不抵抗主义思想指导下，日寇很快占领我东北三省。沈阳沦陷了，李璞不得不离开那里，南下天津，考入了南开中学。由著名教育家张伯苓先生于 1907 年创办的南开中学，在全国享有盛名。学校重视德、智、体全面培养人才，提倡把"公""能"培育作为教育的真谛。"公"是指社会道德的培养，"能"是指个人能力的锻炼。学校除了上课学习书本知识外，还组织学生参加社会调查和有益的社会活动。当时日本侵略者正对我华北虎视眈眈，平津地区危在旦夕。南开中学的师生员工们亲眼目睹了日军在天津大街上的示威横行，并亲耳听到学校附近日本"驻屯军"的海光寺兵营靶场上不断传来的枪声。他们甚至听说由日本浪人和军人组成的便衣队，经常从租界和兵营跑出来进行打砸抢等暴行。在日本侵略者直接威胁下读书的南开学生，心中激起深深的民族仇恨，一些进步爱国的学生纷纷组织起来，准备去南京向蒋介石请愿，要求停止内战，一致抗日。"国难当头，匹夫有责"，李璞积极加入到爱国的行列。但请愿队伍在天津国民政府和警察的监视和威逼下，被迫中途返回天津。

在南开，李璞认识了张锋伯，他不仅是李璞的老师，而且也是他革命的引路人。张锋伯是地下共产党员，时任南开中学的国文教师兼初中部主任，他善于和学生打成一片，促膝谈心。张在学生中组织了抗日团体"青年友社"，以"反蒋抗日"为纲领，引导青年学生走上抗日爱国道路。李璞参加了"青年友社"，并且通过它认识了涂光炽、徐文国、张中厚、王树勋、申宪文、张开远、刘东生等一些进步同学。1933年日寇侵占热河，进攻长城一带，冯玉祥的西北军宋哲元部和张学良的东北军何柱国部等在喜峰口、古北口和石河等地英勇抗战。李璞跟随张锋伯参加了长城抗战中的慰劳和救护工作，他们去香河一带抬伤兵，送慰问品。李璞深深地感到，参加这些活动是他在中学时代最有意义的事，而且进一步认识到日本法西斯是如此的残暴可恶。1933年5月，国民党当局和日本签订了卖国的《塘沽协定》，从事实上承认了日本占领东北、热河的"合法"性，把察北、冀东大片国土拱手送给了日本。这时张锋伯和吴宽（另一位老师），带领学生会起草了"反对《塘沽协定》宣言"，但他们的爱国行为却被天津市当局和学校制止，张锋伯和吴宽被迫辞职离校。

1935年夏，李璞在南开中学毕业后考入清华大学地质地理气象系，学习地质专业。就在当年的初冬，爆发了震撼中外的"一二·九"爱国学生运动。李璞积极投身于运动中，在游行的当天，他担当交通联络，当他们的游行队伍受阻于城门紧闭的西直门外时，他骑自行车多次来往于学校和西直门之间。事后，天津学生也起来响应，引发了"一二·一六"运动。李璞回到南开，向同学们介绍了北京学生爱国运动情况。在清华，李璞还参加了学生会的工作和进步组织"民族解放先锋队"。除了要学习知识之外，"在思想上加上了一个新的东西——要革命。"

1937年，"七七"卢沟桥事变爆发，揭开了全国全面抗战的序幕。李璞离开了清华大学前往南京。在那里找到了张锋伯，他当时担任冯玉祥的秘书，冯在华北指挥抗日战争。通过张锋伯介绍，李璞被安排在冯玉祥所属第三战区司令部任中尉书记官（转业时提升为上尉）。不久，冯玉祥被撤换，李璞转业前往长沙，进入由清华、北大、南开三所大学组建的"国立长沙临时大学"。不久听说张锋伯在老家开展抗日群众工作。李璞和王刚、王大纯、申宪文、滕定国等奔赴陕西省长安县大吉村，在那里参加了张锋伯领导的宣传抗日、发动群众的各项活动。后来，涂光炽、殷汝棠、郑怀之、郭文昭等几位长沙临时大学的同学也来到大吉村，由李璞负责安排他们在农村的工作、学习和生活。1938年春，我党利用张锋伯在陕西地方的声望，并取得陕西十七路军孙蔚如的支持，将张锋伯调到陕西临潼县任县长，李璞、涂光炽、王刚、王大纯等十几名爱国青年随同前往，他们分别担任县政府里的科员、股员等职务。利用合法身份，又在独立于县行政之外设立"抗日室"，专门训练抗日干部、发动群众、组织农民抗日武装等工作。领导这项工作的是张锋伯和另一位中共地下党员郭星桥，而负责日常具体工作的则是李璞。

在临潼工作持续了半年多，抗日战争逐渐进入相持阶段，日本侵略军未能西越黄河进入关中。但是张锋伯、郭星桥领导的抗日活动却引起了国民党反动势力的注目，特务活动猖狂。为了避开国民党当局的锋芒，培养和提高革命的骨干力量，党组织决定除少数人留临潼工作外，将李璞、李明、王刚、涂光炽、殷汝棠等十几位受国民党当局监视的爱国青年转移到延安学习。1938年5月，在八路军办事处的具体组织下，他们冲破胡宗南部队的重重阻挠和封锁，陆续来到革命圣地延安，被安排在延安抗日军政大学（抗大）第五期学习。李璞编在第一大队第九中队，大队政委是胡耀邦。在延安抗大，他们学习了马列主义理论和军事课程，参加了开荒大生产，听到了毛泽东、朱德、周恩来、彭德怀、罗瑞卿等党的领导人关于形势和政治的报告。

1939年春天，国共关系进一步恶化，张锋伯被胡宗南逮捕入狱（不久又被释放）。此前，张曾给延安李璞去信，由胡耀邦转达，希望他们毕业后仍回陕西工作。1939年5月，李璞、李明、涂光炽、王大纯、王刚、杨棨等在抗大毕业后便前往西安，找到了张锋伯。他的临潼县县长已被撤职，那里的"根据地"已不复存在，临潼是回不去了。经郭星桥介绍，李璞等人去蒲城中学教书，李璞任训育主任，李明任教导主任。为了工作，经组织同意，李璞和李明加入了三青团，目的是能及时掌握他们的人员组成和活动情况。校长李浩是个国民党党员，思想反动，但他也是南开中学的校友。为了取得老同学的支持，李浩对李璞、李明、涂光炽等一批南开人比较客气，对他们的活动也不想多管。但是被白色恐怖笼罩的蒲城，国民党特务活动十分猖獗，有的中学老师被暗杀，蒲城中学就有几十名学生被关进了集中营，形势十分严峻。当时党在白区革命低潮时的方针是：发展进步势力，争取中间势力，孤立顽固势力。在斗争方式和组织方式上是：隐蔽精干，长期埋伏，积蓄力量，以待时机，反对急躁冒进。为此，党组织决定，李璞、李明、涂光炽等仍回西南联大复学。

三、继续读书　出国深造

在蒋介石势力和特务活动还未占优势，地方军阀龙云统治下封闭的云南，被称为"民主堡垒"最高学府的西南联大，继续保持了三所大学原有的民主和自由的气氛。在学校里，进步思想容易传播。当时担任西南联大地下党支部书记的马识途，很快就结识了包括李璞、涂光炽等一大批进步青年。在地下党组织领导下，根据当时党在学校执行"勤学、勤业、勤交友"的策略，他们认真读书，广交朋友，逐步积蓄进步力量。的确，他们在举办各科学术讲座、壁报、学刊、读书会、社团和系级学生会活动中，涌现出了一批成绩优秀、思想活跃的进步分子，为我们党储备了宝贵的人才。

1942年，李璞于西南联大毕业后在昆明地质调查所工作，以后又回到西南联大读研究生，并兼任云南师范大学矿冶系助教。1945年在中央研究院云南工作组工作。

1946年5月李璞与池际尚女士结婚，后来池际尚由西南联大袁复礼教授介绍去美国留学。1947年李璞考取了去英国的留学资格，同年9月前往剑桥大学岩石矿物系攻读研究生。在学期间，他完成了苏格兰南部某个火成岩体变质带和某地火成岩及变质岩的矿物化学成分研究等两篇论文，获得了博士学位。李璞除了在学术上取得优异成绩外，剑桥大学严谨、求实的学风，也给他很大的影响。在英国，李璞一面学习，一面还参加一些爱国进步活动。他加入了进步组织"英国剑桥反战同盟"，举办演讲会，进行拥护和平宣言的宣传活动等。他还参加了中国学生会和科协的工作，并担任剑桥分会的主席。

四、赤子回归　报效祖国

1950 年 12 月李璞放弃了他在英国继续深造的机会毅然回到祖国。新中国诞生不久，百废待兴，李璞回国后立即投身到轰轰烈烈的社会主义建设事业中。他先在中国科学院副院长李四光先生办公室担任秘书，负责日常事务工作，为了减轻李四光先生的工作负担和保护他的身体健康，李璞尽量争取多做一些具体事情。

李璞先生是解放后进入西藏的第一个地质工作队的负责人，是西藏地质工作的奠基人。1951 年中央文委组织工作队随军进藏进行综合考察，请李璞担任队长。当时他的爱人池际尚先生已身怀有孕，但他为了国家的需要毫不犹豫告别了亲人，踏上进藏的艰难里程。从 1951 年 6 月至 1953 年 9 月两年多的时间里，李璞身先士卒，吃苦耐劳，千方百计设法去克服自然环境恶劣和科考条件不足的困难。工作队成员来自四面八方，李璞十分注意搞好内部团结，关心同志。他尊重随军（十八军）首长和地方党委的领导，例如在讨论考察计划和工作步骤时都注意倾听他们的意见。通过这次考察，工作队收集到了我国青藏高原上第一批珍贵的地质资料和样品，对工作成果进行了初步的总结。这些成果虽然粗略，但其中有些，例如对于变质岩系和地层的初步界定，至今仍被后人所引用。而他对西藏地质轮廓的看法和进一步工作的意见，则为解决青藏高原的地质发展历史和找矿勘探工作奠定了基础。

1956 年 12 月由杨敬仁和涂光炽二人介绍，李璞加入了中国共产党，这是他人生道路上重要的里程碑，入党后使他更有"用武之地"，同时又感到自己的责任更重了，要求也更高了。于是他下决心要"把自己锻炼成一个名副其实的为人民事业、为党的事业而斗争的科学工作者"。事实证明，他正是朝着这个目标去实现自己的诺言。

李璞先生始终把党和国家的需要放在首位。1956 年到 1958 年他和涂光炽、陈庆宣一起参加和领导了祁连山空白区的地质考察工作，做出了许多开创性的成果。李璞分管的岩石学研究，通过多次路线观察，对该区的古火山活动，基性–超基性岩和区域地质发展史做了大量工作，填补了这一地区的地质空白。总之，祁连山地质考察的成果为该地区今后的地质与找矿工作打下了坚实的基础。多年来，李璞一直承担了我国急需矿产铬、镍、钴、铂、金刚石等找矿科研的重要项目，并对和成矿有关的基性–超基性岩进行全面、系统、深入的研究。他跑遍了祖国的高山大川，深入矿山和地质队，不畏艰难，亲自动手，做了大量的野外和室内工作，取得了重要的研究成果。李璞先生不愧为我国研究基性–超基性岩岩石学及其成矿作用的奠基人之一。

李璞先生是我国同位素地球化学的创始人。早在 1956 年，通过侯德封、涂光炽、李璞等人的努力，将"地质绝对年龄测定"列入国家十二年科学发展远景规划以填补我国地质科学的空白。组织上把创建我国同位素地质实验室的重担交给了李璞。从 1958 年开始经过了人员和设备的筹备，于 1960 年春，在中国科学院地质研究所成立了同位素地质研究室（简称一室），李璞任室主任。这个研究室从一开始就建立起一种新的结构模式和工作方法，即由地质、化学、物理、机械等不同专业人员组成为多兵种"集团军"。从野外地质观察与采样，到室内样品的处理与分析测试，最后对资料的综合分析和研究等"一条龙"的科学实践。在领军人物李璞的领导下，这个研究室于 1962 年为我国提出了第一批同位素地质年龄数据，填补了我国这门科学的空白。此后又做了大量的工作，在全国同行中起到"火车头"的作用，促进了我国地质科学的发展，得到国内外的重视和较高的评价。

五、留得英名在　青史永传扬

1968 年 4 月 26 日，李璞先生不幸含冤逝世，年仅 57 岁。他在临终前还表示自己忠于毛主席、忠于共产党的信念，叮嘱爱人和儿子一定要热爱党，热爱毛主席，跟着毛主席干革命。同时他还惦记着一室的科研工作，希望能把珠峰顶峰的样品年龄测定工作完成得更出色。

1978 年 10 月 26 日在贵阳举行了追悼大会，为李璞先生昭雪平反，恢复名誉。会上，澄清了强加在李璞身上的一切诬陷不实之词，肯定了他为国家科学事业做出的重大贡献。

李璞先生虽然已经离开我们而去，但他所铸就的我国地球科学史上的丰碑，永远值得我们怀念。诚如涂光炽院士所说的，"李璞同志来不及看到他亲自种植的三棵幼苗——基性–超基性岩石学及成矿学、青藏地质、同位素地球化学，已在中国茁壮成长，成为三棵大树了。"今天，李璞先生留下的宝贵财富还需我们去继承和发扬。纪念李璞先生，我们应当努力学习他忠于党、热爱社会主义祖国的坚强信念；为党为人民勤勤恳恳、任劳任怨、克己奉公、勇挑重担的奉献精神；生活简朴、谦虚谨慎、关心同志、平易近人、密切联系群众的优良作风；深入实际、治学严谨、作风正派的高尚品德等。

让我们共同携起手来，在攀登科学高峰新的征途中，用我们的汗水和智慧，去不断取得更加辉煌的成就，以告慰先生的在天之灵。

李璞教授：随军进藏进行地质综合考察的我国第一人

于津生

（中国科学院广州地球化学研究所）

1951 年 5 月，中央人民政府和前西藏地方政府签订了和平解放西藏的协议，之后不久，中央人民政府政务院文化教育委员会和中国科学院共同组建了西藏工作队，随军进藏进行科学考察，为中央帮助西藏发展经济文化建设提供参考资料。李璞教授被任命为这支西藏工作队的队长。

西藏工作队包括地质地理、农业气象、社会历史、语言文化和医药卫生等五个组，由中央各部委和科教文卫等部门派人组成，共 56 人。他们于 1951 年 6 月和 1952 年 6 月，分两批入藏，累计在西藏进行了两年多的考察。他们不惧高原缺氧、烈日狂风、冰雹雨雪、山路崎岖陡峭，奔走跋涉了一万多千米，开创了我国对西藏雪域高原综合自然科考的先河，为日后的经济发展积累了可贵的第一手基础资料。

他们的辛勤劳动揭示出西藏高原不像原来某些西方"旅行家"故意夸大传说的那样是"不毛之地"：藏北高原有着广阔的草原牧区；雅鲁藏布江主流和支流的河谷台地、岸边坡地和山间盆地都是农作物种植区；藏东三江河谷构成印度洋暖湿气流北上的通道，那里有着种类繁多茂密的森林和有待开发的水利资源，海拔较低的河谷是富饶的农耕地带；西藏高原的人民在这些地区不仅发展了经济，还孕育了他们悠久的历史和淳朴的文化。人民解放军进藏部队为西藏人民带来了中原的农业生产技术，增加了粮食、蔬菜品种，而且可能由于西藏特殊的地理和气候环境等原因使它们发育得非常良好，个体和产量都高于平原地区。

西藏高原位于印度洋板块俯冲到欧亚大陆板块之下形成的陆壳碰撞挤压带上，对人类研究地球地质演化史来说是无可替代的宝地。但在李璞教授领导的西藏工作队进藏考察之前对这里的地质研究基本上是空白。因为李璞教授是地质学家，兼任地质组的组长，所以他在揭示西藏基本地质概况方面的贡献是史无前例的我国第一人。

西藏工作队中地质地理组调查的路线最长，范围最广：东起金沙江，西至定日及班戈错，南至波密河谷及雅鲁藏布江南岸，北至丁青及聂隆宗，大致在东经 89°10′ ~ 90°10′ 至 98°30′、北纬 27°40′ 至 32°之间。由于调查区域广阔、地形复杂、气候恶劣、高山缺氧、交通不便、后勤保障困难等客观条件限制，所以当时只能采用路线观察方式。初步考察了西藏高原东部的地质发展轮廓；调查了近 100 个矿点，发现了 20 余种有用的矿产，彻底改变了过去对这一地区地质完全不了解的情况，对西藏地方今后进一步开展地质调查研究和找矿提供了如下的基础资料和具体建议。

一、地　　层

在调查区域内，时代可以确定的地层有：前震旦系、震旦系、下古生界、中上泥盆统、石炭—二叠系、三叠系、侏罗系、白垩系、第三系和第四系的沉积。对这些地层的分布、岩性、划分及其古地理特征提出了科学的论断，至今仍为地质研究者所引用。

在金沙江至澜沧江流域，泥盆纪至白垩纪的地层均有出露，估计总厚度不超过6000米，其中陆相红层约占1/3。在怒江地区，主要为海相中生代地层，三叠纪和白垩纪地层的总厚度超出4000米。念青唐古拉山以南与雅鲁藏布江之间，以石炭、二叠纪为主，最大厚度可达4000米，如果将波密地区的泥盆纪及拉萨河谷的中生代地层都估计在内，则此区泥盆纪之后的地层总厚度超过9000米。雅鲁藏布江以南的地层，从二叠纪后期开始至第三纪全为海相地层，总厚度达一万多米。

从上述该区地层的岩相和厚度来看，自东向西，海相地层逐渐加多，沉积也逐渐加厚。下古生代之泥盆纪海侵西至波密地区。石炭—二叠纪海侵可能普遍波及该区全部。中生代，特别是侏罗纪的海侵范围最广。白垩纪及第三纪海侵则仅达该区西部。

该区东部金沙江至澜沧江流域各时代地层的岩相及其所含化石大部都类似川滇地区；直至澜沧江以西泥盆纪地层仍与华南相似，石炭—二叠纪以后的岩相与东部有显著的差异，化石群虽仍有相同的种属（特别是石炭—二叠纪），但有许多新的种属，这在古地理上是一个非常有意义的现象。

二、岩浆活动

目前大致可以肯定的有四个主要的岩浆活动时期：前震旦纪、海西期、燕山期和喜马拉雅期。火山岩岩性的时代分布特征明显：海西期以基性到中基性为主；燕山期以酸性及少量含钾的碱性喷出岩为特点；第三纪则又以基性为主。侵入岩尚缺乏这种规律性，目前已知海西期有花岗岩和闪长岩类；燕山期的岩性从基性、酸性到碱性较为复杂，包括橄榄岩、辉长岩、闪长岩、花岗闪长岩、花岗岩及正长岩等；喜马拉雅期有超基性岩类及花岗岩类出现。在区域分布上，超基性岩主要沿大断裂带出现，花岗岩类在大面积隆起区出现。

三、地质构造

西藏高原的主要构造方向有两个：一是北西西近东西向；一是北北西近南北向。在高原东部沿金沙江、澜沧江和怒江主流都出现近南北向分布的古老结晶片岩带，另外这里的大断裂带也都是近南北向的。在西藏高原南部的喜马拉雅山脉、高原北部昆仑山脉、唐古拉山脉以及雅鲁藏布江都是近东西向的分布，可可西里山脉的走向和定日白垩纪—第三纪海槽也都是近东西向的。另外念青唐古拉南侧及波密地块北侧等北东向的大断裂对高原构造的控制作用也很重要。上述三个主要构造方向不仅控制了高原内部沉积岩相的变化，同时也控制着岩浆活动的范围和岩性。

西藏高原不同地区的构造褶皱形态也各具特征。在昌都地区，金沙江至澜沧江之间的褶皱一般比较宽广并且平缓，局部有倒转现象，倾角平均在 30° 左右，断层都属于高角度的正或逆断层；怒江上游河谷的中心区褶皱紧密，倾角在 30° 以上甚至垂直；在波密-拉萨地区褶皱很强烈，倾角一般比较陡，有大规模的逆断层和低角度逆掩断层；在藏南地区同向褶皱和倒转褶皱较普遍，断裂亦多。

四、大地构造分区

根据上述有关资料提出了西藏高原中东部大地构造分区的初步设想：

（1）昌都地台：呈南北向，包括金沙江至澜沧江之间的地带，向西北逐渐转为北西向；以前寒武系为基底，局部发育着下古生界的沉积，上覆褶皱平缓、厚度不大的上古生界及中生界盖层，白垩纪红层相当发育；岩浆活动极轻微。

（2）怒江过渡带（冒地槽）：包括澜沧江西岸沿怒江流域至黑河之东，分布方向与上述昌都地台相同；上覆较厚的上古生界，中生界具类复理石沉积性质，厚度很大，褶皱强烈，岩浆活动较昌都地台区稍强。

（3）藏北地台：前震旦纪地层仅在基底边缘部分出露，上覆自泥盆纪开始下陷形成的巨厚上古生代及中生代沉积，并有厚度不大的海相白垩—第三纪沉积，侏罗纪地层具极轻微的变质现象，但褶皱不强烈，大片的中生代花岗岩出露。局部出现中生代喷出岩，从它的活动性质来看较怒江过渡带为弱。

（4）波密拉萨海西地槽：主要为泥盆-石炭—二叠纪的海相沉积，以碎屑岩、泥灰岩为主，岩层厚度巨大，经过上二叠统以前的褶皱错动变质硬化，至燕山期有复活现象，并有较强烈的花岗岩及酸性火山岩喷出。

（5）藏南喜马拉雅地槽：这次考察只接触到地槽的北带，该区自晚古生代晚期开始沉陷，巨厚的中生代复理石沉积在中生代末期经历褶皱变质，但岩浆活动不强，沿东西方向发生地堑式的断裂，形成白垩—第三纪凹陷，在日喀则区沿江沉陷较深，发育巨厚的白垩—第三纪复理石沉积，并伴随着基性火山喷发。在第三纪后期整个地区又经历喜马拉雅期的褶皱及错动变质。

（6）波密地块：主要由前震旦纪结晶片岩组成，为一长期的隆起区。由昌都经过怒江、太昭到藏南和由唐古拉经藏北越过念青唐古拉中段到日喀则以南的两个地质剖面，在构造和岩性变化上是各不相同的，而念青唐古拉的大断裂恰是这两个不同剖面的分界。

五、矿 产 资 源

在东起金沙江，西至日喀则以西，南起波密，北至丁青、黑河地区的路线地质中发现有 100 多个矿点。矿产的种类有煤、油页岩、油苗（沥青）；铁、铜、铅、锌、钼、锑、砷；盐、碱、硼砂、硝石；硫黄、明矾、重晶石、石墨、皂石、瓷土、滑石、红柱石、刚玉、石膏及黏土等。

有些地区出露具有工业可采价值的矿床，例如：昌都和拉萨地区的铁矿；某地的铅锌铜矿脉地表露头可长达两公里；江卡的石墨矿纯度可达 50% 以上；昌都地区二叠纪的煤层表露头厚度可达 1.8 米；拉萨地区的瓷土、雅鲁藏布江东段的皂石和昌都地区的石膏埋藏量都很大；藏北高原湖泊中含有大量的盐碱和钾、锂、硼等元素；高原上一些油苗的发现，意味着这里可能埋藏着油气资源。

综合上述对西藏高原大地构造条件、沉积岩相、岩浆活动，以及已知矿产分布情况的认识，提出了下列进一步在西藏高原进行普查找矿的意见：

（1）昌都地台（包括唐古拉地区）：在金沙江与澜沧江之间，以及唐古拉两侧可以寻找石炭系、二叠系和侏罗系的煤；已知该区三叠系及白垩系有大量的石膏矿，前者为潟湖相沉积，后者为陆相沉积，其中都有可能富集钠及其他盐类；江达地区中性及酸性小侵入体比较发育，在这一带有可能寻找到矽卡岩类型的铁、铜、铅、锌矿床；对江达南山一带及江卡地区碱性岩体的分布情况进行追索，有可能发现稀有金属矿床；有许多迹象表明，在昌都地区可能发育有砷、硫、汞等低温热液矿床，同时也存在沿红色盆地断裂带发现低温铜矿的可能性。

（2）怒江过渡带：沿怒江大断裂两侧，应注意寻找与基性和超基性岩有关的矿床；在这一带可能较广泛地分布有侏罗—白垩纪的煤层；沿澜沧江两岸是一个有希望的热液类型铁和多金属的成矿带；在怒江河谷沙丁系的硅质岩层中可能发现有价值的沉积铁矿和锰矿；在嘉黎地区、沙丁和丁青以南的瓦拉都有中基性喷出岩分布，这些地层可以作为寻找铜矿的线索。

（3）藏北地台：上古生代、中生代及第三纪沉积岩都很发育，在这一地区北部，特别是第三纪盆地可以作为普查石油的远景地区；在侏罗纪地层中发现有沉积铁矿层，可以进一步寻找铁、锰、磷等矿床；在该区高原无数的内陆湖泊中富集着大量的盐、碱和芒硝，许多湖水中含有钾和硼，值得进一步勘查；藏北地台也是低温热液汞、锑、砷、硫矿床的普查区；在花岗岩分布区可寻找接触型和热液型的多金属矿床；高原中无数新生代盆地可作为寻找褐煤及泥炭的方向。

（4）波密拉萨海西地槽：在这一地区海西及燕山期花岗岩类侵入活动较为普遍，是寻找接触型矿床的远景区；沿雅鲁藏布江大断裂带，岩浆活动极为强烈，是一个良好的金属成矿带，其中可能包括铬、铂、稀有金属及多金属矿床；对这一地区的碱性火山岩的分布，及其含矿远景也有进一步研究的价值。

（5）藏南喜马拉雅地槽：由于目前工作量较少，所以只能根据在这里分布有巨厚的上古生代及中生代沉积判断，应该作为寻找铁、锰、磷等矿床的远景地区。另外对这一地区海相白垩—第三系的含油远景应给予重视。

纵观上述资料，我们不难看出李璞教授有着深厚、广泛的地质学基础知识功底，扎实的野外地质考察观测能力，以及高度概括和敏锐超前判断的思维能力，非常值得后辈学习。

参 考 文 献

李璞，李连捷，锺补球，贾慎修. 1959. 西藏综合考察. 见：中国科学院编译出版委员会主编，十年来的中国科学·综合考察（1949～1959）. 北京：科学出版社，85～109

李璞. 1954. 富饶的西藏高原. 科学大众，（1）：18～20

李璞. 1954. 康藏高原自然情况和资源的介绍. 科学通报，（2）：47～54

西藏工作队地质组（执笔报告人李璞）. 1955. 西藏东部地质的初步认识. 科学通报，（7）：62～71，52

李璞教授：中国基性–超基性岩及其相关矿产研究的创业者和领路人

于津生

（中国科学院广州地球化学研究所）

与基性–超基性岩类有关的铬、镍、铂族元素、钒、钛等金属和金刚石等都是国家工业现代化不可缺少的矿产资源。但新中国成立初期对这些资源的情况所知甚少，有的甚至完全处于空白状态。

李璞先生和他所领导的中国科学院地质研究所岩石矿床研究室团队自 1954 年起，先后对内蒙古、宁夏和祁连山地区的主要基性–超基性岩体的地质特征、岩石建造、矿物化学、铬矿床（矿化）同岩相关系等进行了深入研究。并于 1956 年发表了《中国已知的几个超基性岩体的观察》文章，并获得中国科学院自然科学三等奖（1956 年）。

1958～1961 年，他组织并指导的研究人员考察了全国超基性岩及有关的铬、镍、铂及湘黔地区金伯利岩与金刚石，提交了《关于如何寻找超基性岩和基性岩及有关铬镍等矿床的一些意见》（1959）的报告。

从 1960 年开始，在李璞先生指导下，研究团队还对中国基性–超基性岩的时空分布、岩石学、岩石化学、铬尖晶石类矿物和铬铁矿矿床，以及硫化铜镍矿矿床基本特征等进行阶段性总结。1963 年完成《全国基性–超基性岩及铬、镍矿》专著，该研究成果于 1964 年由国家科学技术委员会出版。李璞先生领导的团队有关基性–超基性岩的研究成果，曾获 1978 年全国科学大会奖。

1960 年李璞先生虽然离开了中国科学院地质研究所岩矿室，全力投入同位素地质地球化学实验室筹建工作，但他仍一如既往地关注我国基性、超基性岩及其相关矿产的研究工作，不断地与他的老部下进行学术交流，起到了领路人的作用。

一、祁连山的路线地质调查

祁连山的路线地质调查一共完成 15 条。李璞先生参加的有五条，另外还有三个专题研究课题。李璞先生所完成的路线中有两条是最长的（超过 410 千米，15 条路线中大于 400 千米的只有 5 条）、海拔最高（多在 3500 米以上，已近雪线），并最靠近祁连山主峰的山系中段。

1959 年在三年野外工作基础上，经综合分析，初步建立了祁连山地层系统；阐明地质构造特点及发育史；划分构造岩相带和编制成矿预测图。在地层工作中开创性的贡献有：

（1）首先对沿用多年含意不清的"南山系"进行划分，指出它包括寒武系、奥陶系和志留系，建立了标准剖面。

（2）其次，发现并肯定北祁连山加里东褶皱带和南祁连山加里东褶皱带的存在，指出前者具"优地槽"性质，后者为"冒地槽"。肯定柴达木北缘古老基底上的下古生界为陆台盖层沉积，与华北同期沉积相似。

（3）第三，南祁连山发现鲜为人知的上古生界和三叠系，最先提出南祁连山海西—印支拗陷带的存在。

全部研究成果都刊载在《祁连山地质志》（第一卷，1960 年；第二卷第一分册，1963 年；第二卷第二分册，1962 年）中，并于 1978 年获贵州省科学大会奖。

1956～1958 年在对祁连山进行考察的同时，也把分布在北祁连山、侵入在早古生代浅变质岩系和南祁连山南侧前寒武纪片麻岩系中的超基性岩与铬矿化分别列为研究专题，研究成果已经收入《祁连山地质志》第二卷第二分册（1962）。

二、铬 镍 矿

根据 1954 年开始到 1959 年对我国基性、超基性岩与铬镍矿床的调查研究，李璞先生对其产出的地质环境、时代划分、岩浆建造类型和矿床分类提出了系统的学术见解。

（一）产出的地质条件

在寻找超基性岩、基性岩、铬镍矿及其他相关矿床的远景地区时，最好能注意以下这些地质条件：

（1）地槽边缘或地槽区的复背斜带两侧；

（2）地槽区的内部古老隆起带的凹陷地区，地槽区古老隆起带的边缘；

（3）两个地质构造单位相邻接的深大断裂带；

（4）古地台的深大断裂带，及不同断裂的交叉点；

（5）地槽区有细碧斑岩发育的地带；

（6）地台区暗色岩系发育的地带的边缘；

（7）已知有超基性岩、基性岩的地点和矿点，以及已发现有砂矿及转石的地区。

（二）岩体的时代划分

我国超基性和基性岩侵入体的时期与造山幕相符合，也可以分为前寒武纪、加里东期、海西期、燕山期和喜马拉雅期。后者只出现于西藏南部喜马拉雅地槽的北缘和我国台湾的东部。

（三）岩浆建造类型

这类岩体的岩性及其物质组成随它们出现的地质条件而变化，我们可以把我国已知的超基性岩、基性岩侵入体分为三大岩浆建造类型：

（1）橄榄岩岩浆形成的侵入岩岩浆建造：这类建造以基性岩体为主，Al_2O_3 少；SiO_2 低；MgO/FeO 值相对较高，这是与世界各地相似的。

（2）拉班玄武岩岩浆形成的侵入岩建造：这类建造以基性岩体为主，它可与超基性岩共生或相邻出现。

（3）橄榄玄武岩侵入岩建造：它具有第一、二类的过渡性。

总的看来第一类岩浆属于镁质，第二类岩浆属于硅钙—镁质，而第三类可以称它为钙镁质。

具体的实例表明，镁质的超基性岩岩浆建造与铬的富集有关，在适当的地质条件下可以形成大的矿床；而后两类建造对铬矿富集不利，但对岩浆期的硫化镍矿来说，钙镁质的较硅钙—镁质的更为有利。对同源岩浆的热液硫化镍矿的出现两者都有可能。

（四）矿床分类

根据上述的看法，可将我国的铬镍矿床做如下的划分：

（1）铬矿

A. 赫根山型（内蒙索龙山型，可作为这一类的亚类）

B. 三岔型（祁连山）

C. 小松山型（甘肃）

（2）硫镍矿

A. 立马河型：该型与橄榄岩岩浆建造有关，岩体属于层状分异，硫化镍矿形成于岩浆结晶晚期并组成底部矿体。

B. 桃科型：岩体本身为辉长闪长岩，属于钙镁质的岩浆建造，矿床为热液贯入式。如果伴随发育有岩浆结晶晚期的辉石或辉长伟晶岩脉，则对矿床的富集更为有利。

（3）风化型的硅酸镍矿

它主要与超基性岩体有关，它的形成受气候、地下水性质、侵蚀地形和构造断裂等所控制。它在我国南方中生代晚期和第三纪早期有相当广泛的分布。

三、金伯利岩与金刚石矿床

1958 年李璞先生考察了苏联雅库特原生金刚石矿床。他根据金伯利岩产出的构造背景、国外的找矿经验、"卫星矿物"等的启示，通过综合分析，提出把黔东、湘西作为探索寻找金伯利岩的首选地区，并于 1959 年起组队在区内持续开展了找矿工作。

正是在李璞先生这一找矿方向的指导下，1965 年贵州有关地质队在镇远地区发现了金伯利岩，同年生产部门在山东蒙阴地区找到了具工业价值的原生金刚石矿床；1972 年在辽宁复县也找到了原生金刚石矿床。

另外在黔东南和鄂中地区发现了钾镁煌斑岩；川西、滇北、黔西南、湘中等地发现了富钾镁煌岩，其中湖南宁乡县的富钾镁煌岩还含少量金刚石。结合西澳大利亚发现富含金刚石的钾镁煌斑岩体这一事实，使人们意识到煌斑岩类岩石可能孕育着金刚石矿床，从而为我国开拓了一个新的原生金刚石找矿方向。

四、硅岩型铀矿床

最后还要提到李璞先生在我国铀矿地质研究和找矿方面的贡献。20 世纪 60 年代初，中苏关系恶化，苏方撤走专家，中国原子能事业只能独立自主进行。为解燃眉之急，根据聂荣臻元帅提出"大力协同"搞好核事业的部署，中国科学院地质研究所与核工业部地质勘探局开展了对口合作。我所由侯德封、涂光炽、叶连俊、李璞等专家领军，组成地质所最强大的铀矿研究队伍，并带队赴现场考察。

在仔细观察、分析、对比后，四位专家以他们的学识、经验、智慧，确认南方灰黑色硅质岩中的铀矿床与沉积环境有关，而非苏联专家提出的岩浆期后矿床。这一重要突破对以后铀矿的找矿、勘探工作产生了深远的影响。

1965 年初，叶连俊和李璞两位先生受地矿部邀请，赴西南、西北等地考察一批铀矿化点。他们注意到南秦岭地区有些矿化产于燧石层中，并发现了次生铀矿物，联系到在南方考察时观察到在燧石层中埋藏有工业型铀矿床，所以两位先生指出在这里可能存在较广泛的硅岩型铀矿床，具有极大的潜在价值。后经勘探证实，在南秦岭发现了我国"三线"地区第一个大型硅岩型富铀矿床。为此，我们研究所的"中国铀矿床的地质地球化学研究"获 1978 年全国科学大会奖。

参 考 文 献

李璞，刘若新，侯珍清．1962．祁连山的岩浆活动及变质作用：超基性岩和基性岩．见：中国科学院地质研究所编著．祁连山地质志．第二卷，第二分册．北京：科学出版社．7～51

李璞，解广轰，李锡林等．1962．祁连山的岩浆活动及变质作用：喷出岩．见：中国科学院地质研究所编著．祁连山地质志．第二卷，第二分册．北京：科学出版社．81～149

李璞．1957．中国已知的几个超基性岩体的观察．见：中国科学院地质研究所编辑，地质集刊，第 1 号，69～96

李璞．1958．中国若干超基性岩体及铬铁矿矿床的基本特征．全国第一届矿床会议文件，1958

李璞．1959．关于如何寻找超基性岩和基性岩及有关铬镍等矿床的一些意见．地质科学，(3)：71～72

李璞教授：中国同位素地质地球化学研究的开拓者和奠基人

于津生

（中国科学院广州地球化学研究所）

1962 年李璞教授在《科学通报》发表的《地质绝对年龄研究与地质科学》是我国第一篇系统介绍同位素地质地球化学知识的论文。该文对地质绝对年龄研究的发展史、理论根据、测定方法及其精确性、适用的地质测定对象、测定样品的选择原则、测定结果的地质解释等进行了介绍。

将国际上根据地质绝对年龄测定结果对基础地质学问题做出的创新贡献和研究方向概括为：

（1）独立地质建造（地质剖面、岩浆杂岩体）年代学的系统研究；

（2）前寒武纪地质建造的划分及前寒武纪地质发展史的研究；

（3）褶皱造山带的年代学研究；

（4）建立地质绝对年龄表；

（5）成矿年龄、成矿物质来源、矿床预测；

（6）研究探讨地球年龄与地壳运动的规律性；

李璞教授认为这门学科是一门以近代物理、放射化学、同位素化学理论和技术为基础的新兴学科，是地质学与物理学和化学结合的边缘学科，具有广阔的发展和应用前景。据此他对中国的地质绝对年龄研究发展提出了如下的意见：

（1）加速建立完善实验室技术系统，提高分析质量和速度；

（2）在开展以氩法和铅法为重点的同时，必须注意开展其他方法，使结果可以相互校正；

（3）注意地质绝地年龄基准点的建立，为制定我国地质绝对年龄年表打下基础；

（4）更密切的结合地质背景，广泛地应用同位素分析结果，探索地壳运动的普遍规律；

（5）成立全国性的组织，制定全国性的规划，结合实际需要程度，选择重点地区和关键性的问题，分工协作进行系统性研究。

一、开启中国地质演化史定年的"数字化"新时代

自然界的任何事物都是在一定的时空环境中形成、演化的，因而建立时间、空间的定量坐标是研究自然规律的必备条件。同位素地质地球化学的建立和发展，为地学研究提供了唯一的数字化时空坐标。

1960 年在李璞教授的带领下，在中国科学院地质研究所建立了绝对年龄实验室。当年在国内率先建成了 K-Ar 和 U-Pb 同位素年龄测定方法。1963 年李璞等在《地质科学》杂志上发表了第一篇根据中国同位素年代学实验室自己测定的年龄数据研究的论文《内蒙和南岭地区某些伟晶岩和花岗岩的钾-氩法绝对年龄测定》，同年在中国的英文版《SCIENTIA SINICA》杂志上发表了李璞（Li Pu）著名的英文文章 *Potassium-Argon absolute age of micas from the pegmatites and granites of Inner-Mongolia and Nanling Region of China*，从而向全世界宣告中国建成了同位素年代学实验室，同时开启了中国地质演化史定年的"数字化"新时代。

二、探讨中国重要地质事件和区域地质演化及成矿的年龄

李璞教授等 1964 和 1965 年在《地质科学》杂志上连续发表了《钾-氩法测定岩石矿物绝对年龄数据的报导》Ⅰ和Ⅱ；1966 年发表了辽东半岛岩石绝对年龄研究初步结果；在此期间还发表了一些其他相关的研究论文，据此对我国北方前震旦纪变质岩系年龄划分、北方震旦纪地层的年龄界限，我国古生代、中生代、新生代岩浆旋回的年龄分期等广泛的地质问题进行了讨论。

（一）内蒙古南部伟晶岩和变质岩的年龄

内蒙古南部代表一个长期隆起的东西向分布的前寒武纪地块，它位于华北地块的北缘，是蒙古地槽的南部边界。选择这个地区进行绝对年龄研究，一方面是因为这里广泛分布有伟晶岩，有利于采集适合做绝对年龄测定的矿物对象；另外这里分布有大量的变质岩，希望能从中找到代表华北台块年龄最老的岩系。研究的结果表明：

（1）在乌拉山南坡及集宁地区所得的 20 条伟晶岩年龄数据的地质含义是：320～360 Ma 应代表海西早期蒙古地槽回返褶皱运动波及本区所引起的岩浆活动时期。1890±90 Ma 应代表太古代末期最后一次岩浆活动的时期，也是本区太古代地质历史结束的时期。

（2）该区前寒武纪片麻岩的年龄值与侵入其中伟晶岩的年龄一致性说明，后期的岩浆活动使古老变质岩的原有年龄发生了改造，而趋向后期岩浆岩活动的年龄。

（3）该区海西早期的伟晶岩与铍的成矿作用有关，太古代末期的伟晶岩与白云母、金云母及稀有元素的成矿有关。

（4）结合已有的华北古老岩系年龄数据，说明 1800～1980 Ma 这一年龄组在华北分布的相当普遍。从而证明它在华北前寒武纪地质发展史上具有极其重要的意义。

（二）中国北方震旦纪的时代问题

中国北方广泛分布有震旦纪的地层，并建立了比较完整的地层划分顺序，但对其时间的上下限仍不清楚。根据采自景儿峪组中部、铁岭组上部和高于庄组下部三个海绿石 K-Ar 年龄数值分别为：737、1050、1185 Ma，并结合其他的相关数据可以初步判断，下震旦纪顶部的界限大致为 1180 Ma；中震旦纪顶部为 ≤1050 Ma；上震旦纪顶部为 ≤740 Ma。

（三）南岭及其邻区花岗岩类年龄的分期

南岭及其邻区是我国钨、锡矿床的主要产地。区内中泥盆世以前的变质岩分布很广，上古生代及中生代地层不整合于上述浅变质岩系之上，许多学者认为这一地区属加里东褶皱系。区内花岗岩体极其发育，其直接围岩多为前泥盆纪的地层，少数为晚古生代的地层；直接与中生代地层成侵入接触的很少见。因此关于这些花岗岩体的侵入时期就很难确定。李璞教授选择这个地区的目的主要是想通过绝对年龄测定，研究本区岩浆活动及其成矿的时间，并追索不同时代花岗岩体在空间上的分布关系。

根据对江西、广东、广西、湖南、贵州五省 39 处 48 个年龄数据分析对比得出下列的意见：

（1）可以肯定在南岭及其邻区有五次岩浆活动及地壳变动，其时间范围与相应的造山时期大致如下：

①元古代晚期：690～840Ma，为震旦纪；

②加里东晚期：370～410Ma，自晚志留世末期到中泥盆世；

③海西晚期：230～260Ma，自中晚二叠世至早三叠世初期；

④燕山早期：150～190Ma，自早侏罗世至中侏罗世晚期；

⑤燕山晚期：90～130Ma，自早白垩世至晚白垩世以前。

部分数据表明，在南岭地区还有加里东早期岩浆活动及海西早期地壳变动的迹象。

根据现有的数据，对燕山期的岩浆活动时间范围只能粗略的划分为燕山早期和晚期两幕，不能做再细的划分。但可以看出该区中生代的岩浆活动开始于晚三叠世末期。

（2）确定江西九岭花岗岩及贵州梵净山花岗岩为前寒武纪，其时代应属震旦纪，这是在南岭邻区已知年龄最老的岩浆岩。梵净山花岗岩的数据证明板溪群下部不应该晚于晚震旦世。已有年龄值证明在赣南、粤北、湘南及贵州东部都有加里东期的岩浆活动及地壳变动存在，海西晚期或印支期的岩浆活动在南岭地区也占有相当重要的地位，但燕山期的岩浆活动仍是主要的。南岭中段燕山早期岩浆活动很重要，而在南岭外围则有燕山晚期岩浆活动的出现。

（3）已得年龄数据完全可以证实南岭主要的石英脉型钨矿成矿期属燕山早期，成矿时间持续的相当长，自早侏罗世到中侏罗世后期，经历将近 20 Ma。但对单一岩体与其成矿时间的关系，目前的数据尚不能得出确切的概念。赣北和湘东北独立存在的石英脉型铍矿化与燕山晚期的花岗岩有关。在广西东部的硫化物型锡矿及铅锌矿床似乎也与燕山晚期的岩浆活动有关，它比南岭中段与钨共生的锡矿成矿期要晚些。

（四）辽东半岛地质发展史的年龄框架

辽东半岛是我国前寒武纪地层比较发育的地区，同时燕山期的岩浆作用也十分活跃，但在本区变质岩系层序、时代、岩浆活动定年等方面还存在有许多亟待研究解决的问题。辽东半岛是新中国建立初期的重要工业基地，这里的许多矿产资源在空间、时间和成因上都与变质岩和花岗岩有关，因而研究辽东半岛地质发展史就具有现实的科学和生产意义。1964 年李璞教授领导的课题组在从鞍山向南直至大连的辽东半岛主要地区内对一些地质上有争议的地点进行了野外地质考察和采样。根据83个K-Ar年龄和7个锆英石U-Pb数据讨论了如下的几个问题。

1. 鞍山地区混合岩化作用的分期

根据伟晶岩、混合岩、花岗岩及铁矿近矿围岩的年龄值，可将该区前寒武纪岩浆活动及混合岩化作用分为五期：

第一期：2440～2330Ma

第二期：2260～2110Ma

第三期：2031～1820Ma

第四期：1800～1770Ma

第五期：1630～1590Ma

其中2400Ma和1900Ma很可能代表两个重要的地质变动时期。

2. 鞍山群和辽河群的关系

鞍山地区出现的鞍山群含铁岩系不是辽河群下部的一个组，而是辽东地区目前已知的最古老地层。它经历过1900Ma和2400Ma两次强烈的变质。鞍山群的沉积年龄应该大于2400Ma，而辽河群的沉积年龄应该大于1900Ma。

3. 辽东半岛东南部古老变质岩系年龄再造现象

辽东半岛东南新金、庄河一带变质岩的锆英石U-Pb年龄均为2200～2300Ma，与角闪石的K-Ar年龄2359Ma很接近。但该区同类岩石的黑云母K-Ar年龄大多数为中生代。前者代表该地区变质岩和片麻状花岗岩的真实年龄（即原始变质年龄），而后者代表该类岩石受燕山期构造作用和岩浆作用再造的年龄。因而在研究古老变质岩的年龄时，采用多种同位素定年方法进行对比是十分重要的。

4. 花岗岩体的时代

花岗岩的年龄测定结果说明辽东半岛出现在辽河群及鞍山群中的花岗岩大部分是晚古生代和早期中生代的产物。可以划分为三期：

第一期：240 Ma

第二期：165 Ma

第三期：145 Ma

前寒武纪的花岗岩并不像前人所说的那样广泛。从本区中生代花岗岩年龄数值来看，它与我国东南沿海地区中生代的花岗岩年龄有一致性。在我国南方这一时期的花岗岩大都含有丰富的金属矿产，在辽东半岛地区是否也可以找到类似的矿床应引起注意。

（五）首次获得我国西藏希夏邦马峰地区岩石的绝对年龄

李璞教授领导的科研组对刘东生教授提供的西藏希夏邦马峰地区的岩石进行了绝对年龄测定。

希夏邦马峰区主要由一套巨厚的变质岩组成。刘东生教授把该变质岩命名为希夏邦马群，分上、中、下三部。最下部为眼球状石榴石黑云母片麻岩，从海拔5850m以上直到

8012m 顶峰均由中部细粒黑云母片麻岩和云母片岩并夹结晶灰岩层组成，在下和中部片麻岩中均发育有花岗岩和伟晶岩脉。在希夏邦马峰北坡出露被石炭—二叠纪板岩覆盖的最上部致密板状角质片岩层，因而希夏邦马群的时代肯定要老于石炭纪。

侵入下部眼球状片麻岩及中部黑云母片麻岩中的花岗岩和伟晶岩中的黑云母和白云母的 K-Ar 年龄均为 13 ~ 15 Ma。因而可以肯定花岗岩和伟晶岩的侵入时代是在中新世与上新世之间，它可能代表希夏邦马峰地区最晚一次强烈的地壳变动。

该群下部眼球状片麻岩中两个长石斑晶的 K-Ar 年龄平均为 35 Ma。这个年龄值与拉萨花岗岩中黑云母 36 Ma 的年龄值一致的事实表明，本区在始新世与渐新世之间发生过一次地壳变动。眼球状片麻岩中的长石保留了这次地质事件的信息，而其中的黑云母给出的 19 Ma 的 K-Ar 年龄可能反映的是它受侵入其中花岗岩的影响产生重结晶的年龄。

参 考 文 献

程裕淇，李璞. 1964. 关于我国地质年代学研究的一些成果的讨论. 科学通报，（8）：659 ~ 666

李璞，戴橦谟，邱纯一等. 1963. 内蒙和南岭地区某些伟晶岩和花岗岩的钾–氩法绝对年龄测定. 地质科学，（1）：1 ~ 9

李璞，戴橦谟，邱纯一等. 1964. 钾–氩法测定岩石矿物绝对年龄数据的报导. 地质科学，（1）：24 ~ 34

李璞，戴橦谟，张梅英等. 1965. 西藏希夏邦马峰地区岩石绝对年龄数据的测定. 科学通报，（10）：925 ~ 926

李璞. 1962. 地质绝对年龄研究与地质科学. 科学通报，（10）：12 ~ 26

中国科学院地质研究所绝对年龄实验室. 1965. 钾–氩法测定岩石矿物绝对年龄数据的报导 Ⅱ. 地质科学，（2）：106 ~ 112

中国科学院地质研究所绝对年龄实验室. 1966. 辽东半岛岩石绝对年龄研究初步结果. 地质科学，（2）：95 ~ 107

Li Pu. 1963. Potassium-Argon absolute ages of micas from the pegmatites and granites of Inner Mongolia and Nanling region of China. SCIENTIA SINICA，（7）：1041 ~ 1048

Li Pu. 1965. Geochronological data by the K-Ar dating method. SCIENTIA SINICA，（11）：1663 ~ 1672

Ли Пу. 1965. Определения Абсолютного Возраста Пегматитов и Гранитов по Слюдам Калий–Агоновым Методом в Районах Внутренней Монголии и Нанлина（КНР），Известия Академии Наук СССР，Серия Геологическая（4）：27 ~ 34

拓荒者们的足迹和硕果

——纪念西藏工作队随军进藏科学考察 60 周年

张倬元[①]原著　胡霭琴摘编

1951 年 5 月中央人民政府和西藏地方政府签订了和平解放西藏办法协议后，中央人民政府文化教育委员会，立即指令中国科学院组织多学科的西藏工作队，随十八军进藏进行综合性科学考察。

西藏工作队（全名是中央文化教育委员会、中国科学院西藏工作队）的 57 名队员由各大学及科研机构抽调，除少数年龄较大的科学家外，队员以中青年科技工作者为主。地质学家李璞先生为队长，副队长是电影编导方煌先生，秘书是地质学家王大纯先生。工作队分为地质、农业、社科、医药卫生四个组，组长分别为李璞（兼）、土壤学家李连捷、民族学家林耀华和皮肤花柳病专家陈济舟。

工作队由四川进入西藏必须横跨四条横断山脉，仅有一条解放后抢修的川藏简易公路。乘帆布篷军用卡车，每日只能前进百余千米。我们 6 月下旬由十八军后方基地新津出发，途经青衣江边的雅安、二郎山口到大渡河边的泸定。通过钢索吊桥后沿大渡河西岸北行，到达瓦斯沟与大渡河汇合口，转而西行沿瓦斯沟南岸溯流而上到达康定后，经过海拔 4200 米的折多山口，下山到达塔公寺。从塔公寺到雅砻江边的甘孜后，翻三条横断山脉只能用马匹和自己的两条腿。那一个多月的徒步行军几乎是每天都得翻越一座大山，骑马的中老年科学家也并不轻松，翻过雀儿山后到达德格前，好多马的脊背处磨破了。由德格出发到达金沙江边的岗拖，江面宽约 80 米，水流湍急，用一个大柴锅似的羊皮筏子渡江。到达昌都时已经是 8 月下旬。此后，科考队分为四个独立行动的科考组。

地质组九名队员于 9 月初从昌都出发。李璞、朱上庆、魏春海在昌都以南，三岩、贡觉、察雅、八宿一线以北地带开展调查工作；崔克信、张倬元、任天培则在上述一线以南的左贡、江卡等地带进行调查。王大纯、曾鼎乾、何发荣三人先在昌都以北工作，两个月后曾、何返回内地，王大纯先生赴拉萨开展工作。

两个小组野外调查工作持续到翌年一月，才返回昌都做阶段总结。又于 3 月一路西行，由嘉玉桥过怒江，翻越瓦合山到达洛隆宗后一路南行，翻越海拔 5100 米被深厚积雪所覆盖

---

① 张倬元先生于 1951 年 6 月，应中国科学院西藏工作队的征招，提前一个月由清华大学地质系毕业，作为该队的一名年轻队员，随十八军进藏进行科学考察。2011 年李璞诞辰 100 周年纪念活动组委会向张先生征稿，因身体健康原因，他没能为此撰写纪念文章，但他寄来了当年完成的《拓荒者们的足迹和硕果：纪念西藏工作队随军进藏科学考察六十周年》回忆文章，此文 3 万余字及 6 幅插图。关于李璞先生这段经历知情者甚少，因此这份资料弥足珍贵，故请中国科学院广州地球化学研究所胡霭琴研究员根据张倬元这篇回忆文章编撰成此文，以飨读者。

的邦家拉山口，再向南进入波密地区。于 7 月底翻越梭白拉，进入工部地区，8 月底到达拉萨。经过一个多月的阶段总结后，在 10 月上旬又分三组，分别调查拉萨东南、拉萨以北、黑河地区和藏北高原湖区的一部分。直到 1953 年的 2 月中旬，先后返回拉萨。1953 年 4 月底地质组全体 7 人由拉萨出发，一路作着路线地质调查东归，于 9 月中旬返回北京。

开展调查工作中，我们仅有国外版的 1∶100 万昌都幅和拉萨幅蓝晒的地形图，没有任何地质资料。在这样一个空白区进行地质矿产调查，沿行进路线绘制 1∶5 万路线地质草图是我们一项不可或缺的工作。我们的装备有地质锤、罗盘、放大镜、老式照相机，连计步器也没有一个。李璞队长用行进时间估算距离来绘制路线地质图。他有丰富的野外地质工作经验，以充沛的精力观察地质现象，有极其敏锐的观察能力和高度的综合概括能力。他在每天完成路线地质图的同时，总是绘出沿途的地质剖面图。日积月累，又绘制出一个较长地段或某个地区的地质剖面示意图，形成该地区地质构造的概念模型。

李璞队长形成了"沿金沙江是一个巨大的断裂带，是两个各不同区域地层系统的分界线"的概念。他要求大家尽快地找寻标准化石，以便及早确定这些地层的时代。18 个月的野外路线地质调查中，经有关专家鉴定的动植物化石约二百属种，为西藏东部下起中泥盆统上至白垩系的地层奠定了生物地层学基础。特别值得提到的是，在昌都地区进行路线地质矿产调查期间，李璞队长带领的小组，在澜沧江以东多处以石灰岩为主但不含煤系的地层中，采集到石炭纪的标准化石，在金沙江西岸的砂页岩石英岩夹石灰岩地层中，采集到泥盆纪标准化石，在侏罗纪巴贡煤系上覆白垩纪红层的石灰岩夹层中采集到六射珊瑚化石等。与此同时，划分出昌都地区、怒江上游及藏北湖区东部地区、拉萨地区、日喀则地区（雅鲁藏布江以南地区）等四个不相同的地层系统区域。

中国科学院西藏工作队地质组将寻找有用矿产定为首要任务。路线地质调查中共看到近 100 处有矿的地点，推测有 50 余处矿点范围较大，有进一步勘查的必要。

藏北盐湖区蒸发浓缩沉积盐碱类矿床的开创性研究，为以后调查、勘探、研究奠定了基础。虽然当地人已在藏北湖区东部发现并开采了硼砂、芒硝和碱，但是首次研究硼砂矿床成因的地质工作者，是李璞和魏春海两位先生。他们于气候恶劣的冬季，由黑河西行约 350 千米，到达产硼砂的班戈错，用三天时间对约 13 平方千米产硼砂的独立小湖做了较深入的研究。绘制了矿区地质图，挖了 13 个深约 1 米、个别达 2.5 米的试坑。分层描述了各试坑揭露的土层和含矿层的垂直剖面，圈定了产硼砂区域约为 2.15 平方千米。接着李先生还研究了棒错等 4 个湖的碱。对途经的奴律朋错等 11 个湖的地形地质做了较详细的调查，采取了这 11 个湖的水样和棒错等 4 个湖的碱样。光谱定性分析结果说明所有的湖水中都富集了多种盐分。调查还发现，各湖周围都有很厚的湖相沉积层，冰后期形成的许多大湖的水位至少比现在的湖水位高出十几米，由于后期的强烈蒸发，各湖的水位都大幅度下降，所有湖的面积都大为缩小，有的大湖被分隔为两个小湖，董错和棒错就是被高达十多米的湖相沉积层分隔而成为两个湖的。有的小湖则近于干涸。湖水中的盐分随湖水不断地被蒸发而浓缩，最终导致各种盐分按其不同的溶解度和不同的饱和度先后从湖水里结晶出来并沉积于湖底，形成了多种盐类矿床。这就是李璞先生对藏北湖区东部多种盐类矿床蒸发浓缩沉积成因的科学阐释，是开创性研究，李璞先生是当之无愧的藏北盐湖群蒸发浓缩沉积盐类矿床研究的创始人。他在近 60 年前开创的这一研究领域，经过后来众多地质勘探工作和地质工作者的详细研究，已经获得了很多重大成果。其中最为振奋人心的则是于扎布耶盐湖不仅发现了硼矿、钾盐矿，而且还发现了世界级的超大型结晶沉积碳酸锂矿。

属于有重大发现或有所发现的有：甲马铜铅锌多金属矿的发现并指出拉萨东西为一明显的多金属矿带；李璞和魏春海两位先生在藏北湖区东部的伦坡拉系地层中发现沥青脉，是一个振奋人心的重大发现。藏北高原伦坡拉盆地油气显示的发现，指出藏北高原是一个值得大规模油气普查的地区；昌都以东三个煤系地层及其中所含煤矿的发现，众多石膏矿的发现，指出昌都以东是一个明显的煤矿和石膏矿带。李璞先生等三人于巴贡东山及巴贡西北的扎马拉发现了煤矿露头，煤质近似半无烟煤。测绘了煤田地质剖面图、煤田地质草图等，并作出简要的煤田展望；李璞队长带领的小组在察雅附近和昌部附近发现了众多的石膏矿，其中最大的为共沙和达普两矿。

属于为重要或重大矿产指出找矿方向的是沿雅鲁藏布江和怒江成带的超基性岩体的发现，并指出这两个岩带的出露区是找铬铁矿的远景区。首次发现成带出露的蛇纹岩化超基性岩体，为我国稀缺矿种铬铁矿的找矿指明了方向。在地质部分的总结中指出："在雅鲁藏布江河谷区及怒江河谷区都有成带的超基性岩，这些地区无疑的应该是寻找铬、镍、铂的远景地区。在以上两个地区都有进一步详细普查的必要。"经过后来的地质工作者的普查和详勘，在这两个岩带内发现、探明，并开采了罗布莎等多个铬铁矿。现在西藏已经成为我国铬铁矿最主要的产地。

在西藏工作期间，部队迫切希望我们在拉萨附近找煤和在波密地区炼铁。20 世纪 50 年代初拉萨市的燃料是干牦牛粪。十八军进入拉萨之后，人口骤增，一些反动头人准备发动叛乱，下令不许向拉萨运干牛粪，部队有一个时期只能吃糌粑喝凉水。当时在拉萨附近找到煤矿是多么迫切的一项任务。李璞队长带领地质组五名成员分成三组，在拉萨南、北和黑河地区进行了为期四个多月密集的拉网式的路线地质调查。由于该区地质背景的限制，没能在拉萨附近找到煤矿。

部队领导提出，波密地区有铁矿，希望我们为他们炼铁。李璞队长在完成波密地区路线地质调查后，为了部队之急需，尝试着炼铁。六十年前那里不具备炼铁的任何条件。我们砌了一座高约两米多的土高炉，做了个大风箱代替鼓风机，用青杠木炭代替焦炭。点火后年轻队员们与十八军派到队里的学员们用力拉风箱，直到木炭全部烧尽，也未见有铁水流出来。总结经验再砌高炉，增加了石灰石熔剂，由于风箱鼓风燃烧木炭的温度，达不到铁的熔点，用这种方法是不可能炼出铁来的。

两年多的西藏地质科学考察，野外工作时间长达 18 个月。东起金沙江，西到定日，南至珠峰山脚，北至藏北高原东部的色陵错（奇林湖），包括昌都、丁青、波密、拉萨、日喀则、山南、黑河地区的一部分，完成地质矿产调查路线里程约 10000 千米。

西藏地广人稀，居民点之间距离很远，我们沿途工作，有时住在充斥着羊粪气息的"羊房"（草原上圈羊群的棚子，里面的地面上铺着厚厚的一层混有羊粪的干草），或在草原上搭帐篷，有时则露宿在海拔近 5000 米的小山丘上，因为高山反应，不仅头痛而且仰望星空久久不能入眠。在波密原始森林中一棵大松树下露宿，因为铺垫在下面的干草中隐藏着若干个饿跳蚤，咬得人彻夜难眠。西藏高原气候恶劣多变，在大雪封山的阴历三月，为了进入波密而翻越海拔 5100 米的邦家拉山口，由带路藏胞驱赶着一二十头牦牛，在一望无边一米多深的茫茫积雪中，冲出一条"雪路"。我们紧跟在开路的牦牛群后，走几步就停下来喘一喘气，艰难地在雪"胡同"中缓慢前进，接近午夜才到达目的地——扎喜则宗。有时途中突遇大雨，十冬腊月道路上很多地段被冰覆盖，人溜马滑举步维艰，不得不把冰表面敲成麻面，再覆上一层碎石，以便通行。藏北高原湖区气候最为恶劣，平均海拔在 4500 米左右，冬季最低气温可达-40℃，最高也只有 0℃。9 月至翌年 4 月为风季，下午一时左右起风，一直刮到傍晚，风大时沙土飞扬，能见度只有几米。李璞队长和魏春海先生于 1952 年 11～12 月气候相当恶劣的季节，在那个近于无人区的地区，完成了一个"8"字形闭合路线的地质矿产调查，并且有重要发现。其工作历程之艰辛令人难以想象，其克服任何困难的毅力也令人非常敬佩。

西藏地区科学考察报告从 1954 年初开始编写，至 1959 年 9 月最终出版，历时五年多。将各分组绘制的误差很大的 1∶5 万路线地质图汇总并缩编到 1∶50 万地形底图上，这个任务非常繁重，需要细心和耐心。虽然有绘图人员承担此项任务，没有李璞先生随时随地地指导与参加，这一套图件是绝不可能编绘出来的。其他诸如，各分组野外地质观察资料和随手剖面图的汇总整理和分析归纳；大量岩石标本的镜下鉴定；大量化石标本分送有关专家鉴定；矿石标本、盐湖水样分送有关部门化验或检测等项工作。所有这些几乎都由李璞先生独立担当。因为除李璞、崔克信先生留在中国科学院地质研究所整理资料编写报告外，其余五人都在 1954 年初返回原单位或分配了新工作。在 1957 年崔先生又被错划为"右派"，几乎被剥夺了工作的权利，所以只有李先生殚精竭虑地写作，才有这本地质科学考察报告的出版。这是西藏地质矿产的第一部著作，附有总长约 10000 千米的 1∶50 万路线地质图。李璞先生对他写出的西藏地质矿产的第一部著作并不满意。在该书的序言中他写出如下意见："这份报告在目前只能当做一些原始资料的初步汇集，全面的总结尚待以后深入的工作才能提出"。这正是他把这本著作命名为《西藏东部地质矿产调查资料》，而不把他叫做"调查报告"的初衷。这本著作出版之时，他正从事一项全新的研究工作，即同位素地质实验室创建工作。正当他在新的研究领域取得诸多进展之时，"十年浩劫"无情地向他袭来。刚烈的性格使他未能逃脱这场劫难，1968 年（时年 57 岁）他抛却了所有研究设想和计划含冤去世。我谨以这篇回忆文章纪念中国科学院西藏工作队进藏科学考察 60 周年，同时也纪念为西藏地质矿产调查工作作出重大贡献的李璞先生诞辰 100 周年。

追记同位素地球化学奠基者

——李璞先生所指挥的学科领域中"淮海战役"

陈毓蔚　　戴橦谟

（中国科学院广州地球化学研究所）

　　时逢我国同位素地球化学奠基者李璞先生诞辰 100 周年之际，也是我们的敬爱老师在"文革"时期含冤离去 43 周年祭，又是喜逢研究室生力军创优，同位素地球化学国家重点实验室获批、建成之年，三点构成一面，百感交集。

　　我们已年暮八旬，但缅怀老师之心由衷，对老师构建这座学科"大厦"基底的过程，记忆犹新；我们是老师的学徒，又是"大厦"施工中的两个施工业务组长，曾为基底构建献出青春。今借纪念之机，以老师壮举誉称为指挥学科领域中的"淮海战役"不以为过。老师这块坚实、宏伟的基石，是如何奠定这座学科"大厦"的基底与过程，是本文所忆所记。因此本文仅侧重于创建学科、研究室、实验室方面的取材写实，供共勉共学。李璞先生学术思想非常丰富、非常深刻，本文作者限于水平与篇幅，恕难就此反映出来，留下宽幅，有待其他共事同仁开篇。文中对李璞先生的事迹漏错在所难免。

一、建立学科的预见性

　　忆起 20 世纪 50 年代至 60 年代初，可以查读到的国外有关地质年龄测定数据的报道并不多见，发表为数不多的"时髦"数据，都尾随着"百万年"为年龄单位而引人眼球。它孕育着一个地质新学科的成长——同位素地质年代学、同位素地球化学在分娩出世。

　　"一万年太久，只争朝夕"。1956 年以侯德封所长为首、协同有涂光炽、李璞等一批中国地质科学家，胸怀宏略，抓住了良好时机，把"地质绝对年龄测定"列入我国《1956～1967 科学技术发展远景规划纲要》中的填补地质空白项目。在随后的几年中，随着李璞先生以秦岭铬、镍、钴、铂，辽东半岛的变质岩，内蒙古和南岭南方稀有、稀土和铀矿的找矿任务，李璞先生于无声处，踏上了瞄准"地质年龄测定"基点的选择；同时，所内按针对性计划，于 1956 年至 1958 年部署了培养技术干部的计划，分批送国外学习（陈毓蔚）和进修（戴橦谟、邱纯一、范嗣昆、王俊文等）；并于 1958 年组织应急人员以练兵为主，在所内着手以土洋结合的方式试造质谱仪器（章元龙、林卓然、姜昌元、李家驹、刘菊英、毛存孝、金铭成等），筹备实验室；应中苏两国科学院签订科技合作地质考察项目，1957 年李璞先生考察苏联科学院地球化学与分析化学研究所等单位地质绝对年龄测定实验室，并做了野外地质考察；1959 年苏联科学院地球化学与分析化学研究所派屠格林诺夫专家来华考察白云鄂博地质，借其时机，中国科学院地质研究所（简称中科院地质所）李璞先生会同地质部地质研究所程裕淇先生于北京饭店共同会见屠格林诺夫专家，并讨论了苏联所测定过的中国某些地区的绝对年龄问题，当时中国的地质绝对年龄测定技术尚处空白，急需填补；同样，1959 年底，应中苏两国地质部门协作邀请，苏联分别派波列娃娅和萨巴多维奇两位专家来华援建 K-Ar 体积法和 U–Pb 法年龄测定实验室，由地质部地质研究所和中科院地质所联合接待，但限于当时国内的器材、技术设备和缺乏主要仪器质谱计的投入，以及突发外因影响，未得预期效果，比如所安装的 Ar 析出器只能测定太古代和元古代的地质样品年龄，并且其数据也缺乏大气的 Ar 校正，无法发表应用；上述大大小小的攻关、攻坚之战，正在酝酿着一场大型的、含综合性兵种、创建学科实验室事关成败的、决定性战役。

二、舍轻就重，勇挑重担

1960 年春，一声惊雷响了。侯德封所长正式宣布成立同位素地质研究室（简称一室），指令李璞先生担任研究室主任，我国孕育多年的同位素地质学科研究机构就此庄重地正式成立了。原于 1958 年依附于岩矿室的同位素地质小组，在 1959 年底编并于新成立的第十三研究室，即同位素地质室人员，成为一室的基础（张翼翼、戴橦谟、范嗣昆、刘菊英、毛存孝、金铭成、邱纯一等）。新成立的同位素地质研究室是由多种专业的研究人才调聚一起，集结成团，那活似一支多兵种集团军，"集团军"司令就是李璞先生。这位知名的岩石学家，他对岩石学研究，本可驾轻就熟，当时年逾半百，"奉命改行"，领军新学科，此举轻重抉择，于己于事，谈何容易？但他为了国家的需要，毅然同意，决然从头学起。

三、学术思想先行

逝者已归，留者追记。半个世纪过去了，点击当今的电脑，追溯 50 年前的往事，记录是空白的。关掉电脑，开动人脑，翻开那 50 年前陈旧的笔记本，虽然它装订已经散落、掉页，纸张已经发黄，笔迹也已经褪色而变浅淡，但它却是记录着我们亲手所记下的铁铮铮的岁月史实。我们翻读着，翻读着，随着也翻读到我们人脑中的记忆，它把我们引进了半个世纪前属于我们的青春年代，他把我们送回到中科院地质所大楼西侧大实验室，又一次在聆听着、在记录着李璞先生给我们作研究方向指南的学术演讲。

"研究室的主导思想是同位素地质。以核物理及核化学为基础，广泛开展放射性与稳定同位素的分离测量；研究元素在地壳发展不同阶段的分异；衰变、聚变和裂变过程的变化产物，及其在不同地质建构中的丰度分布；解决成矿成岩元素的来源、动态及形成的条件；解决海洋沉积速度；测定古生物、地壳与陨石的年龄……"他接着说："上述问题的研究目的是为了解决我国矿产资源的探寻和开拓新资源，进一步揭示元素变迁与演化的联系……"

1962 年以前的主要任务是掌握多种同位素分析技术，从而结合我国稀有元素矿床研究和地史研究，承担全国各地绝对年龄的测定任务。

我们回读李璞先生在半个世纪前所提出的学术研究方向，与当今国内外研究极为吻合，足见他的远见卓识。当年，他把论述的手稿，作为中国科学技术大学地球化学专业的讲课内容的一部分，第一次编入讲义。

四、抓人才培养，建立技术队伍

李璞先生预见到这个新兴学科是必须建立在高尖学科电子学、真空学、高等分析化学、核物理、核化学与地质学相结合的高平台上的学科，其首要任务是抓人才，培养人才。李璞先生提出培养科技队伍的战略设想。他告诫我们："一定要培养出一支高学识水平，高科研素质的干部队伍，这是我们事业成功的保证。要从基础学科精湛提高，同时发挥多学科知识的相互融合，培养出一支单学科提升、多学科综合特色的同位素地质科研队伍。"

研究室建立初期，这支多兵种专业"集团军"，汇含自英、德、苏联国外学成归来者，国内名牌大学有北京地质学院、长春地质学院、北京大学、复旦大学、南京大学、南开大学、厦门大学、西北工业大学等毕业生，涵盖有岩石学、构造地质学、水文地质学、铀矿地质、找矿地质、核子物理、分析化学、放射化学、无线电电子学、机械制造等多学科专业人才，以及中国科学院在上海、杭州、天津应急特招的中学毕业生，应时培训的地校师生，以及挑选的部队转业军人。这些人员对同位素地质学学科方向、内容，多数人员是陌生的，各学科之间如何沟通、融合，共同建成一支新学科的生力军是面临的首要任务。

李璞先生对干部的培养计划既全面又细致。翻开记录本我们重温到他的要求："干部培养要结合方向任务，采用不同方式，积极加强干部的基本技术、基本理论及基本知识的培养，要定期考核"，"要求 1960 年前参加工作的研究实习员，在 1961 年底前必须通过一门外语、一种专业和有关实验技术的考试，地质人员参加一种测定方法的实验，参加进放射化学、Ar 法、稳定同位素、质谱室和选矿车间"，"要求见习员要参加红专大学、电视大学学习，并选送杨文昌到北京地质学院进修学习，派朱正强往苏联学习。"

李璞先生明确提出干部培养的指导思想和措施："多学科专业杂交、互教、互学、互相渗透"。在相当长的一段时间里，按序按需按专业排课（地质、构造、地层、核物理、放射化学、年代学、质谱学、真空技术），每天早上八点至九点，按时讲学。李璞先生以身作则，每课必听，并做笔记，他所精心讲解的岩石学，深入浅出，让外行人都听出门道，让人明白岩石与同位素地质的交结关键。他虚怀若谷，他听俄语课，课后特向留苏生卫克勤请教文献中专业名词的发音。他要求全室狠抓一门外语过关，由卫克勤同志教学、辅导、提高俄语水平；鼓励大家掌握第二外语，鼓励参加晚上的日、德语班学习，室里少数人员，如陈毓蔚等还参加科技文献索引中地球化学与放射化学等专题的每期翻译工作。

他对 1960 年新到的大学生培干计划是严谨而富有前瞻性的，除了俄语学后要通过阅读文献笔译考核外，还安排地质学专业人员进入实验室，学习、掌握一门年龄测定方法，独立地掌握实验操作，结合地质开展年代学研究。这为而后这批人的成才，奠定了重要的一课，为他们而后走向任何岗位，打下了成功的基石。

全面细致的培训要求与计划，规定各实验室组长须制定出不同职称人员的培养与考核制度。这些要求使得在室所有人员都有奔头，奋感直追，效果很好，当时许多小同志都取得大专文凭。

李璞先生这一套干部培养的教学内容，经过两年的补充提炼，1962 年铸就出了中国科学技术大学地球化学系同位素地球化学专业《地质绝对年龄测定》教学讲义第一蓝本，他亲临讲解地质学，开拓了我国同位素地球化学教学先河。1963 年完成教材修订本。在中国科学技术大学 09 系黎彤主任、姜传武教授等老师的辛勤教学耕耘下，教学讲义又经过多次的增补定型，广为我国大专院校和地质科研单位的重要参考资料。中国科学技术大学地球化学专业的毕业生，乃至而后的研究生，具有厚实的地质、数理化、技术学科基础，成为我国多个院校、科研单位的重要骨干栋梁，莫不与学生时期在校的教学高要求相关。

李璞先生从建室伊始就非常重视培养研究生，从 1960 年开始，他招收的研究生有张玉泉、胡霭琴、范彩云、穆松林等。

李璞先生特别关注中国科学技术大学地球化学专业送来做毕业论文、实习的同学，他对实验室组长、野外负责人都有特别的交代。先后有：许荣华、李彬贤、卜国斌、伍勤生、万国江、王松山、陈道公、胡霭琴、王先彬、陈江峰、王义文、谢鸿森、王连芳、周新华、吴嘉弘、侯茂胜、陈文寄、胡振铎、夏毓亮、陈才登、胡敬华、伍硕、黄依悌。

五、自力更生迎难上，亲抓关键破困境

俗话说，人算不如天算，1960 年冬，天灾人祸的因果报应突显，国家陷入极度困难，科研单位经费、器材设备、实验室用电都陷入极度紧张，许多部门几近瘫痪、半瘫痪状态。我们实验室 МИ-1305 质谱计亟待安装调试投入应用；放化实验室通风橱要运转、马烘炉要开动、蒸发皿要电炉烘干；K-Ar 组原有一台 Ar 析出装置，在从地质所市松公府夹道搬迁到北郊祁家豁子的运输途中那套由玻璃制作的真空活塞和管道断裂破碎，这一切的一切最急需的是供电。虽然北京市供电局给科研单位重点优先供电，所里也重点优先给同位素地质研究室供电，但是巧媳妇难为无火之炊，真空泵间断性供电，对仪器安全、防护威胁极大。大家心急如焚，总觉得不能天天开课听课不干活呀。这位知名的岩石学大师、同位素地质领军人、新任的"集团军司令"李璞先生有何对策？

一天，九点听课之后，李璞先生召开全室大会，他说："我们现在国家农业遭灾严重，我们的困难相比国家的困难是微不足道的，我们正处于要建立几个同位素实验室的时刻，没有电是建不成的，但我们不能坐享其成，我们必须在主客观条件上挖掘潜力，自力更生，克服困难，迎难而上；比如第一套析 Ar 系统，那是应中苏科学协作规划由苏联波列娃娅专家来华时制作的，许多真空玻璃活塞是市场上通用品，系统 Ar 本底大，破了就拆；第二套析 Ar 系统是由苏联科学院地球化学与分析化学研究所制造，运输中重要的高真空玻璃活塞破裂；现在我们只有自力更生，不破不立，有破有立，这是辩证法。市场上达不到科技规格要求，可求助于中国科学院半导体所，上门诚邀高级玻璃工师傅来帮助，科技特需器材只有自己制作才是活路，我们可以派人去学艺，当他们的学徒去，解决我们长久的需要。"他说："供电问题，当前十万火急，我们要向院部申请调拨一台柴油发电机，我们必须抓住关键，解决关键问题，提出办法方案，解决我们自己无法解决的问题。我们自己值班发电，解决供电问题。"大家听到了这个好决策、好消息，顿时那紧张的脸容松开了，显现出一丝满足的微笑。他紧接着说："自己发电是辛苦的，可能要让在座的几位部队下来的同志（转业军人）多辛苦一点，我自己决定搬到办公室来住，睡行军床与大家分摊辛苦，分享自力更生的乐趣。"大家听到李先生要来办公室睡行军床，那微笑的脸容又顿时惊讶而面面相觑。

我们没有忘记，在器材科张臻荣、王用民多次去院部奔跑下，在一个弯月刚刚挂上树梢的黄昏，一台国产的柴油发电机运来了。从卸车点到大楼二楼实验室窗下，还有一段距离，大家应用钢管垫底，人力推滚，后管接前管的办法，一段一段地推移前进。李先生亲自动手和大家一起卷起袖管，用那厚实的双手和臂膀，并喊出在部队训练有素的口令，一、二、三；一、二、三；……；李璞先生身先士卒，以身作则，众力之下，把这台柴油发电机推到定位。当晚就发起了电，个个兴高采烈，特别是那几位转业军人牛正银、刘凤庆、姜尚美、张子茂等人，忘记了他们由于粮食和营养不足，按下小腿就是一个大坑，还久久无法复原的浮肿双腿。

李璞先生辩证地分析形势，解决困难。平常他少言寡语，但是大家都很喜欢有时在聚会、过节时他说的笑话，听了都会让人笑得前俯后仰，什么弹棉花的故事等等，至今听者还记忆犹新。但最令人难忘的是，有一次，他说到在延安抗大听哲学家艾思奇的辩证法哲学课，没桌子，记笔记是在膝盖上记录的，睡的哪有他现在的行军床。这一席话，让我们深深感到李璞先生是以当年延安精神和辩证法看待问题、处理问题和指挥着这场"战役"，以延安革命精神拼搏奋斗，把存在的问题个个击破。

供电解决了，氧气厂因开工不正常，液氮断供了，质谱仪器缺液氮就像人缺了水，运转不起来，急需解决。李璞先生看准了中国科学院物理研究所低温实验室有重要的科研项目，一定开工，但不一定肯对外供应液氮，于是他亲自出马，带两位实验人员一起去中关村物理研究所，请求支援。结果很好，得到了根本性的解决。说来"可怜"，当时可没"的士"，更没私车，所里公车也因缺少汽油，不能保证天天运送，很长一段时间，还是那批可尊敬的转业军人踩着三轮板车，从中关村到德胜门外祁家豁子地质所大楼，顶着冬天的大西北风，来回运送。

李璞先生在同样的"请人协助"思路下，又是亲自出马，带着有关实验室两人员一起到院半导体所，请求支援借用特级玻璃师傅，到实验室吹制麦克劳压力计和小型高真空玻璃活塞，并请求接纳我室派金铭成同志专门去学习吹制实验室的玻璃器件。李璞先生亲自出马，用老科学家的面子，打开了三座协作大门，能不为之感动！金铭成同志经过半年的培训，成为当时同位素地质实验室第一位专业玻璃吹接工程师，并设立了附属玻璃车间，为全国同位素地质实验室首开先例。

六、关爱属下，品质高尚

为了大力协作，半导体所派来吴天恩工程师并随来两个徒弟。吴工自小敏慧，手艺精湛，但因他是该所大车间主任，工作很忙，只能于下班后赶来加夜班，困难时期哪有夜宵充饥，李璞先生不忍所受，拿出自己定量粮票和私钱，让实验室人员买了高价面条和酱油等物，给他们充饥。这在当时是最好的礼遇了。他还用自己的粮票支援给室里的转业军人，因为他自己住在办公室，那段时间里，他参加化学组的实验操作，见到化学组人员也毫无例外，天天加夜班，组里的同志们夜里饿得慌，就打开组长高价买到的北京六必居的酱菜，带着酱汁冲对开水喝下充饥。

李璞先生爱护别人胜过自己，关心别人众所周知。十分遗憾，李璞先生此时自己也得了浮肿病。科学院干部局为了爱护、照顾老科学家的健康，组织轮批到青岛疗养院疗养三周，地质所推荐李璞去，当时他的健康情况正需疗养。但是，他向所领导报告，反映戴橦谟不仅浮肿而且胃十二指肠溃疡出血，推荐戴去疗养。

在那 20 世纪 60 年代初，国家灾年困难时期，李璞先生把国家照顾科学家的食品，分发给别人，还多次汇款给室里有困难同志的家里。他的高尚品质广为人颂。

七、为国立业，携手奋进

"以人之长补己之短，以己之长广纳同行"，这是李璞先生在创业中彰显出"为国立业"、"携手奋进"的可贵的指导思想。这不仅体现在建室初期的"学科杂交"、"互教互学"的培养干部上，它更突出地表现在与兄弟单位的协作与交流上。

众所周知，原中科院地质所与原冶金部地质研究所（简称冶地所）在地质学、成矿研究和矿区工作等方面，协作无间，关系良好。李璞先生把野外的良好协作关系延伸扩大到实验室合作中来。原冶地所把一台新到的德制 CH4 型质谱计，搬到我所同位素地质室，成立稳定同位素联合实验室，成为我国稳定同位素地球化学研究的先行者。随机同来的留苏毕业生陈民扬为组长，还有霍卫国、李纯生、刘杰仁、袁鹤梅各持技术特长的五位科技人员。这一下顿时壮大了队伍，加强了我室王丽芝、潘曙兰、李爱贵正在建立落滴法和浮沉子法测定氧同位素工作的人员力量。李先生非常重视该项合作，常到实验室亲临现场协调和关注邱纯一和陈民扬带领下两方的得力干将们互学所长，及时解决急需人力和物件的调配。

在 CH4 型质谱仪调试阶段，李先生从我所二室调来留苏归来的杨凤筠及赴苏遇阻的朱正强，与科大进修老师张鸿斌和陈民扬等共同开展硫同位素的矿床地球化学研究。同时新分配来的同位素化学专业毕业的裴秀华和电子专业的刘德平，会同冶地所的李纯生、袁鹤梅化学专业人员，共同组合了一个强大的稳定同位素地球化学研究团队。由于实验所用装置与 Ar 组雷同，李先生将该组暂编于 Ar 组内，较顺利建立起玻管吹制、真空系统、加热装置等，两班人员互通所有，使硫的工作进展既快又顺，联合实验室高速度地调试好 CH4 型质谱仪，硫的析出、纯化系统的也快速建立。李先生根据中国铜矿床地质研究的需要，于 1964 年提出由杨凤筠、陈民扬等对吉林盘石红旗岭基性–超基性岩型铜镍矿区进行硫同位素地质研究，首开研究基地。硫组同志们未辜负李先生的教导，如愿提交出出色研究成果，次年就发表首篇硫同位素测定数据。这支合作队伍在国内首开氧、硫稳定同位素研究工作，相得益彰，建立的合作实验室长期合作无间，深得国内同行赞颂。大家都认为这是冶地所领导与李先生的倡导下结下的硕果，均想都来分享。

因研究室搬迁到贵阳，两所合作终止，但这支合作队伍在国内首开氧、硫稳定同位素研究工作，相得益彰，从未停止过兄弟般紧密交流，深得国内同行赞颂。到贵阳的一段时间之后，杨凤筠同志调往天津工作，为便于发展，研究室决定原并存于 Ar 组的稳定同位素由 Ar 组分出，独立成立稳定实验室，室里指定于津生同志负责该组；沿袭和发展稳定同位素在多领域中的应用研究（成员有裴秀华、张鸿斌、刘德平、张国新、虞福基等人）。承担所里重点课题中富铁会战和层控矿床等研究中同位素地球化学研究。

CH4 型稳定同位素质谱计是一只"老母鸡"，借机下"蛋"。在中科院地质所分所搬迁贵阳后成立中国科学院地球化学研究所，争得一台新型的 MAT–230C 型质谱计，为广开稳定同位素研究工作立下了功劳。CH4 首开合作，为而后两单位在国内独立开展稳定同位素研究，在矿床地质、花岗岩类岩石、矿区，在青藏高原、东部海洋、油气、大气降水以及建立全国标样，做出了高质量高水平的研究成果，起到了良好开端作用。

人们一直难于忘却稳定同位素组裴秀华同志，她在实验工作中因公负伤，双手被定为一级伤残，但她牢记着李璞先生生前多年盼望要尽快开拓我国硅酸岩中氧同位素研究，她承受双手几乎失去功能之苦，仍然坚持发挥她的同位素化学专长，继续建立和维护五氟化溴氧化法的镍–不锈钢操作系统和浓硫酸法测定碳酸岩中碳、氧的真空熔样系统，这些系统的建立及时地发挥了作用，MAT–230 质谱计进行了急需的氧同位素测定。她没有辜负李璞先生生前的教导。

八、地质人员与技术人员组合，以方法建组各个击破

查看记录本记录，1961 年研究室发展具有相当规模，人员 43 人，研究员 1 人（李璞）、助研 2 人、研究实习员 30、见习员 9 人、技工 1 人。全室划分 4 个组 2 个车间：化学组（放射性同位素组）、Ar 组（含氧、硫稳定同位素）、质谱组、核子地球化学组（直属侯德封所长指导）、选矿车间、玻璃车间。仪器设备有：质谱计（МИ–1305）、Ar 析出器 2 台、静电计 1 台、重水测定器、火焰光度计、偏光显微镜、能谱、γ–探测仪、磁性选矿仪。

建室初期，李璞先生要求每位实习研究员要参加一种方法，要进一个实验室，参加实验室的实验测定操作。他以身作则，对自己要求更严，参加了化学实验室、质谱实验室和析 Ar 实验室等所有实验全过程，在实践中了解问题所在。

九、深入实验第一线，促进各组技术创新广开新技术交流之门

（一）重视、关注化学组工作进程

李璞告诉我们，他在剑桥留学时，常到化学实验室做岩石全分析，所以当他来到化学组实验室时总带有微笑并略显轻松感；他在怀旧，他在返青！但又十分认真地执行操作规程、观察并记录着化学反应。他极有兴趣掌握居里夫人时代的放射性氡的静电计测量技术，有时还会对年轻同志悄声地作些指点，他曾说："提出的分析测定技术，首先自己先鉴别一下其适用与否，不要得大结论，要做出一个数据算一个，但要求快速进行。"李先生对化学组明确地强调："同位素地质研究室里化学组的工作要点是从事具三大放射系列的天然铀、钍元素及其衰变产物——子体同位素的高精度定量测定和制备供固体质谱带状离子源所需求的高纯度样品。"由于研究的矿物种类繁多，其中放射性元素及其子体同位素含量又取决其地质年龄的差别，由此李先生认定化学组的实验是一项高精度、极精细且含放射性的测量技术，重要的是务必掌握矿物学基础知识要求的科研工作，一定要与固体质谱计紧密协同，化学组实验室也是发展今后建立固体同位素计时的始发地。因此，组里技术人员，都是李先生选录的来自高等化学分析、物理化学、放射地质学、放射化学等专业的学生，他还从外室选来年轻优秀的稀有元素矿物分析的技术人员戚桂英、水文地质室的张汝惠，及数名地质学校毕业的部队转业军人姜尚美、张连福、杜日新等，使得化学组成为室里一支别有特色的多兵种综合的小团队。

李璞先生要求化学组在固体质谱计未到达期间，一是加紧放射性元素分析方法的确立，

二是开展铀–铅法的矿物适应性研究工作。李先生亲自讲授矿物学基础理论：晶体结构、阳离子的配位数、化学组分及影响矿物稳定性的因素，如元素电价、元素存在状态、放射性元素含量对矿物的稳定性、变价元素的存在等等。启发我们开展研究放射性元素及其子体同位素在各种矿物中存在状态及其在遭受后期地质作用时的迁移能力，乃至直接影响年龄值的可靠性判定。这是对化学组人员具有开创性高层次的要求，而当时国外仅少数专家在探索。

李璞先生曾精辟地指出，分析化学已经是一门很成熟很经典的学科，突破不容易。化学组新方法新手段的革新，要取得突破性成果非常不容易。同时，李璞先生站在发展全国的同位素地质制高点上，高风亮节，广开新技术交流之门，视同行为战友，欣然欢迎、接纳外单位派来人员学习。此时，化学组接待了二机部三所李喜斌和李雪萍、地矿部地质所龙文萱和张振海、冶金部地质所郭秀珠等前来进修的兄弟单位的同志们、中国科学技术大学地球化学专业提前选拔的优秀学生许荣华等。他们在化学组形成了同学习、同实验、同出成果的科研三协作大好局面。此时，化学组取得许多可喜结果：扩大测定对象、减少样品需求量、提高分离分析效率以及同一称样中按序测定多组元素等。同时，桂训唐、刘菊英等结合镜下挑选样品，发现不同粒度、不同颜色的晶粒测得不同的 Pb/U 值。许荣华、李喜斌等在铀矿物不同层位测出 U、Pb 同位素组成异样分布特征，很快发表在原子能科学技术刊物上。还有由卢伟、戚桂英、姜尚美等淋滤法和射气法等获得子体同位素的稳定数。化学组于 1963 年起接受 58 级、59 级科大地球化学专业同学的毕业论文时，安排周新华的题目是"高温化学法分离岩、矿中微量铅为质谱分析铅同位素制样"。此法分离流程与化学法完全不同，他能独立完成，与其他同学一起获得李先生与学校老师赞扬。

接纳学习、共事的技术人员，后都成为同位素地质同行中的技术骨干，为我国同位素地质年代学做出大量的优异成绩。

化学组为配合 K-Ar 法的需要，由王俊文带领伍勤生、范先敏、杜日新以极其严谨的态度从事这项常量分析工作，结合云母类矿物与结晶时期岩浆成分有关，不同类型岩石中 K 的含量有差异的特点，定出不同的分析流程；由火焰光度计测定转向火焰分光光度计法，所取得高精度 K 含量，保证了 K-Ar 法年龄值计算的可靠性。同时带领施泽恩、成忠礼等筹备建立 Rb–Sr 实验室的先期性工作。

（二）狠抓氩组早出数据

狠抓氩组早出数据、多出数据为建室出成果带路；要求不断技术创新，提高真空技术、提高气体纯化技术、革新外加热熔样为内加热熔样，减少用样量，降低成本，提高速度，为质谱分析提供高精度纯 Ar 测定，这是建室初期李璞先生在室务会议上对 Ar 组提出的要求。在李璞先生的指引和要求下，金铭成、姚林褆、孙宝元三位同志不仅是 Ar 法实验室日常工作中的主力，又是技术创新的能手。金铭成是李璞先生亲自送往院半导体所学习玻璃真空活塞、器件吹制和真空系统焊接特种技术，并在电视大学进修学满，他不辜负李璞先生的栽培，因吹接玻璃技术高超，全室人都叫他"金总"、"老黄牛"，而后他与贵阳化学所专程来京学习、交流真空系统焊接的卢承祖，都成为知名玻璃技术师傅。姚林褆是李璞先生从野外至实验室一直很关怀和培养的人才，李璞先生派他到中国科学技术大学电真空专业进修，又送他去中国科学院电子研究所、物理研究所进行培训、实习；他是一位静心动脑又动手的人，经常默默地改进了有关实验技术上的小技巧、小部件，他又是值夜班出数据最多的人，室里人都叫他"夜猫"。孙宝元擅长真空技术，默默干活出数据，有人叫他"老实头"一点也不错。杨学昌是李璞先生亲自派往北京地质学院进修学习的人员，在野外工作中是李璞先生的重要左右手，又是培养成才的室内选矿高手。李璞先生要求参加实验室的地质专业人员，除参加实验测定样品外，都各有侧重地分工研究矿物适应性工作，如张梅英侧重研究暗色矿物云母、海绿石矿物适应性，徐淑琼侧重研究浅色矿物长石适应性，范嗣昆、钟富道、程学志侧重研究角闪石、全岩适应性工作。他还要求 Ar 组广纳外单位学习、交流人员，如北京大学（佟伟、徐步台、丛福臻等），南京大学（方中、王土耕），长春地质学院（林尔为等），地质部地质所（于荣柄、白云彬、张志超、罗修泉、白寒珍等）及所属大区测试所（南京所李坤英），冶金部地质所（陈民扬、袁鹤梅等），湖南地质局（刘树林）等多个单位同行技术人员。他们都是各自单位的 Ar 法实验室创建者。组里培养了刘凤庆、牛正银、连银、张子茂四位转业军人学习电真空基础技术，掌握真空技术操作，使他们成为 Ar 析出器的高真空获得技术操作人员。

李璞先生特别关注当时科大老师张鸿斌、王慧芬所带领和分配在 Ar 组做毕业论文的学生，包括在校的论文题目，要求他们都要结合新技术创新、新矿物探讨研究，以开展论文研究工作。因此历届同学中，如胡霭琴、陈道公、王松山、朱炳泉、陈文寄、胡振铎、夏毓亮等人的论文题目与结果，都为当时 Ar 法新技术创新、新纯化剂应用、石英高温变相、Ar 在晶格中的扩散理论和霓石、霞石新矿物测年等做出了领先性成果论文，深得李璞先生的赞赏。

李先生经常悄悄地步入 Ar 实验室，给人看似他对 Ar 法"情有独钟"或偏爱之感。其实，他最关心的是希望 Ar 法技术革新，摆脱"少、慢、差、费"，走向"多、快、好、省"，鼓励赶超国际先进技术，是他到实验室老生常谈的话题。他那要求不断革新的思想，促进了 Ar 组而后相继采用内加热法、Ti 蒸发泵纯化法、无油超高真空提 Ar 系统、^{38}Ar 同位素稀释法、慢中子活化法、^{39}Ar–^{40}Ar 快中子活化法，乃至 20 世纪末进行的激光单颗粒熔样的年龄测定技术，都受到李璞先生技术创新思想的深远影响。

（三）关注质谱组，勇挑重担

李璞先生说没有质谱同位素分析就没有同位素地球化学，质谱是重中之重。但是，由于西方国家的先进技术、设备的封锁，科研极受限制。这点，李璞先生有超前的预见性，在他的规划中，早已给苏联学成归来的邱纯一组长安排了重任：首要的任务是让他接纳多专业人员（化学、真空、电子技术、电子线路、地质构造等），培养技术人才。邱纯一毫无保留地将他在苏联所学到的技术转化为组内同志的培训、辅导资料；派柴保平到中国科学院举办的真空基础理论、技术学习班；组内培养了孟传欣、陆自超等两位转业军人，成为出色的电子线路维修、真空维护人员，保证了仪器的正常运转；带领毛存孝、洪阿实、柴保平等同志于1961 年 5 月完成 МИ–1305 质谱计的安装、调试，加速了投入 Ar 同位素分析测定的使用进程，提高了系统真空度，提高了 Ar 气体同位素测定的精度、降低了本底值，及时完满地完成了 Ar 组提供的首个标准样及急需测定的样品分析。质谱组为我国首批 K-Ar 年龄数据的发表，引起了国际重视，为国争光，做出了重要贡献。

1962 年，时逢中苏关系破裂，原为苏联援建北京分析仪器厂和中科院仪器厂制造质谱计项目被撤。为此国家决定该项目由两厂联合自制。此时质谱组组长邱纯一被两厂聘为技术总顾问、讲课，与两厂主要技术人员庞世瑾、王梦瑞、季欧等开展 ZHT-1301 固体质谱计仿制工作（仿 MN-1305 质谱计），事后，通过标样测试，表明仿制成功。

与此同时，质谱组还要承担与原冶金部矿产地质研究院合作的联合实验室 CH_4 型质谱计的调试分析，并投入 O、S 同位素测定工作。这就意味着质谱组对内要接三招：气体 Ar 同位素测定、固体 Pb 同位素测定和 O、S 同位素测定；对外再接一招，联合制造 ZHT-1301 固体质谱计。质谱组本来是处于大楼最西侧最静处，这时却显得异常忙碌而热闹。他们不仅于 1963 年前如期完成任务，而且取得超预想的成果。组内一位两次赴德学习培养的张翼翼同志，兼研究室党支部书记，他参与协助邱纯一组长业务组织工作。在参加一些分析技术任务的同时，发挥他的地质优势，于 1961 年在全室会上做了一个 Pb 同位素的文献调研报告，并与化学组结合，以特制炉状源的方法，用 CH_4 型质谱测出硫化铅的 Pb 同位素组成。李璞先生对此很重视，指出此法拓展了金属矿物、矿床学、岩石学地质研究内容方向。

（四）重视关心核子地质研究组

核子地质组列为一室四组，是从事侯老提出的"自然界原子核裂变作用引发元素演变"新学术理念的研究。实验室以能谱仪等放射性测量设备为主体，故又称为能谱组。李先生非常尊重侯德封所长提出的新学术思想，极其重视侯老委托于一室组建这个实验室，并将它视为同位素地质室的重要学术基础之一。

该实验室成员中有欧阳自远、于津生、赵树森三人，他们曾是所里选拔、拟于 1960 年派往苏联攻读研究生，后因中苏关系恶化未能成行。1961 年 9 月所里改派前两人赴中国科学技术大学进修与原子核物理学有关的课程一年，1962 年 7 月赴中国科学院原子能研究所参加直线加速器低能核反应实验半年，1963 年初回所，被分配到一室"核子地质组"工作。赵树森由原所长秘书转入一室里负责建组，该研究组成员还包括苏联回国的留学生卫克勤、夏明及宗普和、梁卓成、周秀云等。

1961 年起调试成功的能谱仪，用于测定岩矿中 U、Th 等放射性同位素，并开展 α-Pb 法。

李先生指导该组：

（1）加速文献调研；

（2）与同位素地质年龄工作紧密结合，欧阳自远、赵树森参加以内蒙古集宁地区伟晶岩野外地质调查工作为前期探索起点；

（3）由于李先生曾访问过苏联科学院一些重要研究所，了解苏联正在进行的与核子地质有关的研究工作，授意该组对这些前瞻性科研方向应予关注。

四组人员经过这些前期的重要业务培训，基础知识功底和科研工作能力得到了大大增强，应时地参加了国家急需找寻铀矿任务，随后承担了重要的国防军工相关的应急科研任务。

十、明确野外地质基地，南征北战以老带新

1961 年，一言以蔽之：艰难的岁月，可喜的成长。经过一年多的努力，研究室的干部、设备、技术三大问题已基本解决。

李璞先生提出了野外基点，选定南岭、内蒙古以及而后的辽东半岛为切入点。这是他通过大量的野外室内调研，结合找矿（稀有、稀土、铀矿工作）任务和成岩成矿时空上存在的问题、争议、不确定性等方面提出的基点工作区。他详细地在室里做了调研报告之后，在安排野外工作时，详细地谈了南岭地质的特点及开展研究的内容与要求；从苏联学习归来的王联魁同志也作调研资料汇报，对南岭地质做补充介绍，并对今后的研究问题提出几点具体设计方案，为协助李璞先生带领室里年轻同志进行野外工作，提供可贵的参考价值。常秉义和范嗣昆两位在组里也做了调研工作的发言、交谈意见。李璞先生着重指出：年代学研究要与地球化学、构造、地层学密切联系起来研究的重要性。

1962 年李璞先生在全室工作大纲中明确提出要求目标：以研究南岭区及华北区（内蒙古）、河北地区为主的绝对年龄测定工作为主，并参加花岗岩与放射性矿床研究工作，开展野外工作。

同时对室内工作提出全面部署：

（1）对各实验室在已有的基础上加以巩固提高，使已有实验室完备起来；

（2）提高工作效率和质量，降低实验成本，进行技术革新；

（3）争取一些必要的仪器设备，建立氧同位素实验室和放射性元素测量实验室；

（4）加强干部的基础培养；

（5）尽量搞好所内外方方面面的协作要求；

（6）做出科研成果。

提出野外地质的具体研究项目：

（1）岩浆变质及成矿建造地质绝对年龄研究及基准点的建立。

南岭区（江西、广东）14 个花岗岩体及其有关成矿研究，较系统地研究三个（岩相较复杂，同时有矿的贵东、雅婆髻山和武功山），其他的只做一般的地质剖面观察及标本采集。野外工作时间 1~3 月，9~10 月，其他时间为室内工作。

（2）内蒙古（集宁、白云、三木代庙）伟晶岩及变质岩的绝对年龄研究。

在 1961 年的基础上对集宁伟晶岩、变质岩进行重点的研究 A_3（太古代），白云区花岗岩及成矿年龄可以配合二室工作进行，我室参加二人。

除上述的两项主要任务外，并部署相关的项目：

（1）河北某些地点（密云、富平、桑干河）的变质岩、花岗岩及伟晶岩的绝对年龄测定，我室与科大三年级学生共同进行。

（2）某些放射性矿床的绝对年龄研究，结合全所大项目工作进行，担任含放射性矿物的 U、Th 地球化学及绝对年龄测定。如地质绝对年龄基准点的建立及其他单位提交的标本的绝对年龄测定。自己调查 10 个左右基准点并承担室外交来标本绝对年龄的测定。

（3）标型花岗岩类岩体 U、Th（及其同位素）。含分析方法和分布规律，结合白云、贵东及北京郊区三个岩体进行系统标本采集，分析研究某些 Fe、Mn 氧化矿石（密云、鞍山、

白云、湘潭）氧同位素，较系统地采集密云铁矿、鞍山铁矿及湘潭锰矿样品进行分析研究。

建立实验室及仪器改进和技术革新：

（1）改进 Ar 析出器及 Ar 同位素质谱分析技术及仪器设计；

（2）建立 Rb-Sr 法实验；

（3）放射性物理测试实验。

随着室内外工作的深入，设备技术改进提高，与科学仪器厂合作仿制的 ZHT-1301 固体质谱计预期可成；Ar 析出系统硅碳棒外加热石英管改进为内加热反应器，以及新型纯化剂的应用和硫稳定同位素分析测定的应用等，都大大促进了研究任务水平的提高，因此在规划 1963 年上半年的任务中，提出补充修改研究项目。

十一、亲带队伍野外采样，亲自鉴定整理数据

李璞先生所部署的野外地质基点，都与当时国家急需的金属矿产、必须解决成矿成岩时代密切相关。他带领一支年轻的地质人员，从掌握实验技术操作的实验室里出来，与他一起带着罗盘、锤子、盘尺，迈向野外。他重于实践，善于观察，亲自动手，与年轻人一起采样，不畏艰险。他朴实无华，艰苦朴素。有一次在江西野外回城，住地区招待所时，门房不让他进去，以为他是这一班人马的搬运工老头子，这个故事传为多年的笑话。

1962 年是创建学科的关键年，他紧紧抓住两个关键：野外采样的代表性和实验数据的重现性。他重视野外采样所具地质过程代表性，回室后，又非常细致地、认真地进行镜下观察、鉴定；送进实验室的测定样品都有详细野外地质背景和显微镜下观察描述。对室内外测定样品数据都亲自严格审查，要求采用的数据必须是重复样测定，数据在实验误差范围之内。

十二、剑桥式管理，严谨求实治学

李璞先生亲临研究室内外第一线，从野外采样到室内出数据，了如指掌，数据发表胸有成竹，做到心中有数。他的科研严谨性对培养下一代年轻人的科研素质影响深远。那些与他一起野外归来又回到实验室参加实际测定的地质人员，他们对自己所采的样品所测的数据，在实验记录本上详细记录之外，还另抄一张小纸条放在自己身上，工余之际，就拿在手上琢磨着、考虑着自己的数据。李璞先生曾风趣地说"他们掌上有明珠"。

这不是近代开放实验室的雏形吗？说来，当时的一室（对外简称），还真是一个关起门来的"开放实验室"。一室处于大楼二层的一个走廊拐角，与大楼走道隔开，在这个封闭式的拐角，有五个实验室，两个小车间，四个办公室。其中李璞先生有一个小办公室，摆放一张办公桌、三个书架、二张活动椅子，空余之地也就是"立锥"之地了。他常在办公室，召开小会议，自带凳子，摆在门口和走廊过道坐着，有时听到关键问题时，就得站起来探头侧望他，活似企鹅。另三个办公室摆放着 18 张办公桌椅。1962 年容纳本室人员 43 名，外单位学习人员多达 20 人，学习人员中，相继穿插而来的单位有：北京地质学院、北京大学、长春地质学院、南京大学、兰州地质所、原冶金部矿产地质研究所、原二机部三局地质所、原地矿部地质所及所属大区的地质实验室、中国科学院大连化学物理所、中国科学院沈阳金

属所等。中国科学技术大学地球化学专业的实习生也在本室进行毕业论文实验工作。当时，李璞先生有几句至理名言："我们是研究室，是实验室，不是东安市场，不是王府井百货大楼，南方的同志就不要穿拖鞋上班，我们把走廊隔开，就是要求一个宁静的科研环境……"大家都牢记着他的要求，默默地在那块角落之地，沿着李璞先生所指引的酷似英国剑桥大学式的学风、在这个酷似"开放实验室"里，严谨、求实地耕耘着科研工作。实验室制定有一套严格的科学管理制度，小组定期业务会，个人定期工作进展汇报会，大家按着完整的实验操作规程和设备管理制度默默地工作着。

十三、奠定坚实研究实体，谦虚对待成绩，谨慎对待成果

成果不负有心人，1963年这个研究室终于发表了我国实验室自己完成的第一篇同位素地质年龄测定的数据研究成果《内蒙和南岭地区某些伟晶岩和花岗岩的钾–氩法绝对年龄测定》。它向国际宣布了中国在这个学科上填补上了空白。当时，建立年代学实验室的国家还为数不多，因此，受到了国际上重视，法新社专题报道了这一消息。中国科学院科学仪器厂与本研究室质谱技术人员联合仿制的ZHT–1301固体质谱研制成功，测定Pb同位素也取得了突破性的成就，相继于1963年10月，化学组成功制备样品测得内蒙古集宁地区伟晶岩中放射性矿物的年龄，结果验证了该地区云母K-Ar年龄数据。李先生十分欣喜地要求化学组认真总结写出一篇论文报告。随后的Rb-Sr法年龄测定和稳定同位素研究的发展，共同奠定了一个较为坚实的"同位素地质、同位素地球化学"研究实体的基础。

李璞先生总以谦虚对待成绩，以谨慎的态度对待成果，重视客观求证。正如他在第一篇年龄文章的最后一句指出："在引用年龄数值时，更应密切结合该地区地质的特点，换句话说，必须应用地点观点去考虑年龄数值的真正含意。"他很重视与当地地质队沟通年龄数据。这里借用一张他与涂光炽先生通信的遗稿片断："老涂，你们开会了吗？身体如何？请注意！寄去的简报中有几个错误，请更正，更正本附上。关于这些年龄值看一般地质记载有的有出入，最大的区别是南岭队把南岭一些γ都列入J_1–Cr_1，而这些数据指出它显然是老一些，我阅读了《南岭侵入岩》一书，他们指出侵入上三叠下侏罗的岩体都没有足够的证据，这请你征询一下意见，河源标本年代也老，请问一下张所长，并代问好……李璞1962.3.1。"

20世纪60年代中期，研究室已具相当规模，各种年龄测定方法的数据骤增，成果倍出。热心者劝他应该执笔成书，他在一次小会上说："我们的事业正在顺利起步，取得许多数据，但还不扎实，精度、准确度都有待提高，应用解释上需要进一步的商榷考虑，急于出书会误人、犯错，不会流芳百世，反而'遗臭万年'。"这些话我们还记忆犹新，他淡泊名利，求真求实。

十四、把科委和国防军工任务排在第一位

李璞先生对国家科委、国防军工任务十分重视，他总是把当时国家最急需寻找铀矿的任务排在研究室工作的第一位。1962年年底，正当研究室出年龄数据的关键时刻，他临时从国家科委、中国科学院新技术局接受了特殊的国防军工任务项目。当时，为保密起见，项目

命名为"特种金属中痕量 Ar 的定量测定"。为保密起见，李璞先生特地调遣 Ar 组组长及主要技术人员会同中国科学院沈阳金属所派来两位主要项目负责人共同全力投入该项工作，决定在中科院地质所大楼外面盖的简易平房建立专门实验室开展专项技术手段的提取、纯化、定量测量，为质谱提供 Ar 同位素测定工作。

该项工作是由中国科学院沈阳金属所（杨维琛、丁炳哲、赵昌吉）、大连化学物理所（卢佩章、马兆兰、姚爱风等）和当时的中科院地质所（李璞、戴橦谟、张梅英、金铭成、柴保平、邱纯一）三个研究所分别用三种不同方法技术共同协作测定，三家的实验室和部分人员互为往来、交叉工作。工作期间，李璞先生自始至终往来于大楼和简易房两边实验室，关注测定工作。1963 年春，历时近半年时间，出色地完成任务，为国防军工任务提交了准确可靠的测定数据，当年，三个研究所共同获得中国科学院科技成果集体奖。更让李璞先生高兴的是，当 1964 年 10 月 16 日我国第一颗原子弹爆炸成功之日，他特别高兴，说他既为寻找铀矿出力，又为铀金属测定工作出力，他满面春风。

鉴于当时的保密工作，任务仅限于党委书记王耀华、室主任李璞和个别技术人员所知，因此，当得奖公布于《科学报》上时，所内人员见报时，还是丈二金刚摸不着头脑，不知其任务项目所以然。李璞先生生前从不为奖项计较，他说重在为国防做出奉献，这是研究室、Ar 组、质谱组的努力，为国防军工效力的成果。

十五、回味精神作风，分享赞颂风范

今日，凡跟随过李璞先生工作的同志，都已年过古稀，但是回忆起与他共事的岁月，哪怕是短短的几年，都会感到无憾无悔。岁月催人老，但回忆都把我们引往"时空隧道"，回到当初的青春年代，似乎我们还在奉献着青春，还在默默地耕耘着那块走廊拐角的科研处女地。是的，这个科研角落里，都和大地每个角落一样，都存在着人生难免的"喜、怒、哀、乐"和无名的冤屈，但是，这个角落，它给我们更多更值得回味的延安精神、剑桥作风和爱国爱科学的范例风光。它让我们分享着让人"羡慕"、"赞颂"的科研成果和集体快乐。分享，就是最大的快乐！

知名的地质学家刘东生院士，在 1984 年给李璞夫人池际尚院士写过一封信，谈及离今已 47 年前李璞先生领导测定希夏邦马峰年龄成果时写道："……1964 年从希夏邦马峰回来后，曾将希峰标本请璞君兄做 K-Ar 年龄，结果很好。这是中国第一个年轻的年龄数据，20 年来这一数据广泛为国内外学者引用。璞君是我国第一个组织亲自从事西藏地质工作的人，他所划分的变质岩系及地层的轮廓，至今仍为西藏队横断山队所引用，可以说是中国西藏工作的奠基人，当之无愧。回忆当时 1950 年组队去西藏时，我曾报名参加，后因事未果。他从西藏回来后，我们在中科院地质所朝夕相处，除谈了不少西藏地质外，对他当时组织队伍责任艰巨、团结各方面远见卓识都有所了解。除个人深受教益外，对后来希峰和珠峰以及西藏的多次考察的成功他都给予指导并贡献力量，这种精神是每一次从事过西藏考察的人所津津乐道和不能忘怀的。璞君有知亦可含笑于九泉了。……刘东生 1984 年 1 月 28 日。"

十六、为科研献身，对党忠心矢志不移

1950 年底李璞先生留英回国，1951 年 7 月李璞先生欣然受命，举着国家政务院授予的"西藏地质科考队"小红旗，带领着第一支国家队入藏科考，那时他已是不惑之年，他别离家室随中国人民解放军第十八军进藏工作时，正处爱人池际尚先生怀孕待娩，但他毫不犹豫毅然随军进藏考察，待李璞先生完成科考，带领科考队回京时，小孩已经两岁。诚然，常人所能感受到小孩呱呱坠地的哭声，和襁褓摇篮中的笑声，对于已是不惑之年的李璞先生，却只能在青藏高原、岩脉峭壁的山谷中听到回声共鸣罢了。可他毅然入藏，感人之举，壮哉之举，谈何容易！李璞先生总是把党的事业摆在第一位，他总是迎难而上。有一年的暑期，巧逢李璞先生和池际尚先生都要出差野外，他们都毫不推托，以事业为重，他把十岁的小孩带到中科院地质所北郊集体宿舍，诚恳地请室里同志代为关照，同吃食堂伙食，共睡集体宿舍的双层木床，这又谈何容易！

1950 年李璞先生回国后，工作起于西藏科考，众所周知。但是李璞先生一生中工作也终于西藏珠峰定年的新技术调研一事，却鲜为人知。1967 年秋，科委综考会下达给中国科学院地球化学研究所测定珠穆朗玛峰顶峰样品年龄任务。顶峰样品属于国家一级保藏品，当时正当搬迁贵阳，又处"文革"初期，实验室不具备开展工作条件，且石灰岩定年测定难度又大，成功与否，非同小可。李璞先生极其关心此举成功与否，因为中国当时还没有精密度极高的超高真空质谱计。正当其时，国外刊物发表第一篇应用慢中子活化技术定年的文章，他很高兴，从图书馆借出杂志，约同技术人员在他的住处集体宿舍里，为大家细读此文，并在参加讨论方案时，再三提醒大家在反应堆进行照射工作一定要遵守安全防护细则规定，不可大意，说他只能在所里帮帮选样了。在临别时，他说："样品是登山队员不怕苦不怕死努力取来的，荣高棠曾经让我当过登山队荣誉队长，我登过山，顶峰样品来之不易，你们一定要以登山队精神，用最新技术把世界顶峰样品年龄测定任务攻克下来，任务艰巨光荣，祝你们成功！"这一席告别的鼓励话，壮哉！血性！此时的李璞，他没有办公室，他的"任务"只是接受批判、检查、交代问题。为珠峰任务，一室十多位同志先后去了北京相关单位：冶金部矿产地质研究所实验室、中国科学院原子能所、中国科学院北郊 917 大楼和中国科学院科学仪器厂工作，完成了慢中子活化 K-Ar 新技术定年、Rb–Sr 、U–Pb 灰岩定年和小质谱试验工作。万分遗憾，为珠峰工作暂别，却成永别，李璞先生在集体宿舍的暂居却成囹圄。就在这个房间里，他用那厚实的双手，最后一次打开杂志文章，诚恳地为大家解读；万万没想到，还是在这个房间里，你还是用那厚实的双手，无奈地扒开刀壳，结束自己……，还那么无奈地洗净刀血，让刀入壳，归还原位，为的是尽量不让刀主人留下更多遗憾，这是何等不易而无奈的过程啊！悲哉！人性！李璞先生那双厚实的手，敲取过多少野外标本，写过多少科研文章报告，为祖国科研献身，他矢志不移。李璞先生还是用那双厚实之手，扶着白墙，用自己的鲜血写下"共产党万岁"血书，道出了他心底真情，他对党忠心，矢志不移。不可诬的人性呀！血性、人性，一纸之隔，壮哉、悲哉，一纸之隔，不可诬的人性！

1988 年，涂光炽先生为缅怀李璞的贡献，在李璞先生逝世 20 周年之际，由他在贵阳地球化学所陈列馆的一角，举行李璞先生追思会，对李璞先生学术成就和人格品质做了高度评价；会上涂先生震撼人心的讲话，对李璞先生不幸逝世极为悲愤，并流着泪呼出："我一生的感受，李璞同志是一位真正的共产党人！"

涂光炽先生在纪念李璞先生 85 岁诞辰时，又一次追思李璞先生，以题为"缅怀学长、挚友李璞同志——一位真正的科学工作者"著文发表（地球化学，1997 年第二期）。涂先生文中忆思李先生为人正直、诚恳、热情、乐于助人，具有强烈的事业心、责任感与自信、自尊；并细说李先生革命道路和业务科研工作的历程；赞颂他不仅对革命事业做出重要贡献，而且在学术上也有坚实的、开拓性的造诣，他种植三棵幼苗——基性–超基性岩石学及成矿学、青藏地质、同位素地球化学，已在中国茁壮成长。文中最后精辟地指出："李璞同志是一位不图名利，不畏艰险、勇于实践、努力攀登的科学家，是一位真正的科学家。纪念李璞同志，我们应当努力学习他的爱国主义精神、强烈的事业心、责任感和深入实际刻苦实践的精神……提倡做一个李璞式的科学工作者还是十分必要的。"

涂先生概括了李先生的高尚品德和成就奉献，提倡我们学习李先生榜样，诚挚也涂老！安息吧李老！有知者敬仰！

附：李璞教授对同位素地球化学研究方向的战略思考

室内主导思想是同位素地质。去年国家科委对同位素地质提出的研究方向是：以核物理和核化学为基础，广泛开展放射性与稳定同位素的分离测量；研究元素在地壳发展不同阶段的分异；衰变、裂变和聚变过程的变化产物，及其在不同地质建构中的丰度分布；解决成矿成岩元素的来源、动态及矿床形成条件；解决海洋沉积速度；测定古生物、地壳和陨石的年龄。

上述问题的研究目的是为了解决我国矿产资源的探寻和开拓新资源，进一步揭示元素变迁与演化的联系。

1962 年以前的主要任务是掌握多种同位素分析技术，从而结合我国稀有元素矿床研究和地史研究，承担全国各地绝对年龄的测定任务。

分 析 技 术

（1）惰性气体：Ar、He、Xe、Ne；
（2）稳定同位素：O、S；
（3）放射性元素：U-Th 系、Ac-U 系；
（4）碱金属：K、Li、Ca、Rb、Sr；
（5）稀土系。

南岭地区同位素地质

我国南岭地区花岗岩中蕴藏有丰富的稀有矿产资源，例如：Ti、Nb、Ta、Be 等，但由于过去没有测定绝对地质年龄的手段，所以对花岗岩以及与之相关稀有矿产资源的形成时代划分缺少定量的根据。

根据不完全的资料统计，大致可将南岭地区稀有元素矿床粗略划分为：古生代和中生代两个成矿时期：

（1）古生代有：REE、Nb、Ta、Zr、Hf、Ti、U、Th、Sc 等；

（2）中生代有：Be、Li、Nb、Ta、Rb、Cs 等。

由于古生代和中生代花岗岩的稀有元素矿床成矿作用和分布地区具有一定的差异，因而测定花岗岩及其相关矿床的形成时代就具有重要的意义。

花岗岩中具有丰富的含放射性元素的副矿物，例如：锆英石、独居石、磷钇矿等，同时稀有元素矿床中也伴生多种放射性矿物，这就为使用同位素地质年龄测定方法测定成岩成矿时代提供了非常有利的客观条件。

因而研究我国南岭地区花岗岩及与之相关的稀有元素矿床的形成时代是我们首选的课题。

华北地区绝对年龄

我国华北地区分布有大量的前寒武纪变质岩石，由于其中缺少古生物化石，所以对其地层划分一直是个亟待解决的研究课题。另外在华北地区同样分布有大量的花岗岩，特别是盛产稀有-放射性元素的伟晶岩，所以开展华北地区的绝对年龄研究也是我们重要的研究方向。

1961 年的工作安排

（1）基本建成 K-Ar 和 U-Pb 年龄测定实验室；

（2）建立能谱测定方法，可对岩石进行 U、Th 放射性测量；

（3）力争年内能完成 50~60 个 K-Ar 年龄测定数据和 25~30 个 U-Pb 年龄测定数据；

（4）培养绝对年龄研究的地质人才，并进行野外地质调查和采样工作。

1962 年的工作计划大纲

1. 研究室的构建

人员：43 人，其中研究员：1 人；助研：2 人；研究实习员：30 人；见习员：9 人；技工：1 人。

重要仪器：质谱计：1 台；Ar 析出器：2 台；静电计：1 台；重水测定器、火焰光度计、偏光显微镜、能谱、γ 探测仪。

分组：

（1）放射性同位素；

（2）稳定同位素；

（3）质谱；

（4）核子地球化学；

（5）车间。

2. 工作计划大纲

（1）以研究南岭区及华北区（内蒙古、河北）的绝对年龄测定工作为主。

（2）各实验室在已有的基础上加以巩固和提高，完备已有的实验室设备，提高工作效率和质量，进行技术革新，降低实验成本。争取一些必要的仪器设备。

（3）建立氧同位素实验室和放射性物理测量实验室。

（4）加强干部的基础知识技能培养。

（5）尽量搞好所内外有关方面的协作。

（6）做出科研成果。

3. 岩浆岩、变质岩和成矿地质绝对年龄研究基准点的建立

（1）南岭区（江西、广东）14 个花岗岩体及其有关成矿年龄研究。较系统地研究 3 个（岩相比较复杂，同时有矿床的（贵东、雅婆髻和武功山），其他只作一般的地质剖面观察及标本采集。野外工作时间 1～3 个月。

（2）内蒙古（集宁、白云、三木代庙）伟晶岩及变质岩的绝对年龄研究。在 1961 年的工作基础上对集宁北和二连线上一些上古生代的花岗岩体进行重点研究。配合二室对白云鄂博的花岗岩和成矿年龄进行研究。与科技大学三年级同学和我所七室合作进行三木代庙的研究工作。

（3）河北密云、富平、桑干河等地点的变质岩及伟晶岩的绝对年龄研究。我室与科技大学三年级学生共同进行。

（4）结合全所大项目进行某些放射性矿床的绝对年龄研究。我室承担含放射性矿物的 U、Th 地球化学及绝对年龄测定。我室自己调查建立 10 个左右地质绝对年龄基准点，并承担所内外提交标本的绝对年龄测定。

（5）典型花岗岩类岩体中 U、Th 及其同位素分析方法和分布规律研究。可对白云鄂博、贵东、北京郊区三个岩体进行系统标本采集。

（6）某些铁–锰氧化物矿石的氧同位素组成研究。例如：密云、鞍山、白云鄂博铁矿、湘潭锰矿等。

（7）放射性矿床及其核子地球化学研究。

4. 建立实验室及仪器改进和技术革新

（1）改进 Ar 析出器及 Ar 同位素质谱分析技术及仪器设计；

（2）建立 Rb-Sr 法实验室；

（3）放射性物理测试实验室。

5. 研究成果编译出版

（1）编写绝对年龄工作手册；

（2）翻译出版铅同位素地质及核子年代学（后一项工作与三所合作）；

（3）K-Ar、U-Pb 法绝对年龄研究报告；

（4）各实验室研究方法报告。

6. 重要仪器设备

质谱计 1 台、分光光度计 1 台、偏光显微镜 2～4 台、静电计 2 台。

补充一部分必需的放射性物理测量设备。

7. 干部培养计划

（1）结合方向任务，采用不同方式，积极加强干部的基本技术、基本理论及基础知识的培养。定期考试和考核。

（2）1960 年前参加工作的研究实习员在 1961 年底前必须通过一门外语、一种专业和有关实验技术的考试。

（3）见习员也要求通过相应程度的业务考试。

（4）提高学习的具体办法，以业务组为单位组织自学。少数同志可参加红专大学、电视大学学习。必要时可派适当人员到外单位定期进修学习。

1963 年研究课题

1. 南岭花岗岩及其有关稀有元素成矿作用的同位素地质研究

（1）花岗岩侵入的地质条件与成矿的联系：岩体空间、时间分布与构造关系，岩体侵入的机理及其与围岩的关系，矿床与侵入体的成因联系，找矿标志。

（2）花岗岩类岩石矿物学研究：岩石成分，主要矿物、副矿物，岩石化学、微量元素，岩石分类，岩性与成矿的专属性，岩浆成因的探讨。

（3）花岗岩体的绝对年龄及其有关成矿的绝对年龄：K- Ar 法、U- Th- Pb 法、Rb- Sr 法，α 铅法，Pb、Ar、Sr 等元素的同位素质谱分析。

（4）花岗岩中 U、Th、Pb、Li、K、Ar、Sr、Rb、Ra 的同位素地球化学。花岗岩及其有关矿物中 U、Th、Pb、Li、K、Na、Ar、Sr、Rb、Ra 等元素的分布规律，U、Th、Pb、K、Ar、Sr、Rb、Ra 同位素分析，放射性的性质，放射性元素及矿物的存在状态及其分布。稀土元素的分布及其含量，元素成因联系的探讨。

（5）硫化矿床中硫同位素的分布及矿床的成因：高温钨矿中硫的分析，硫同位素测定。中温铅锌铜矿中硫同位素分析测定。

（6）稀土–放射性矿床及其同位素地球化学：着重探讨放射及稀土矿床的成因和找矿标志。研究地区为粤北、赣南、湘南、广西东部和广东东部。重点研究 5～10 个岩体、一般研究 20～30 个岩体、典型矿床 3～5 处。

2. 华北前寒武纪岩浆岩、变质岩及其有关矿产的同位素地质研究

（1）内蒙古地槽前寒武纪岩浆作用及其有关稀土–放射性矿床的元素共生组合及天然放射性研究；

（2）内蒙古地槽前寒武纪花岗岩、花岗伟晶岩及变质岩的同位素地球化学；

（3）内蒙古地槽前寒武纪岩浆岩、变质岩及其有关成矿作用的绝对年龄；

（4）研究地区先从集宁、包头、辽宁南部、山西北部及河北西北部伟晶岩发育的地区开始，逐渐扩大到面的研究。

一幅调查路线图所记录的历史功绩

陈宝国　　蔡克勤

〔中国地质大学（北京）〕

青藏高原西南部，120 多万平方千米的地区是我国的西南边境——西藏自治区。该区北部有位于昆仑山、唐古拉山和冈底斯山、念青唐古拉山之间的藏北高原；藏北高原以南为藏南谷地；谷地以南至边境为喜马拉雅山地，这是世界上最年轻、最高大的山脉，珠穆朗玛峰就位于中尼边界。这片广袤的土地，曾被一些早期西方的"旅行家"称之为"不毛之地"。而这块"不毛之地"正是人类研究地球地质演化史不可替代的宝地，长期以来被科学工作者，尤其是地质科学工作者所关注。

正如中国早期地理、地质调查工作是由外国人率先涉足一样，西藏地区的地质调查据文献记载得的有斯特雷奇（R. Strachey）的《论西藏地质》（1848）、《论喜马拉雅山脉和西藏地质》（1851）；斯文赫定（Sven Hedin）在 1899~1902 年进入西藏所做的调查；海登（H. Hayden）在 1904~1905 年随英国侵略军队对西藏地区的调查，等等。

1951 年 5 月，中央人民政府和西藏地方政府签订了和平解放西藏办法的协议。同年 6 月，中央人民政府文化教育委员会即指令中国科学院组织西藏工作队，随中国人民解放军第十八军进藏进行综合性的科学考察。考察的目的是通过调查和研究为政府提供一些必要的参考资料，帮助西藏兄弟民族发展社会政治、经济、文化等事业。这次考察是新中国成立后第一次由政府组织的多学科、大规模的科学考察，同时也开创了西藏地区大型科学考察活动的先河。

西藏工作队（全名为"中央文化教育委员会、中国科学院西藏工作队"）下分地质地理、农业气象、社会历史、语言文化和医药卫生等五个组，学科包括地质、地理、农业、气象、水利、林业、畜牧、民族、历史、语言文字（藏文）等多个学科，考察队员由中央各部委和科教文卫等部门派人组成，共计 56 人。西藏工作队队长为地质学家李璞担任，副队长是电影编导方煌，秘书由地质学家王大纯担任。地质组共计 9 人，分别为李璞、王大纯、曾鼎乾、朱上庆、魏春海、张倬元、任天培、何发荣、崔克信。组长由李璞兼任。西藏工作队分别于 1951 年 6 月和 1952 年 6 月两批进藏。

新中国成立之初，百废待兴，组织如此大规模的科学考察实属战略部署中的重要安排，也是科技界学术界的重大事件。中央人民政府非常重视此次活动，在北京中南海举行的和平解放西藏协议签订庆祝酒会上，特意邀请了西藏工作队在北京的全体队员参加。在西藏工作队成立大会上，时任政务院副总理、文化教育委员会主任、中国科学院院长郭沫若作了动员报告。在地质界为此次考察举行的欢送会上，中国科学院副院长、中国地质工作计划指导委员会主任李四光先生讲话，他希望通过这次科学考察，揭开地球上生出青藏高原这么一个大"瘤子"之谜。当工作队进藏途径重庆时，受到了以邓小平政委等西南军政委员会首长的接见。由此可见，西藏工作队的科学考察活动受到了党和国家的高度重视，背负了科技文化界的重托，也寄托了人民的希望。

西藏工作队地质组在这次考察活动中承担了地质及矿产调查的任务。1951年8月，地质组一行九人进藏到达昌都，而后分为三个小组在昌都地区开展工作。李璞、朱上庆、魏春海在昌都以南，三岩、贡觉、察雅、八宿一线以北的地带进行调查；崔克信、张倬元、任天培在左贡、江卡等地开展调查；王大纯、曾鼎乾、何发荣三人则在昌都以北地区及拉萨开展工作，直至1952年1月。1953年3月，在经过一段时间的总结调整后，地质组人员一路西行，过怒江，翻越瓦合山到达洛隆宗，而后向南翻越海拔5100米的邦家拉山口，进入到波密地区。7月底由波密越梭白拉进入工部地区，在8月底到达拉萨。同年10月上旬考察队员又分为三个小组，分别调查了拉萨东南、拉萨以北、黑河地区以及藏北高原湖区的部分地区。直至1953年2月中旬，这几个小组的人员才先后返回了拉萨。1953年4月底，地质组人员由拉萨出发，一路进行路线地质调查东行回归。行至沙丁宗后，又分为两个组，一组经边坝宗、洛隆宗、八宿宗到达昌都；另一组则经过八达松多、丁青、恩都一线到达昌都。到达昌都的时间都是1953年8月中旬。至此，历时18个月的野外调查工作宣告结束，考察组人员返回北京。

从1951年6月至1953年8月，历时两年多的西藏地质科学考察填补了这一地区地质调查的空白，调查区域东起金沙江，西到定日，南迄珠峰脚下，北达藏北高原东部的色陵错。工作范围包括昌都、丁青、波密、拉萨、日喀则、山南、黑河等地区中的一部分（西藏工作队调查路线图见彩插图12）。长达18个月的野外调查，其调查路线里程总长约10000千米。在当时极为困难的条件下，队员们一路考查只有步行和骑马，他们沿途要绘制路线地质图，还要寻找化石，采集标本，风餐露宿，备受艰辛。西藏高原空气稀薄，严重缺氧，再加之气候恶劣多变，考察环境的困难程度可想而知。正是在这样的条件下，考察队员们完成了这次空前启后的地质考察。

由于缺少地质资料，设备极其简陋（考察队的装备只有地质锤、罗盘、放大镜和老式的照相机，连一个计量步长的计步器也没有。）和恶劣的自然环境的限制，这次地质考察只能是粗略的路线考察和矿产调查。考察队回归后，从1954年开始编写考察报告，1959年9月，记录总结此次考察成果的《西藏东部地质及矿产调查资料》专著正式出版。该书对新中国成立之后第一次大规模的地质科学考察活动作了全面的总结。

李璞等9人作为首次我国科技人员进藏开展地质考察，开垦了青藏高原这片神秘而富饶的处女地，他们的功绩也被历史所书写。1979年，李璞先生的夫人，著名地质学家池际尚先生也实现了赴西藏考察的夙愿。2009年，著名地质学家王鸿祯院士题写了"时历四季，科考柱石，地推一级，登山前驱。"的诗句，赞颂了自1951年以来我国地质学者在青藏高原开展地质科学研究，登山科考所取得的令人瞩目的历史功绩。

参 考 文 献

陈宝国，其和日格，庄育勋等编. 2011. 中国区域地质调查史大事记（1829~2005）. 北京：地质出版社

莫宣学主编. 2012. 师者风范——纪念池际尚院士诞辰九十五周年. 北京：地质出版社

中国科学院西藏工作队地质组编. 1959. 西藏东部地质及矿产调查资料. 北京：科学出版社

李璞先生指导我本科毕业论文

陈江峰

（中国科学技术大学地球和空间科学学院）

1960 年中国科学技术大学稀有元素和地球化学系在全国率先设立了同位素地球化学专门化，我被分在这个专业。转眼间到了 1962 年初夏，我们做本科毕业论文的时候。当年我们大部分同学是到中国科学院地质研究所作论文。得知我和涂江汉同学被分派到李璞先生名下时，实在是相当的激动。整个论文期间与李璞先生有过两次近距离的接触。

该年夏天，我们去内蒙古集宁附近做野外工作。记得工作地点是一个叫做三岔口的小村，我们到达时辅导老师钟富道来接我们，安排我们住在一个废弃的铁路车站闲置的房子里，在附近村政府的食堂搭伙。第二天一早，李先生、钟老师，好像还有赵树森老师带我们跑了半天。主要内容是熟悉工作地区和了解工作要求，记得当时的要求就是填图。中午在一个伟晶岩的采场吃午饭，那个地点居高临下，可以看到我们填图的整个范围。饭后李先生再次简要交代工作要求后，他们继续按原定路线工作，我们也就独立开始了一个多月的地质填图。顺便说一句，李先生这样大科学家和我们一样爬山，吃困难时期的干粮。

第二次是 1963 年答辩前不久，我主动把论文送去请李先生看，事后记得李先生还和我很简短的谈了基本上肯定的意见。之所以还能记得这小小插曲，是因为当年许多老师得知这件事后，评价我的行为太大胆，一个本科生居然敢打搅工作繁忙的李璞先生，至于李先生能关心小小本科生的论文倒是在大家意料之中的。

在论文的室内工作阶段，我们住在祁家豁子中国科学院地质研究所（简称地质所）宿舍里。我和涂江汉在李先生和钟老师指导下做变质岩岩石学，王义文和另一位同学（好像是童清木）跟王联魁老师做花岗岩岩石学。我们的大部分时间是在显微镜下做岩石薄片的观察和矿物的显微镜鉴定。当时，我不太理解，我是同位素地球化学专业的学生，怎么做岩石学的论文，老师也没有提出年代学的要求。于是我自己要求增加一个同位素年龄的测定，老师很快就同意了。不过，随着工作经验的积累直到退休，越来越感觉到要真正做好同位素地球化学的研究、开拓同位素地球化学的新领域、深化同位素地球化学理论，扎实的岩石学、矿物学和矿床学工作是必不可少的。

临考研前，有老师和同学动员我报考李先生做研究生，都被我婉言谢绝了。理由很简单，每月研究生的 460 大毛和正式工作人员的 560 大毛之间的 10 元人民币差距对我太重要了。我出门读大学时父亲欠债 700 余元，这在当时是个大数目。我生活在 10 口之家，除大妹妹读了军校外，还有 5 位弟妹要继续读书。作为长子，我非常迫切地希望能够早日挣工资承担我应分担的家庭责任。毕业分配时，基于同样的理由，我非常想得到二机部野外队的名额。据说地质所曾到科大要人，也提到有我的名字，当时领导以我本人没有要求去中科院为由把我留下了，留在我同样没有要求留的中国科学技术大学（不过现在回头看，当年领导给我选择的职业是很适合我的）。

毕业后，因为与李先生不在一个单位，加之当时具体情况，很少有机会得到先生的指导。历史原因使得以后也没有机会能从先生那里得到更多教益，深为遗憾。毕业至今，48年过去，我在地球化学教学科研岗位上为人民服务的路程即将走完，回首往事，我这个当年李先生指导的本科生的毕生工作总算还对得起先生的在天之灵，这也算是一种安慰吧。

缅怀敬爱的李璞先生

——我的科研人生的引路人

陈民扬

（桂林矿产地质研究院）

李璞先生离开我们已经 43 年了，但他的音容笑貌、言谈举止，仍然是那样清晰地留在我的心目中，就像是不久几天前似的。今年是先生诞辰百年纪念，感谢中国科学院广州地球化学研究所的老师们和领导们倡导举行这样的一次纪念活动，让我们这些受过李璞先生教导的弟子们有机会聚集在一起，缅怀先生的培育之恩，追忆先生对我国地质科学的巨大贡献和崇高的人格魅力。

当我提笔准备写这篇纪念文章的时候，思绪万千却又不知从何下手，心中似乎有许多话要说却又不知该怎样说才好。回忆过去的点点滴滴，回顾走过的工作和生活道路，才发现李璞先生在我的人生道路上是影响多么巨大的一个人，可以说我的整个同位素地质科研路途似乎是李璞先生刻意给我安排好的，说起来还真有点神秘色彩呢。这要从李先生的一封信说起。

一、书信指导

我是 1962 年 2 月到中国科学院地质研究所（简称地质所）一室学习时才见到李先生的，但是在此之前的 1959 年就与先生有过一次书信往来。当时我们四名中国同学正在苏联学习岩石学专业，渴望更多了解国家对我们的要求和需要，就写了封信，冒昧地请求国内岩石学界前辈给我们介绍国内情况，指点我们学习中的注意事项和方向。事隔不久我们惊喜地接到了来自国内的回信，就是这封信开始影响了我的人生轨迹，最终确立了我与同位素地质的密切关系，这封对我影响深远的信就是来自敬爱的李先生。

在信中先生首先告诫我们：

"全国有关岩石学研究都与矿产分布或成矿规律一起作，因为岩石学本身的理论不与成矿作用结合起来是没意义的。"

这对当时热衷于岩石学纯理论学院式研究的我们不啻是当头棒喝、振聋发聩！使我们开始认识到研究工作与生产实践结合的重要性。他在信中教导我们：

"如果结合你们那里的情况，当然要在变质岩及火成岩多作一些注意。变质岩方面的地质是一个很难作的问题；可是 Полканов 有这一方面特长，如如何分层、如何厘定它的时代，以及岩石学本身的问题。火成岩在可拉半岛及可累利区是很全的，能否多注意一下碱性岩……基性岩与矿产的问题。在岩石构造及火成岩体构造，你们那里有 Елисеев 也很著名，能否在这方面多学习一些野外及室内的研究方法。"

我们赞叹先生对远隔千里之外的专业发展情况竟然如此了若指掌！对我们的建议是如此切合实际、具体可行。我们感慨一位著名学者能在百忙之中抽出宝贵时间给几个素昧平生的青年学子写信进行宝贵的指导。读了他的信，不由对先生产生了一种钦敬而又仰慕的情感。

遵照先生的谆谆教导，第二年的毕业实习我便选择了可累利地区的变质岩系研究并以此课题撰写了我的毕业论文；也是由于这封信的启示，我开始关注波尔卡诺夫（Полканов）及他所创建并领导的苏联科学院前寒武纪地质实验室的工作。1960 年保尔勘诺夫课题组的科研成果"波罗地地盾变质岩系地质—地质年代学研究"荣获苏联最高科学技术奖——列宁奖；在这项研究中很大篇幅涉及绝对年龄工作方法，并提出了著名的前寒武纪地质年表。从此我开始注意绝对年龄测定这门新技术，关注并搜集各类有关绝对年龄研究的出版物。但是在当时我的思想里并没有将来要从事绝对年龄研究的念头，之所以如此关注绝对年龄测定，一方面是初步认识到它是进行岩石学研究不可或缺的一种新方法、新技术，更深层次的原因则是因为李先生在信中末尾写了这样的话：

"所里今冬到明秋要把绝对年龄鉴定试验室成立起来，这方面已经培养了几个人，可以搞起来。"

这句话不知不觉地进入了我的思想深处。

二、指导组建联合实验室

1961 年毕业回国，9 月份我被分配到冶金工业部所属矿山研究院（矿产地质研究院前身）从事岩石–矿物研究工作，与我所学专业非常对口，相当理想。不料一件意外的情况改变了我的工作方向。这年 11 月冶金部把一台闲置的从联邦德国进口的 CH4 型质谱计调配给了我们单位，当我得知这一消息时几乎是未加思索就脱口而出："我愿意搞这项工作！"正在为如何对付这台贵重的先进仪器犯愁的领导同志当即拍板批准我的请求，甚至还表扬了我勇挑重担的工作态度。就这样在短短的几分钟内，戏剧性地扭转了我的工作方向，开启了通向李璞先生的大门。事后连我自己也奇怪办事一向优柔寡断的我，这个时候怎么能够如此干脆果断地做出影响我一生的重要决定？若干年后我才醒悟到，这是先生播种在我心里的绝对年龄种子发芽了。

为在我院建立同位素地质实验室，1962 年 2 月派我到中国科学院地质研究所学习同位素地球化学基础理论知识和实验室测试技术。幸运女神最终把我领进了一室，引到了李先生的身边。我怀着忐忑不安的心情走进他的办公室会见我心仪已久的李先生：长期野外工作而呈现出黑红色的脸庞，微笑的面容、慈祥的目光，穿着朴素整齐、挺直的腰板、身躯微微发胖而更显强壮，不紧不慢的话语、不高不低的声调，给我以善良安详和蔼可亲的深刻印象，很快我紧张的心情平静了下来。他询问了我的情况、CH4 的事项、我院的打算等。难忘来到一室、第一次见到李先生的时刻，那天是一个带给人们欢乐幸福的美好日子，更是我一生中非常有意义的一天，那一天是 1962 年的 2 月 14 日。

在一室的学习从 K-Ar 年龄测定方法开始，除了学习 Ar 分离实验方法之外，李先生还特意给我安排了两项工作。一是与先生一起搜集、整理、编制国外发表的绝对年龄地质研究领域资料目录。他每天带着我到图书馆查阅文献，先生查英文的，我查俄文的，我们一起来，一起走，心情非常愉快；有时因开会或其他事情不能和我一起回来时，先生总是悄悄地走到我身边，用手抚着我的肩伏下身来在我耳边轻轻地告诉我："我先走了啊……"

通过这项工作使我对绝对年龄测定方法的发展历史、这一领域中主要的研究人员、研究机构、研究涉及的内容、范围等诸多问题有了概况性的了解。同时也使我领悟到搞科研工作首先要学会查文献、找资料，要熟悉自己研究领域的进展情况这个深刻道理。

先生布置的第二项任务是要求我以"绝对年龄测定方法在矿床研究及找矿工作中的应用"为题做一个文献调研。这项工作的针对性极强：当时绝对年龄测定方法在冶金地质工作中究竟有没有作用？在我们单位是否需要花费那样大的财力、人力建立实验室？是大家议论关注的问题。一些同志对此持怀疑、否定的意见，甚至说"清朝没有质谱计也找到了铜矿"，"你用质谱计找出个盲矿体来给我看看！"限于当时的知识水平，我自己也说不出更多的道理来回答这些问题。遵照李先生的安排，我广泛搜集资料，饶有兴趣地查阅了不少文献，综合整理出国外研究人员在研究矿床、找矿勘察方面采用绝对年龄方法取得的成功经验，写了一篇《绝对年龄测定方法在金属矿床研究中的应用》读书报告；李先生仔细审阅了这篇报告，给予了鼓励，并提出了宝贵的意见。这项工作解除了许多同志的疑虑，也增强了我的工作信心，加深了对"科研工作必须与生产实践结合，为生产建设服务"方针的认识。

按照原来设想，我在一室学习半年之后应该返回本单位建自己的 K-Ar 年龄测定实验室；随着这天的日益临近，我心中的压力日益沉重。因为经过在一室近半年的学习生活，我已经充分认识到凭我一己之力是难以承担建立起实验室的重任。在这重要时刻，就如何在我院建立同位素地质实验室的问题，李先生给我单位领导同志写了一封信，提出了由双方组建联合实验室的设想：信中指出在同位素地质诸多方法中稳定同位素方法更符合冶金地质工作的需要，在我院应以建设稳定同位素实验室为主要目标；CH4 型质谱计技术特点适宜测定一些元素的稳定同位素组成；建议双方以联合实验室的方式，发挥一室现有的人才技术优势、充分开发 CH4 型质谱计的技术功能，共同建立稳定同位素实验室，开拓我国稳定同位素地质研究领域；通过工作实践培育所需技术干部，达到更快更好地建成我单位同位素地质实验室的最终目的。

这项考虑周到缜密充满智慧的建议立即为双方领导接受并迅速得到落实。1962 年 8 月双方签署了成立稳定同位素地质联合实验室的协议；10 月 CH4 转运到了一室刚改建好的实验室内，1963 年 3 月仪器安装调试完毕；随即在仪器上开始了"SO₂同位素组成质谱分析方法的研究"和"从硫化矿物中制备供质谱分析用的 SO₂样品的分离实验方法"两项主要实验工作，这两项工作 1964 年 6 月初步完成。为了进一步完善硫同位素分析方法，1964 年 7 月 ~ 1965 年 6 月选择了吉林红旗岭硫化铜镍矿床作为硫同位素地质研究的试点，1965 年 8 月 ~ 1966 年 5 月又在广西大厂地区的热液型锡石-硫化物矿床完成了硫同位素组成的研究课题。联合实验室的同志们在李先生的指导下仅用了三年多的时间，从安装调试 CH4 质谱计开始，到完成两个不同类型硫化物矿床的硫同位素地质研究课题的一系列工作，建成了我国第一个硫同位素地质实验室，为我国开创了稳定同位素地球化学研究领域新篇章。自 1962 年 8 月始，至 1966 年 3 月止，联合实验室持续了三年半的时间，在此期间联合实验室为我院培养了一批具有独立工作能力的质谱分析、硫及氩同位素分离和同位素地质等各种专业技术干部，为我院以后独立开展同位素地质研究工作打下了良好基础。联合实验室所取得的巨大成功是与李先生的卓越领导分不开的，是李先生在分析了同位素地球化学发展的趋势和前景、根据我国同位素地质研究现状、考虑到我院的工作性质和需求，准确地选择了硫同位素地质研究作为联合实验室的主攻方向，从而使我院乃至我国金属矿床同位素地质研究工作有了良好的开端。在实验室建设、实验方案的制订和实施、研究课题的设置、研究方法的选择确定、工作方案的编制、技术干部的培训等各个方面无不倾注了李璞先生的心血。组建联合实验室的倡议和取得的成绩，集中体现了李先生的过人智慧和高超的领导才能。

李璞先生是我一生中接触最多、受益最大的老一辈科学家，是我刚从学校出来走上社会就结识的、又幸运地在他直接教导下工作了四年之久的尊敬的导师。我是按照他的指点、开始了治学方法的训练。正是由于李先生的热情指导，年轻的我才选择了同位素地质年代学—稳定同位素地球化学研究，从而确定了自己一生的学业。李璞先生是我从事同位素地质科学的引路人，他对我选择金属矿床同位素地球化学研究起着潜移默化作用，李先生对我的谆谆教诲使我受益终生。

三、精　神　永　存

联合实验室因一室外迁贵阳建立地球化学研究所而告结束，但是将近半个世纪以来，我们两个单位、两个实验室之间的业务合作、工作联系、人员往来……一直持续不断。因实验工作、课题研究、学术活动等原因，我也曾多次到过贵阳、广州，来到地化所。每次出差到地化所，我都有一种回家的感觉、怀着再次探望李璞先生的复杂心情而来。是的，李先生虽然离开我们远去了，但是他的英灵还在，无论从紧随李先生共同开拓我国同位素地质的众多先行者们那里，还是在那些与我年纪相仿乃至比我还年幼一些的"儿时伙伴"们身上都可以看到李先生的影子，传承有李先生的精神基因，它使我们的关系更加紧密，使我们的友情更加成熟持久。

在"十年浩劫"的日子里，李璞先生在难以承受的人格侮辱和巨大压力下，选择了终结自己生命以求得灵魂的安宁，他不惜以自己的鲜血来控诉社会中的黑暗，以死来抗争极"左"的错误路线。

李先生去世的噩耗传来，简直令我难以置信，是真的吗？这会是真的吗？难道我再也见不到李先生了吗？

不！李先生没有死！

他那朴实敦厚、善良正直、谦逊诚挚、刚正不阿的人格魅力深深触动我们的心灵。

他那平易近人密切联系群众，关怀爱护同志的宽阔胸怀；他那精心热情培育青年、奖掖后人的高尚品格；他那刻苦钻研、一丝不苟的治学态度；在科研道路上不断开拓，勇于创新的奋进精神；热爱地质工作、献身祖国科学事业的敬业精神。像那美丽的朝霞，长久地照耀着我们、激励着我们、指引着我们努力前进！

李璞先生永在，他不在我们眼前，却永远在我们心上！

回忆李璞先生研究中国铀矿的二三事

陈先沛

（中国科学院广州地球化学研究所）

一、急国家之所急，为中国原子能事业做贡献

20 世纪 60 年代中国科学院地质研究所组织了空前强大的科研队伍，由德高望重的侯德封所长出面掌控，参与领导和指导，业务副所长兼二室（内生矿床地球化学室）主任涂光炽、三室（外生矿床地球化学室）主任叶连俊、一室（同位素地球化学室）主任李璞（下简称侯、涂、叶、李），承担中国铀矿地质的研究任务。先期参加的科研人员有一室的王联魁、范嗣昆、张玉泉、夏明、于津生等，二室的张焘、刘永康、霍玉华、尹汉辉、郑楚生、蔡秀成、李朝阳等，三室的杨蔚华、傅家谟、王庆隆、陈先沛、占巴札布等。这个科研团队由老、中、青三代研究人员组成。已过花甲之年的侯所长，20 世纪 30 年代毕业于北京大学地质系，长期从事区域地质和矿产地质工作，曾任山西地质调查所、四川地质调查所的所长，是中国地质学会多届领导成员。50 年代起一直任中国科学院地质研究所所长。在他的领导下地质所的发展众所瞩目。涂先生学冠美、苏，是当年地学界的新星。叶、李两先生有多年国内地质工作的实践经验，又曾到美、英、苏做过长期的考察、研究。他们三位当时 40 岁左右，是业务方面的领军人才。刚出校门不久的一群青年，是各研究室的骨干，其中有留苏研究生二人，国内研究生二人，留苏生二人。铀矿科研团队的政治素质很强，侯、涂、叶、李都是共产党员（占当时地质所高研党员 80%），青年人都是党、团员（其中共产党员占 50% 以上）。正是这批人埋名隐姓（不能向外人透露所干的工作），不图名利（不能发表论文和著作），默默为我国原子能事业奉献。

我国原子能事业于 20 世纪 50 年代中期起步，名义上是中苏合办，实际上苏方包办一切。1960 年中苏关系破裂，我国才开始独立自主发展原子能工业，党中央下决心倾全国之力一定要造出原子弹。铀原料是核工业的龙头，当时的形势是等米下锅，许多铀矿床不得不采用边探边开的方法进行。二机部（核工业部）部长刘杰在 1962 年元旦前后，亲自去南方部分铀矿地质队进行调研和督促。严酷的形势催生了中国科学院与核工业部的全面对口协作，二机部三局（核工业地质局）与中国科学院地质研究所（简称中科院地质所）为对口协作伙伴，三局局长佟成（20 世纪 30 年代中期毕业于北京大学地质系，进入解放区长期从事业务领导工作）深知核工业地质队伍的不足，主动全面推动所、局合作。侯老一贯主张积极承担国家重大任务，在主战场上发展和壮大自己。二机部三局和地矿部二司，向中国科

学院地质研究所的侯、涂、叶、李全面开放，欢迎他们到相关的队伍考察并指导。全国范围的铀矿地质考察先后有四次，本文作者作为随员参加过三次，包括南方行、东北行及西南-西北行。

1962 年岁末，侯、涂、叶、李在佟成局长的陪同下（笔者及三所的胡绍康作为随员参与）到我国南方实地考察铀矿，先后调研了砂岩型、硅岩型、花岗岩型、火山岩型、蚀变破碎带型等铀矿床，全部考察历时数十天。

1964 年秋天，涂、李在二机部三局四〇六大队窦主任和地质技术负责人马耕陪同下考察了东北地区石英岩型、砾岩型、蚀变破碎带型等铀矿床（或矿点），为时约一个月。

1965 年夏，叶、李应地质矿产部二司（司长参加"四清"运动，由二司的郑恒有工程师及相关的地矿局领导陪同）之请，赴西南和西北考察铀矿点，以便选出有希望的矿点，集中力量获得铀矿工业储量，供建矿采掘。这时建设三线已成为全国的头等大事，尽快在中国腹地（三线）找到大型铀矿床极为迫切，因为那时候三线地区还没有大铀矿。此次调研的另一任务为对二机部某大型工厂的选址进行基础评价。叶、李在非常艰苦的条件下，圆满地完成了任务。

我国铀矿地质事业的开始是全盘照搬苏联模式，一旦我们自己当家做主就需要发扬优势，弥补不足，以便更快的前进。苏联模式的主要缺陷是过于依赖放射测量和神秘化。铀元素存在放射性，可以用辐射仪直接测量放射强度，从而圈定数值化的异常点，是极少数用物理方法可直接圈矿的矿种。然而只专注辐射测量，轻视地质背景的研究是不可取的。神秘化的铀矿地质工作既脱离群众，又阻碍交流。

侯、涂、叶、李在铀矿调研过程中，非常重视学术交流，无论是在考察现场，还是在介绍、座谈会上，利用一切机会介绍自己的经验、体会和知识，他们的态度受到基层地矿人士的热烈欢迎，部、院领导也给予充分肯定。

在苏联专家把持下组建的专业铀矿地质队，对中国地质特点和研究成果知之有限，因此在实际工作中常易走偏。我国南方三二〇铀矿类型的确定，是很好的例证。苏联专家认定三二〇铀矿床为与硅化带相关的中低温热液矿床，寻找同类铀矿的地质背景是条件相当的构造带。侯、涂、叶、李在三二〇矿的地表和坑道中，经过仔细观察确定，含矿岩石是灰黑色泥、微晶石英，成分很纯（$SiO_2 > 90\%$），块层状有时显示层理是典型的沉积硅质岩（硅岩）。我国南方硅岩常有发育，可以构成单独的地层单位如留茶坡组燧石层、榴江组硅岩层、当冲硅质层、孤峰层等。在我国西部褶皱带中，黑色硅岩层也经常出现。因此，侯、涂、叶、李认定三二〇矿与硅岩地层有关，控矿的主要因素是地层和岩性。这个事例充分体现中科院地质所铀矿科研团队的示范和指导作用。

1964 年中科院地质所以侯、涂、叶、李为核心的铀矿地质科研团队，组织学术交流汇报会，二机部刘杰部长和中科院秦力生副秘书长、新技术局谷雨局长亲自到会。刘部长特别提出感谢以侯老为首的铀矿地质科研团队，在二机部工作较为困难的时期大力相助，我国原子弹试爆成功也有他们的贡献。会后出版了二卷研究文集（机密级），是初期阶段的完满总结。

从 1965 年夏，叶、李赴西南、西北踏勘铀矿点开始，地质所铀矿科研进入在三线地区找到大型工业铀矿的新阶段。研究的对象是还没有铀矿的地区，对已知的铀矿化点进行评价，选出最有希望的对象进一步勘察。叶、李在川西北五一〇地区勘察的矿化点与南方三二〇铀矿非常类似，认为值得优先工作。地矿部领导接受了这个建议，从河南调了一支队伍进入五一〇地区开展详查。大致同期中科院地质所涂光炽副所长和王耀华副所长于 1965 年 9 月率领近 20 人的科研队伍到五一〇地区工作，随后科研队到甘肃、陕西进行大范围的路线踏勘，证实南秦岭范围内，存在较广泛的硅岩型铀矿化。后来的地质勘探工作探明五一〇地区一矿段为大型工业铀矿，随即建矿投产。在五一〇地区及附近先后探明一个中型铀矿，三个小型铀矿。

侯、涂、叶、李为首的铀矿科研队伍，在我国铀矿地质工作中，起到了示范、交流和指导作用，后来对新区找到铀矿起过侦察、参谋和促进作用。这些工作对中科院地质所的发展、地球化学所的建立和飞跃都很重要，一定程度上甚至是决定性的。

二、豪爽乐助人，情谊留人间

笔者 1958 年第一次与李璞先生直接接触，当时知道在北京东郊靠近通县处新建钙镁磷肥厂，用钙镁硅酸盐和磷矿石按配比高温烧结而成。李先生正从事超基性岩及相关矿产（铬、铂、金刚石）的研究，我们（三室）正在北方找磷，于是组织了跨室的考察活动。考察完回所已到午餐时间，二室的同事婉转的提出回所恐怕食堂关门，李先生爽快地答应请参加考察的同事（包括开车的师傅）吃便饭。在 20 世纪 50 年代中科院地质所科学家请年轻同事吃便饭还是稀有事件。以后又听说几件李先生待人处世的逸闻趣事。50 年代初，中央地质工作指导委员会李四光，在有关方面的支持下派李先生随人民解放军十八军进军西藏，对西藏的地质作路线考察，以备日后工作。军队指派汪缉安照顾和协助李先生，结束后李先生介绍汪到北京地质学院学习、进修，后到中科院地质所继续配合李先生工作。50 年代中后期，李先生到苏联考察金刚石矿，中国留苏学生陈先作为翻译陪同考察。陈先学成回国李先生力邀陈到中科院地质所工作，陈也愿意投在李先生门下，陈还在中科院地质所工作了一段时间，终因陈的所属单位不放而无果。这些事例给我的印象是李先生为人豪爽、重情谊，颇有梁山英雄和隋唐好汉的遗风。

李先生出生在山东，家境清贫，幼年习武，练就一副好身板。他勤奋好学，依靠勤工俭学和亲友资助到北京念上大学，其时正值"一二·九"爱国学生运动，李先生积极参与，因身体健壮并有武功修为，而被委派为纠察队负责人，与学生运动领导人建立了深厚的友谊和良好的信赖关系。

随侯、涂、叶、李三次调研铀矿，我与他们朝夕相处，相互的了解更加直接。李先生的朴实热情和精力过人十分显著，在所有的野外调查中，他总是跑最多的路，爬最高的山，其行动之敏捷，精力之充沛为大多数青年人所不及。李先生业务水平很高，野外工作经验丰富，他向基层地质工作者介绍和讲解岩浆岩和火山岩的知识及工作方法受到普遍的好评，我也是李先生传播知识的受惠者，诸如据岩浆岩的组分、结构构造，包体的性质、数量和大小，节理与解理的性质、方向和密集程度判断岩体的相；据火山岩的成分、构造和厚度推测火山口的位置，如此等等，让我终生受用。

李先生这段时间正在筹建 U-Pb 和 K-Ar 定年实验室，他花了很大的力气，搜集适合的样品（如沥青铀矿、富云母的新鲜样品等），铀矿地质队的同仁听说后都大力支持，提供十分难得的小口径岩芯样品，中科院地质所发表的首批同位素测年数据，很多都是铀矿考察中得到的样品。

李先生热爱生活、情趣广泛，可以用铀矿地质考察中的事例来说明。1963年元旦之夜考察队一行七人在火车上渡过，当时满天鹅毛大雪，满山遍野笼罩在一片白茫茫之中。对于处在经济困难时期的中国，一场罕见的大雪无疑是件大好事，民谚曰：瑞雪兆丰年。考察队又担心大雪阻碍野外工作，但次日晨红日高照，地上的融雪迅速干涸，野外工作迅速展开。在一次晚饭后的闲谈中，议论到这件事时，李先生兴致勃勃的提议用诗记述，于是七嘴八舌的凑成几句顺口溜：

> 欣逢瑞雪过衡阳，
> 千村万户披银装；
> 天公亦解凡人意，
> 金银寨上看矿藏。

1964年秋，涂、李等到滦县城北二十多公里的桃园看矿点，该处交通不便，全靠步行，看完矿点时已过午，到居民点请老乡煮饭，饭后陪同人员雇船返城，以节省体力。上船时已近黄昏，船程约两个小时，在这段时间中涂、李引吭高歌，唱《延安颂》时他们俩回忆起在延安抗大的学员生活，情深意切溢于言表。直到此时我们才知道他们俩的革命经历和情谊。

1965年夏，在考察的休息时间，兰州地质所的同仁陪叶、李到兰州雁滩小憩，附近有黄河的牛轭湖，有些游人到湖中游泳，李先生见状力邀同行者下水，但无人响应，李先生兴致不减，独自下湖游玩一阵。其后，在一同饮茶时李先生说咏黄河的诗词很多，以李白的诗句最为传神和气魄恢宏，诗云："黄河落天走东海，万里写入胸怀间"。这时见一群羊也到湖边饮水，叶先生说我也来凑个热闹，也是两句诗，第一句借用李白的名句："黄河落天走东海"，下句是："李公雁滩沐羊汤"。此句一出包括李先生在内都捧腹大笑。

李璞先生个性鲜明，以豪爽、热情、朴实著称，他一生积极向上追求光明和正义，学生时期即投入革命运动，后入延安抗大学习并担负革命工作。在此期间李先生引导并鼓励涂光炽先生学习地质专业，并加入革命队伍。在西南联大期间李、涂亦师亦友。在留英（李先生）、留美（涂先生）学成归国，又共同在地质战线为新中国的建设服务。令人十分遗憾和惋惜的是李先生英年早逝，革命运动无情吞噬自己优秀儿女的悲剧，值得深刻反思，以避免再一次重现。

当年铀矿研究团队的核心成员侯、涂、叶、李均已仙逝，2011年6月本文作者与陈多福和他的学生计七人，46年之后重新回到叶、李、涂1965年踏勘过的五一〇地区，已开采过的铀矿现仍然停产，只留有少数职工看守厂房和机械。然而该区的民居和道路已全部改变，昔日的帐篷和土房已被装玻璃窗的二、三层现代民居所取代。乡村的道路是水泥路和柏油路，很多居民都有了私人的摩托车，少数居民有了小汽车。中国的巨大进步在偏远的山区都有的展现，中国确实变好了、变富了！这也可以告慰侯、涂、叶、李在天之灵，愿逝者安息吧！

用我难忘的记忆怀念李璞先生

成忠礼

（中国科学院地球化学研究所）

　　李璞先生离开我们已整整 43 年半了。他是我参加工作时的顶头上司，其实我与他直接接触并不多。从 1964 年 9 月至 1968 年 4 月，我在他的领导下，只"同事"了三年半的时间。说实在的，除了少有的全室大会上见面外，与他面对面的谈话，仅有三次。然而，就是这难忘的三次谈话，都影响着我的人生，是我一生难以忘怀的。

　　第一次是在 1964 年 9 月，正值秋高气爽，遍地菊黄、金桂飘香、硕果丰收的季节。我特别小心地揣着那张大学毕业分配通知书，让它紧紧地贴着那颗满怀憧憬，既有激动的喜悦，又夹杂有无穷疑虑的心脏，离别了母亲，离别了当年红四方面军革命根据地生我养我的老家，从大巴山的穷乡僻壤深处，走到了无限向往的北京。那种喜虑交加的复杂心境无以言状，就是李璞先生这第一次的接触和谈话，给我拨开翳障，迷雾指津，并使我定下决心为之奋斗一生。

　　话还得从我心中的一些背景事件谈起。我本来是 1959 年中国科学技术大学（简称中科大）第二届招生，满足了我报考中科大原子能的志愿，被录取为原子核化学系的新生，心中十分高兴，但不知为何不去北京上学，得到的通知是到成都中国科学院西南分院去报到。这是第一件带着莫名其妙疑虑和喜悦离开家乡的事。原来科大招收的这 25 名四川学生，是委托西南分院代管，以"科大附设"的名义进入四川大学附读。紧接着，又因苏联专家卡娜别扬茨的撤走，原子能系撤销，我们这 25 人又进入四川大学化学系为此首建的放射化学专业继续学习。五年后，又因未按中国科学院的规定：中国科学技术大学在外校附读的学生必须回北京在科大做半年的毕业论文通过后才能拿科大的毕业文凭，最终定为四川大学的学生进行分配，这是第二件喜虑交加折腾的事。第三件更为惨烈的捉弄，是毕业分配。当时，由于我是系学生会副主席，消息比较灵通，最初得到的分配信息是去北京怀柔中国科学院化学所二部。我更是欣喜若狂！然而喜景不长，乐极生悲。没多久，得到的正式通知却是去北京祁家豁子中国科学院地质研究所（简称地质所）工作。这个结果，犹如晴天霹雳，震耳欲聋。我一下就懵了，差点晕倒！真是：心潮激动添疑虑，未入世海先逐波！命运怎么这样变化无常？思来想去想不通。一个生龙活虎，乐观有朝气的青年，竟哭了好几场。在亲戚朋友的劝导下，冷静想来，不管怎么说，总算是进了梦寐以求的中国科学院系统，而且是在首都北京。这是值得庆幸和喜悦的；至于那一串串的疑虑，等到了北京再说。抱定："毕业分配不对口，就是最大的浪费"，一个纯粹学化学的人，怎么会分配去搞地质？很可能是工作疏忽把名字搞错了吧！趁早去报到问个明白，不行就直接找中科院的领导去。

9月8日那天，我早早地去到地质所，人事处的同志非常热情地接待我。我首先单刀直入地表示我是学化学的，对地质非常陌生，连一点常识都没有，把我分到这里来，显然是用非所学，不对口，很可能搞错了，请求组织与化学所二部联系一下，看看是不是有名字上的错位什么的，……没等我说完，一位似乎是负责的女同志马上说："小成同志，你别着急，我明确地告诉你，没有搞错，是我们专门派人去川大化学系要人，就是要挑选学放射化学的尖子生，我们的国家，我们地质所非常需要这方面的研究人才。这样吧，我带你到一室去，见了一室的领导和实验室，你就会明白和满意的"。到了一室门口，正好遇到一位被唤作陈毓蔚的女同志，随即把我们领进室主任办公室。一进门，人事处的同志爽朗地说："李主任，你们在四川大学要的学生报到了，我给你送来了，你们谈吧。"说完，人事处的同志出去了。李主任立马站起身，边伸手边说："欢迎欢迎，小成同志!"我连忙伸出手去相握。哎呀，李先生的手非常温暖而有力。坐定后，先询问我是哪儿人以及家庭情况。之后他说："大巴山好啊，今年上半年我们还去过秦岭大巴山一些地方咧，那里有国家急需的铀矿"。接着，他就问我有什么想法和要求。

我是有备而来，但我没想到一位大科学家，这么简朴，说话温和，没有架子，打消了我的畏惧心理，但心中还是在嘀咕：看来在地质所工作是铁板钉钉了，但为何把学化学的人用来搞地质，我还得要趁此弄明白。既然这位主任如此和蔼可亲，平易近人，我就索性坦率地把心中想不通的疑虑，以及化学和地质有什么关系，尤其是学原子核化学的怎么在地质方面派上用场等问题，竹筒倒豆子似的一股脑倾吐出来。

李先生细心地听完我的叙述后，那平心静气的一番谈话，不是对一个学科盲长篇大论地说教，而是简洁有力，没有重复，字字中肯，句句明确，道理深刻。陈毓蔚同志当时在场，如今，也许时间久远，也许这些话对她来说熟言顺耳，她不一定印象深刻。但对于我来说，完全是崭新的内容，正中我的胸怀，触及我的心灵，决定我的前途。所以我听得仔细，记得牢靠，终生难忘。

李先生说："我们国家制订了十二年科学技术发展长远规划，要发展地球化学，这是地学和化学新的分支学科，就是要把地质学和化学结合起来，还要把同位素的手段用上去。我们就是搞同位素地质年代学的研究。我们室有很多是学化学的，在座的陈毓蔚同志，还有你们川大的王俊文同志，去年我们在南开大学挑选了一位学放射化学的女同志，今年你是挑来的第二个学放化的。我们很需要这方面的人才。你不要到'219'了，就在一室去铀-铅组。"他又说："我们室有不少同志是从苏联学习或进修回来的，我们还想派一些同志到西方国家去进修，比如去英国的剑桥大学。你的第一外语是俄文，你要把英语抓起来，请陈毓蔚同志抓紧时间把忠礼同志的英语好好辅导补一下。过段时间，你们可能要去搞'四清'，希望你一边工作，一边劳动锻炼，一边利用业余时间学习，不要把外语丢了。南方人初到北方，在气候和生活方面，可能有些不习惯，过段时间就会适应的。过会儿，陈毓蔚同志先带着你到室里转转，介绍介绍，看看实验室。然后，对你的工作再做具体地安排。"

这次见面和谈话，前后不到一小时，可是却影响了我一辈子，一下子拨开了迷雾，解开了疑虑，不是"不对口"，而是非常对口，给我明确了新的方向。我就喜欢这种边缘学科交叉，它会不断获得新的成果，但开拓创新的任务还十分艰巨，我很满意。尽管有些事当时还不明白，如"219"是什么，搞什么和一室什么关系，我并未在意，也没有必要去弄明白。后来才慢慢知道一些。直到 2005 年我和李加田同志在广州与王道德夫妇在饭后闲谈中，老王向我透露说，1964 年是组织派他去川大化学系为"219"的任务招人，把我选中要进地质所的。至此，我才真正弄明白毕业分配的疑虑和李先生谈话的一些内情。我深刻地认识到李先生对我的前途寄予极大的厚望！

第二次与李先生直接接触是 1965 年初。现在还记忆犹新！当时我们去河南许昌参加"四清"工作，暂告一段落，放假回北京过春节。有家的或离家近的都回去了，我们这些准单身汉，大约有六七人，都住在祁家豁子。一天，我记不清是年三十还是大年初一，反正就是春节期间，我们事先得到通知，说李先生要来看望我们。在一室开了一个茶话会，好像是戴橦谟同志主持，他说，李先生是骑自行车来所里看望大家，是他拿自己的稿费来开这个茶话会的。李先生马上说："没有别的事情，就是来给你们拜个年，你们辛苦了，新年佳节，你们没有回家，北京天寒地冻的，我们在一起来集体过年，热闹、热闹，祝你们春节快乐。"大家就随随便便聊一聊。他还问了问我们下去搞"四清"有什么感受。他就坐在我的对面，他对我说："忠礼同志，你们新分来的大学生，按规定还要在原地劳动半年，要好好向贫下中农学习。"他还叮嘱我，没事的时间，不要忘了外语！他说，他也要到河南禹县去参加"四清"工作。茶话会气氛十分活跃，李先生还不时说些诙谐的笑话，使我感觉到这位科学家多么平易近人，和蔼可亲，他对我们青年人的成长和关怀时刻放在心上，时刻不忘叮嘱。我能处在这样的领导之下，这样的集体中，是多么的幸福，心情是多么的舒畅。当时参加的人我现在不能一一记起名字，但有一个叫孙宝元的我印象极深，因为他名字中有随口即呼的"金元宝"中的二字，使人过耳不忘。

第三次与李先生的单独接触是 1967 年。大约在 10 月中旬的一个星期天，我专门到地化所职工宿舍他居住的 2 单元二楼去看望他，见到我，他很高兴，但十分平静，没有前两次那种欢快，互相问了一些身体和生活情况，然后他问我，你将来是打算从政呢，还是继续搞科研？我说，我绝对不会放弃科研道路的。他说："等运动结束后，快回来吧，我们很需要人，国家有很多重要任务，最近珠峰科考项目就很重，要做大量的同位素数据，还要建立新方法。我还是那句老话，党和国家培养一个有专业的知识分子不容易，要搞科研，就不要放松业务，还一定要把英语抓起来。"每次见面我都听到"一定要把英语抓起来"的叮嘱，可见李先生对青年人的关怀和培养，就像精心琢玉一样，在心里早已有长远的方案和计划。听到这些，心里甜滋滋的，但脸和耳朵有些发热，感到内疚，我简直没有脸面面对这位一直关注我发展前途的室主任。我实在身不由己，在当时那种是否忠于毛主席革命路线的潮流误会选择中，还得违心地硬着头皮去"抓革命"、搞运动。但万万没有想到，仅五个月后，1968 年 4 月 26 日晚上回所时，突然得知李先生去世的噩耗，十分痛心，潜然泣泪。自那时起，我也暗下了决心：一定不辜负李先生对我的期望，必须寻机离开政坛。

十年之后，党中央宣布"文化大革命"结束，盼望已久的好机会终于来了。我绝不会错失良机，而且要做得堂而皇之、理直气壮。当 1979 年，贵阳市委金风书记对我说，市委已向省委报告商调我去任市委副书记时，我立即表态"不愿意"。并马上回地化所找党委杨敬仁、柴云山书记，请求帮我挡驾；同时我又立即向市委正式提交了书面辞呈。坚定地回了地化所。兑现了我对李璞先生的承诺，也实现了我从事科研的夙愿。尽管为时较晚，但至同位素室搬迁广州之前，我还是在李先生开垦的这块富庶的园地里，风风光光地耕耘了十年。自觉蛮有收获、满是欣慰。也算弥补了我未满足李先生的厚望所产生的内疚。

李璞先生，是老革命，又是红色专家。我在撰写《涂光炽院士图传》一书时了解到，他在回西南联大复读之前，和涂先生一道，参加了许多革命活动。在天津南开中学时就一道聚会在该校地下党张锋伯老师周围，参加了许多革命学潮活动。1937年底，一道弃学从戎去到陕西长安县大吉村张锋伯家乡搞抗日活动，而且成为张锋伯的乘龙快婿。1938年3月，张锋伯为临潼县县长时，他们又到临潼县开展声势浩大的抗日宣传活动。1938年夏，受党组织指派到延安抗日军政大学学习，李先生被编在第五期一大队（胡耀邦为一大队政委），李先生就是在抗大加入了中国共产党。1939年4～5月间，抗大毕业后，根据中共陕西省委的请求，李先生和涂先生等一行八人被分配回西安。此时，白色恐怖严重，张锋伯被捕，陕西省委安排他们去蒲城中学教书。李璞为地下党支部书记，公开身份是蒲中的训育主任。李明（新中国成立后在武汉市工作）为支部委员，公开身份是教务主任。张锋伯被营救出狱后派到河南去了。当时李璞和涂光炽等人虽都改了姓名，但有特务认出了李璞先生，幸李先生因妻子病危，正请假照看病妻去了，不久妻故欲归时，接李明通知，叫他不要回蒲中了。按照地下党的指示"勤学、勤业、勤交友"，为了保存实力，党组织安排他们回西南联大复学。于是李璞、涂光炽、李明、王刚等人分别各自陆续回到西南联大。由此脱离了党的组织关系。

中华人民共和国成立，丽日当空照亮神州大地。中国科学院随之成立，鼓起了向科学进军的东风。李先生于1950年从英国剑桥大学获博士学位回国，先安排在中国科学院李四光先生办公室当秘书，随后被任命为西藏工作队队长赴西藏进行地质考察。1956年，又作为副队长与涂光炽、陈庆宣等科学家带队对祁连山进行地质调查。李先生高瞻远瞩，首先在地质所成立地质同位素年代学研究室，发表了中国第一批年代数据，可以说是我国同位素地球化学及年代学的开宗祖师。李先生对这门学科的发展，在实验室的装备，研究新方法的建立，研究人才的招聘、培养，一直是深谋远虑，成竹在胸。遗憾的是在雷霆骤雨、阴霾窒息的时刻，只需稍等时日，待乌云过后即可又见日照闪明的星光，不幸瞬息殒灭。即使这样，在他气绝之前，还虔心祖国的科学事业，惦记珠峰任务，叮嘱同事们沿着正确的科研路线去夺取辉煌成就。他的品德和忠于事业的爱国之心，也如珠峰一样高大、雄伟和纯洁，这是珠峰可鉴的。由李璞先生精心培育、带出来的"一室"这批同位素地球化学和年代学的科技精英们，秉承他的遗志，发扬他所践行的治学精神，在国内外相应的地学单位中，在科学的春天里，在祖国的科学事业上，为同位素地球化学学科，培养了人才，增添了活力，铸就了辉煌，享誉国内外。可以欣喜地告慰九泉之下的李先生：您所开创的同位素地球化学实验室，现已成为国家重点实验室，正在跨越奋进中！

在撰写《涂光炽院士图传》查阅资料过程中，我曾见到在武汉工作的李明同志于1978年11月12日写给涂先生的一封信，其中抄录了他在1972年，当得知"我们的大哥李璞同志"含冤去世的消息后，为悼念李璞所写的两首诗和一阕词，很是感人。遗憾的是当时我未转抄下来！

在纪念李璞先生诞辰 100 周年之际，本人特撰此文及如下拙诗，以表深切怀念。

李璞先生诞辰百年记

丽日当空禹甸红，科研奋战鼓东风；
领军西藏祁连队，标史地学年代宗；
桃李含馨丰艳眼，玉璞琢器邃怀胸；
雷霆骤雨科星殒，未泯虔心鉴珠峰。

忆李璞先生

桂训唐

（中国科学院广州地球化学研究所）

李璞先生离开我们已 43 年了，但他的音容笑貌，他的高尚品德，他的绅士风度都深深地印在我的心中。

一、从事科研工作的领路人

1960 年 9 月的一天，刚大学毕业的我，怀揣着对未来的憧憬和对走上工作岗位的向往与激动，来到中国科学院地质研究所（简称地质所）人事处报到。我被告知分配到"绝对年龄实验室"。这是一个我从未听说过的实验室名字，我带着好奇和疑问走进了这个神秘封闭的实验室大门。接待我的是当时实验室的业务秘书戴橦谟同志，他向我简单介绍了实验室的情况。它是我国建立的第一个绝对年龄实验室，室主任是新中国成立后从英国留学回来的著名岩石学家李璞先生，下面有 U-Pb 组、K-Ar 组和质谱组，各组的组长均由从苏联刚学习回来的同志担任。这是我第一次听到李璞教授的名字。

经过戴橦谟同志简单的介绍，我初步知道"绝对年龄研究"是一门根据放射性衰变原理，用同位素测定技术，测定岩石矿物形成年龄，从而研究地球演化、矿床形成乃至宇宙演化规律的新兴学科。我被分配到 U-Pb 组，组长是留苏副博士陈毓蔚同志，副组长也是刚从苏联学习回来的王俊文同志。我想我被分配到 U-Pb 组可能是由于我是北京地质学院铀矿地质专业毕业的学生吧。

李先生对培养年轻人很重视，他对每位新来的同志都要个别谈话。首次见面时，给我的第一感觉好像有点严肃，但在交谈中我发现他温文尔雅、细致、严格，很有感染力。他谈的内容有两点直到今天我还记忆犹新，并受用终生。

（1）作为一个科研人员要嗅觉灵敏，要清楚知道你从事这一行的国内外情况。因此外语是非常重要的，必须掌握两门以上。让我明白在科研单位工作不懂外语就等于"瞎子摸象"。

（2）他告诉我，我们从事的这门学科"绝对年龄"是一门边缘学科，它和物理学、化学、数学等学科有密切的关系，因此我需要弥补这些学科知识的不足。

我们这些地质院校出来的毕业生对上述两个方面的知识积累和技能训练是极其缺乏的，因此李先生在我们室开办了两个学习小组：英语组，由李先生亲自教授；俄语组，由留苏回来的同志担任。

李先生带头学习俄语，还让留苏回来的同志纠正他的发音。李先生这种不耻下问的学习作风，不仅感动了我们大家，更使我这个外语极差的人，不得不认真对待，努力学习。

当时地质所的所、室领导为了让我们这些地质院校毕业的学生成为一个知识全面合格的科研人员，还举办了许多业余的各种学习班，提供了大量的"充电"机会。我参加了章元龙教授的物理学习班。

二、严于律己、严格治学的导师

李璞教授对当时我国同位素地质地球化学研究方向有着自己的设想，根据我国刚刚建成同位素地质年龄实验室的历史现实，他提出把在我国寻找"一老一新"、"以老带新"作为近期的工作方向。具体就是在中国北方寻找最古老的地层；在中国的南方寻找年轻的花岗岩及其相关的矿产。在这样的指导思想下，1961 年李先生带队，王联魁、常秉义为队长在南岭和 1964 年李先生挂帅，钟富道为队长在辽东半岛分别进行了野外地质考察。我有幸参加了这两次具有历史意义的野外工作。

根据绝对年龄实验室的特点，他对我们室研究人员的培养方向是具备野外地质、实验技术、撰写报告能力于一身的一条龙模式。因此 1961 年李先生组织南岭野外地质队时，就包括有实验室人员，徐淑琼（Ar 组）和我（U-Pb 组），还有王联魁、常秉义、张玉泉等一共 7 人。

因为花岗岩在南岭地区分布很广泛，李璞教授选定的是诸广山岩基中的骑田岭岩体，采取根据地形图徒步横穿的地质考察方式。众所周知，华南植被发育、岩石风化层厚（30 米左右）寻找新鲜露头非常困难。我们整天在森林、竹林、灌木丛中穿行，就好像走在原始森林里一样，没有路。经常是张玉泉穿着雨衣，拿着竹竿为我们开路。

我们每天野外地质工作的内容就是爬山寻找新鲜露头、采集有研究价值的标本、记录观察到的重要地质现象。天黑回到宿营地后，要整理标本、编号、包装、装箱。像我们这样刚大学毕业的年轻人到晚上干完所有必需的工作后，人都已经累得不想动了。李璞先生已是 50 岁的老人，他和我们一样，每天承担同样繁重的体力和脑力劳动，并且还要指导我们的工作，使我们受益匪浅。

我记得有一天，我们大概已经走到骑田岭岩体的中心部位，天黑了，人也走累了，想找个旅店住下。抬头看去，四周不见人烟。正在着急时，突然有人发现，前面有点亮光。我们大家高兴极了，顾不着疲劳，就朝那个方向奔去，终于找到了一个卖豆腐的店，不但有饭吃，楼上还有一间住房，有四张床，当时我们想，不管怎么样，总比没有好。在队长的分配下，两个女的一张床，5 个男的睡另外 3 张床，李璞先生得到优待一人一张床。

我们刚一踏进这个房间，就有一股浓烈、刺鼻难闻的味道扑面而来。在昏暗的灯光下看床上的被子、墙壁都是灰黑的。这间房子没有窗户，除进房间的一扇门外，在房子北面墙的中间还有两扇通向一个小阳台的门，在阳台上放有一个大木桶，那就是厕所。让我感到这里像是小说中的"黑店"。但人又累又困，也顾不上那么多了。在我上床前，我要求徐淑琼与我一起将被子抖一抖，为的是能把被子里的老鼠、蟑螂、虱子都抖下去，结果遭到男同志取笑了半天。李璞先生一声未说，就睡下了。

李璞先生和我们一起出野外，自己打的标本自己背，年轻人想帮他背，都遭到坚决拒绝。当看到典型的地质现象时，他会仔细给我们讲解。李先生博学多才，在大家休息时，他会讲笑话给我们解闷、提神。他讲得绘声绘色，但他自己从来不笑。有一次他讲笑话时说："兄弟俩坐在长城脚下比赛作诗。哥哥说'远看城墙锯齿齿'，弟弟马上接着说：'近看城墙齿锯锯'。"紧接着还有很多更可笑的对话，我已经记不得了。只记得听完，大家都笑的人仰马翻，已有的疲劳都"云消雾散"。看到我们开心，他就高兴。李先生的脑子里装了很多笑话，在整个野外生活中他讲过无数不重复的笑话，当年过后我还能复述几个，50年以后的今天，我也都忘了。但李先生讲故事时的音容笑貌却深深地印在我的脑海中。

三、高风亮节、崇高品质的典范

李先生为人不卑不亢，有一天，我们做完骑田岭岩体的工作，下山来到韶关，我负责联系住宿，按李先生当时的级别可以住韶关交际处，我把李先生的介绍信给交际处服务台的工作人员看，该同志打量了一下我们一身土气的样子说："不行"。我问："为什么？"。她说："不够级别"。我告诉她李先生是研究员，相当大学的教授。她说："谁知道他是研究什么的？是售货员，还是炊事员！"。李先生在外边听到我们的争吵后，就走近来把我拉出去，心平气和的坚定地对我说："我们去住旅馆"。我当时年轻气盛，等我们在旅馆住下后，就去交际处找他们的领导告状说："我们是搞地质的，刚从山上下来，还没来得及换衣服，就这种态度对待我们的教授，不让他住！"。后来，交际处的领导亲自到旅馆，一再向李先生赔礼道歉，请李先生过去住，但均被李先生婉言谢绝了。

写到这里使我想起1968年"文化大革命"时，打走资派、打老专家之风盛行，谁打人凶，谁最革命。李先生刚强的性格决定他绝对不能认同那些造反派对老专家的残忍暴行，更不能容忍别人对自己的人格侮辱。在那种气氛下，他选择了割颈辞世。印证了"士可杀、不可辱"的崇高气节。

四、宽厚待人、高尚品德的楷模

李先生平易近人，与人交谈总是和声细语，从不大声训人，从不乱发脾气，尤其对待普通的劳动者，譬如工人。由于工作的需要，我们出野外时总是配备汽车和司机。20世纪60年代初期，正是我国困难时期，李先生在路过县城时总要请司机进饭馆吃饭，给他"打牙祭"，补充营养。

大概是1964年李先生和钟富道带我们去辽东半岛找老地层。李先生有个心愿就是要在中国找到最老的地层，他首先选择了辽东半岛。当我们从大连、金县、亮甲店、岫岩、大石桥等地工作完回到鞍山时，听说当地的"老边饺子"颇有盛名，我们大家都想去吃。大家都在猜想李先生肯定要请大老张（大家对司机张文治的昵称）。李先生觉得大老张人高马大，家里孩子又多，经济上可能不宽裕，所以非常照顾他，平时李先生只请司机，没想到这次连我们一起请。"老边饺子"真的很好吃，油特别大，饭后大家都说吃撑了，到铁路两旁散散步。顺便我就问大老张："你和李先生单独吃饭时是否拘束？"他说："一点都不，李先生什么都谈，家庭情况、社会现象、天南海北，什么都聊"。从未让大老张感到这是一种恩赐，而是两个老朋友之间的相互交往。所以在1968年李先生割颈辞世之后，大老张到我家询问相关情况，听后这位一米八高的男子汉为李先生流下了悲伤的眼泪。他认为李先生不是历史反革命，冯玉祥的部队是抗日的。一位普通的司机在那样的气氛中能有这样的认识和感慨，真是十分难得。张文治同志与卫克勤和我都是好朋友，他有事总要来和我们商量，每当提起李璞先生时，他都会眼眶红红的，感到李璞先生这么好的一位老先生就这么走了，太可惜了。要是他活着，地化所的同位素地球化学研究室一定会发展得更好，为国家做出更多的贡献。

此时让我又想起 1965 年我在河南参加"四清"时听到的一则消息。当时盛传李先念副总理在某某大队蹲点，最后落实是李璞先生。我想这就是李先生他平易近人，老百姓把他看成亲人，但他又气度不凡，让老百姓感到他不像是普通老百姓。

李璞先生和我们相处不到十年，但他的外柔内刚的性格、严格治学的作风、宽厚待人的高尚品德都永远留在我们的心中。

永记李璞老师的教导

胡霭琴

（中国科学院广州地球化学研究所）

今年是李璞老师百年诞辰，他在这个世界还没走完 57 年，就在那场可怕的"文革"中，带着满腔的愤怒，用最悲壮的方式结束了自己的生命，丢下了他非常挚爱的，创建不久的同位素地质事业，离开了他的同事们、学生们。在我们怀念他时，内心总是隐隐作痛。

我不仅在大学里聆听过李璞老师的授课，大学毕业后还考取了李璞老师的研究生。因此，曾两次受邀撰写李先生的生平和成就。第一次是 2003 年由中国科协组织的《中国科技专家传略》，但由于某种原因未能出版，后在 2008 年受科学出版社聘请为《二十世纪中国知名科学家学术成就概览》（新闻出版总署"十一五"国家级重大出版工程）中地学卷"李璞"的撰稿人。由于我和李先生相处时间并不长，在两次成文过程中，除了参考过去发表过的纪念李先生的文章外，还拜访了许多在 20 世纪五六十年代与李璞先生共事过的老同事，他们给我讲述了很多与李先生一同工作和生活中亲身经历的事情，那些永远忘不掉的往事深深地感动着我，甚至在梦中经常伴随着和督促着我一步一步地向前走。下面说几件我亲身经历过得却是永生难忘的往事。

在 1958 年的深秋我有幸成为了中国科学技术大学地球化学和稀有元素系的第一届新生，完成了五年学业后，总想再学习一段时间。我们那个年代没有什么硕士，博士学位，只有"研究生"这个称谓。正好毕业前在中国科学院地质研究所（简称地质所）实习时，听说李璞先生是又红又专的科学家，刚刚开创了国内新的学科——同位素地质学，于是投考了李先生的研究生。我出生在一个普通的家庭，能成为李璞先生的研究生，内心有很多的向往，同时也有不少的胆怯。1963 年刚入学不久就快到中秋节了，为了让新入学的研究生们和导师熟悉，所里主管研究生部门的人员提议让我们在八月十五中秋节时到各自的导师家中去看望老师。记得那年的八月十五，我怀着即紧张又兴奋的心情敲开了李先生的家门。当时他的夫人（池际尚先生，北京地质学院教授）也在家里，见到我来了都特别高兴，把我当成孩子一样，一下打开了八种月饼让我吃，并和我聊起家常，慢慢地就轻松下来了。

李先生非常重视实践，他要求我在实际中多锻炼，不让我只停留在书本的知识中。中国科学院的研究生首先要学习并通过几门课程的考试，包括外语、自然辩证法及基础课等。记得当时选的一门基础课是北京大学的"物理化学"课。这是一门比较有难度的课程。大概还没上完一半的课程，李先生就让我参加所里的"白云队"一同去内蒙古的白云鄂博做研究生论文的野外工作，并采取地质年龄样品。野外工作结束后回到北京已过了考试的时间，李先生让我复习一下去参加补考。当时的研究生只要有一门不及格就要取消学籍，北京大学的老师都为我捏着一把汗，好歹及格了，李先生还挺高兴，他说通过就行了，主要是多参加实际的工作，在工作中学习。

李璞先生主张"学科杂交"。他原来是从事地质、岩石学研究的，自 1958 年负责筹建同位素地质年龄实验室后，很快掌握了与同位素年龄测定有关的物理学、化学及仪器设备方面的基础知识。他非常重视"同位素年龄测定实验室"的工作，经常到实验室详细了解实验情况，对测试数据严格把关。我入学后不久立即让我在"K-Ar"实验室里参加实验排班，在一套玻璃系统上，学着获得低、高真空，学着在真空系统中熔化样品、纯化和提取氩气，用麦式压力计测量氩气总量等。通过多年的积累，后来我还学会一些小小的真空玻璃焊接技术呢。记得当时为了多做些样品，实验室经常昼夜轮班，可热闹啦。那时到了夜里地质所大楼二楼的半边楼灯火辉煌，有时李先生也亲临现场参加夜里的工作。到了午夜时分，还要开饭呢，吃得最多的是面条。虽说像打仗一样的完成数据测定，可是李先生对数据把关非常严格，他总是一遍又一遍的复查，还时常找负责 K、Ar 测定的研究人员讨论，再三核查后才可以使用数据，最终发表。为什么李先生发表的文章少，而文章分量大，就是这个原因。

李璞先生为人非常谦虚谨慎。比如说，所有人都知道李先生对涂光炽先生是非常尊重的，但是多数人不知道李先生是涂先生的学长，并做过涂先生的助教。这件事情我是在一次与涂先生的闲谈中才得知的。大概在 1986 年一次与涂光炽先生同乘从哈密去乌鲁木齐的火车上，我问涂先生"您这么文质彬彬为何学习地质？"涂先生立刻笑着说："你的老师是我大学时期的助教，是他把我领进地质科学这条路呀"。可是我从来没听李先生本人或是从其他人的口中说起过这件事。相反，李先生在学术上对涂先生一直非常的敬重。提起我的研究生论文的选题——白云鄂博稀土矿床的成矿时代，这件事我也是记忆犹新的。这个研究题目并不是我的导师李璞先生指定的，而是涂光炽先生给我选的。那是在 1964 年上半年的一天，李先生把我叫到他的办公室，对我说："关于研究的方向和研究地区，你去找一下涂光炽先生（当时任地质所副所长）。"我当时心里很纳闷，后来才知道涂先生和李先生两人不仅在治学精神上有共同点，在对待国家任务的态度上都是非常一致的，各方面配合的都很默契。当时，涂先生正在负责完成国家重要科研项目——白云鄂博稀土矿床的成因研究，我也有幸参与了这项重要的科研任务，除了野外地质考察、采取地质年龄样品外，还学习了分选单矿物的技术，亲自做了造岩矿物—黑云母的 Ar 分离、纯化和测量的实验，又在化学实验室和质谱分析实验室老师们的帮助下，得到一些成矿矿物的 U-Pb 年龄和 K-Ar 年龄结果，但是由于"文革"以及李先生的离世，我一直没有机会亲自正式的发表该项研究成果，后来数据被收集在同位素年龄汇编中。李先生对我要"重视实践"的要求和他事必躬亲的精神，从青年时代就深深地印在心中，对我的科研工作有很大的影响。

李先生从事的科学事业不但具有十分严谨的学风，而且不断地吸取国际上最新的研究成果，结合我国的地质实际开展研究工作。在一篇《地质绝对年龄研究与地质科学》的文章中指出了同位素地质年代学的研究方向主要为：独立地质建造的系统研究；前寒武纪地质建造的划分及前寒武纪地质历史的发展；褶皱造山带的研究；地质绝对年龄表；关于地壳运动的规律性等五个方面。此后李先生带领着同位素室的年轻人开展了对南岭、内蒙古、辽东半岛等地区的同位素地质年代学的研究，相继做出了大量的同位素年龄数据，与此同时还完成了西藏希夏邦马峰地区岩石年龄的测定。李先生的文章已经发表近五十年了，重读先生的文章仍然倍感亲切，对我从事的同位素地质和地球化学研究，有很重要的指导作用。我遵照先生的思路，又得益于涂光炽先生的指导和支持，与研究组的同事们一起主要在新疆维吾尔自治区开展了塔里木盆地、天山、阿尔泰、准噶尔造山带基底时代及演化的研究。研究中牢记先生的教诲，从野外地质观察、采样、岩石薄片观察，双目镜下挑选单矿物，以及磨制粉末样品都是亲自动手。在年轻时还亲自分选单矿物，特别是锆石和磷灰石的分选和挑纯等，并在实验室完成过大量的 K-Ar、U-Pb、Sm-Nd 和 Rb-Sr 化学分析及同位素组成的测定。这些亲自动手的过程对年龄数据的解释非常有帮助。我们承担的新疆国家 "305" 项目的课题研究中的关键性年龄数据大多经过不同测定方法的反复复查，因而在新疆地区得到了一些可靠的研究成果，可以提供地质填图、区域地质构造演化等进一步研究参考。

李璞先生对我国的革命事业曾经做出过重要的贡献，在科学事业中是具有开拓性的科学家，是一位真正的科学工作者。自 1950 年从英国学成回国后，至 "文革" 前的短短 16 年中，他一直是应国家所急需，不断地承担着一项又一项的科研任务，1951 ~ 1953 年的西藏科学考察后，在地质所建立超镁铁-镁铁岩石学研究室。他从不计较个人的得失，不断地从科研的一个方面转向另一个方面。当在超镁铁-镁铁岩石矿床学方面取得了很多成绩，并在国内外有较大影响时，又受命建立同位素地质实验室。这门学科需要大量的物理学和化学的知识，对于当时五十多岁的地质学家来说，这个转行是非常大的挑战。他填补了我国地质科学中的一个又一个空白，而且是干一行，学一行，爱一行，在每项研究中都做出了重要的贡献，是地质科学研究的宝贵财富。

李先生不只是位有重大贡献的科学家，他的个人品德是非常高尚的，他对社会、对集体、对同事非常慷慨，只要知道别人有困难他都会给予无私的帮助，可是他的生活简朴，对自己要求十分严格。我至今还记得在 1996 年纪念李璞诞辰 85 周年的会上，涂光炽先生在讲话中回忆到李先生的为人时说 "李璞先生写信时连公家的信封和信纸都不用" 时，从来都是文质彬彬的涂先生突然声音高亢并非常激动，含着热泪结束了他的发言后立刻离开了会场。

李璞老师的一生虽然短暂，也没留下太多的文章、专著，但是他在祖国大地留下了深深的足迹，留下了那么多至今仍然十分宝贵的地质科学资料，他还给我们留下了太多的回忆。在回忆李璞先生的一生高贵品德与所做出的贡献和成就时，还是用涂光炽先生的一段话为结束吧："李璞同志是一位不图名利、不畏艰险、勇于实践、努力攀登的科学家，是一位真正的科学家。纪念李璞同志，我们应当努力学习他的爱国主义精神、强烈的事业心、责任感和深入实际，刻苦实践的精神。在当前，在各种形式的伪科学和不正之风仍在不同程度地流传的时刻，当一些思想上和行为上的懒汉不在实践上下工夫，却一而再、再而三对故纸堆进行'开发'，并力求作出一举成名的'发现'的时刻，提倡做一个李璞式的科学工作者还是十分必要的。"

我心目中的李璞先生

胡世玲

（中国科学院地质与地球物理研究所）

1960 年我从大学毕业，有幸被分配到中国科学院地质研究所（简称地质所）工作。当我跨进科学院的"殿堂"，我有一种幸运、喜悦和责任感，甚至有点"神秘感"。刚毕业那段时间，我年轻又无牵无挂，每当周末我就会到北京地质学院任教的姨父袁复礼教授家里探望、度周末，经常聊聊工作、学习和家常。20 世纪三四十年代在西南联大共同教学中，袁先生和李璞先生接触很多，彼此熟悉，又因为李先生与我在同一研究所工作，因此每次我姨妈总要与我谈起李璞先生，赞扬他的严谨求实、敬业奉献、简朴自律和平易近人等高尚品质，这些都给我留下了深刻的印象，并产生了对李璞先生崇敬之情。

60 年代我在地层研究室工作，地处办公大楼东侧三楼，而李先生领导的同位素地质、地球化学研究室在办公大楼的西侧二楼。由于当时的客观环境，同位素地质、地球化学是一门新兴学科，属"尖端学科"的范畴，"保密性"极强，而地层学是一门基础学科，尽管我们在同一座大楼共事，而二楼西侧的大门，凡非地球化学专业的成员是难以进入的，所以特别有一种"神秘化"的感觉。但我经常能见到李先生早、中、晚出入和忙碌的身影，尤其是每天下午下班后李先生总在食堂用餐，晚餐后拿着自己的餐具又回到办公室继续工作，晚上就住在实验室，几乎很少回家。

"文革"中地质所保留了基础地质学学科，包括同位素地质地球化学及其他一些学科、专业均搬迁至贵阳，成立了中国科学院地球化学研究所，地质所又重新组建了同位素地质研究室。我从"五七"干校返京后地层室已被取消，我被分配到同位素地质研究室工作，在以后几十年科研工作中，深深地体会到各种实验技术、手段、方法建立是多么的重要和艰辛，尤其是李璞先生在 50 年代和 60 年代初期作为我国同位素地质学的创始者，全方位地筹建、引进、建立和完善本学科所奉献的一切是多么崇高、艰辛和不易！他不愧为我国同位素地质学科的奠基者和创始人。

李先生 1950 年从英国留学回来不久，就首批组队参加西藏科考队考察西藏地域的地质，他是青藏地质研究的开拓者。1955 至 1957 年他参加了祁连山科考队的地质考察任务，成为我国基性–超基性岩石学和成矿学奠基者之一。50 年代因科学发展规划的需要，他接受创建我国同位素地质学学科的艰巨任务，他领导和积极筹建同位素各门类的实验室，选拔优秀学子去苏联学习和培养，回国后他们都成了骨干和学科的带头人，他们在李璞先生的领导下同心协力创建了我国第一代同位素地质年代学实验室，以致到七八十年代，我国各领域、部门及地区的同位素地质和地球化学实验室陆续建成，为我国地质地球化学学科的发展都作出了应有的贡献。

  李璞先生过早的离去是我国地质学界的重大损失。但李先生的严谨求实、开拓创新的学术作风；刻苦钻研、勤奋学习的奋进精神；淡泊名利、简朴自律的人生态度；培养青年、严格育人的人才思维；高瞻远瞩、集成众智的领导艺术以及高风亮节、无私奉献的精神，堪称地质界的楷模。虽然我与李先生交往甚少，但李先生永远是我心目中最敬重的师长，是我学习的榜样。时值李璞先生百年诞辰，谨此以志缅怀！

深切怀念李璞先生

金铭成

李璞先生离开人间已经半个世纪了。但他的音容笑貌和言行风采仿佛还在我眼前，我不曾感到李璞先生已离我们而去。

我是1958年进中国科学院地质研究所，被分在岩矿室质谱组，和当时新分来的两名大学生一起工作。李璞先生正是岩矿室主任之一，另一位是涂光炽先生。

同位素地质是一门新兴学科。当时在国内尚无一家科研单位或大专院校开展此项工作。正是李璞先生率先开拓了这门学科的研究领域。那时中国科学院地质研究所领导决定一方面派出科研工作同志去国外学习这门学科的知识和技术；另一方面在国内组织相关人员从事这方面工作。记得当时我也很有幸被分配在参加自制安装质谱仪。三名新同志均刚从校门走上工作岗位，大家都没有这方面的知识和技术，我们就跟章元龙、林卓然等有技术的老师一起工作，只好一切从零开始，边干边学，边摸索边改进提高，日夜奋战。有时晚上李璞先生也来参战，和我们一起奋战到深夜。碰到困难时，他总鼓励我们要鼓足干劲，不要泄气，再查些资料。相信我们一定会成功的。李璞先生深切的教诲和他的苦干实干精神，总激励着我们。共同奋斗的情景我还历历在目，记忆犹新。后来自制安装质谱仪终于成功，1960年赠送给中国科学技术大学供教学用。

1959年底，苏联政府派出了同位素专家波列娃娅来我国帮助建立K-Ar测试玻璃系统，但要求系统上每个玻璃部件如真空活塞、冷阱、麦氏计、高真空泵等等，均要自己备好、解决。当时李璞先生和组长戴橦谟同志亲自外出与外界频繁联系，后来在中国科学院半导体所玻璃车间的帮助支持下，花了一个月的时间日夜加班，K-Ar测试系统终于建成。调试时，李璞先生有时也来参加，他丝毫没有大科学家的架子，在工作中甘当下手，虚心好学，平易近人，给我们年轻人留下了深刻的印象。

K-Ar测试玻璃系统全是由玻璃管吹制而成。根据玻璃的特性，焊好的玻璃接头经常会自行炸裂，甚至爆裂。要使工作能正常开展，必须配备一名富有经验、能熟练实际操作的玻璃工，在爆裂或断裂后能及时修复。李璞先生深知这工种的重要性，于1960年指派我到半导体所去学习玻璃吹制技术，并谆谆告诫我要虚心学习，苦学苦练，把这门技术学到手。李璞先生的高尚品质和一贯的严谨求实的作风，激励我刻苦钻研，学了半年，我没有辜负李先生的嘱托，回来承担起这项任务。后来每逢国内兄弟单位来参观K-Ar测试技术时，也把这一情况告知他们，以保证工作能正常进行。

李璞先生是位有名望的科学家，也是位热爱祖国的革命者。1958年12月，岩矿室支部举办了一次团日活动纪念"一二·九"运动。李璞先生也来参加，在会上他用沙哑的声音，无比激动的心情，给我们讲述了当时国民党反动政府用凶残的手段来对付手无寸铁的爱国学生。他语重心长地告诫我们，新中国来之不易呀！要我们珍惜热爱中国共产党，热爱我们伟大祖国，要用自己毕生精力投入到自己所从事的科研中去，建设好自己繁荣的新中国。

李璞先生在科研上是知识强者，是位人格高尚、知识丰满，又是虚心好学的科学家。今天在纪念李璞先生诞辰 100 周年之际，让我们怀着崇敬的心情，再次缅怀先生的高尚人品，他的高风亮节，对青年人培养教育和关心的胸怀。唯有将先生在国内开拓的同位素地质这门学科深入进行下去，取得更丰满的成果，才能告慰先生在天之灵。愿李璞先生名垂青史，万古流芳。

回忆我的父亲

——纪念李璞先生诞辰 100 周年大会发言

李 池

［中国地质大学（北京）］

尊敬的各位领导，各位代表，朋友们，大家好！

首先请允许我借此机会代表家人，对出席大会的全体领导同志，各位前辈和来宾致以诚挚的谢意！

今天是个隆重和有意义的日子，我的心情非同一般，有很多话想说却不知道如何表达。43 年前，在"文化大革命"的浩劫中，同许多人的命运一样，我的父亲永远离开了这个世界。当时全家人天各一方，父亲出事，母亲被隔离审查，作为首批上山下乡知青，我已经到陕西延安地区插队。父亲出事以后很久，我才被告知这个消息，罪名是"走资本主义道路当权派自绝于人民"。面对无情的现实，我一句话也说不出，只是默默告诫自己要划清界限。十年动乱结束了，人们迎来了科学的春天。1978 年党中央拨乱反正，全面落实政策，为一大批冤假错案平反昭雪。当我拿到中共贵州省委组织部的文件时内心激动不已，我意识到十年沉冤终于可以昭雪，父亲终于可以在天堂里瞑目了。

人们常说儿时发生的事情往往更能使人记忆犹新。那是 1956 年的一天深夜，在一片嘈杂声中我被吵醒，只见窗外狂风大作，闪电和雷鸣划过夜空。妈妈对我说附近石油学院发生了火灾。我说那怎么办。她说不要紧，你爸爸已经和大家一起去了，不久就会回来。第二天清晨我背起书包上学，见到雨水四处奔流，学校养鱼塘中的鱼竟然也跑到了路上。

小时候记忆中的父亲身材魁梧，一向很忙，常常出野外，难得见上一面。那时候最盼望能在星期天和父母亲一起玩耍。那时家中的床头柜里放着父亲从西藏带回来的厚厚的毛毡靴，冬天里我常常找出来穿上它们，在房间里跑来跑去，笨笨的样子显得很滑稽。我喜欢听他们讲在祁连山考察时遭遇野兽的事情，非但不害怕，反而觉得很新鲜和刺激。

父亲平时很注重礼仪，他在苏联野外考察时，同外国友人在一起总是着西装打领带，回国后尽管是普通的中山装，裤线也要熨烫得笔直。他秉性随和，讲话慢条斯理也不是很多，总有一股绅士风度。母亲曾经说："你爸爸在外面乘公共汽车，总是最后一个才上。"是习惯还是个人修养我不得而知，不过这一定和父亲曾在英国剑桥留学有关系吧。

或许因为父母亲都是知识分子，都有受西方教育的背景，所以我很小就能感觉到家庭中浓厚的民主氛围。父母讲话和风细雨，什么事情总是商量着办，从来不会将自己的意见强加给对方，更何况父亲还要年长母亲几岁。他们对待子女是强调"摆事实，讲道理"，最大不过所谓"关禁闭"，也就是犯了错误要待在卫生间里闭门思过。传统家庭中的讲求辈分及尊卑思想几乎未曾有过，这从父母给我取的名字上可以看得出来。

父亲的俄文和英文功底很好，阅读文献和日常交谈都不是问题。听说他能写一手漂亮的毛笔字，可惜始终都没有机会见到。这就是他最初留给我的印象，不过也并不总是如此，父亲也是一个很有性格的人。

记得上世纪60年代初的一天，风和日丽，我们一家人来到颐和园泛舟昆明湖上。眺望着美丽的山色，父亲一下来了兴致，禁不住亲自下到湖中畅游起来。有趣的是，从来没有下过水的我在父亲的呵护下竟然安然无恙，就在颐和园的十七孔桥边，我不知不觉中学会了游泳。回想起来父亲是我当之无愧的第一任游泳教练！

我还记得当年闲暇时，他给我讲解放射性同位素知识的情景，带我参观过北郊（祁家豁子）的实验大楼，也就是现在的中国科学院地质与地球物理研究所。我亲眼见到许多"叔叔阿姨"身穿白大褂，操作银光闪闪的仪器设备，还有那个在瓶口不断冒出白色气体的液氮钢瓶，觉得一切都是那样神奇。以至于在我成年之后，以及目前所从事的工作中依然同它们有联系。

父亲身上有许多可贵的品质，他用行动赢得了人们的尊重和爱戴，也告诉我应该怎样对待工作，怎样对待同志。父亲的影响始终伴随我成长，激励我不断前行。毕竟我们在一起的时间太少太少，今天能在现场聆听各位代表的发言，就是想再一次感受父亲在人们心目中的位置。

在座来宾大多都是我的长辈，很多是我非常熟悉的，包括我的亲人。他们的发言感人至深，看得出大家对父亲的情谊。感谢大家始终怀念他，感谢大家为他所做的一切。

我一直认为，父亲身上的勇敢和豪迈气概是来自骨子里的，浸透在血液中的，一旦选择便会无怨无悔不懈地追求下去。1951年他刚刚从剑桥大学归国，就肩负起中央文委西藏工作队队长的重任，冒着生命危险跟随解放大军奔赴西藏考察。在极为恶劣的环境条件下开展地质工作，一干就是3年。他离家时我尚未出生，回来时我已经2岁多了。父亲带队，开展了大量野外地质调查工作，填补了藏区地质的空白，他们确立的地层命名和划分标准至今仍然在继续使用。

2011年9月26日《中国国土资源报》上刊登了这样一则消息："西藏甲玛铜多金属矿产勘查开发项目实现重大找矿突破；已探获的当量铜资源超过1500万吨，并有望达到2000万吨……1951-1953年，中科院西藏工作队地质组的李璞、张倬元等人曾到甲玛地区开展矿点踏勘，初步确定该矿床为高温热液型铜多金属矿。李璞等人当时或许不会意识到，他们在甲玛的工作，为数十年后一个世界级大矿的出世埋下了伏笔。"

1960年前后，为了国家地质事业的需要，年近半百的父亲毅然放弃了他所擅长的基性、超基性岩及其相关矿产的研究工作，开始进军新兴的同位素地球化学领域，并负责筹建中国首个同位素地球化学实验室。从一张白纸开始，父亲亲自领导、组织大家克服困难，其间付出了巨大的心血和劳动。父亲以他的智慧和才干将一室的同志们牢牢团结起来，形成了一个战斗的集体。今天，同位素地球化学国家重点实验室举行揭牌仪式，这是对父亲和他为代表的几代人几十年来共同努力和奋斗的最好回报。我内心感到无比幸福和荣耀，对未来充满了期待。父亲的骨灰早已融入了中华大地，与日月江河同在。相信老人家一定能够看得到我国同位素地球化学领域今天的局面，正像毛主席诗词中写的："待到山花烂漫时，她在丛中笑。"

父亲出事后母亲独自承受着精神上的打击。我知道她的内心一定是痛苦和怨恨交织在一起。作为儿女我很想为她分担些什么，只是觉得难以张口。我努力尝试着同她谈起这个话题，母亲只是说父亲在政治上经历得太少，还说当时如果是在北京而不是在贵阳，就不会发生这样的事。

多少年过去了，今天我们终于可以直面这段历史：父亲是一个正直和纯粹的人，是一个追求完美的理想主义者。他热爱党、热爱祖国，他心地坦诚，甚至于可以使你轻易地走进他的内心世界。然而这也让他为此付出了最昂贵的代价。父亲心中的理想使他对一些社会现象无法认同和接受，在"文化大革命"中，人性泯灭，道德沦丧，更是将其推向了极致。父亲的苦闷无处倾诉，他看不到任何希望，在屈辱和悲愤中采取了极端的方式解脱自己。这是多么的遗憾啊！

最后，我愿意以他在年青时代于昆明西南联大毕业前夕，写给兄长胡伦积的一段话结束我的发言。

"……那么我将跟随着同班的好友，尽其所学，以贡献给国家，直到民族独立，祖国自由为止，胡兄其先导我哉！

李璞书赠伦积学兄

毕业前时 31 年 5 月边防正紧期间 昆明"

我的父亲走过了光辉短暂的一生，他以对党和人民的无限忠诚，他的勇敢和坚持，他的学识和贡献，以及宽厚待人，铸就了一座历史的丰碑，永远值得后人学习和景仰。

衷心祝愿本次活动圆满成功，祝愿全体来宾生活美满幸福。谢谢大家！

点 滴 感 言

李肇辉

（中国科学院广州地球化学研究所）

2011 年是李璞先生诞辰 100 周年。20 世纪 50 年代末至 60 年代初，李先生勇担重任，善于学习创新，披荆斩棘，身体力行，带领一批青年化学、物理学和地质学科技工作者以及解放军转业战士，在困难环境下，群策群力，艰苦奋斗，在短时间里创建成我国第一个同位素地球化学实验室。填补了我国这一学科空白，为我国同位素地质年代学和同位素地球化学研究与发展奠定了良好基础。值得人们永远怀念。

我虽未曾参与李先生直接领导的同位素地质年代学和同位素地球化学实验室的创建工作，但作为普通一员参加同位素研究室第四组后的工作和经历的片断回忆，使我深切感到，李先生等老一辈科学家创建的同位素地球化学研究室是一个对我国地质、地球化学和天体化学（或宇宙化学）具有深远影响的开放式学习创新型研究室。

同位素地球化学研究室第四研究组是我国著名地质地球化学家、中国科学院地质研究所侯德封所长创建，欧阳自远先生任组长的研究组，全称是核地球化学研究组（或核子地质组）。侯老先生在学习核素（同位素）的宇宙丰度分布规律、元素起源、重元素的裂变理论、放射性同位素的放射衰变规律等现代科学基础上，结合自身的地质、地球化学实践和研究，创新地提出了独特、新颖的核地球化学（或核子地质）的概念和假说。在侯先生的领导下，研究小组开始了我国铁陨石化学、矿物组成和结构构造等研究，组建了放射化学与放射性核素（同位素）分析实验室。侯老的学术思想和研究小组的实践活动，为中国科学院地质研究所承接我国首次地下核试验的相关任务打下基础，随后由中国科学院地球化学研究所继续并顺利完成这一任务；这为侯先生和涂光炽先生创建中国科学院地球化学研究所陨石学与天体化学研究室，系统开展我国陨石学、月球科学和天体化学研究提供了初始的思想、人员和实验准备。侯先生领导核地球化学研究组提出过的一些指导思想，如"一个天上，一个地下，天地结合"，"要勇于承担国家任务，不要怕短时间出不了文章。任务搞上去了，以后的文章写不完"等思想，不仅为研究组指明了研究目标、任务和方向，而且对现今我国地质、地球化学和天体化学研究和发展仍然具有借鉴和指导意义。

与上世纪五六十年代相比，我们现在的科研环境与条件已得到了根本改善。在这个科学技术高速发展的时代，晚辈科技工作者应该自觉与时俱进地学习新知识并进行学术思想创新，实验研究方法创新；在科研征途上不怕艰难险阻、自强不息、身体力行，善于对地球和地外物质获得的同位素、元素地球化学以及其他自然科学信息进行对比、演绎和归纳；坚持同位素地球化学、天体化学、化学、物理学和数学学科及其人员间的相互学习、交流和渗透，同心协力，力争把中国科学院广州地球化学研究所同位素地球化学国家重点实验室建成以原始创新为主导，勇于争取和承担国家重大任务，在完成任务过程中不断创新和发展科学的研究室。我想，这些点滴感言或许是晚辈们对先辈学科开拓者和奠基人最好的纪念。

回顾往事　思念李璞先生

刘秉光

（中国科学院地质与地球物理研究所）

一、认真求实　开创新事业

李璞先生 1951 年随解放军进藏，开展西藏区域地质科学考察。随军解放西藏，形势不安定，又是少数民族地区，许多不方便，峡谷、高山，自然环境极其艰苦，可想而知。历时三年，李先生艰苦创业，取得了丰富的成果，大量的资料。我 1956 年大学毕业分配来中国科学院地质研究所，在李先生指导下，帮助整理西藏科研资料，按分区编辑整理。大量的地质资料、岩矿标本和野外照片、记录本等几十箱，经李先生整理编辑成书，正式出版，为后来西藏地质工作和科研奠定了有力基础，至今还在被广泛应用。

在整理过程中我学到不少知识，更学习到先生的做人品格，求实认真科学精神。他善于分析问题，学识渊博，是我们的好老师。

20 世纪 60 年代初，李先生又开创了同位素地球化学实验室，到苏联考察，开创了又一个新领域，在国内领先。

二、性格刚正　和蔼可亲

李先生性格外向，有啥说啥。记得有一次在红楼沙滩后楼办公室，一台大莱茨显微镜被一位同志碰倒了，先生心痛了，大发脾气，我们都有点怕。进口的显微镜在当时是我们岩矿室的重要工具，先生要我们爱护它。先生生气、发火我们能理解。

先生的另一面是和蔼可亲，我们岩矿室主任是涂光炽先生，岩石组组长是李璞先生，其他三十多位年轻人都未成家，全是光棍，我们都有集体宿舍，但基本都不回去住，晚上在办公室看书或工作，也就住在办公室了。涂先生、李先生是有家的，他们看到青年人都努力学习和工作，也加入到集体生活中来，常常不回家。当时地质所办公室在北京红楼沙滩，松公府夹道，晚上工作晚了肚子有点饿，研究所门口有卖小吃的，先生会吆喝大家去吃夜宵，常常是先生出钱，美美地吃上一碗馄饨。春节过年也常去先生家拜年混上一顿。我们这个研究室是团结的集体，战斗的集体，全室绝大多数是共产党员、共青团员。涂先生、李先生都是党员，他们重视身教，以身作则，教育年轻人，使之政治上有目标，业务上有方向，他们给每个年轻人都确定了业务方向，譬如我就定在研究基性–超基性岩及有关矿床为主的方向，有目标，有奔头。

李先生在工作中经常照顾全面，统筹安排。我们研究室有一位留法回国的老先生，年岁已高，1957 年要去内蒙古野外考察，需要年轻人陪同，多数年轻人不愿意陪他。李先生发了愁，挑来挑去找到我和吕德徽、薛宪祖去，给我交代了任务，要求好好完成，在出发前的一天李先生在所门口给我们合影以资鼓励。

三、搞科研一丝不苟　精益求精

1958 年室里派我去云南墨江参加全国基性–超基性岩有关矿床讨论会，会议邀请了多位苏联专家和中国各省的有关地质专家，会议讨论了近一个月，在云南着重研究墨江金厂超基性岩风化壳型硅酸镍矿床。李先生要我在会后留下，开展硅酸镍矿床研究，按先生的意见，我在野外工作三个多月。后来李先生专程从北京到云南检查我的工作，他还请来了地质部地质科学研究院王恒生老先生和苏联巴甫洛夫教授等三位外宾，要我汇报工作，又到野外现场观察岩体和成矿作用。亲自指导我搞科研，对我启发很大，我学习到许多知识和工作方法。李先生对科研要求很严，提出各种意见，他在野外工作一丝不苟，精益求精。根据他的要求，我又做了许多室内工作，特别硅酸镍矿黏土矿物分析研究，后来出版了《风化壳型硅酸镍矿》一书和《西北干旱地区硫化矿床氧化带》合刊。

我们的老师李璞先生离开我们几十年了，他的音容笑貌还时时出现在眼前。回顾往事，更加思念他，先生安息吧！

忆良师——李璞先生

刘菊英

（中国科学院广州地球化学研究所）

在纪念李璞先生诞辰 100 周年之际，回想起跟从李璞先生工作的种种情景，一件件往事浮现在我的脑海中。李璞先生培养科研人才，搞实验室方法建设，搞测试仪器制造，搞科研国际合作，派人员出国深造和进修，抓成果、出人才，做了大量的工作，是我国同位素地球化学学科的奠基人。

1958 年我从南京大学毕业，分配到中国科学院地质研究所岩石矿物研究室内绝对年龄实验组工作。1960 年李璞先生以绝对年龄实验室小组人员为基本队伍，组建起我国第一个同位素地球化学研究室。李璞先生依据学科研究和国家建设的需要在国内率先建立了 K-Ar 体积法和 U-Pb 同位素年龄测定法。

李璞先生组织人员搞质谱计试制，由章元龙研究员领头，参加人员有林卓然、李家驹、姜昌元、郭才华、刘菊英、毛存孝等，白手起家搞起小质谱计试制。与北京分析仪器厂合作，于 1964 年仿制出 ZHT-1301 型同位素分析质谱计。

李璞先生重视国际科研合作，他邀请苏联专家巴列娃娅和萨巴托维奇来室里工作。

李璞先生领着参加建设实验室的伙伴们，奋发图强，自力更生，如饥似渴地寻找文献资料，刻苦钻研，克服重重困难，渡过难关。在 1963 年李璞等人发表了第一篇由同位素年代学实验室自己测定年龄数据的研究论文《内蒙和南岭地区某些伟晶岩和花岗岩的钾-氩法绝对年龄测定》，向全世界同行宣布中国建成了同位素地球化学实验室。李璞先生坚持出成果、出人才的科研方针，以多种途径培养出一批同位素地球化学科研人才。李璞先生是我国同位素地球化学学科的先导者。

为了学科的建立和发展起到前瞻和先导作用，李璞先生学习和工作起来非常投入，好像忘了时间，也不知道疲倦。由于当时工作的需要，时间非常紧迫，同事不得不加班加点工作到深夜。此刻此时，李璞先生办公室里的灯光还亮着呢！李璞先生经常在夜深人静的时候走出办公室到实验室看看加班加点工作的同仁们，并关心地说："同志们呀！加班加点工作要劳逸结合啊！"还要求大家注意安全。李璞先生说话的语气和形神非常慈爱。我说老实话，李璞先生平时很少回在北京地质学院里自己的家。他白天在办公室工作，夜深了就把铺盖卷摊开在办公室里过夜。一心扑在工作上，不辞辛苦，日复一日。1958～1960 年地质研究所的规模扩大，要建造新研究大楼。1960 年所领导决定，研究所本部由城内沙滩（北京景山东大街）向北郊祁家豁子搬迁。于是将刚建起的 K-Ar 法真空系统解体，搬到新地方重新安装。新建成的大楼，水、电供应不足，在组装 K-Ar 法系统的过程中，经常停电、停水，严重影响工作的进展。没有办法，李璞先生排除困难，自己动手搞发电。李璞先生亲自带领大家伙们将购买来的小型柴油发电机从运来的汽车上卸下来，推到实验室外面的过道里，安装运转发电。在发电的过程中有时停水了，李璞先生和大家一起拿起洗脸盆到厕所里的水龙头接水，往小发电机的水箱里注水，使机器正常运转发电。

李璞先生很关心室里生活困难的同志，多方面给予支援。在严酷的三年经济困难时期，有些转业军人家中有人患癌症，就得到了李璞先生的现金帮助。1961 年室里有女同志生小孩，李璞先生将国家配给高级知识分子的很有限的特殊营养品——10 个咸鸭蛋送给产妇。

李璞先生一生刻苦学习，勤于思考，严谨治学，以振兴我国同位素地球化学学科为己任。李璞先生学识渊博，品德高尚，待人和蔼可亲。先生是我们的楷模，先生将永远活在我们的心中，先生的英名和精神将万古长青。

深切怀念李璞教授

刘若新

（中国地震局地质研究所）

李璞教授在史无前例、左倾路线指导的"文革"初期风暴中，在造反派以"莫须有"的"反革命"、"叛徒"罪名重压下被迫自尽，距今已43年余；但李璞教授的音容笑貌、平易近人，工作上严肃认真、严格要求的作风，仍铭刻在我们的记忆里。李璞教授在我国岩石学、特别是基性–超基性岩石学研究方面的示范性研究，在地质科学方面的贡献；在同位素地质方面率先在我国建立 K-Ar 同位素年龄实验室并进行了开创性工作，这些都永久地载入史册。李璞教授在当时正以其在岩石学、同位素地质方面的阵地，蓄势待发，为我国在该领域开创新天地，取得新成果的时候，却英年早逝，实令人扼腕！

我与李璞教授在业务和政治上，都有较为密切的接触，受益良多。现举数事，作为悼念。

一、祁连山地质考察

1956 年横穿祁连山，是在无人区、地质上空白区的 1∶20 万路线地质考察。我先是随涂光炽、池际尚教授、西尼村教授等穿越金佛寺—茶卡的路线。随后又与解广袤、赵大升等随李璞教授穿越天峻—肃南元山子路线，有机会直接接受李璞教授的指导和教诲。对路线地质来说，最重要的是在野外识别岩石、构造、地层及其产状，并把所看到的地质现象表示在 1∶20 万草测地形图上。初期，他带领我们沿天峻河谷一边行进，一边在观察点指点露头，耐心讲解，并告诉我们如何填图、如何作详细记录以及必要时做剖面素描图等，可谓细致入微；他对标本采集要求严格，除大小形状外，一定要新鲜，有的同志随便采一块递给他，他随手就扔掉并批评说，难道我们来这里就是为了采一块四面风化的标本？责令该同志重新采，直到合乎要求为止。晚上回到预定的营地，大家有些累，晚饭后就想休息，他却督促说，一定要整理当天的标本和记录心得，否则不得休息。记得有一天，我们在海拔 4000 多米山间宿营，虽寒风袭袭，渺无人烟，但据说该地曾有匪徒出没，于是李璞教授要求大家提高警惕，并穿上皮大衣在寒风中带头值夜班，令我们这些年轻人深感汗颜。大约 20 天后，我们翻越陶赖山进入宽阔的黑河河谷，驼队助我们渡过黑河后，即进入祁连山系最北的走廊南山（李希赫芬山），李璞教授对我说："你应为此后的路线地质图及文字报告做准备，要格外认真地观察、做记录，这也是祁连造山带最重要的部分，上一条路线的结果显示，可能为加里东造山带，但未获得化石证据，望多加注意。"我铭记了他的告诫，并充分理解这是对我的培养，我内心非常感激。此后赵大升与我们在白泉沟找到三叶虫化石，李璞教授看到后非常高兴，他请古生物学家鉴定属中寒武统标准化石。回到北京后不久，他令我续写该条路线报告最后一节，并经他最终审定。

二、重 新 入 党

新中国成立前李璞教授曾加入党组织，后与党组织失去联系，自动脱党，并在冯玉祥部队中干过，后去英国留学，1950 年回国任李四光秘书，参加西藏地质考察（任队长），后调中国科学院地质研究所工作。1956 年前，他多次书面或口头向地质所党组织提出重新入党申请，边雪风书记也与他多次面谈，人事保卫部门对他的经历、历史做过认真外调和审查，包括在冯玉祥部队中的经历，都是清楚的，未发现其参加过反动组织或叛党、出卖同志等历史问题。因而党委决定接受其重新入党申请，并作为培养对象进行考察，党委确定由涂光炽和我作为他重新入党的介绍人，因此我与李璞教授有更多接触，在征得他的同意后，所里甚至让我搬到他的办公室，这当然更有利于我在业务上向李璞教授学习，也有利于我们之间的交谈。我们曾相互谈及各自的经历，他特别谈到 1950 年满腔热忱回到祖国，终于又在党的领导下进行工作，但仍迫切希望重新投入党的怀抱。有了这一段经历，我对他的政治思想有了更真切的了解，我们之间的师生情谊更为深厚。大约在 1956 年冬，经支部讨论一致同意通过李璞同志的重新入党要求。不久党委报中国科学院机关党委并最终批准了李璞同志重新入党。此后李璞教授不论在政治上或业务上，都更为积极活跃。1958 年"大跃进"高潮时，所里决定由涂光炽、李璞领导的岩石矿床研究室在全国大搞铬、镍，他们任总指挥及业务指导，部署和组建各野外队，并在室内组织后援，包括化学分析、岩矿鉴定及其他行政后援等许多琐碎工作；有时他又不辞辛劳亲赴第一线指导工作。尽管大搞铬镍并未取得明显突破，但涂、李二位为此花费的精力是有目共睹的。大约 1959 ~ 1960 年，李璞教授白手起家，接受筹建我国第一个同位素实验室（K-Ar 年代学）的艰巨任务。对于李璞教授来说，无异于重新创业。有关这方面的情况，会有熟悉的同志另行介绍。

三、文风朴实 立论有据

李璞教授的文风朴实无华、立论有据，决不马虎。他写文章斟酌再三，写成以后，又反复修改，直到满意为止。记得 1958 年夏，他为准备去苏联塔什干参加国际岩石学会议的论文，加班加点，经常熬夜。那时，党委书记边雪风住的院子里，给他准备一间单身宿舍，边书记说，夜里他房间的窗户，总是亮的，有时他彻夜读书或工作，他就是这样刻苦努力地工作和学习，精心准备他的论文。他常对我说，写的文章，要多看几遍，经得起推敲，不能授人以柄。记得我与张泰、任英忱合写了一篇《评 "矿床的成因与找矿"——与孟宪民先生商榷》，是对孟老先生发表于《科学通报》上文章的批评性评论，稿件投《科学通报》后，转到李璞教授处最后审定，他私下对我说："文章写得还可以，立论有据，但语气一定要改，你们大概受 "九评"的影响，盛气逼人，这要不得；科学论文重要的是摆事实，讲道理。"我对他的这番训导，心悦诚服。

四、宁 死 不 屈

就在李璞教授出事前一周，造反派召开全所大会，人们都聚集在礼堂前等待进入会场，当时我见到李璞教授，问他近况？他非常生气地说："弄得我人不人、鬼不鬼的。"我当时理解，他这是在对造反派对他发出的"勒令"的抗议！是对"勒令"中强加给他的"反革命"、"叛徒"罪名的抗议。令我未曾想到的是，大约一周后，他竟独自在集体宿舍里，倒插上门，用他们平常使用的切菜刀，割破大动脉，血流满地，然后他用手指沾上自己的血，在墙上写出"我不是叛徒"五个大字。这是他宁愿死去，也不接受强加给他的"反革命"、"叛徒"罪名的最终留言，宁死不屈！

一位正直的、诚实的、充满活力的科学家，就是这样成为"文化大革命"的牺牲者中的一员，呜呼哀哉！呜呼痛哉！

纪念李璞先生

卢　伟

　　每年到了 4 月 26 日，春回大地，漫山遍野盛开杜鹃花的时节，对李璞先生的怀念便会油然而生，这真是不思量，自难忘。据说李璞带了众弟子出差野外，常常告诉弟子们说"这是杜鹃花"，弟子们佩服他地质知识博大精深之余，偷偷讥笑他于植物学外行：何以各种不同颜色野花都是杜鹃花？他离世这些年，我才渐渐懂得了杜鹃花有几千种，也许他说得对，但是，无法与他讨论了。他于 1968 年 4 月 26 日被逼自尽，看见绚丽的杜鹃花，总记起李璞的忌日，又联想到中国知识分子应该是怎样的？

　　其实，在李璞先生创建的国内最早也是最好的地质年龄研究室里，我仅仅叨陪末座，他是英国剑桥留学的地质学家，把握学科前沿，依靠出色的中层科研人员，培养中国科学技术大学优秀毕业生、研究生，发掘有技能的工人实验员，全室 42 人可谓精英荟萃。而我只是学化学的，对地质全然不懂，以至于大家开玩笑对我说"咱们二楼是第四纪，上面三楼是第五纪……"我也信以为真。在四年的接触里，李璞先生也仅仅与我单独谈话一次，是因为我认为器材科不公平，没有给我应给的实验药品，我当众把瓶子摔了个粉碎。李璞先生说，要戒骄戒躁，不应该发脾气。我心想我要对不公现象斗争，我是山东人，脾气大。他也是山东人，但他有教养，从来和和气气，低调做人。以一个 50 多岁的地质学家，孜孜不倦学习《量子力学》等新科技。我佩服他，但觉得难做到。他后来在"文革"最黑暗的日子里，被扣上"叛徒、杀人犯、反动学术权威、走资派"等帽子，并被指为有四条命案。他被迫含冤自尽，临死前沾着自己的鲜血书写"毛主席万岁"五个大字。悲哉！壮哉！事隔多年，我每想到此都扼腕叹息。

　　我后来也没听他劝告，仍然自负才调，离开了中国科学院，遍历冶金部和地质矿产部所属的地质研究所中的地质年龄研究室，才发现有些研究所与中国科学院很有不同，有的上班时党支部书记来了大家要纷纷起立，喊"某书记！"有的测地质年龄数据可以任意凑……看不惯，我仍然爱发脾气，随便说话，结果就像一本英语教材里画的《一头驴的墓碑》上说的"这头驴一生中踢了三个中士，一个中尉，两个上校，一个将军和一颗炸弹"那样，惹了一些麻烦。想起李先生的教诲，觉得在不良的环境中还是应低调，才能不受干扰，搞好科研。

　　我曾经作为李璞专案组一员到武汉市委组织部李明副部长那儿调查，证实李璞没有叛变，只是走了"科学救国"道路留学去了。我这份证明没有能挽救李璞的生命，只是证明了我的"不革命"并被开除出专案组而已。

　　李璞先生身后寂寥，夫人是有名的地质学教授，被剃了阴阳头批斗而不屈，但后来患癌症去世，唯一的儿子也曾经流浪街头，精神受到刺激，在成才之路上历经坎坷。

　　我在美国东海岸小住，早晨面对大西洋浩瀚的海面，迎接奔腾而来的巨浪，感到一个人就像一粒细沙，在阳光下可以熠熠生辉，发出耀眼光芒，可是巨浪打来，无数的细沙只有被冲起，被沉没，年代久远趋于消逝。知识分子如李璞先生是优秀者，是磨得光滑圆润的海边珠贝，它发出光芒，美化世界。但愿再没有政治上的大风浪摧毁这些美。怀念李璞先生，也是希望那些并不如烟的往事永不再来。

敬悼李璞先生

吕德徽

（中国地震局兰州地震研究所）

1956 年我从东北地质学院毕业后，分配到中国科学院地质研究所工作。报到后很快参加了祁连山路线地质考察，回所后我被分配到当时的岩矿室，室主任是涂光炽先生，副主任是李璞先生。大约是那年 11 月份，在全室会议上，我第一次见到了两位室主任，都很和蔼可亲。在会上，李璞先生说，欢迎我们这些新来的大学生到岩矿室参加科研工作，因为室里任务多，很需要人。同时鼓励我们要努力学习，适应并搞好工作。我很庆幸分到了岩矿室，因为有两位好领导，好老师。涂先生、李先生两人很团结，配合相当默契；另外，岩矿室全是党团员，做事齐心，气氛和谐，在那工作感到心情舒畅、轻松。

岩矿室分两个大组，即岩石组和矿床组。我分到了岩石组，直属李璞先生领导。有段时间我和他同在一个办公室工作，接触比较多，他的一言一行都深深地影响到我，至今还记忆犹新。上班不久，新来岩矿室的大学生参加了一次考试，主要考地质方面的基础知识、外文、镜下鉴定三方面。涂先生主要考外文，他指定一篇文章，五分钟后口述译文，我得了 4 分，没有得 5 分（满分），心里有些不高兴，李先生看出来了，他安慰我说："你译的这文章是一篇较老的序言，比较难，如果让我去译这篇俄文序言，还不如你呢！"听后，我感到李先生很谦虚，也很善解人意。于是，心情就平静多了。

李先生很关心年轻人的成长和培养。有一天早晨，他给我一本书，看后要把读后心得告诉他，我一看是《居里夫人传》，当时我是岩石组唯一的女同志，很显然是要我学习居里夫人那种刻苦钻研、不怕困难、永攀科学高峰的精神。她是我一生的榜样，她的精神一直激励着我。李先生还把他在英国留学时所写的博士论文给我看，教我如何搞科研工作，如何写论文，如何写地质考察报告。李先生住在北京地质学院，每天早晨跑步到沙滩上班，来得很早，与我一起打扫办公室，经常带一个大红薯当早点，还分我一半吃，他对我说吃红薯好，有营养。他平易近人，没有架子，和蔼可亲，我们都愿意接近他。从年龄上说，当时他 45 岁，我 20 岁，完全可以作为我的父辈，从资历、学识、人品，都是我们学习的榜样，是我们的良师益友。

李先生在地质科学研究中，无论是野外考察或室内研究都很认真、很严谨，对我们的要求也如此，如我帮他整理标本时发现标本大小都差不多，很符合教科书上的要求。在我给他绘制祁连山基性、超基性岩分布图时，他要求位置要准确，岩体大小要按比例，形态要合乎实际，岩体边缘的线条要粗，上的颜色要浓，要醒目。如果画的不合要求必须重新画，真是做到了一丝不苟。1960 年 1 月岩矿室和沉积室组建了 621 队去湖南寻找金刚石。这项任务是所里的大拳头，也就是重点任务，所、室都很重视这项任务。出野外之前，李先生要我们做好思想、物质、资料等方面的准备工作，还召集我们去看他从苏联乌拉尔科学院带回的金刚石和金伯利岩的标本并告诉我们一定要仔细看，一定要认识它们，否则会给工作带来损失。1960 年夏天，李先生到 621 队指导和检查工作，那时正是困难时期，我们的工作很艰苦，每天在野外跑路线，填图 8～10 个小时，有时还更多，吃的没有油荤，但大家都坚持住了，没有人叫苦，没有人叫累，没有怨言。李先生到野外后和我们一起工作，和我们同吃同住，他坚决不要特殊照顾。他工作很认真，每到一处都仔细观察，做记录，边看边教我们应该注意哪些地质现象，使我们学到了很多东西，真是受益匪浅。他还看了我写的野外考察报告，逐字逐句地看，并作了批改，肯定了一些东西，也指出了不足的地方，还要做哪些工作，还要注意哪些问题。他的宝贵意见对我以后野外工作的提高有很大的帮助。

李先生热爱祖国、热爱党，他对人热情、真诚，对工作认真负责，在学术上造诣很深，是一个不可多得的人才。他的气色很好，有结实的身体，走起路来很稳健，说话时总是带着微笑，还有一双大手，当你握着他的手时就会想，李先生多健康啊，总能活八九十岁，如果他能活到八九十岁，那他在学术上的成就是不可估量的，可是他 57 岁就离开了人世，多么令人惋惜，多么令人遗憾啊，这是我们地质界巨大的损失。李先生虽然离去，但他的精神、他的科学成就、他的人格永远是我们学习的榜样，永远激励着我们前进，他永远是我们地质科学界一颗闪烁的巨星，永远不会坠落。

啊，昔日的往事都变成了今日的泪源。

做人、做事、做学问的楷模

欧阳自远

（中国科学院地球化学研究所）

我在中国科学院地质研究所攻读研究生和后续成长的岁月里，侯德封、涂光炽和李璞先生是带领和指引我走进科学殿堂的导师，其中我与李璞先生相处的时间最长，聆听他的教诲最多。他对我无微不至的关爱和严格要求，特别是他的言教和身教，使我领会到做人、做事和做学问的真谛。他是一位朴实无华，待人真诚，献身科学，开拓创新，关爱青年，无私奉献，既平凡而又十分杰出的科学家。

1957 年初，我通过全国研究生统考，被录取成为中国科学院地质研究所岩矿室主任涂光炽先生的矿床学研究生，从事"长江中下游矽卡岩型矿床的分布规律与成因研究"。当时的地质研究所坐落在北京东城区沙滩原北京大学地质馆的旧址。岩矿室的研究生刘永康、黎彤、曹荣龙、周作侠和我，共同在一间大办公室工作，我们的宿舍在相距办公室约 100 米的北京大学旧学生宿舍"西斋"，工作和生活非常方便。

我一般习惯于学习和工作到深夜，太晚了回宿舍怕影响别人，就把被褥搬到办公室，白天将被褥藏在办公室的柜子里，深夜要休息时将两个办公桌一并，被褥一铺，用书当枕头，就可以睡觉，学习和工作效率很高，自己也很满意。一天晚上，已经 12 点多了，有人敲门，开门一看是岩矿室副主任李璞先生，他问我这么晚了为什么还不回去休息？我回答说看文献还有几段，看完就休息。"你是睡在办公室吧！"他问。我说："是的，我每天都睡在办公室，办公桌一并就可以睡觉，早晨还得早点起床，收拾、打好开水和打扫办公室的卫生。"他说："我跟你搭个伙行不行？我们一块睡办公室。"我说："李先生，您不能睡办公室，办公桌太硬了，每天睡得晚，起得早，对您的身体也不好。"李先生朗爽地说"你能睡，我也能睡，晚上做个伴，好吧！"我当然欢迎。李先生将他的被褥搬到了我的办公室，办公桌一并就像宾馆的标准间。当时是一周 6 个工作日，星期六晚上李先生回家，星期一一大早就来到了办公室。一年多以来，断断续续，我和李先生几乎是夜夜相聚，临睡前总有 20~30 分钟的"聊天"。开始我都是向他请教学习和工作中的疑难、困惑、思路和方法等问题，他总是以自己的经历、体会、理解和经验来启示和引导我。慢慢熟悉后，他主动给我讲述他山东的家乡和家庭，他艰苦的青年时代，抗日救国献身革命的壮志凌云，西南联大与剑桥的刻苦学习，新中国成立后为发展科学的责任等等。我也敞开心扉，毫不保留地将我的成长过程、恋爱、经历、学习和理想告诉他，希望得到他的指导。我们慢慢建立起来了深厚的师生情谊。从李先生的言教与身教中，听到了、看到了，也学到了我终生受益的教诲和榜样。

每当我回忆李先生的教导，崇高的敬意和强烈的震撼总是激励和鼓舞着我，榜样和楷模的力量，也一直鞭策我面对挑战，勇往直前。

一、自强不息，艰苦奋斗

在"聊天"中李先生告诉我，山东省有一种传统习俗，要给未成年的男孩订一门亲事，小女婿大媳妇。在他18岁时，父母给他订了亲，女方要过门嫁过来。为了反对这门封建包办的婚姻，18岁时（1929年）他毅然逃离家乡，只身来到沈阳的东北大学当勤杂工，也就是"清道夫"。他每天清晨将楼房打扫干净，上课时他就到教室旁听教授讲课。他自学英语，并熟练掌握了英文打字。三年后，他实际上已经成为东北大学的优秀生。

在学校有不少纨绔子弟，游手好闲，不好好学习，到毕业时不会写毕业论文，他们请求李璞先生替他们写毕业论文。李先生告诉我，他捉笔代写了好几篇毕业论文。他说："一个人永远要自强不息，艰苦奋斗，将来才能为社会做出贡献。"1964年我陪李先生去长春地质学院讲学，他已经是中国同位素年龄测定领域的开创人，他的报告是《中国的钾–氩年龄测定》。在途经沈阳时，他专程带我去东北大学旧址，他感慨万千，嘱咐我要珍惜，要自强不息！少壮不努力，老大徒伤悲！

"聊天"时我问过他，后来怎么与池际尚先生谈恋爱，1946年结婚后不久你们立即分赴美国和英国求学。他说，他和池先生有一个约定，先专心致志做好学问，学好专业，取得博士学位后再相聚。

1946年池先生得到美国布伦茂研究生奖学金，赶赴美国宾州布伦茂大学攻读岩石学博士学位，1947年李先生被录取为英国剑桥大学岩石学博士生。1949年池先生先获得博士学位，1950年李先生才获得博士学位。两人获得博士学位后，都立即回到刚解放的新中国，全身心地投入祖国的建设。我深受感动的是两位岩石学的大师，首先都致力于科学和事业，取得博士学位后，都回到了新中国，为祖国的科学研究和教书育人做出了无私的奉献。

二、国家需求，无私奉献

在多次"聊天"中，李璞先生向我详细叙述了回国后承担的多项科学考察任务。每一项任务对他来说都是陌生的，涉及的地区从来没有去过，涉及的工作自己又不熟悉，不仅自己要踏踏实实做好工作，还要领导组织一支队伍，全面综合地完成任务。每一项任务下达后他心里都没个底，但这是国家发展的需要，是一种长远性、战略性和开拓性的工作，不能讲价钱，首先要把担子挑起来，并且一定要做好！只有边干边学，不懂就学，带领大家出色完成任务。

李先生回国后，服从国家的需要和安排，出任中国科学院副院长李四光的秘书。1951年6月中国科学院组建西藏工作队，李璞先生任队长，随解放军进军西藏，对西藏开展自然科学与社会科学各方面的调查研究。我在北京地质学院做学生时，听参加西藏工作队地质组的老师朱上庆、王大纯和张倬元介绍，1951年的西藏地质调查，克服了难以想象的艰险困苦，对西藏东部的地质与矿产作了系统的综合调查，为国家提供了这个完全空白区的第一手资料。李璞队长领导有方，工作极端负责任，吃苦在前，团结大家圆满完成了国家交付的任务。

国家急需铬、镍等矿产资源，李璞先生义无反顾，披挂上阵，领导勘察内蒙古、宁夏、阿拉善和祁连山的超基性与基性岩体，取得了突破性的进展。祁连山是我国大陆的腹地，但仍然是一个空白区，根据国家经济发展布局的需要，1956 年李先生参加领导祁连山地质综合考察，完成了两条地质路线的地层、构造、岩浆活动与矿产资源的调查研究，为国家提供了又一个空白区的第一手地质调查资料。

李璞先生回国 6 年，完全服从国家的需求，勇挑重担。他说："国家的需要，就是命令，就要全力以赴。"李璞先生铿锵有力的语言，反映他热爱祖国的赤诚之心，表达了他对中国共产党领导建设一个富强、民主的社会主义新中国的由衷拥护和爱戴。我经常被先生献身科学、报效祖国的伟大胸怀所鼓舞！也为他勇挑重担，无私奉献的人格魅力所激励！中国太需要这样的科学家了！

三、开拓创新，献身科学

在"聊天"中，他讲得最多的是如何建立同位素地质实验室。同位素地质是当时地质学的发展前沿，《1956~1967 年中国科学技术发展远景规划纲要》明确提出要发展同位素地质和建立中国的同位素地质实验室。1957 年侯德封所长明确提出，这项艰巨的任务由李璞先生来领导执行。在中国开拓一个新的领域，任务艰巨，起先李先生并不熟悉同位素地质，我知道他系统调研了苏联、欧洲、美国的同位素地质的现状和未来发展趋势。博览各国文献和书籍，他写的笔记几乎都是用英文写，他综合研究分析了各国的进展，对国外情况了如指掌，再结合中国的实际需要提出了建设同位素地质实验室的方案。他关注建设同位素地质的薄弱环节，实验技术与设备的不足和缺乏一支掌握技术的科学研究队伍。他特别提出在中国要加速建立钾-氩测年和铀-铅测年技术，关键还要培养质谱技术的人员队伍。他雷厉风行，派遣得力技术人员到苏联和东德进修，很快构建出中国第一个同位素地质实验室的雏形。

为了确保同位素年龄测定的可靠性，先生一直在关注和调研用什么地质样品做同位素年龄测定的标准样。对于 K-Ar 同位素年龄测定的标准样，他选定内蒙古天皮山伟晶脉岩型白云母。恰好 1961 年中国科学技术大学地球化学专业的首届（1958 级）学生要进行野外地质教学实习，李先生要我带队到内蒙古天皮山云母矿实习。我和学生们对天皮山云母矿做了比较系统的野外地质调查和云母矿的矿床地质勘测。李先生亲自到天皮山云母矿现场调查，听取汇报，采集标准样。在总结大会上，李先生详细讲解了天皮山伟晶岩白云母矿的形成过程和标准样的特殊要求。我敬佩先生对成矿背景、条件和过程的精辟解剖，他提出了许多大家忽略的关键性地质证据，给大家上了一堂生动的野外地质基本功的课程。事后，李先生还安排我带几名学生，穿过乌拉山做一条综合性的地质剖面，了解区域地质背景。

李先生为了一块标准样，系统地研究了矿床地质、矿区地质和区域地质，这种掌握全局、重点突破、细心观察、严谨务实的科学作风，为我们后辈树立了榜样。

我一直以为李先生只是一位杰出的科学家，通过筹建同位素地质实验室的全过程，我敬佩李先生还是一位领导能力高超的组织家。时代赋予了李先生展示才能的舞台，李先生的开拓创新，献身科学，无私奉献的精神是他能取得杰出成就的原动力。

四、实事求是，追求真理

1960 年中国科学院地质研究所成立了同位素地质研究室（一室），李璞先生被任命为室主任。一室设立 K-Ar 组、U-Pb 组、质谱组和第四组。第四组是根据侯德封所长的核子地球化学研究方向而设置的，我担任组长。我一直很庆幸能够在李先生领导下工作。

侯德封是一位具有远见卓识和长远战略眼光的卓越科学家，但他提出的"重核裂变成矿"的理论缺乏科学依据，用重核裂变成矿来解释白云鄂博稀土矿床和各类铀矿的成因难以自圆其说，并遭到各方面的质疑。1961 年我在中国科学技术大学进修了一年原子核物理专业三、四年级的课程，后来又用了两年时间认真计算了地球历史上的核衰变、裂变和核反应产生的能量对地球内部能源的贡献和对地球演化阶段的制约。1963 年我写了《核转变能与地球物质的演化》一书，并请中国科学院原子能研究所的有关专家审查，他们一致认为计算、论证和解释都是有科学依据的。我坦诚地告诉李先生，"重核裂变成矿"没有科学根据，我从另外一个角度论述地球历史上的各种核过程，计算了核衰变等过程对地球内部能源的贡献，各种核转变能对地球的演化历史和演化阶段的制约。这样做更改了侯先生的研究方向，担心侯先生不同意，并请李先生审查这本书的草稿。几天以后，李先生告诉我，他也不赞同"重核裂变成矿"的理论。他说："你写的这本书提出了一个重大科学问题，即研究地球内部能量的来源、传导、分配和引起地球内部运动的主导作用，你放心，坦诚地向侯先生报告，就说你不赞同"重核裂变成矿"的理论，但从另外角度研究地球内部的能源，有新的发现，也有重大科学意义。我相信侯先生一定会接受你的意见，还会鼓励你继续深入研究。"结果完全如李先生所料，我得到了侯先生的赞同和鼓励，并同意署上他的名字，表示他的支持，并建议尽快出版。

我敬佩李先生实事求是，坚持真理的精神；我更敬佩侯先生虚怀若谷，求真务实，维护真理，提携青年的崇高科学精神与道德风范。这是我一生得到的最宝贵的科学精神的财富。我将始终不渝地在自己的科学生涯中，学习和效法李先生、侯先生这种实事求是，追求真理的科学精神。

不负李璞先生的期望

裘秀华

(中国科学院广州地球化学研究所)

李璞先生是一位学识渊博、科学理想远大的科学家，是一位集才育人的好导师，更是一位和蔼可亲的老前辈。他非常重视引进人才和培养科研工作人员，并充分发挥他们的独立创新精神。

李先生原本是学岩石学的，回国后他把科研方向扩展到同位素地质领域。20世纪60年代初，在创建同位素地质年代学测定方法的同时，李先生就考虑筹建稳定同位素地球化学方面的研究了。当时既没有这方面的专业人员，又没有任何仪器设备。在这种情况下，李先生首先调用了留苏归国的王丽芝，着手开展落滴法、浮沉子法研究水中氧同位素。不久就把刚从苏联回来的杨凤筠同志调到同位素室，并派她和冶金部地质所合作，建立硫同位素分析方法。

1963年李先生获悉北京大学化学系开设同位素化学专业时，他就亲自向北京大学张青莲教授讨要毕业生，先后招收潘署兰和我二人来中国科学院地质研究所工作。试图运用稳定同位素的丰度、比值以及分馏系数等理论进一步研究矿床成因和物质来源等地球化学领域的问题。

1964年9月，我被分配到中国科学院地质研究所工作，报到后的第三天李先生就接见了我，首先他询问了我在学校里的学习情况然后又语重心长地对我说："欢迎你到我们室来工作，我国同位素地质学方面研究才刚刚开始，非常需要增加研究人员，现在已有地质、物理、化学等专业的同志参加这项工作。你是学同位素的，你们北大张青莲教授是同位素化学专家，他早年在德国就建立了重水中氢-氘同位素测定方法，对我国重水生产提出了理论指导，后来他又研究^{32}S和^{34}S同位素的天然丰度，精确测定了硫元素的原子量，在国际上很有威望。当前特别需要学稳定同位素的人员，你要把学到的同位素化学理论运用到地质领域来，是很有发展的。搞科学要有明确的方向，思路要宽广，工作要踏实，要多向老同志学习。"他的语气是那么亲切，令我至今难忘，他严谨的科研精神激励我终生为科研奋斗。

1966年5月，中国科学院在贵阳成立了地球化学研究所。为了更好地建设祖国，为了我国的科学事业，我离开了首都北京，离开了爱人，离开了北京大学的老师和同学，跟随李先生来到了祖国的大西南。他向我们提出当前的首要任务就是建立自己的实验室，于是我和杨凤筠同志重建并完善了硫同位素分样系统。我们采用氧化铜氧化法将硫化物矿物中的硫转变为二氧化硫气体测定其^{34}S与^{32}S的同位素值（δ^{34}S）。我们用这个方法参加了白云鄂博稀土和富铁等矿床成因方面的研究。特别值得提出的是1978年在全国第二次硫同位素标样会议上，利用我们室的人力和仪器设备，以国际统一标准样"卡阳迪亚布洛峡谷陨石中陨硫铁（CDT）"为工作标样，直接标定了我国的三个参考标样的硫同位素组成，即：吉林陨石雨一号陨石中的陨硫铁（JLT）、吉林红旗岭铜镍矿床的磁黄铁矿（LTB-1）和江西德兴铜矿床的黄铁矿（LTB-2），建立了我国自己的统一硫同位素标准样品。在此期间，我们又为高校、地质和石油等系统培养了一批这方面的人才，推动了全国同位素地质科学事业发展。

40 年来，我时刻记得李先生在我参加工作时对我讲的那段话尽心，敬业的搞科研。我们遵循李璞先生的学术思想，古为今用、洋为中用、派出去、引进来，发展符合我们自己国情的科学事业。1977 年我和陈毓蔚、毛存孝等同志参加中国科学院同位素科学考察团，赴加拿大和澳大利亚进行考查，受益匪浅。回国后我们相继建立了六个硫、氧、碳、氢稳定同位素组成的测定方法，并将研究方向扩展到海、陆、空各个领域。采集的样品不单是固体矿物质，还有液态的水和石油，以及气态的大气和天然气等。

首先，我们扩大了硫同位素的研究范围。从单纯的硫化矿物到自然界各种含硫物，如硫酸岩、煤矿中的含硫物质以及大气酸雨中的硫等。第二，建立了二氧化碳–水平衡法，利用同位素交换理论测定水中 ^{18}O（$\delta^{18}O$）的同位素值。我们分别采集了海水、淡水、雨水、地下水及北京市的自来水，测定其氧同位素比值，进行比较。水在自然界循环中，通过蒸发、凝聚以及受周围环境的影响都会使同位素比值发生改变。第三，建立了浓磷酸溶样法测定碳酸盐中的 ^{18}O（$\delta^{18}O$）及 ^{13}C（$\delta^{13}C$）的同位素组成。我们采集了南沙群岛海底有孔虫贝壳、南极海底沉积物以及我国新疆和西北黄土高原的含碳酸盐矿物，根据其氧碳同位素值的变化研究它们的生成环境及古温度古气候的变化。第四，建立了碳还原法及五氟化溴氧化法测定硅酸岩中的氧同位素组成。我们采用高频技术和强氧化剂五氟化溴，将矿物中所含的氧，以氧气的形式分解出来，再通过高温燃烧的碳，生成二氧化碳，测定其 ^{18}O（$\delta^{18}O$）组成，我们就运用它们的差异追溯矿物形成的条件。第五，建立了金属铀还原法测定各种水的氢同位素组成，特别是矿物包裹体中的水。采用高频爆破技术提取矿物中的水，再通过金属铀将水中的氢还原为氢气，用质谱仪直接测定氘的同位素组成。地球化学领域运用不同的矿物–水对的同位素组成的差异，研究矿物生成条件。第六，建立了燃烧氧化法，测定有机物中的碳同位素。采集含有机碳的油页岩、原油以及天然气，直接燃烧氧化生成二氧化碳，测定其 ^{13}C（$\delta^{13}C$）同位素值。运用它研究油和气的形成及运移情况，为河南濮阳及山东胜利油田开采收集了大量样品，直接提供了碳同位素数据。

以上各种方法都是在真空系统中完成的。多年来，从简单的玻璃系统到复杂的玻璃–金属系统，并设置了生成气体产量的测量装置，特别在做条件实验时有了量的概念，更增加了测量数据的准确性和精确性。

李璞先生虽然离开了我们，但他永远活在我们心中，他把远大的科学理想传给了我们；他把严谨的科学态度传给了我们；他把严肃的为人处世的人生哲学传给了我们。我们没有辜负李先生的期望，将他创立的同位素地球化学学科更加发扬光大。我们永远遵循他的教诲，永远记住他那和蔼可亲的笑容，"永远怀念您，李璞先生！"

深深怀念李璞先生

孙 枢

（中国科学院地质与地球物理研究所）

大约一个月以前，老同事、老朋友陈毓蔚教授从广州来电话，说今年是李璞先生诞辰100周年，打算出个纪念文集，约我也写点东西，我说我一定写，我们应当好好地纪念李先生。43年前李璞先生的不幸逝世曾使我十分震惊，我同陈毓蔚在电话上谈了一阵子，都感慨李先生走得太令人痛心了，那么好的科学家被迫离我们而去，这很值得我们继续反思，我俩唏嘘不已。

我是1953年大学毕业后分配到中国科学院地质研究所（简称地质所）的，当时研究所还在南京，1954年初迁入北京。我已记不清楚，究竟是1954年还是1955年第一次在所里见到李先生。我的第一印象，李先生是一位健壮敦实的北方汉子，平易近人。当时我已从旁人处知道李先生在英国获得博士学位，前几年曾任中央文委西藏工作队队长，去过西藏，我心中自然对他有几分崇拜。有一次他来我们实验室找一件仪器，见到我在那儿就非常和蔼地问我的情况，我也向他提出有时间给我讲讲西藏，他满口答应，但是他太忙，我也没有找到合适的机会，这就留下了极大的永远的遗憾。

后来几年，他和涂光炽先生等去祁连山进行地质考察，这是当时地质所的一项重点科研项目，联合北京地质学院等单位。我们可以想象，那时的野外工作无疑是相当艰苦的，但这一切并未能阻挡李先生等地质学家探索大地奥秘的追求和步伐。在所里每年都可以听到他们考察中新进展和新发现的消息，我还听过李先生的一次报告，使我对祁连山产生憧憬。

20世纪50年代，特别是国民经济建设的第一个五年计划、第二个五年计划陆续实施，对各种矿产资源的需求十分迫切，其中铬、镍、钴、铂、金刚石成为一个重点，地质所也把这方面的研究工作列为重点方向。李先生是基性–超基性岩及有关成矿学的著名专家，一些任务自然就落在了他的肩上，他也急国家之所急，义不容辞地挑起重担，为解决国家的急需而奔向祖国各地开展广泛的考察和研究。李先生当时很忙，在所里并不常见到他，他工作的繁忙由此可见一斑。

回顾地质科学的发展历史，才能更清楚地了解20世纪50年代以来我国地质科学大发展中许多不平凡的历程。上世纪初，地质科学在中国开始发端，经过30多年的努力，到1949年，我国地质科学在国际上也已有了一定影响。我国地层学、古生物学、古人类学和构造地质学已有了相当扎实的基础；区域地质学取得了重要进展；矿床学奠定了一定的基础；矿物学和岩石学出现一些重要论著；水文地质学、工程地质学和地球物理探矿等开始萌芽。但说到地球化学，我在南京大学读书期间，只是在有关课程里提到一下，没有专门课程。到50

年代中期地球化学在我国开始受到重视和发展，同位素地质学的一些知识也开始广泛传播，当时我对可以测定岩石的"绝对年龄"感到极其新鲜。我们地质所在侯德封所长领导下把发展地球化学作为重点方向，并成立同位素地质研究室，由李先生担任研究室主任，开拓一个新的学科领域。他亲自动手制订计划，确定研究方向和研究方法，购置和自行组装设备，组织科研团队，一些优秀年轻科研人才逐渐团结在他的周围，他知人善用，发挥大家的积极性，白手起家经过短短几年精心研究和夜以继日的潜心工作就取得了第一批数据，这在当时是非常难能可贵和十分令人注目的。这正体现了李先生的卓越科学才能！

1964年我国举办"北京科学讨论会"，这是新中国首次举办的综合性国际科学大会。讨论会下设地质古生物分组，由我所张文佑副所长担任组长，刘东生先生担任副组长，我担任秘书。当时办会同现在不同，许多办会的细节包括用车等等都得想到，同时又要同大会及大会设立的理科组汇报和协调，许多具体事情张先生和刘先生都得亲自动手，加上要听取有关方面给会议安排的各种报告会，因此工作很繁忙。有一件事是审阅国内外投来的稿件，这是所有国际会议的惯例，我们也必须做好以保证会议的学术水准和质量。为了做好这项工作，张先生和刘先生就吩咐我去请李璞先生帮助。当我见到李先生时他正忙着整理数据，他的办公桌上放满了记录本和各种图表，他听清了我说的请求后就对我说，他把工作稍稍收拾一下，下午就去我们会议办公的地方——友谊宾馆。后来，他用了两个整天审阅了全部来稿并写出意见，他的工作精神和效率使我深受感动，张先生和刘先生都很赞赏他的工作。李先生是一位责任心很强的学者，是一位热心肠的学者，是一位乐于助人的学者，这就是我当时心目中的我所崇敬的李先生。

1965年下半年，我参加农村"四清运动"，去了河南省禹县岗楼大队，1966年7月"四清"工作队队员奉命回原单位参加"文化大革命"，我于7月30日回到北京。在这一年多时间里没有见到过李先生，我回京后听说他已去了位于贵阳的地球化学研究所。那时，全国各地的运动已经乱哄哄的了，已经没有了正常的社会秩序，处处是令人不解的"造反有理"了，有的地球化学所领导在北京接受"批判"，当时我就想过李先生在贵阳怎么样了呢？当时也听到一点他身处困境的消息。

因为许多老知识分子和老干部都有相似的情况，我的脑袋是麻木的。那些年头有两件事最让我震惊，一件是原来的中国科学院领导班子是"反党集团"，我从睡梦中被游行队伍的"打倒×××反党集团"的口号声惊醒，我若有所失地呆滞了好一会儿；第二件就是听到说李璞先生和司幼东先生离世，我脑子一片空白，我只会说他们住进"牛棚"就好了。

1986年地质所办过一次所庆，我们做了一册研究所简介，收入了李璞先生的一张照片，这是很珍贵的照片，我根据照片所反映的情景看该照片应是摄于在北京的同位素地质实验室，拍摄时间我推测应是上世纪50年代后期至60年代初期，准确的时间要由知情的同志来认定。这张照片就是永远抹不掉的我心中的我崇敬的李先生的光辉形象！当时是哪位同志提供的这张照片，我已记不得了，但我会永远地感谢他（她），感谢他（她）为地质所留下了永不忘却的记忆。

20世纪80年代后期至90年代前期，由于工作的关系，我曾多次拜访过李先生的遗孀池际尚院士，池先生同样是我崇敬的科学家，我每次见到她就会想到李先生，但我不能明言，我不敢提到李先生再让她伤心，我只能默默地藏在内心深处。一次在她府上，她在一间用做客厅的小房间里同我谈话，她当时既是教授又是学部委员，我见房间里的陈设比一般的家庭还要简朴，但她身在陋室同我谈的都是真知灼见。真可谓："斯是陋室，惟她德馨"。我想要是李先生健在，这仍是一个温馨的家，什么力量把这美满的老科学家之家破坏了呢？再一次，是池先生身患重症住进医院，我到病房探望，她很乐观坚强，仍同我谈一些工作上的事，使我深受感动。当时我面对的是瘦削的池先生，我脑海中闪过那敦实北方汉子的李先生的形象，我的心发紧。我想是什么力量让她在中年时期失去心爱的夫君，家破人亡？是什么因素让她自己也遭受了痛苦的磨难？

在写文怀念李先生之际，我想我自己在李先生遭遇不幸的那个时代，因为政治信仰的关系，对李先生等许多人受迫害和摧残感到痛心，但对政治方向的正误并无辨别能力，对"最高指示"朦朦胧胧地去"加深理解"，也是很值得反思的。改革开放以来，通过拨乱反正和彻底否定"文革"，以及 30 多年来的发展使我懂得在政治上要有独立的判断力，不能迷信某个人。但李先生作为那么睿智的科学家和正直的共产党员却被自己的共产党所发动的政治运动迫害以致弃世而去，我说的独立判断力又谈何容易？最近几十年的发展正试图证明，李先生等等许多人遭受迫害的那种时代不会再历史重演了，也许正是李先生等等优秀人物以牺牲自己为我们争取到纠正错误政治取向、重视正义和人权的社会的到来。这是我们纪念李璞先生诞辰 100 周年之际可以告慰他的。为了纪念李璞先生，我们决不能让错误的历史重演，我们要以正义推动历史前进。

李璞先生永垂不朽！

我心中的李璞先生

汪绅安

（中国科学院地质与地球物理研究所）

一提起李璞先生，很自然会想到他在 1951 ~ 1953 年间身为"西藏工作队"队长所创下的业绩和留给我们后辈的榜样与力量。1951 年春季的一天，我们正在甘孜机场施工的 6 位军政大学学员奉命到时驻"市区"的西藏工作队报到，也是我和先生的首次谋面。以后的几次重大地质考察活动，与先生同行的都是分配到地质组的另一位同学（其他 4 人分别跟从农、牧、水利专家学习），只是在波密地区停留和继后向拉萨进发这段地质组会齐的时期，与先生多了一点接触机会。简言之，有关先生当年在肩负工作队主要领导和地质组直接领导两大重任中的作用和成就，我都够不上是"知情人"。不过，在缅怀先生百年诞辰之际，我愿意也应该就我所知的情境记录下来，以表达我对先生永在心中的怀念和敬意。

西藏工作队简称"中央文委西藏工作队"。它的建立组成过程和肩负的使命，我几乎一无所知，但从这个组织的冠名、组成人员、军队和地方政府极高规格的隆重接待和全力协助等情况来看，工作队及其成员除本职工作外，以实际行动传播中央的民族政策和增进汉藏人民和睦也是一重要使命。在甘孜—昌都时期全队成员有 50 余人，包括来自不同单位和工作岗位的农、林、牧、水利、气象、医疗卫生、民族艺术采风、民族工作等专业人员和地质组九位先生。时在国内已有盛誉的好几位科学家和协调全队工作与生活的三位秘书的名讳至今我仍清楚记得。我以为，谈及李先生在此期间的工作和生活，不能也不应该忘掉他作为整个队伍的主要领导者付出的精力和所起的作用。近年来，我几次接受有关李先生当年其人其事的询问，似乎都未提到或不了解这一情节。一位来访者出示的近 20 名当年进藏的地质学家名单也几乎全不属实（或最终没有成行）。在当年政治气候和自然环境条件下，大到工作队和各专业组进军方针的路线的决策，具体到组织与安置好这些来自五湖四海的人员的生活与工作，还有诸如人员中途去留变迁（地质组在昌都地区工作后有两人返回内地），大都需要李先生亲自过问或解决。我深信也敢断言，先生在这方面付出的心血远比为地质业务工作操劳和付出的多得多。

随师长们在昌都南部地质调查再返回昌都时，大约是 1951 年岁末前后，就再也没见到地质组之外那些专家前辈。他们是仍在野外，还是（有的）已去西藏腹地，各自工作取得的成就和所作的贡献，我也毫不知情。

工作队及其成员为民族间的和睦亲善写下了不少传奇的故事。初到昌都不几天，一位藏胞从一百公里之外翻山越岭给工作队送来深表谢意的锦旗，因为半月前队里一位农学家奇迹般治好了他家人的顽疾。类似这样近乎神话而又真实的故事和情景，在我亲身经历中也随口就能说出很多。藏胞给予我们的那些更加感人至深的帮助和回报，更让我终生不忘。部队在这方面的模范行动固然早已有口皆碑，但工作队因其在更广泛地区（有的是汉人从未到过），更深入藏民日常生活，自有一番特殊的意义与作用。

李先生在地质科学方面的贡献自然让人格外关注，集中反映当年地质工作成就并正式出版的是那本《西藏东部地质及矿产调查资料》专著。地质组通常分小组分别在不同地区开展野外工作，李先生两次活动，记得是昌都—江达—三岩（贡觉）—芒康地区和拉萨—当雄—纳木错地区。这本反映集体智慧由先生集其大成的专著的学术成就和产生的效益我虽所知甚少，但它在中国地质研究史上的重要位置绝无可置疑。在此，我愿就其时其地的一些基本特点和情况，从我的"视角"来看待这一成果。

进军西藏腹地本身就是有极大勇气的决策。在昌都开展工作时，西藏和平解放协议刚刚签订。两年后到拉萨时，街头公开冲撞解放军的风潮也刚过去不久。师长们和随员同样身着军装，在地方政府机构或头面人物家中宿营，有些地段还另有专门武装护送。这些措施的确让我们避免了一些危机，但像杀人越货的场面、我们的人员安全受到威胁甚至遭到武力袭击的事件，也绝不只是偶尔有过。西藏山高路险众所周知，当年的困难更非今日所能想象。工作队初进藏时，川藏公路金沙江东岸柯鹿洞隧道尚在紧张施工，两年后回到这里时，才修到澜沧江一支流的思达附近，向西延伸了不到300千米。地质组从甘孜西面玉隆开始出发，在历时两年多、每人行程远超过万里的远征中，穿越了无数高山深谷，渡过了极少有桥的许多大江小河，也走过了一些连羊肠小道都够不上的山路。师长们名义上都有一匹坐骑可以代步，但能充分利用这一方便的环境和机会并不多或很有限。记得从玉隆出发第一天过草地时，一位农学专家胯下的坐骑就在草甸之间的泥淖里很快陷及马腹，幸解救及时，人畜未伤。地质工作本身的特色已注定双腿是最可靠的交通工具。与李先生本人直接相关的两件事，记得特别清楚：其一，在行经三岩地区时，一次"驿站"交接，双方发生流血冲突（我们的行李辎重需雇本地牛马运输从一站走向下一站）。为制止事端恶化，李先生不仅让自己的坐马驮了很多重物，也和大家一样背负许多行装走向下一个"驿站"。走出波密谷地的第一天，就翻越了高差3000米，到山脚还不见路的高山，一天行程近百里。这天能雇到的牛马很少，大部分行装都得由人背运，先生的处境也可想而知。其二，接着是在东久更加艰苦的行军：这是西出波密的唯一通道、一年里仅半个月左右可以人马通行的"万年雪山"区。我们雇了几十头牦牛开道，头天傍晚传来已开通到最高处的山垭口附近的消息。这天黎明之前大队人马就开始出发，出门不远就一直在两边是一两米高的雪墙，脚下是冰雪的夹道里行军。傍晚时分，垭口已在眼前时，那些埋在雪中几乎难见身影的牦牛仍艰难却徒劳地向垭口前行开路。最后只得让牦牛向积雪较薄的山坡改道，大队人马也得停下来等待。此时，李先生一直照护的那位有病的解放军班长（执行任务后在此被困多日借机和我们同行），却静静地在马背上永远合上了双眼。路终于开通过了垭口，我们两三个几乎失去知觉的青年连滑带滚从积雪较薄（下为冰层）的山的阳面奔向新的住地。等到大队人马相继到来时，已是又一个黎明。

这样极端的困境虽不常有，但两年多积累起来的身心伤害是明显的，也无人能例外。两位师长在日喀则地区野外工作结束后行走已十分艰难。一位聪慧和记忆力超常从西藏归来随即走上教学讲坛的先生，为讲一节课总要备两三节课的内容，仍往往不到45分钟就感到再已无话可说。李先生的情况，我不清楚，但我深信他绝不会把当年的成绩与牺牲放在心上。

多年来我有多次机会和外地的旧时的师长们见面，偶尔也会"话旧"，但地质方面的问题绝对是唯一涉及的话题。我敬佩师长们的博学多闻，感谢他们的授业解惑，他们不畏艰险勇于牺牲的敬业精神尤让我敬佩并终生受益。

有关地质工作的学科专业成就及其带来的实际效益，我这个那时刚入学的蒙童之后又未再到西藏和接触相关业务的人，只能据当年所知所见所闻的一些实情，略表一点肤浅的认识。此前的西藏仅周边极个别地段有过中外地质工作者问津，西藏本部的零星地质记录大都是由国外一些旅行家、探险家采集的标本得出的信息。地质组工作的地区连这些确定性不高的信息也极少有，这一大范围拓荒性的地质调查和重大意义已不言而喻。在具体问题上，没有地形图（我只见过不知出处、错误不少、小比例尺的"地理位置"蓝晒图）无疑是这样的地区开展地质工作最大的和首当其冲的难点，需要用数步或目估来确定走过的距离和观测点的位置。气压表在高程较高处通常会失效，计步计适用的环境也很局限，只有李璞先生从英国带回的罗盘和地质锤（外加放大镜）可靠。我随从时间最长业务上受教益最多的是两位刚出校门的年青师长和一位年长的地质学家。在昌都南部澜沧江—怒江之间的行程数百公里、地质可控面积数万平方千米的考察中，两位年青师长在将这些路线及其观测结果拼接为区域性的地质图时，同是起点和终点处的距离或闭合误差仅两三千米。仅此一点已能说明不少问题。经长期的工作与生活接触，他们那地质科学"全科"能手的形象仍在我心中依旧。整个地质组和李先生本人的工作业绩，我无力评说，但他们在各自工作中的成就、特殊专长、严谨治学特点，从师长们不经意的言谈中，早有不少耳闻让人产生敬意。在昌都和波密地质组人员会齐时期，不时有研讨业务和工作小结的集体活动。我虽似懂非懂的状态居多，但对他们渊博的学识和求实求真的治学态度已体会颇深并很受感动。我深信，地质组高质量的工作成果经得起历史和时间的严格检验。在矿产资源方面提供的信息对西藏的建设无疑也会有重大的意义。

我和李璞先生在西藏和以后在同一研究室都不算短的日子里，工作和生活方面的接触虽然都不很多，但他却是我至今仍不时从心底里引起怀念并深怀敬意的前辈。这不是因为他把我带来北京学习深造于我有"知遇之恩"，相反很长一段时期里我对此感到的不是有幸，而是不能回归西藏无可奈何的遗憾。不是因为有过那么一段艰难与共的生活岁月，我们共同的心声，那是责任和光荣，而非困难与艰险。也不是先生蒙冤过早辞世让我难以释怀，我们毕竟不应该老是被沉重的历史所左右。这些因素却不时在我脑海浮现并对认识与了解先生起某种作用，但他那足为后辈师表的人品人格方面的突出形象更让我深受感动并永记心中。我说不清脑海里这一形象除在西藏时已有初步概念外还源自何时何事，与先生个人生活接触片断往事大约也会是一些原因。

到西藏工作队不久，就从年青的师长口中得到这样的信息：李先生很在（介）意他"脱党"那段经历；他曾要求到清华教书，时任教务长脑海中"当年这个学生并不聪明"，因而被拒。在素未谋面或相识的同行面前坦陈往事，已足见先生为人的真挚和心胸之坦荡。这也是我对先生最早的印象。也听他说过，在"剑桥"求学时，经常翻越门栏进入时已关闭的学习场所（图书馆、实验室）苦读苦学。

1953 年地质组返京在成都短暂停留时，李先生指令我们随队进京的三位学员（一人后去天津大学）回阔别三年多的家探亲，并约定（约一星期后）在重庆"民委招待所"会齐后北上。我们是在军区领导承诺我们"保留军籍、学成返藏"的要求下进京学习的，因此，一段时期里先生和常驻北京的军区组织部长保持着联系。大约是 1955 年，西藏的时局已不允许领导再专门兼顾生活工作均有着落的个别青年。在此情况下，李璞及其夫人池际尚两位先生又为我们（未经高考中途入学）申请转为正式学生的事费了不少精力。

大约在 1955 年的一天，我应邀到时在北京地质学院的李先生家中。迎面而来的是白石老人亲笔题款为李、池两先生结婚纪念所画的条幅，与文化名家如此亲密的交往让我颇感新奇。感触更深的是，保姆因故拉开书桌抽屉时，许多张面额很大估计不下千元的（爱国）"公债"券竟散乱地放在其中。

由于岗位变动和家庭负担向来较重的原因，1957～1958 年间我的经济生活一度相当窘迫。一天，李先生给我 20 元钱（足够我两个月的实际生活费），并让我在申请补助的单据上签名。先生"深入民情"的一贯作风并不让我感到特别新奇，但这件事我还是经久不忘。

1959 年中科院地质所北郊大楼落成。李先生率领我们十几个青年（包括转业兵）作为先遣队清理、清扫室内外环境，以迎接后续人马的到来。最艰苦，也是李先生最经常做的工作是，久久屈膝弯腰甚至匍匐在地清除上百个房间残留在地板上的灰浆和杂物。其间，经济形势已开始急剧恶化。近处土城的小酒店，酒由白酒变成啤酒，菜由牛肉变成豆腐干，再变成萝卜干，以至"关张大吉"，这巨大的变化，只不过发生在半个月左右的时间里。随去的炊事员也为改吃粗粮和副食品短缺犯难，并时有怨言，李先生总是鼓励他，并协助他做好工作。

李先生领导的研究室里，领导平易近人、随和，与年轻人之间和谐相处，业务相帮的风气颇有特色并为外室人员所称羡。先生称呼下属总是用"某公、某老、老某、某大姐"等这些年轻人之间相互习用的称谓。这些看似平常的风格，在为研究室构建一个良好的工作与生活环境的同时，也潜移默化影响和改变着我们的为人。

20 世纪 60 年代初一段时间里，差不多每天都有一位兼通英、俄语的翻译定时到李先生办公室辅导他学习俄语。是否与他出访苏联有关，我不清楚。印象很深刻的是他从苏联带回了不下 20 大箱精美绝伦的矿石与岩石标本。这些标本是后来建立的地质博物馆的主要或重要展品。它在普及地质知识、推动地质科研方面的实效我不清楚，但至少我是不时光顾它的常客。

这些片段轶事在李先生的辉煌业绩与成就中也许微不足道，但我正是从这些少为人知的平凡琐事中看到了一个更加丰满的科学家形象。他是一位深受爱戴的地质学家，是一位优秀的科技工作组织者与管理者，也是一位人品高尚足为后辈师法的极好榜样。他竭尽心力为我国地质科研事业做出了卓越的贡献，为国、为公、为他人倾注着炽热的真情和许多实际付出。我钦佩他在科研事业上的杰出贡献，我更崇敬他高风亮节一生的为人。

导师言传身教　学生受益终生

吴家弘

（国土资源部沈阳地质矿产研究所）

1963 年夏季到 1964 年夏季，我作为中国科学技术大学（简称科大）09 系地球化学专业同位素地球化学专门化的毕业班学生，被分配到中国科学院地质研究所（简称地质所）一室做毕业论文。由室主任李璞先生和副室主任陈毓蔚老师分别担任我毕业论文的导师和副导师。回忆当年与李璞先生的师生缘分及其对我成长和一生的影响，仅选取印象特别深刻的几件事情与大家共享。

一、科技工作者的"又红又专"榜样

1963 年 3 月 6 日毛泽东主席向全国发出了"向雷锋同志学习"的号召，之后全国掀起了向雷锋同志学习的热潮。当时由于对雷锋精神的理解不够全面、准确，相当程度上把学习雷锋理解为在平凡岗位上默默无闻地为他人做好事。于是科大学生就提出：是学习雷锋还是学习钱学森。中国科学院党组书记兼科大党委书记郁文就此专门做了解释，强调了科大学生的目标是"又红又专"，应该即学雷锋又学钱学森。1963 年夏天当得知被分配到地质所一室做毕业论文，导师是李璞先生后我很兴奋。由于科大与中国科学院的有关研究所是所系对口关系，我们当时对地质所的情况多少有一些了解。知道李璞先生与涂光炽先生一样，都是地质所科学家中"又红又专"的代表人物。李璞先生做我的导师，也就是在我身边，本专业学科中即学雷锋又学钱学森的具体榜样。向李璞先生学什么？通过一室一些老师的介绍，当时给我印象比较深刻的有以下两点：

（1）我出生在一个高级知识分子家庭，父亲是留美归国的科技人员，与钱学森、李璞先生相似。回国报效祖国，为社会主义新中国奉献自己的力量，这一点他们都做到了。我作为新中国培养的大学生，原来报的是原子核物理专业，科大按分数录取了之后把我分配到地球化学与稀有元素系，服从专业分配我做到了。那是因为当时我还是一张白纸，用副系主任杨敬仁的话来讲"原子能是科学，地球化学也是科学"，学什么我都是从头开始。但像李璞先生这样已经成名的科学家，把自己熟悉的专业领域放在一旁，白手起家创建中国的同位素地球化学学科，开拓青藏高原的地质研究，把自己的一切都交给祖国的需要，默默承担起一次次重新创业的艰辛，这一点是一般人很难做到的。设想如果我自己也处在李璞先生同样的情况下，是否能像他那样无私奉献，勇挑重担？因为自己当时并无这样的经历，我说不清楚。但一旦出现这样的情况，李璞先生应该是我学习的榜样，这一点是清楚的。

（2）听在一室工作的老师介绍，在西藏高海拔地区工作时，李璞先生作为专家，而且年龄较大，能在自己同样承受高原反应的情况下，将因高原反应得了重病的一般地质工作人员亲自背下山来。在增加一个人的重量，使自己要承受更加强烈的高原反应考验的关键时刻，李璞先生能够冲得上去，这更是一般人难以做到的。这使我懂得了学雷锋，做默默无闻的好事，不是从形式上去学。而正是通过不断地做小事、做好事，才可能从量变到质变，到关键时刻才能冲得上去。从一点一滴的小事做起，通过量的积累，在关键时刻才能像李璞先生一样经得住考验。这正是我要向李璞先生学习的另一点。

二、科学道路无坦途，勤奋刻苦攀高峰

李璞先生给我安排的毕业论文内容是对辽宁凤城碱性岩有关的放射性钍矿物进行铀-钍-铅法同位素地质年代学研究。与我一起工作的还有夏毓亮和陈文寄同学。他们的导师和我一样，也是李璞先生，副导师是戴橦谟老师。论文内容是用造岩矿物来测定凤城碱性岩的钾氩年龄。

野外地质工作原定我们三个学生先去工作地区踏勘，李璞先生在七月中旬过去与我们会合，指导我们的具体采样工作（1963年夏我们还没有上同位素地球化学的专业课）。不料我们刚到工作地区就接连下了半个月的大雨，我们上不了山。铁路、通信一度中断，李璞先生也无法到野外与我们一起工作。我们三人只好抓紧雨后的半个月，凭着一本《凤城矿物志》和前三年野外地质实习的有限知识，对顾家—奈马岭—赛马的碱性岩体进行了初步的踏勘。确定了几个采样地点和采样对象后，就集中力量采样、背样。我当时背了一个测放射性的γ仪。对碱性岩中放射性强的绿层矽铈钛矿、顾家石和资料上介绍含有大颗粒锆石的碱性岩中伟晶状团块以及碱性岩围岩中的几条钍石、砷钍石脉都采了大样。发运了标本后，他们两人因在沈阳有亲戚、朋友，在沈阳停留几天，我直接回北京。

回京后我先向李璞先生做了野外工作汇报。他对我们在没有老师指导下的采样工作给予肯定。在具体看了我采回的标本后，根据样品保存的新鲜程度，确定了我以砷钍石为U-Th-Pb法年龄测试对象。除了年龄数据测定和矿物适用性研究外，还要求我从矿物学角度对测试对象进行分析研究，以与彭琪瑞先生《凤城矿物志》中的砷钍石进行对比。随后要我把开学前剩下的二十天左右时间利用起来，先把砷钍石的碎样选矿工作做了。说实话，一个多月的野外地质工作，因雨耽误了半个月，剩下的时间天天连续采样、背样。再加上我和陈文寄两人都对跳蚤咬皮肤过敏，奇痒难忍睡不好觉。本想回京后利用剩下的暑假好好休息一下。因此当时对李璞先生安排我继续工作是有点情绪的。但还是按照他的要求，在开学之前基本上完成了对砷钍石的选矿工作。

直到第二年开始在地质所做毕业论文之后，我才尝到了李璞先生安排我抢先碎样选矿工作的甜头。头一年夏天的连续工作虽然累一点儿，但是不仅抢出了二十天左右的时间，而且使我有了充足的样品。不但做了铀-钍-铅法年龄测定，淋滤法和射气法的矿物适用性研究，而且还进行了砷钍石的系统矿物学研究。亲自做了砷钍石的矿物化学全分析，送测了X-衍射和差热、失重等矿物物理性质的分析。使我的论文内容相对于其他同学的更加丰富，得到了同届毕业生中的最高分。更大的收获是使我在毕业论文期间得到了更多方面的实践锻炼。在李璞先生指导和严格要求下，我通过毕业论文，在同位素地质年代学领域中，从野外地质工作的准备阶段、野外踏勘采样、室内碎样选矿到年龄测定、矿物适用性研究和数据地质解译，经历了"一条龙"的全面锻炼，并尽可能地对测试对象有更多的了解。这段时期的经历为我此后一生的同位素地球化学工作，打下了扎实的基础。

李璞先生不仅对我们学生严格要求，他自己更是一贯自觉刻苦钻研，勤奋工作。1964年我们在地质所做毕业论文的学生都住在所里，对此有所了解。李璞先生工作很忙，经常出差、开会或出野外工作。但只要他在所里上班的时候，经常都是最后一个下班。往往我们吃完晚饭，在所里的篮球场上活动很长时间后，才见到他离所回家的身影。当时因为怕影响他工作，不敢轻易去打扰他，抓住这个规律后，有事要向他请教、汇报，我就常在晚饭后等李先生从办公室中出来时去找他说上几句，听取他的看法，得到他的教诲。如果说李璞先生对我们学生严格要求可以理解的话，那么像李璞先生这样已成名的科学家还要始终坚持勤奋工作，刻苦钻研的话，是我过去没有想到的。我从小到大一直学习成绩不错，并未感到过学习吃力。就是在大学也几乎从不开夜车，还可以拿出相当多的课余时间从事文体活动。自认为靠自己有点小聪明，适合搞科研，出成果也是轻而易举的事。通过毕业论文期间李璞先生的言传身教，才使我认识到在科学道路上没有坦途，从李璞先生身上使我对伟大导师恩格斯的名言"天才在于勤奋"有了更深刻的体会。只有刻苦钻研，勤奋工作才有可能攀登科学技术高峰的教诲使我终生受益。

三、既敢于开拓创新，更注重严谨求实的科学态度

我国的同位素地球化学学科从20世纪50年代后期开始创建。到我们开始做毕业论文的1963年可以说是初步建成。测试方法只有U-Th-Pb和K-Ar法两种。而且由于设备落后，技术水平不高，对测试工作的开展有很大的局限性。比如当时因为使用苏制 МИ-1305 质谱计做铅同位素分析采用的是炉状源，一次需要至少1毫克的铅。所以只能对含铀钍量较高，积累放射成因铅量较多的强放射性矿物进行铀-钍-铅法年龄测定。矿物适用性研究工作也刚刚起步。至于同位素年龄的地质应用，由于积累的数据少，在年龄数据的地质解释方面也缺少实践经验的积累。

至于我们工作地区的凤城碱性岩，应该是我国发现的第一个比较典型的碱性岩，此前仅有极少的几个碱性花岗岩报导。矿物学家彭祺瑞对凤城碱性岩研究的矿物学专著《凤城矿物志》也刚出版不久。其中有一些新矿物，新亚种被发现，如顾家石、绿层矽铈钛矿和砷钍石等。凤城碱性岩地区是当时年代学的空白区。根据辽东地区是鞍山千山花岗岩、凤城凤凰山花岗岩等燕山期花岗岩出露地区，国内的碱性花岗岩多数也认为属于燕山期。因此我们去之前，凤城碱性岩被前人认为也应该属于燕山期的居多。让一群毫无实际工作经验的学生在一个年代学资料空白区，对我国第一个被发现的典型碱性岩，用国内当时还没有人用过的典型碱性岩矿物霞石、霓石，国内还没有人采用过的钍石新亚种来进行同位素地质年代学研究工作。多年后回过头来看，我实在佩服李璞先生敢于让我们这批学生"第一个吃螃蟹"的开拓创新精神。

然而，更加使我感受深刻的是李璞先生严谨求实的科学态度。1964年"五一"节前后，我们三人的测试结果陆续出来了。我做的砷钍石 Th-Pb 年龄为119Ma，属燕山期。夏、陈二人的 K-Ar 法数据黑云母两个在 225~250Ma，正长石两个在220Ma，霞石两个在160~

190Ma，微斜长石一个在 110 Ma。跨越了从海西晚期到燕山期的三个时期。我们当时对无法得到统一的结果很着急，不知道论文该如何处理。李璞先生找我们谈了一次话。他首先表示数据不一致不要慌，原来也没有期望靠你们的这一轮工作就把问题都解决了。对 K-Ar 年龄本身的不一致性，按照国外（主要是苏联）的经验，黑云母的年龄值可靠性大一些，正长石也在 200 Ma 以上，可以认为凤城碱性岩的侵位时间看来早于过去推断的燕山期。支持他们把它放在海西晚期或印支期，但还需要进一步做工作来验证。并建议他们通过做霞石等矿物的析出曲线来探讨年龄值偏低的原因。对我的砷钍石 119 Ma 的年龄值，因为有较多矿物适用性工作，可以验证这个数据的可靠性。但因为砷钍石并不产在碱性岩本身内部，因此即使它与碱性岩有关也只能代表碱性岩活动的结束时间。不如说它只代表了一期钍的矿化时间。他建议我把碱性岩伟晶状团块中的锆石选出来，看能不能用质谱上刚刚试验成功的带状源，做微量铅的同位素分析，再做一个碱性岩体中锆石的 U-Pb 年龄出来，好与 K-Ar 年龄相对比。虽然由于时间等多种原因，锆石 U-Pb 年龄和 K-Ar 法的析出曲线都没能进一步完成。但李璞先生对此问题的处理让我们口服心服。我分配到东北工作后，通过与核工业 406 队郭智添等人的交往，了解到 406 队和三所在我们之后对凤城碱性岩又进行了大量的工作。大量数据表明凤城碱性岩侵位的时间是印支期，与其相伴的是赋存于绿层矽铈钛矿中的铀矿化。而偏东一些的碱性火山岩假白榴石响岩是燕山期的。呈脉状产出的钍石、砷钍石，虽然就产在碱性岩附近的围岩中，钍的矿化却是与假白榴石响岩属于同一时期。后人的工作证明了李璞先生当时的处理是正确的。

　　通过论文期间的工作，我深刻体会到地质问题的复杂性。同位素地质年代学做出的试验结果是年龄数据，如果脱离了地质背景，就数据论数据，就成了数字游戏。从毕业论文工作中接触到的李璞先生身上，我不仅学到了大胆开拓的创新精神，更深刻了解到了李先生严谨求实的科学态度。特别是在错综复杂的地质背景面前，依托扎扎实实的地质工作，小心谨慎地对年代数据进行地质解译，为我们树立了榜样。

　　我深知我们科大毕业生，数理化基础和实验工作能力是优势。野外地质工作能力是弱势。在东北地区近四十年的工作中，始终牢记李璞先生的教诲，在自己参加的科研课题中，坚持与地质人员同出野外。根据工作地区的地质背景和课题的需要，选择合适的测试方法，有针对性地亲自采集测试样品。亲自碎样选矿，尽可能多掌握有关测试对象的岩石学和矿物学特征。得到测试结果后与地质人员一起结合野外地质观察和室内研究结果反复讨论，谨慎地做出年龄数据的地质解译。坚持这样做的结果是大大提高了年龄数据的可利用率，并得到广大地质工作者的认可，取得了很好的效果。

　　导师言传身教，学生受益一生。以上三方面与李璞先生接触的印象和体会，愿与纪念李璞先生一百周年诞辰的地质、地球化学界同行共享。以表达对李璞先生的崇高敬意和深切怀念。

我敬仰的恩师：李璞先生二三事

夏毓亮

（核工业北京地质研究院）

那是 1963 年初夏，我大学毕业论文导师李璞先生约我面谈论文方向。我很谨慎来到李先生的办公室，他和蔼可亲地对我说："本来想叫你到湖南冶金部地质队正在工作的一个小岩体进行野外调研和取样，确定其成岩年龄。后考虑到你一个人去不方便，改为和陈文寄同学一起去辽宁凤城，那里的碱性岩在中国很有代表性，盛产稀有金属矿产，但成岩年龄一直没解决。你做浅色矿物（长石和霞石）K-Ar 法，陈文寄做暗色矿物（黑云母和霓石）K-Ar 法。你看怎么样？"听了先生的一席话，真是感触万分，我连忙答应："好，好。"现在回想起来，先生如此周到考虑学生可能遇到的困难，现在更体会到他对中国同位素地质年代学的发展这么深入细致的关注。

在实验工作进行过程中，基本确定凤城碱性岩主体为海西晚期形成。在中国科学院地质研究所大楼门口遇到李先生，我问他怎么解释这个年龄结果。他说："这就对啦，碱性岩浆活动一般就出现在构造运动旋回的晚期嘛。"这个观点一直记在我的脑海里。

在李璞先生诞辰 100 周年之际，我把这两件小事写出来，以此来缅怀我敬仰的恩师吧。

开拓者　奠基人：缅怀恩师李璞研究员

解广轰

（中国科学院广州地球化学研究所）

2011 年是李璞研究员诞辰 100 周年。先生离去虽已 43 年了，但他的音容笑貌仍常浮现，宛如昨日。先生早年投身学生运动，抗日救国；学成回国后毕生献身科学事业。他勇于探索，不断创新的精神；不畏艰险，精益求精的工作作风；淡泊名利，献身祖国的高尚品德；提携后进，甘当人梯的长者风范；都将永远留在我们的心中。先生无私奋斗的一生，真正的动力源自他对祖国深深的爱。

一、初识大柴旦

1953 年夏李璞先生率队自西藏考察归来，报刊多有报道，始知先生。随后朱上庆先生给我们班讲授岩浆岩岩石学时，按内容已经结束，但还有些时间，朱先生问再讲点什么？大家要求他讲在西藏考察时的情况，他着重介绍了李璞先生，这样对先生就有了更深的印象，但未曾谋面，只知道也住在北京地质学院。

1956 年完成毕业论文答辩后，因中国科学院地质研究所（简称地质所）急需补充年轻人，我们被提前分配并于 7 月 11 日到该所报到。经要求得到批准，同意我们在 7 月 20 日参加在中山公园召开的北京市高等学校毕业生联欢大会的次日，离京前往青海省大柴旦，在那个当时完全由帐篷组成的“城市”，与由甘肃省酒泉出发并穿越祁连山进行路线地质考察的各分队会合，参加汇报会。在大柴旦，见到了风尘仆仆、饱经高寒、风雪、缺氧考验归来的多位专家。这是第一次接触李璞先生，也是第一次与先生的夫人池际尚先生近距离接触。汇报会后，我有幸被分配到李璞先生领导的分队，将随李先生自茶卡往北经天峻，过木里煤田、黑河、北祁连山至肃南县元山子。此后直到 1968 年 4 月，我的工作一直是在李先生的领导和指导下进行的。

二、求学与革命

李璞先生是山东省文登县人，生于 1911 年 7 月 11 日。青少年时期，国弱民贫，列强入侵，深受伤害，立志报国。1935 年夏自南开中学毕业后，考入清华大学地质系。是年冬爆发了震撼中外的“一二·九”学生运动，先生积极投身于运动中，大游行当日，担任交通联络工作。以后又亲赴天津，向南开同学宣传、介绍北京学生运动情况。1937 年卢沟桥事变爆发，揭开了全民抗战的序幕。北平、天津相继沦陷后，各著名大学开始南迁，北京大学、清华大学、南开大学在长沙联合创立临时大学。先生基于爱国热情和日寇步步进逼的严峻形势，决心投入抗日工作，先生和一批同学投奔在陕西长安组织抗敌活动的前南开中学教师、中共地下党员张锋伯，随后又联系涂光炽等南开中学同学，建议他们也到长安来，于是涂光炽等也随后赶到。他们在张锋伯的家乡长安县大吉村一带作抗日宣传、发动群众的工作，李璞成为这十几位爱国青年的实际领导人。1938 年春，张锋伯调任临潼县县长，李璞等随同前往，在县政府中担任科员、股员等职务，利用合法身份及日本侵略军已兵临黄河的严峻形势，开展声势浩大的宣传和组织工作。活动形势也多种多样，包括有线广播，出版壁报，教唱抗日歌曲，组织文艺演出，举办农村干部短期训练班，甚至组织召开万人群众大会，准备应付随时可能入侵的侵略军。当时领导这一群众运动的是张锋伯县长，而具体组织安排则主要由李璞负责。

随着抗日战争逐渐进入相持阶段，日军未能西越黄河进入关中地区，但在临潼党所领导的进步活动也引起了国民党反动势力的注意。为保存力量并为以后工作做好准备，党组织决定大部分同志转移至延安学习。

在西安八路军办事处组织下，李璞等部分同志背着行李、冲破胡宗南部队的重重阻挠和封锁，步行到达延安，进入延安抗日军政大学第五期学习。当时抗大分为政治队和军事队，李璞属政治队，主要学习政治经济学和世界革命史。学习虽只有八个月，但亲身经历了艰苦的生活环境，受到了革命的理想教育，陶冶了高尚的情操和求实的作风，特别是通过辩证唯物论的学习与实践，为他的成长奠定了坚实的思想和品格的基础。

1939 年夏，李璞等从抗大第五期毕业，组织决定他们仍回原地工作。但回到西安后才得知张锋伯已被国民党当局撤职，不能再去临潼，经张锋伯介绍和安排，李璞、涂光炽等 5 人到西安市东北的蒲城县去，在蒲城中学任职，李璞任训育主任。当时组织上给他们的任务是：保存力量、搞好学习、利用教书作掩护，相机秘密从事党的地下工作。李璞就曾利用这一合法身份，悄悄通知十多位被特务怀疑的进步学生及时转移。在蒲城中学工作一年后，李璞被特务认出，其他同来蒲城中学工作的同志，行踪亦受到监视。考虑到现实环境的恶劣，为保护和积蓄新生力量，组织上指示他们仍回西南联大继续学习。

涂光炽院士晚年回顾他一生中三次重要转折和要感谢的三个人，其中两次转折与李璞有关。第一，应李璞的邀请前往长安参加抗日救亡活动后，感谢张锋伯把他们送往延安，从此走上革命的道路。第二，李璞 1935 年入清华大学地质系后，深知开发矿产资源同发展基础工业的关系，十分热爱他所学的专业，涂光炽受挚友的影响也攻读地质，他十分感谢李璞这位专业的引路人。第三，中国科学院地质研究所所长侯德封院士引导并支持他开展地球化学研究。

李璞 1940 年返校复学，1942 年自西南联大毕业后，师从孙云铸教授从事古生物学研究。1946 年赴英国留学深造，1950 年获剑桥大学哲学博士学位。

三、祖国在召唤，急国家之所急

1949 年新中国成立，大地升起曙光，海外游子，雄心万丈，决心回国用自己的所学，建设一个崭新的中国。李璞先生在获博士学位后，放弃在国外继续深造的机会，随即回到北京，以拳拳之心，投入到祖国现代化建设中。

李璞先生回国后，早期曾任中国科学院副院长李四光的秘书；1951 年 6 月至 1953 年 8 月任中央文委西藏工作队队长；自西藏回京后任中国科学院地质研究所副研究员、研究员、岩矿研究室副主任，1960 年任同位素地质研究室主任，是中国同位素地球化学的创始人。20 世纪 50 年代还曾任国家体委登山协会会员。1966 年中国科学院地球化学研究所在贵阳成立，先生任副所长兼同位素地球化学研究室主任。1968 年 4 月 26 日下午他在不该离开我们的时间、场所和方式永远地离去。哀哉！

1951 年 5 月，中央与西藏地方政府签订和平解放西藏的协议，同年 6 月中央人民政府文化教育委员会指令中国科学院组织西藏工作队，进藏开展科学考察。李璞任队长，兼任地质组组长，这是中国地质工作者首次在该区作系统地质调查。

西藏地区是青藏高原的一个组成部分，但在解放前，无论在地质上或地理方面都处于研究空白状态，许多地学问题仍是未知数。由于西藏地区地域辽阔、地形险阻、交通不便、人烟稀少，再加上高寒、缺氧等不利自然条件，使人们对它产生很多神秘感。过去留下少许零星资料，多是外国人用欺骗手段或武力掩护下获取的，极不系统。李璞等的首次考察，历时两年多，1953 年 8 月回京。他们工作范围东起金沙江，西至定日以东，南抵雅鲁藏布江之南，北界藏北高原的东部色陵错（奇林湖）以东的广大地区。包括昌都、丁青、波密、拉萨、日喀则、黑河等地区。对工作区内的地层、古生物、岩石、矿产和地质构造等进行研究，采集大量岩石、矿石、古生物化石标本，为青藏高原的地质研究和找矿勘探工作打下了初步的基础。他们对藏东地层学的研究和地层划分方案仍沿用至今。继 1954 年出版《康藏高原自然情况和资源的介绍》和《富饶的西藏》后，1959 年出版《西藏东部地质及矿产调查资料》专著。

与基性超基性岩类有关的铬、镍、铂族元素、铁、钒、钛等金属和金刚石等都是国家工业现代化不可缺少的矿产资源。但新中国成立初期对这些资源的情况所知甚少，有的甚至完全处于空白状态。李璞先生和他所领导的团队自 1954 年起，先后对内蒙古、宁夏和祁连山地区的主要超基性岩体的地质特征、岩石建造、矿物化学、铬矿床（矿化）同岩相关系等进行了深入研究，于 1956 年发表了《中国已知的几个超基性岩体的观察》文章，并获得中国科学院自然科学三等奖（1956 年）。

地跨甘、青两省的祁连山是巨大的中亚高原的重要组成部分，其地理位置和复杂的地质构造条件，都要求对它进行系统的综合研究，以寻找更多的矿产资源为国家建设服务。但这一巨大山系由于地域辽阔、地形险阻、交通不便、人烟稀少，再加上地质构造复杂，基础地质工作薄弱（部分仍属地质空白区），因此无论从经济发展，还是从地质科技理论来讲，都需对它进行综合研究，以查明其地质构造、地质发育史和矿产分布规律。面对这一鲜为人知的庞大山系和一系列地质上的未知数，涂光炽、李璞、陈庆宣等，以探索、开拓精神，勇挑重担，他们担任中国科学院地质研究所祁连山队的领队，组织实施这一战略任务。为提高研究水平，还请尹赞勋、池际尚、王鸿祯、杨遵仪、穆恩之等专家，或参加路线地质调查，或进行专题研究，或参加室内化石鉴定。

祁连山的路线地质调查一共完成 15 条。李璞参加的有 5 条，另外还有 3 个专题研究课题。李先生所完成的路线中有两条是路线最长的（超过 410 千米，15 条路线中大于 400 千米的只有 5 条）、海拔最高（多在 3500 米以上，已近雪线）、并最靠近祁连山主峰的山系中段。我们穿行在群山峻岭间，雪线之上是皑皑冰雪，其下依次为绿色森林（只限阳坡）、黄绿色草地，最低处是冰雪消融后汇聚而成的溪流。多美丽的高山美景！我们日行约10至20千米，天天搬家，如途经沼泽湿地，那将是费时费事、事倍功半而又消耗体力的事。

1959年在三年野外工作基础上，经综合分析，初步建立了祁连山地层系统；阐明地质构造特点及发育史；划分构造岩相带和编制成矿预测图。在地层工作中开创性的贡献有：首先对沿用多年含意不清的"南山系"进行划分，指出它包括寒武系、奥陶系和志留系，建立了标准剖面。其次，发现并肯定北祁连山加里东褶皱带和南祁连山加里东褶皱带的存在，指出前者具"优地槽"性质，后者为"冒地槽"。肯定柴达木北缘古老基底上的下古生界为陆台盖层沉积，与华北同期沉积相似。第三，南祁连山发现鲜为人知的上古生界和三叠系，最先提出南祁连山海西—印支拗陷带的存在。全部研究成果都刊载在《祁连山地质志》（1960年，第一卷；1963年，第二卷第一分册；1962年，第二卷第二分册）中，并于1978年获贵州省科学大会奖。

1956～1958年在对祁连山进行考察的同时，也把分布在北祁连山、侵入在下古生代浅变质岩系和南祁连山南侧前寒武纪片麻岩系中的超基性岩与铬矿化分别列为研究专题，研究成果已经收入《祁连山地质志》第二卷第二分册（1962）。此后研究集体多次参加中国科学院综合考察委员会组织的西藏科考队。如1960～1961年调查了西起昂仁，东至加查的雅鲁藏布江超基性岩带和藏北湖区的几个岩体，绘制了地质图。在完成岩石学、岩石化学和矿物化学等工作后，1965年出版《西藏地区的超基性岩及其铬尖晶石类矿物特征》的专著。1963～1965年考察并完成新疆托里地区超基性岩和铬铁矿研究，在《地质科学》上发表论文。"文革"后，又两次参加西藏的综合考察，先后调查了雅鲁藏布江—象泉河、阿里地区、西藏北部和东部的蛇绿岩。证实区内蛇绿岩的延伸和尖灭受大断裂带的控制；发现典型的蛇绿岩剖面，确认蛇绿岩与深海浊岩的性质。20世纪80年代中期还对新疆北部8条蛇绿岩做了研究，确认新疆北部板块多地体构造的格局，暗示区内未出现大陆板块的地质实体，众多的海西造山带是多个地体拼贴、碰撞的结果。

在"大跃进"年代除找铬矿外，又增加对镍矿的寻找，并提出"五一扫江南，十一清全国"的冒进口号。按李先生当时的部署是以寻找与基性-超基性岩有关的硫化铜镍矿床为重点，自1958年夏开始，分赴陕西、滇东南—桂西南、川西、滇西、甘肃、河北、辽宁、吉林等地开展工作。对这些小型矿床的综合研究，证实多属似层状体，结晶分异和重力分异是成岩、成矿的主要特点。1959年金川超大型铜镍硫化物矿床发现后，1965～1970年开展金川铜镍矿床综合利用研究。90年代在攀登项目A-30中，金川岩体仍是研究铜镍硫化物矿床成岩成矿机制的主要对象。

从1960年开始，在李先生指导下，研究集体还对中国基性-超基性岩的时空分布、岩石学、岩石化学、铬尖晶石类矿物和铬铁矿矿床，以及硫化铜镍矿矿床基本特征等进行阶段性总结，研究成果作为科学技术研究报告（三），于1964年由国家科学技术委员会出版。李璞先生领导的团队截止于"文革"结束的有关基性超基性岩的研究成果，曾获1978年全国科学大会奖。

1958年李璞先生考察了苏联雅库特原生金刚石矿床。他根据金伯利岩产出的构造背景、国外的找矿经验、"卫星矿物"的启示等，通过综合分析，把黔东、湘西作为探索寻找金伯利岩的首选地区，并于1959年起组队在区内持续开展工作。1965年贵州有关地质队在镇远地区发现金伯利岩后，同年生产部门在山东蒙阴地区找到具工业价值的原生金刚石矿床；1972年在辽宁复县也取得突破，也找到了原生金刚石矿床。继后在黔东南和鄂中地区发现钾镁煌斑岩；川西、滇北、黔西南、湘中等地都见有富钾镁煌斑岩，其中湖南宁乡县的富钾镁煌斑岩还含少量金刚石。研究集体注意到在西澳发现富含金刚石的钾镁煌斑岩体，从而意识到煌斑岩类的一个族可产出金刚石矿床。研究表明我国已知的金伯利岩同云、贵、川地区的超钾岩类具过渡关系，根据金伯利岩、超钾岩与暗色岩（如峨眉山玄武岩）岩浆成分的共性，暗示金伯利岩同钾镁煌斑岩的岩浆源区的构造条件应有某些共同特征，而两类岩浆的生成及演化过程则有明显差异。由于金刚石的年龄皆大于所赋存岩石的年龄，因而有理由认为：深源地幔热柱活动早期，在上地幔软流圈产生大规模玄武岩岩浆和产生金刚石，岩浆溢出为暗色岩系，热柱活动后期，在地幔过渡带产生金伯利岩和钾镁煌斑岩岩浆，并在上升过程中捕掳原有的金刚石而形成矿床。据此构想，讨论岩浆形成的构造条件，提出我国原生金刚石的找矿方向。

根据中国科学院1964年下达的"含铂（铬、镍）岩体成矿成岩元素演化及铂族元素地球化学"和1971年下达的"铬、镍、铂找矿方向综合评价及成矿理论研究"两个重大项目后，对含铂岩体进行综合研究，划分我国含铂基性超基性岩体类型；探讨含铂岩体的岩石化学特征及其与含铂性的关系；论述各种矿化类型中铂族元素地球化学；以铜镍硫化物矿床、含铂铬铁矿床和单铂型矿床为研究重点，讨论成岩成矿过程中铂族元素的演化和成矿机理。同时在研究铂族元素地质地球化学过程中，还发现7个铂族元素新矿物或矿物新变种，并于1981年出版《中国含铂地质体铂族元素地球化学及铂族矿物》和《铂族元素矿物鉴定手册》两部专著。上述专著获中国科学院科技成果二等奖。继后，在20世纪90年代开展攀登项目（A-30）课题中，还给出镁铁-超镁铁侵入体形成超大型铜镍（铂）硫化物矿床的必要条件。

1964年国家计委通过中国科学院和冶金部下达"攀枝花铁矿矿石物质成分研究"任务。1964～1972年先后完成四大矿区矿石物质成分研究任务，精确定量查明矿石中有益、有害、造渣组分的分布和赋存状态，为攀枝花钢铁基地采、选、冶流程提供了物质成分依据。根据岩体中矿物含量随层位有规律的变化，暗示岩浆重力分异对成岩、成矿有重要作用。所研究岩体均为基性超基性层状侵入体，并与峨眉山玄武岩有成因关系。

20世纪60年代初，中苏关系恶化，苏方撤走专家，中国原子能事业只能独立自主进行。为解燃眉之急，根据聂荣臻元帅提出"大力协同"搞好核事业的部署，中国科学院地质研究所与核工业部地质勘探局对口合作。我所由侯德封、涂光炽、叶连俊、李璞等专家领军，组成地质所最强大的铀矿研究队伍，随即带队赴现场考察。在仔细观察、分析、对比后，四位专家以他们的学识、经验、智慧，确认南方灰黑色硅质岩中的铀矿床与沉积环境有关，而非苏联专家提出的岩浆期后矿床。这一重要突破对以后铀矿的找矿、勘探工作产生了深远的影响。1965年初，叶连俊和李璞两位先生受地矿部邀请，赴四川、甘肃、青海、新疆等地考察一批矿化点。他们注意到：矿化产于燧石层中，并发现了次生铀矿物；再联系在南方考察时对燧石层中工业铀矿的讨论和判断，对该区铀矿前景得出肯定评价。两位先生在尚无地质队工作的矿化点，指明其潜在价值，后经勘探证实为三线地区第一个大型富铀矿。为此，我所的《中国铀矿床的地质地球化学研究》获1978年全国科学大会奖。

据1956年制定的第一个《1956～1967年科学技术发展远景规划纲要》，提出在国内发展地球化学学科。作为措施之一是尽速建立同位素地球化学实验室，李璞先生接受组建实验室的任务。自 1958 年起他带领一批年轻人，白手起家，边学习，边实践，用"派出去、请进来"的办法，培养我国同位素地球化学人才。用不到两年时间建立起实验室，于 1962 年获得第一批 K-Ar 年龄数据。继后，又建立了 U-Pb 法年龄测定技术、铷-锶法定年方法及稳定同位素实验室。

在建立同位素地球化学实验室中，李先生事必躬亲，除刻苦钻研同位素应用于地球科学基本原理和技术路线外，还努力熟悉质谱部件、性能及样品化学前处理过程。同时李先生还亲自做野外地质调查，采集样品，参加实验室操作以及获得数据并合理解释的全过程，为同位素地球化学工作者树立了好榜样，是我国同位素地质地球化学的开拓者和奠基人。由于李先生重视专业人才的培养，规范操作的强化训练，对野外工作精益求精的要求为以后实验室新技术、新方法、新领域的引进和开拓等建设打下了坚实的基础。

李璞先生学成回国后的 18 年，是他发奋图强为国奉献的 18 年，是他身先士卒开拓奋进的 18 年。在这 18 年里，他主要开拓的研究工作可归纳为：青藏高原地质和矿床学研究、基性-超基性岩的岩石学和成矿学、同位素地质地球化学等三个方面。当年的三株幼苗目前都成长为大树。李先生最先开启青藏高原综合研究，经过一批又一批科学考察队员们的努力攀登，已经一步又一步地把青藏高原变成世界上科学研究的重点和热点。青藏高原是个大学校，催化人才的成长，在研究青藏高原的我国科学工作者中，目前已出现 20 多位两院院士。为加强对青藏高原的研究中国科学院还成立了青藏高原研究所。李先生当年组建研究基性-超基性岩的团队，延续了这方面的研究。除继续研究 50 年代已开展的铬铁矿、硫化铜镍矿床和金伯利岩外，以后又相继对钒钛磁铁矿和铂族元素矿床做了工作，都取得了可喜的进展。除讨论成矿问题外也发展了岩石学。据国外研究动向和发展趋势、我国地质特色、所内有一批从事超镁铁岩的研究骨干，因此团队对中国新生代火山岩进行了综合研究，探讨其地幔源区特征。继后又以云南为例探讨壳、幔相互作用与成岩、成矿的关系。尤其可告慰先生的是他最关心并为之无私奉献的同位素地球化学实验室，经多年来的努力终于走出低谷，已经升格为同位素地球化学国家重点实验室。

四、难忘教诲，甘当人梯

1956 年 8 月大柴旦汇报会后，为熟悉地质情况，适应地形和气候条件，全体地质人员对柴达木北缘山区作数日的适应性考察。以后又随李、池两先生在希里沟和都兰寺等地工作。这是第一次与两先生近距离接触，对我们这些刚出校门的人来讲，如何识别岩石并正确定名成为关键问题，大家纷纷去请教这两位岩石学家。一次我也拿一块石头去请教池先生，她拿过去看看后说："六面风化，不够打狗标准！"意为岩石不新鲜，且太小，当打狗石都用不上。当时我狼狈不堪，无地自容。然后她告诉我："有些现象在风化面上看不清楚，一定要敲掉风化部分，观察时还需把粉尘吹掉，甚至要用舌头舔后才能看清楚。再说风化的标本，已不宜磨片和做化学分析，不能采集这样的标本。"李先生强调修标本必须拿在手上敲，并作示范。晚上李先生把我们几个年轻人叫到他们的小帐篷，告诉我们野外工作的注意事项和工作的具体要求：在地广人稀、高寒缺氧的地区工作，如何注意人身安全；在藏（蒙）族少数民族地区生活，务必适应当地生活习惯（如在牛粪火上烤馒头等）；野外地质工作要仔细观察，提高野外识别岩石、地层、构造的能力，勤记录并画好素描图，采集标本要从露头上敲下，务必新鲜，量要足够并对地质体有代表性；晚上除整理标本外，还需把当天所看到的同过去看到的作综合分析和对比，记下心得。两位先生都强调地质的学问是从野外考察中来，所以观察务必仔细认真，通过实践提高野外工作的功底和综合归纳能力。

继后，历时约两月随李先生完成希里沟至天峻、天峻至元山子的路线地质调查。一路上他结合地质情况，为我们讲解工作方法和技巧，并作示范。大家都为先生渊博的知识、野外地质的深厚功底、对现象的洞察力、综合归纳分析的思维逻辑所感动。按李先生的工作习惯，他总是要攀登到当天工作地区内的最高处，以便登高望远，一览无遗，并把当天看到的同过去的联系起来。若未能爬到最高处，他就会若有所失之感。两个月是短暂的，但也得到实际锻炼了，为独立工作打下了基础。

在酒泉休整数日后，为详细了解白杨河峡谷一带奥陶纪化石层及岩相变化，领导让我与两位同班同学去那里补做一些剖面。这显然是独立工作的安排，我是怀着忐忑不安的心情，在李先生寄予厚望的目光中出发的。我们在那个只有3~4平方千米的弹丸之地，摸爬滚打多日，但对岩石定名、地层产状、构造现象、化石确定等，三人都很少达成共识。要求填制的平面图和剖面图，更是举棋不定，难以下手。眼看已进入11月，天寒地冻，只好草率收兵，打道回府，但心里没底，李先生会怪罪吗？见到他后，我建议待清绘好图件和完成文字报告后再详细汇报。把报告和图件交上去后的第四天，李先生通知我到他办公室。我发现报告已被逐字逐句地修改过，被改写的在一半以上。他给我逐条解释哪些是野外观察有误，哪些是用词不当或表述不清，以及层次欠佳等，并作相应的改写，没有批评，只要求重抄一遍。

1957年的任务是和另一位同学去白杨河地区研究区域地质，并侧重于下古生代地层及火山岩系的工作，具体要求是填制研究区1∶10万地质图及相应剖面图。这是室领导用压担子培养年轻人的模式，具体执行的方式是：事前提出具体要求、设计充分论证、执行中适时检查、最后是现场验收。我们在明确具体要求和设计工作方法得到认可后即赴现场开始工作。约一个月后，尹赞勋和李璞先生来现场检查工作，解决分歧和回答疑难问题，约10天后离去。此后工作效率加快，质量已有提高。再过两个月，李先生第二次来，通过检查图件、现场观察、部署补点及扫尾工作后离去。工作全部结束，李先生第三次来，先跑几条剖面并检查填图情况，得到认可后，把我们带到白杨河下游的一个大河滩上，他随机从地上捡起一批鹅卵石，要求我们回答各种岩石的名称、时代、层位等。通过这场特殊的现场考核后，野外工作算是验收，才见到李先生面带微笑和基本满意的目光。这样我们用近5个月完成一幅东西约35千米、南北约50千米的1∶10万地质图。

回所后按时提交文字报告，李先生又作了认真的修改，同上年的报告相比，修改的工作量略为减少。1957年底或1958年初地质学会将召开年会，先生要求向年会提交论文并让我在会上宣讲。我从未经历这样场面，真是诚惶诚恐。在绘制挂图和写好讲稿，多次试讲后，在先生"保驾"下我完成了任务。为能了解研究工作全过程，还参加《祁连山地质志》的编写、定稿等出版工作。我曾就如何写好论文和研究报告请教过涂光炽和李璞先生，他们都认为做科学研究最重要的是观察要仔细认真，基础数据要真实可靠，这样后续的解释才有依据。涂先生还建议写文章最好学"人民日报"社论的论述方法；李先生建议写专业论文，可多看涂先生和赵宗溥先生的文章，学习他们的写作技巧、层次和表达方式，以提高自己的写作水平。

　　李先生 1960 年离开岩矿室，全力投入同位素地质实验室筹建工作后，但仍一如既往地关注我们的工作。他注意到我们在新疆的工作即将结束，1965 年"五一"假期后上班，他要我到他的办公室去，主要谈两方面的问题：其一是因国内铬矿资源一直未过关，我们感动"研究超基性岩路子越走越窄"，有压力。他认为超基性岩有关的矿产还有别的，镍就已获重大突破，此外，如铂族元素以及铁、钛、钒和金刚石等都有可喜的进展。再说研究工作除寻找矿产资源外，还可通过发现记录在岩石中的信息，去更深层次地探索自然规律，解释自然现象，得出正确认识，这也是科学研究的目的，不宜太狭隘了。并把赵宗溥 1956 年发表的"中国东部新生代玄武岩类岩石化学之研究"作为例子。他强调基础研究应是探索自然规律，既要了解"是什么"，还需回答"为什么"，并为相关学科提供科学的背景资料。因此，要求眼界更开阔些。

　　其二是针对我已有近 10 年的科研经历，主要侧重于岩石学研究，而且都属传统和经典研究范畴。但随着科学技术的进步，现代测试技术被引进地质研究领域，这要求我们应与时俱进，在了解国内外研究动向和发展趋势的基础上，选好自己的突破口。针对所内的情况，他认为当时的选择有二，即与高温高压实验技术相结合，或与地球化学相结合。他建议我选择后者，并提出具体建议和安排，希望我认真考虑。先生特别强调基础地质工作与现代测试技术是"皮"和"毛"的关系，并提示我们要特别重视"皮之不存，毛将焉附"的哲理。我十分感谢李先生在关键性时刻对我今后研究方向和方法的战略性的提醒。但由于在几天前（即劳动节前）室里已安排我参加攀枝花矿石物质成分的研究，而这一工作是当时所内的"重中之重"，不能改变，但我也承诺待此项目结束后，一定按他的建议办。我深感和先生在一起的日子，是我一生的财富。

　　李先生在了解我们承担项目后，特地告诉我要注意 1960 年 L. R. Wager 等提出的火成堆积概念同现在正在研究的含铁、钛、钒的岩体有无相似之处。特别让我不能忘怀的是，1968 年春节他回京探亲，行前特来告诉我外文书店图书征订目录中有几本书对我有用（其中就包括基性–超基性层状侵入体的论著），如我需要，他可替我买回。我把买书清单和钱一并交给他，并建议书太重可邮寄。先生探亲后回所，我已出差未能相见。1968 年 4 月 25 日（即先生永远离去的前一天）先生把他替我买的书和余款（因两本书未买到）交给顾雄飞君，请他转给我。10 多年来无论我是否与李璞先生同在一个研究室，先生都一直关注我的工作，关心我承担的课题和研究的进展，并及时提出重要的意见和建议，甚至在他最艰难而又无助的日子，仍不忘与我有关的区区小事。当顾兄把书交给我时，触景生情，悲不自胜。

　　在这里我还要回顾先生的夫人池际尚院士对我的关心和指导。科学的春天到来后，我每年到北京出差，都会去探视池先生，自然会谈到我的研究工作，也得到她画龙点睛般的指点。例如：在研究新生代火山岩时，注意到中国东部新生代火山岩同青藏高原周边的火山岩在产出的构造背景、岩性等都有明显差异。她建议若能对它们进行对比研究，定能获得更多的认识，能起到先导作用，有利于下一步工作。为节省经费，池先生还建议采用点、面结合的方法，以点为主，重点深入。我们通过对比，找出异同，除确认中国大陆地幔南亏损、北富集的特征外，还构建了中国地幔区划框架。

　　池先生得悉我申报研究岩体型斜长岩的国家自然科学基金项目获资助后，她关心我对课题的构思和安排。我向她汇报：从全球范围看，岩体型斜长岩和环斑花岗岩在时、空分布上密切共生，应把两者一并研究；在侵入岩中只有这两种岩石才赋存有如此众多的巨大斑晶，应重点研究其地质意义。池先生同意上述安排，并建议能否从与新生代玄武岩中高压巨晶的对比中，得到某些有益的启示；研究中应注意基性岩墙群同岩体型斜长岩、环斑花岗岩有无内在关系。研究证实：所研究两类岩石中的巨晶同玄武岩中的巨晶相似，都具高压的属性，岩体具深源浅侵位特征，岩体型斜长岩和环斑花岗岩可称为"巨晶岩浆岩组合"；形成岩体型斜长岩和环斑花岗岩的构造–热事件只能出现在大陆地壳刚性化（以出现广泛的基性岩墙群为标志）之后，暴发性地主要出现在中元古代，并与涂光炽提出的铅–稀土在中元古代暴发性成矿具同步性，因此认为白云鄂博矿床的成矿作用与华北地块北缘中元古代岩体型斜长岩–环斑花岗岩类的构造岩浆活动有关。

在我近半世纪的研究工作中，始终得到李、池两先生的关心和指点。每忆及此，都会引起我对这对真正的科学家夫妇深深的怀念。

五、重身教的平民科学家

在日常生活的衣、食、住、行中，除非有外事接待任务，否则你很难看出李、池二先生是海外回国的洋博士。他们总是拒绝任何特殊的照顾。例如：两位先生都是教授，按当时的规定，他们这一级别的高级知识分子，是有诸如高脑补助油以及一些副食的优惠供应。但他们家的老保姆多次抱怨说："我们家两位教授不允许我去买任何照顾性副食品"。当年在祁家豁子地质所食堂的一角隔出一小间作为副研究员以上人员的小食堂，供应食品与大食堂无异，只是不用排队并有座位，但李先生总是同普通职工一样，排队购买并站着就餐。

对要求大家执行的规定，李先生总是不打折扣的兑现。如1956年在祁连山做路线地质研究期间，因几乎每天都要搬家，规定大家从起床、洗漱、捆行李、撤行军床，吃完早餐到出发，限定在45分钟内完成。但每当我们出发时，李先生总是早已等候在那里了。

祁连山区的9月，晚间已经是寒气逼人，需穿皮袄。早晨，小河近岸边已结薄冰，在此洗漱，真是冰冷刺骨。某日，李先生让我们先行出发，他随后赶来。前行数里后需过一条河，河面较宽但水不深，可以涉水过去，但水温低，近岸处已结冰，大家决定骑马过河。我们一行十余人，有马三匹，但骑术不佳，一次只能过两人（因有一人需牵马回来），很费时。待先生赶到，仍有一半人未过河。李先生没批评任何人，但他却鞋袜未脱，裤脚也未挽起，一言不发，大步涉水过去。这是示范，也是无声的抗议。还未过河的，脱去鞋袜，迅速过河。榜样的力量是无穷的，真是无声胜有声。

1957年夏，李先生到祁连山黑河南岸陶莱山分水岭北坡去检查玉石沟研究组的工作。那里海拔约4000米，而由未蛇纹石化超基性岩组成的山峰则高达4500米，冰川及常年积雪覆盖了岩体的大部分露头。天寒地冻的环境给工作和生活带来诸多不便。而研究组的一个年轻人的登山鞋坏了，他又未带备用鞋。在常年无人定居的高寒山区没有修鞋的可能。李先生在检查工作结束离开时，脱下自己的鞋送给那位同志，他只穿袜子步行数十公里来到我们驻地。大家都为他这种关爱他人的行为所感动。

所里有位司机，子女多，当年经济不宽裕。困难时期他随李先生在东北做野外工作，每逢吃饭时，他总是避开大家单独进餐，先生估计必有原因。此后在赴工作地区途中，路过大饼店时，先生总会要求停车并去买些大饼、油条请司机吃饱后再走。这位司机晚年常回忆说：“李璞是位道德高尚、关心别人的科学家。”

六、不能忘怀，无限思念

李璞先生离去已逾 40 余年，池际尚先生辞世亦已 15 个春秋，但与他们交往的某些关键片断至今仍历历在目，无法忘怀。特别是在夜深人静时，似仍若隐若现，浮想联翩。

1956 年 8 月在大柴旦的小帐篷里，两位先生虽风尘仆仆，仍不减风华正茂的风度。大家都站着，笑容满面，先生欢迎年轻人加入研究团队，我庆幸获准将随李先生翻越祁连山。

1957 年初夏在白杨河欢迎尹赞勋和李先生的到来，特别企盼现场回答疑难问题，企盼见到当采集化石特别是有些笔石可能属新种时，先生们手舞足蹈欢心的样子。

李先生第三次来现场验收补点时。某日因馒头带少了，中午未吃饱致当日下午体力下降，不能爬到最高处登高远望。先生唠叨着“半途而废，半途而废，……”带着失望的神情一路叹惜。是遗憾，也是谴责。先生绝不走回头路的工作习惯和将穿行的深沟的方向与地层走向呈近于垂直的关系，使我们陷入无路可走的绝境。当时虽皓月当空，但高山深谷，沟底仍漆黑一团，再加上身上披挂的装备［我们二人携带地质包（内有标本）两个、地质锤两把、水壶两个、相机、望远镜、大图板、步枪等各一］，行动诸多不便。我能想象先生当时懊恼、郁闷的神情。一言不发，一路敲打（让狗熊提前走开），爬上爬下，当与营救我们的同志相遇时，已近次日凌晨三点了。

让我到地质学会年会上作报告，我一直忐忑不安。先生对我讲，年轻人要敢闯，我是在他鼓励的目光下走上讲台。站在台上面对专家们，心里没底，是在先生信任和期待的目光中完成任务的。

1958 年李先生访苏回来后，着重给大家介绍雅库特的金伯利岩和金刚石矿床。指导我们查阅非洲的资料。他根据我国地质特点，借鉴国外成功的经验，分析应在黔东、湘西找寻原生金刚石的依据。我是在先生期许和寄予厚望的目光中，于 1959 年和 1960 年分别前往贵州和湖南开展工作的。在湘西工作期间还曾四次收到室秘书转来室领导的指示：要我有搞一辈子金刚石的决心。不久以后，风云突变，任务改变了。

1961 年我从西藏考察超基性岩回来后，向他汇报时提及在藏北申札超基性岩体与围岩接触带上有与热侵位有关的镁矽卡岩，他建议深入研究后作为地质新知报道。对西藏的情况，先生有一种特殊的感情，汇报中一直处于兴奋状态，多次提及再度进藏工作，并重提让我陪他再访西安、临潼、延安、蒲城等地，追寻他过去参加革命的轨迹，最后去登华山。可惜这已是不能实现的回忆！

最不能忘怀的是 1965 年“五一”后上班第一天，李先生同我推心置腹、十分坦诚的长谈。他要我根据自己的实际情况，选好明确的目标和与之相适应的手段和方法，既要敢闯，也要讲求科学，目标确定后就务必努力实现。他在对我提出具有建设性建议的同时，也告诉我他当时的现状、困境、近期的安排和长远的打算。希望对他所提事项认真考虑后把结果告诉他。在他企盼和寄予厚望的目光中，我当即表示赞同他的建议和长远安排，但都得等川西项目结束后才能落实。他表示理解。“文革”结束后，科学的春天到来，我想也许是实现 13 年前李先生高瞻远瞩部署的时机吧！但事与愿违，我多次努力都碰壁，坚冰无法打破，只有另觅他途。先生的愿望无法实现，能告慰先生的只能是“我真的努力了！”

1966 年，中国科学院地质研究所一分为二，一部分搬迁贵阳成立新建的中国科学院地球化学研究所，人员和设备陆续迁往贵阳。当年 10 月底或 11 月初，一个星期六下午，我去北京地质学院，进校门后遇见李先生，我们一边浏览大字报，一边往前走。在操场西面靠近生活区那个十字路口正在批斗冯景兰院士，台上有人在老先生后面猛击一掌，他的面部与麦克风相撞，眼镜掉在地上，……李璞先生目睹他的老师遭此无人性的摧残，怒不可遏，眉宇间充满愤懑不平之情，低头哽咽，泪如泉涌。这显然与现场的"战斗气氛"不相适应。我扶着先生，迅即离去。在路上先生愤然地说："现在把我弄成这个样子，人不人，鬼不鬼。看不到将来的前途，活着也没有意思了。"看着他愤愤不平，无助无奈、忧心如焚的目光，我真不知道如何安慰他。只好说中央的政策还是强调文斗，这种暴行是个别行为，相信总有一天会回到正确的轨道上来的。

李先生只身搬来贵阳后，住在集体宿舍，可以想象在缺少亲情，而友情又不能沟通和交流的日子，他是多么无助无奈！很多先兆都没有被注意。把替我买的书请顾君转交给我更是一个不祥的信号。因他知道我 4 月底肯定回所，何必请人转交呢？1968 年 4 月 26 日晚 10 时许，我出差回所抵北门时，见灯火通明，还有很多人在那里，旁边停放一辆卡车，我未问这么晚还在大门聚集这么多人就直接回家。刚上二楼，有人告诉我李先生已永远离去了。事情发生在当日下午三点多，现将从北门送走。我赶去，北门已经空无一人。回家后脑子一片空白，悲愤难抑，伏案痛哭。虽已深夜仍难入睡，朦朦胧胧，似睡非睡，以待天明。先生为了人的尊严才走到这一步的。一代岩石学家，我国同位素地球化学的奠基人就此结束人生，实在令人扼腕！

1978 年 10 月由中共贵州省委领导主持为李璞、司幼东两位先生平反昭雪的追悼大会在贵阳举行，中国科学院代表、省委领导、来自全国各省市参加中国矿物岩石地球化学学会成立大会的 400 多名代表、我所全体职工参加追悼大会。贵州日报和贵州电视台进行了报道。池先生也参加追悼会，我参加对她的迎和送，全程无语。

1983 年 4 月，地学部组织专家评议地球化学研究所。尹赞勋先生来所后，要求看李璞先生的遗物，当已年逾 80 高龄的尹老坐在李先生办公桌前，睹物思人，悲从中来，老泪纵横，痛哭失声。尹老拿着李先生当年高举过的写有"政务院西藏工作队"的三角形红色小旗，更是悲愤填膺。尹老还说，应把小旗拿去熨平。尹先生的悲痛引来大家对李璞先生的无限哀思！

"文革"结束后，出差只要路过北京，总要去探视池先生，但 1985 年秋的那次拜访使我无法忘怀。那是一个星期天的下午，我到达后不久，池先生说："今天在家包饺子，你陪我喝点酒，我有好酒，是刘宝珺送的。"盛意难却，只好从命。饭后，她对李池夫妇说："今晚我要同解叔叔谈话，不开电视，你们做别的事吧"，随即把门关上。谈话从晚上 7 点之前开始，同过去不同的是不涉及研究课题。在问过我哪年出生，孩子多大后，她说："男女都有更年期，但男同志晚些，你得快点过 55 岁，过去之后就是 80 岁以上了。"随后他讲："李璞走时比你现在的年龄大，他的身体一直很好，也愿意到环境艰苦的地方去工作。在西藏他一去就近三年，回来时李池都快两岁了。"

把李先生作为谈话的主要内容，我是完全没有思想准备的。过去在池先生面前，我是从来不愿提及李先生，生怕触及她那刻骨铭心的痛。但那天我好几次把话题引开，不论是研究项目、在美国的工作情况、成果和发现（我刚从美国回来）等，都无济于事，我的话一停，她仍然是讲李先生，这样我才意识到了先生是要把她深藏在内心深处对李先生的深情的思念和无限的悲愤对人倾诉，并已到了不吐不快的程度了。我对池先生说："我是您的学生，也是李先生的学生，我有 12 年都是在李先生指导下工作的。两位老师都没有把我视为外人，李先生离去已 18 年了，您的痛苦和困难我们都能理解，如能把那些不快都讲出来，也许会轻松些。"

于是她继续回忆李先生，谈到他参加"一二·九"运动，投笔从戎赴延安，入抗大。回西南联大完成学业，以高分获公费赴剑桥深造，学成即回国参加建设事业。"他是一位特别爱国并愿意为国奉献的人；是个能文能武，能野外能室内，勇于攀登、敢于填补空白的地质学家；是善于开拓探索、重视基础资料和数据、最讲诚信的科学家。但他的不少工作，他都只是开了个头，还有待深入，让大家费心了。"

池先生接着说："你已为人父，是能理解父母对子女应有的感情和出自本能的爱。吃烧饼是很普通的事，但我连烧饼都买不起，我爱莫能助啊！……。"讲到这，池先生更加激动，悲不自胜，泪如泉涌，说话也时断时续了。她这里讲的是：李璞先生离去时，她已被关进"牛棚"，每月只发 15 元生活费，连烧饼都买不起。恰巧在此期间，李池需住院作阑尾手术，作为母亲在儿子生病住院需作手术时，当妈的能为他做点什么呢？想来想去都拿不定主意，关键是没有钱。最后想给他买几斤苹果吧！但要从每月 15 元生活费中省出钱来是很困难的，只好决定不吸烟了，把每月发的三元买烟钱拿去买苹果。但监管她的人很精明，发现她一天没有吸烟，就把烟钱给扣发了。讲到这，池先生已泣不成声，不能自已。

时间已过九点，我还要进城，只好请池先生节哀、保重！

有一次我去北京开会，得悉池先生因病住在北京医学院第三医院，我去探视，先生已不能说话，照顾她的老阿姨讲，老太太是个好人，她有那么多学生像亲儿子那样照顾她。我感到欣慰，更觉内疚，她重病期间我未能为她做点什么。老阿姨递给我来探视先生的人员登记本。我才注意到在我之前，於崇文老师刚来过，他们夫妇给先生送来鲜花，并祝她生日快乐！我才知道这天是她的生日。也祝她健康长寿！

向先生致意后离开病房，走到电梯口，似有所失，再返回病房，怕打扰，未入内，只从门缝再看先生。如是者三，最后还是走了。不记得再过多久，噩耗传来，无限悲痛。先生驾鹤西去，我赶上在八宝山的遗体告别仪式，先生安详地躺在鲜花翠柏丛中。她太坎坷，太累了。

安息吧！两位恩师，您们都无愧于我们的伟大祖国！

缅怀恩师李璞先生

谢鸿森

（中国科学院地球化学研究所）

1958 年秋，我成为中国科学技术大学的第一届新生，走进了科大校园，开始了我五年的学习生活。当年，中国科学技术大学的办校方针是所系结合，学校内各系的组建都与中国科学院有关的研究所密切相关。我所在的地球化学和稀有元素系，就是由当时的中国科学院地质研究所和化学研究所为主，共同创办的。我们系的老师不少是从这两个研究所调入的，许多专业课的授课老师由这两个所的研究人员兼任。一些基础课的老师，也来自中国科学院其他研究所。后来我有幸分配到地球化学专业同位素地球化学专门化学习。因此，对于我国同位素地质年代学的奠基人，中国科学院地质研究所（简称地质所）同位素研究室（一室）的主任—李璞先生的大名渐渐熟悉起来。当时我们的许多课程就是在李先生建议下开设的，如同位素年代学测量方法——U-Pb 法、K-Ar 法，以及质谱学，同位素年代学等。这些课程，在当时国内其他地学院校中都不曾开设。

李璞先生早年留学英国，长期从事岩石学研究。为了发展新中国的地质事业，李先生从岩石学转向同位素年代学的研究。1958 年，李璞先生筹建了国内第一个从事同位素地质年代学研究的实验室。质谱仪是进行同位素分析的大型重要仪器设备，学术界一般认为，质谱仪与核物理研究更为密切，当时我国从苏联进口了一台。这台质谱仪在中科院地质研究所的领导和李璞先生的争取下，竟然分配给了地质研究所，成为了进行我国同位素地质年代学研究的重要设备。到 1962 年就提供了第一批中国同位素地质年龄数据，开创了同位素地球化学研究的先河。同年李璞先生在《科学通报》第十期上发表了《地质绝对年龄研究与地质科学》的文章，论述了组成地壳的物质在地质发展过程中的运动规律，提出了地质发展的阶段性和周期性的学术论点。在李先生的领导和培育下，该研究室培养了一大批年轻的技术与研究骨干。在李璞先生诞辰 100 周年之际，回顾李先生为中国同位素地球化学事业的开创和发展做出的贡献，也让我回想起五十年前与李璞先生在一起的往事。

1959 年的寒假，我因为家境困难，没有回家过春节。记不清李璞先生是怎么知道我不回家的，他找到我和同班的王先彬同学，要我们到当时地质所图书馆，帮他查阅同位素年代学资料。由王先彬查英文资料，我查俄文资料。那时地质所刚刚从沙滩搬迁到德胜门外祁家豁子，图书馆很冷。我主要是收集苏联地区的同位素年代学的数据，把数据和文献出处整理在卡片上。李先生之所以这样做，是想让我们尽快掌握同位素年代学的文献，培养一批青年人从事同位素地球化学的研究。李先生知道我们手头比较拮据，不仅给我们安排了住宿，还给我们买了饭票，让我们感到先生的关心和温暖。

　　内蒙古集宁地区是花岗伟晶岩十分发育的地区，伟晶岩脉呈北西向分布，就像许多条大鲸鱼的脊背，在茫茫大片的花岗岩海洋里游荡着，风景十分壮观。回忆起集宁地区的伟晶岩美景，就让我想起与恩师李璞跑野外的日子。1961 年夏天，我曾在集宁附近的土贵乌拉云母矿作地质实习，1962 年又到集宁附近的察汉营村作毕业论文的地质实习，进行花岗伟晶岩脉的研究。实习结束后，李璞先生要我留下来再和他在这一地区做野外地质考察。当时李璞先生在集宁地区做老变质岩的年代学研究，和李璞先生在内蒙古集宁地区一起跑野外的还有当时地质所业务处的处长彭会，兼任侯德封所长学术秘书的欧阳自远，刚刚从德国留学回国的张翼翼和地质所一室的赵树森女士。我先陪着这几位老师到了土贵乌拉云母矿考察，后来又一起到了附近的一个名叫黄旗海的湖边游玩。李先生虽然年纪比我们大许多，他也和我们一起下到湖水中嬉戏。

　　和李璞先生在内蒙古集宁察汉营村做地质考察时，吃住在村里的老乡家，还和村里的老乡们有合影。我们五个男同胞住在农民的一个火炕上。白天大家上山，比较晚才回来，就在老乡家吃晚饭，吃过晚饭天也就黑了，这里没有电灯，大家都上炕休息了。每晚都能听到许多有趣的故事。上炕后大家总是请李璞先生讲个故事或者讲个笑话。接着是张翼翼讲国内外的趣事。

　　陪李先生在野外，先是由我汇报了这个地区花岗伟晶岩的特点，和我们前期看到的一些花岗伟晶岩脉特征，发现不同围岩的花岗伟晶岩中的锆英石有很大的差异，还有富钍石的花岗伟晶岩脉等。然后李先生带我们考察了不同的花岗伟晶岩脉。当李先生看到巨大的锆英石晶体时，把这个花岗伟晶岩脉就命名为锆英石洞。还命名了钍石洞等花岗伟晶岩脉的名字。此外我们还对该地区的老变质岩进行了采样。

　　当时为什么选择这一地区做地质研究呢？50～60 年代，国家经济建设急需稀有元素，不仅是钢材，许多材料都需要各种稀有元素。这里的花岗伟晶岩中，伴生着各种稀有元素矿物，如黑稀金矿等矿物。就在这次陪李璞先生考察时，发现当地的老乡就有从花岗伟晶岩脉里挖出的各种稀有元素矿物，李璞先生就看到了老乡家有一个 40 斤重的稀有元素矿物晶体，就是从当地的花岗伟晶岩脉里挖出来的。几经商讨，李璞先生就把这个晶体从老乡那里买回来了。野外地质考察结束后，李先生让我乘火车带回北京，把这个大晶体标本送给了地质所的陈列室。

　　在野外和李璞先生做地质考察的日子里，李先生经常在路上和我聊天，问我们的课程安排和学习情况，还问我有没有同学想报考研究生？问我想不想报考研究生。他很希望我们这届学生能有几个同学报考他的研究生，他说同位素地质年代学很需要你们，因为你们这届学生不仅学了同位素地质年代学，还学习了质谱学等，做同位素地质学研究很有基础。听到李璞先生这些语重心长的话，我下决心要报考李璞先生的研究生。同时，我还动员陈江峰和胡霭琴同学一起报考。结果只有胡霭琴参加了考试，并被录取。可惜的是，1963 年寒假研究生考试前夕，我大哥给我发来了一份电报，说母亲病了，要我速赶回家。回到家后，才知道是母亲不愿意我再读书，才谎称有病的。我父亲去世很早，母亲茹苦含辛把我养大很不容易。我许多年求学主要靠兄长的资助，母亲希望我早些工作减轻家庭负担，我也是能理解的。但没有能成为李先生的研究生对于我还是一件遗憾的事。

　　在野外地质实习之后，我们就到地质所做毕业论文，因为和李璞先生一起做野外地质考察，李先生对我的毕业论文给予了很多指导。开始是做锆英石的 Pb 同位素年龄，可是我几经文献的调研和实验后，发现用粗铅法作锆英石的年龄存在很多问题，向李先生汇报后，李先生同意我改作锆英石的矿物学研究。

　　大学毕业后我被分配到中国科学院地质研究所，李先生表示希望我到他的研究室工作，很遗憾我被分配到业务处做科研管理工作了。后来，我搞过地震预报研究，人工合成金刚石机理的研究，又从事了地球深部的研究。这些研究都与同位素地球化学密切相关，与李先生教给我的许多知识密切相关。我现在已经到了老年，但回想起年轻时得到李璞先生在学术上的指导和生活上的关心，仍然历历在目。恩师离开我们多年了，我一直记得 1961 年是他的五十大寿。今年 4 月份我就想到今年是李璞先生的诞辰 100 周年，我曾发邮件和打电话问及我的同学和朋友，今年是否有纪念活动，我盼到了这一天。恩师的高尚品德、博大的胸怀和对我的关怀，我永远铭记在心中。

深切怀念我尊敬的李璞先生

谢先德

（中国科学院广州地球化学研究所）

李璞先生离开我们已经四十多年了，但他那慈祥、亲善、和蔼的音容笑貌一直深深地存留在我的脑海中，我为曾经有过这样一位良师益友而感到非常荣幸，也曾为他不幸的英年早逝而万分悲痛。由于专业的不同，我和李先生的接触并不是很多，但我在中国科学院地质研究所工作的短短七年时间里，还是亲身感受到先生宽广渊博的专业知识、开拓创新的奋发精神、苦干实干的工作态度、艰苦朴素的优良品德、平等待人的良好作风，今年是李璞先生诞辰 100 周年，特写此短文以表示我对先生的深切怀念。

一、苦干实干的工作态度

20 世纪 50 年代后期，中国科学院地质研究所（简称地质所）还在北京市东城区沙滩北街的所址办公，原来的岩石矿床研究室已分成两个研究室，那时李璞先生任岩石研究室主任，涂光炽先生任矿床研究室主任，但他俩仍然在后楼二层的同一间房子里办公，我们矿床室的大办公室就在其对面，我经常看到李璞先生每天都工作到很晚才下班，晚上还经常不回家，就睡在办公室的行军床上，我为先生苦干实干的工作态度深深打动。给我印象最深刻的一次是 1960 年初的大年三十晚上已 7 点半钟，李先生才从办公室走出来，那时天已经黑了，我随即也从我的办公室出来，和李先生一同下楼，准备回我在新街口的集体宿舍。当我们走到胡同口的时候，李先生对我说："明天就过年了，我还没有给儿子买礼物呢！"我当时在想，李先生就一个儿子，过春节给儿子送礼物是人之常情，可先生把心全放在了工作上，都这么晚了，先生既没有早一点回到北京地质学院的家中和家人一起吃年夜饭，也没有准备好给 10 岁的独生儿子的礼品，我一定要帮李先生这个忙，但那个年代大商铺晚上关门都比较早，大年三十晚上的店铺关门就更早一些，我只好陪着李先生就在胡同口的一个小杂货铺里买了一点糖果和一挂鞭炮作为他送给儿子的礼物。这件小事已过去 51 年了，可它始终印在了我的脑海中，久久不能忘怀。

二、艰苦朴素的优良品德

李璞先生平易近人、艰苦朴素和大家打成一片的作风始终是我十分崇敬的榜样。记得 20 世纪 60 年代初的困难时期，中科院地质所刚搬到德胜门外祁家豁子不久，地质所的职工大多在大食堂用餐，因为人多，打饭要排长队，所里为照顾老专家，专门在大食堂的西北角隔出一个小间来，作为他们用餐的地方，内摆有桌椅，也有专人照料，大家对所里的这种安排都很理解，但我经常看到李璞先生自己拿着饭碗和职工们一起排队，在大食堂打饭，有一次我建议请李先生进小餐厅用餐，李先生则婉言谢绝，说和大家一起排队，有机会和大家多接触、多交谈。

60 年代初，我还听到一位与李先生一同出差野外的所里同事说，李璞先生和他们在野外同吃、同住、同劳动，和年轻人完全打成一片，他们结束野外考察活动到达广州后，李先生想请大伙到一家比较高档的饭馆好好吃上一餐，但由于先生当时还没有顾上理发，身上又穿着所里发的、已穿得比较脏的野外工作服，看上完全不像一位大专家，结果被饭馆管理人员拒之于门外。以上两件事情虽小，但影响很大，它深深地感动和鞭策着我们这些年轻人，要向李先生学习，任何时候都要保持艰苦朴素的优良品德，要从一件件小事做起，严于律己，宽以待人。

三、乐于助人的良好风尚

李璞先生和蔼待人、乐于助人、不吝赐教的高尚品德也让我深受教育，下面有几件李璞先生助人为乐的事情至今我仍记忆犹新，始终难以忘怀。

1959 年 10 月，我从苏联回国后被分配在中科院地质所矿床研究室工作，并很快被室主任涂光炽先生委任为研究室的业务秘书，那时地质所正大张旗鼓地组织在全国进行国家稀缺的铬、镍、钴、铂、金刚石等八大矿种的找矿会战，我除与所长秘书欧阳自远、岩石研究室业务秘书刘若新等一起，在侯所长和涂、李二位主任的领导下做一些具体事务工作外，还在 1960 年夏参加了在青海化隆地区和内蒙古阿拉善地区的有关野外地质调查和找矿工作。由于我刚出校门不久，以前只接触过一些热液型多金属矿和夕卡岩型磁铁矿矿床，对与超基性岩有关的矿床知之甚少，所以在出野外前我除了从书本上寻找需要的知识外，还多次向李璞先生请教，李先生每次都挤出时间，热情地给我指导，他不仅向我介绍了基性和超基性岩的岩石学和有关矿床方面的理论知识，还拿出他收藏的珍贵岩石标本，给我详细介绍对其进行鉴别的要领。我为李先生的这种诚恳待人、不吝赐教和无私培育年轻人的精神深深打动，李先生的教导不仅让我丰富了理论知识，增长了感性认识，更大大增强了我打好会战这场硬仗的信心和决心，那一年我的西部野外调查能圆满完成任务，要首先归功于李先生对我的无私赐教。

1963 年夏，地质所侯德封所长考虑到加快地球化学学科的发展，准备将地质所一分为二，以地质所内与矿物岩石地球化学有关的研究室为基础，在北京组建一个新的中国科学院地球化学研究所，为此，张文佑副所长指定孙广忠为地质所的代表，涂光炽副所长指定我本人为拟新组建的地球化学所的代表，加上所基建处的一位老同志，组成了三人规划小组，在地质所大楼的 219 房间里，不动声色地搞起了规划方案起草工作，由于是非公开进行，所长们规定我们可以找有关人员征求学科发展的意见，但绝不能透露要分所的事。我受命后，分别找了不少所内同事了解情况，他们给了我很多好的建议，其中，我印象最深的就是和李璞先生的交谈，他从岩石学和同位素地质学研究的现状谈到最新的发展方向，以及我们所应该加强的研究领域，李先生特别强调了在地质所发展同位素年代学和地球化学的重要意义，还谈到岩石学与同位素年代学和地球化学之间的紧密联系。我本人是搞矿物学研究的，对岩石学还略知一二，但对国内在地质所刚刚建立不久的同位素年代学和地球化学则是个门外汉，李先生深入浅出的一席话，给我上了一堂精彩的同位素地质学大课，使我受益匪浅。我记得我们那时做的地球化学所建设规划方案，包括 10 个研究室和 600 人的编制，主楼建筑面积为 1.2 万平方米，所址就初步选定在北京市北郊中国科学院规划用地中的最南端，东距规划中的中国科学院院部仅隔一个研究所。在我做的规划方案中，把同位素研究室的建设放在了十分重要的地位，岩石学研究室也列为重点发展方向之一。我们三人小组随后曾向院基建局正式汇报过我们的初步规划方案，得到了局领导的基本肯定，但由于那时国家已开始大搞三线建设而使该规划方案未能在北京得到实施，然而，李璞先生高瞻远瞩的谈话，我至今记忆犹新，也就是从那个时候起，我开始认识到在一个地球化学研究所里，同位素年代学和地球化学是最重要，也是不可或缺的重点发展学科之一。

李璞先生和蔼待人、乐于助人的另一个事例，也让我久久不能忘怀。那是在 1966 年的夏秋之交，我们搬迁到贵阳不久，我早先在南京大学的两位老同学、当时在贵州省地质局区调大队工作的吴雪华和郑淑芳到地球化学所找我，说她们有一些工作中遇到的难题想请教李璞先生，希望我能引荐一下，我很快就和李先生联系，先生说他很乐意接待吴雪华和郑淑芳的来访。第二天上午，我领着她们直接进到李璞先生的办公室后就离开了，她俩在李先生那里足足待了两个小时才出来，我从她俩出来时脸上的表情看出她们的激动和兴奋。她们告诉我，和她们原来想象中的大科学家完全不同，李璞先生一点架子也没有，非常平易近人，李先生的知识面很宽广，她俩带来请教的一些地质上的问题都基本解决了，特别是有些她们拿不准的岩石定名问题，也通过李先生在显微镜下对岩石薄片的仔细观察得到了圆满的解决。

以上几个事例看来都比较平常，但李先生的言传身教深深地启发了我这个参加工作不久的年轻人，先生以自己的一言一行让我知道了如何做人和怎样做人，我在随后的多年科研和领导工作岗位上，能保持谦虚谨慎、诚恳待人和乐于助人的风尚，就是从李璞先生等老一辈科学家们身上学习来的。

四、李璞先生的名字将会永存在世界地质矿物学史册

我 1961 年从地质所的矿床研究室调到矿物学研究室后，就没有离开过对矿物的研究，在我的一生中，迄今已发现或参与发现过 8 种新矿物，其中最早的是 20 世纪 60 年代初，首次在我国用我国学者——中国地质学会第一任会长章鸿钊先生的姓名，来命名一种硼酸盐新矿物为章氏硼镁石（英文名为 Hungchaoite）。21 世纪初，我又以我所老所长涂光炽院士的姓氏，来命名一种磷酸盐新矿物为涂氏磷钙石（英文名为 Tuite）。不久前，我的博士后谷湘平还和我一起，以我所著名的大地构造与成矿学家陈国达院士的姓名，来命名一种硫盐新矿物为陈国达矿（英文名为 Chenguodaite）。我早先的博士研究生陈鸣研究员还以我的姓氏，来命名一种超高压新矿物为谢氏超晶石（英文名为 Xieite）。现在我的学生们和我还在为发现更多的新矿物而努力着，目前看来有希望能作为新矿物申报的还有两三种。我们初步商定，仍将以我所和在我所工作过的著名地质学家的姓氏，来申报和命名这些新矿物，最先我们要申报的将会是以李璞先生的姓名来命名的李璞硅锰石（英文名将会是 Lipuite），让李璞先生和我们地化所其他著名科学家的名字永远留存在世界地质矿物学的史册之中，以表达我对他们的尊敬和怀念。

李璞先生的精神永在，先生永远是我学习的榜样！

缅怀李璞先生

徐淑琼

（中国科学院广州地球化学研究所）

李璞先生离开我们已经43年了。每当想起李先生的时候，心里总是充满了敬意和怀念。李璞先生是中国同位素地球化学的创始人，以他对事业强烈的责任心和学术上的开拓创新精神，为推动中国同位素地球化学学科的发展、同位素地球化学实验室的创建与完善同位素研究的实验方法，以及组建同位素地球化学专业研究队伍和技术人才作出了重大的贡献。为同位素地球化学和同位素年代学打下了基础，并于1961年获得了全国第一批同位素年龄数据。

我是1960年由北京地质学院毕业来到中国科学院地质研究所同位素地球化学实验室的（即当时的一室），李先生是室主任。在1960~1968年和李先生共处一室的日子里，我亲身感受到李璞先生是一位工作勤奋、严谨、认真的科学家。不论是严寒的冬天，还是酷暑的夏天，当我有事去他办公室时，他都是在那里孜孜不倦地钻研、学习或写作。特别是夏天，经常见他满头大汗，仍然坚持不懈。他的这种敬业精神使我受到了深刻的教育，他不愧是我心中的楷模。有时候我们年轻人不注意在实验室大声说话，他就会提醒我们要保持安静的科研环境，不要把办公室搞得像东安市场一样。

在此期间，我曾有幸随李璞先生一起到我国辽东半岛和广东地区野外考察，并采集同位素绝对年龄样品。在野外工作期间，他不辞辛苦和我们一起上山下山，长途跋涉，从不言累。有时累了停下来休息时，李先生还给我们讲笑话和故事，使我们忘却了劳累。在野外考察时，每条路线和每个观察点，李璞先生总是仔细观察并给我们同行的几个年轻人详细讲解那里的地质情况。李先生是我走上工作岗位后，教会我在野外实践中如何工作的第一位老师。李璞教授是知名科学家，在野外常会受到地方地质部门和地质工作者的热情接待，李先生与他们都亲切交谈，和蔼相待。李璞先生的生活和衣着都十分简朴，没有一点大科学家的架子。野外考察期间，有一次在入住广东韶关招待所时，服务人员竟认为李先生不像科学家而拒绝入住。

李先生工作中的奋斗精神，待人相处的高尚品德和艰苦朴素的生活作风，以及对我们年轻人的教诲，永远铭刻在我的心中。

1966年中国科学院决定将在北京的地质研究所部分人员分迁至贵州省贵阳市，成立中国科学院地球化学研究所。一批党政领导、老一辈的科学家和科技人员，带着一批大型尖端精密仪器来到了贵阳，决心为国家的经济发展和"三线"建设，以及中国地球化学学科的创建和发展作出贡献。李璞先生也离开了北京的家，满怀壮志奔赴贵阳，要为他呕心沥血创建的同位素地质学和地质年代学作出新的贡献。没有想到的是，工作尚未正常开展，"文化大革命"的浪潮席卷全国。地球化学所的党政领导被夺权，老一辈科学家被打成"反动学术权威"，李璞先生也身在其中，三天两头接受群众批判、交代问题。

李璞先生在青年时期就投身革命，积极参加进步学生运动，曾赴延安抗大学习，从事过党的地下工作。新中国成立后，即从英国回国参加祖国建设。在业务工作中，他从事了西藏科学考察，青藏高原、内蒙古、祁连山等地区的地质调查研究和找矿勘探工作。那时，尽管条件十分艰苦，但他不畏艰险，潜心研究，为我国地质学、岩石学、矿床学进行了开拓性的工作，作出了巨大的贡献。他是一位革命者，是新中国建设的功臣，而不是"反动学术权威"。但尽管如此，在对待群众批判的时候，他总是坦诚对待、从无怨言。"文化大革命"的动乱不断扩大，所内出现了斗争和多起打人的事件。李璞先生亲眼见到一位科学家被迫站在桌子上被批斗和挨打侮辱的场面，使他在思想上受到了极大的伤害。之后，于1968年4月，"所革委会"又宣布对李璞等人每月只发给15元的生活费，再一次使他受到了重大的打击。在精神和身心上长时间地被摧残的情况下，李璞先生被迫含冤自尽了。在弥留之际，他用鲜血写下了"我的问题都向党交代清楚了"，并要求儿子要听党的话。

李璞先生虽然离开了我们，但他为国家所作的巨大贡献将永远载入史册，他为科学事业终生奋斗的精神和崇高品德将永远为我们和后人铭记与传承。

怀念李璞先生

许荣华

（中国科学院地质与地球物理研究所）

李璞先生生于我国近代史上值得永远纪念的辛亥革命那一年，今年正好是先生诞辰 100 周年，于"动乱年代"受迫害而永远离开了我们，那时先生才五十多岁，太可惜了！

我记得第一次见到先生是在中国科学技术大学（简称科大）上学的时候，当时我们系的杨敬仁副主任亲临课堂向我们介绍说："李璞先生是英国剑桥大学的博士，我国著名的岩石学家，今天由李先生给你们讲岩石学……"那时先生给我留下的第一印象是知识渊博、朴素、谦逊。

1963 年我被分配到中国科学院地质研究所（简称地质所），在李先生领导的同位素地质研究室（一室）工作，从此步入同位素地球化学研究领域，有更多的机会得到李先生的教诲和指导。那时我是一室的一名新兵，1964～1965 年间经常出差贵阳，参与地球化学研究所的筹建工作，与先生相处的时间只有短短几年，对于先生的高风亮节的体会、了解、受到的感染，远比我年长的一室老师和同事们要肤浅得多。但先生确是我心目中最值得钦佩的老师之一。

大概在 1964 年我记得先生脱产参加院部组织的社会主义教育运动工作组，但他心里牵挂着研究室的工作，经常是下班后回到室里听取汇报、研究布置工作。他从不缺席党支部的组织生活，有一次李先生从所外回来参加支部生活会，会上李先生生动地讲述中国科学院大气物理研究所顾先生的又红又专先进事迹，深入检讨自己的思想实际，深深打动了我，我想今后应当像李先生那样做人。

在一室，李先生不论对于留苏归来的科研、技术骨干，还是参加工作不久的大学生、中专生和部队转业军人，都是那样平易近人，和蔼可亲。李先生分文不取属于自己应得的稿酬，留在室里作为大家的活动经费。平常十分关心收入低的同志，室里同志遇到困难时，他总是慷慨解囊相助。李先生自己的生活非常简朴，上下班骑自行车。我记得刚到一室的时候，桂训唐同志给我们讲述过他的一段切身经历：李先生带领他们去南岭野外考察期间，曾经因为李先生穿着朴素，差一点被宾馆的接待人员拒之门外。

1964 年初夏，李先生带领我们去辽东半岛进行野外调查，当时车上还带着选矿机器，历时三个月。期间李先生亲自教我怎样准确测量地质产状，怎样鉴别变质变形期次的先后顺序。李先生亲自动手，不怕粉尘扑面，和大家一起粉碎坚硬的花岗岩样品，挽起裤腿、光着脚，站在透凉的河水里淘洗富集样品。和大家同吃、同住在简陋的招待所里，有时甚至同睡在潮湿的大炕上，偶尔路经县市才住进宾馆，李先生为避免再次发生不必要的误会，事先会在驾驶室内换上干净的外衣，为让大家早点住下休息，像父亲对待孩子一样关心我们。

1966 年李先生带着一室内迁到贵阳，那时先生和单身职工们同住在集体宿舍内，1967 年后被"靠边"、挨"批判"。但是年近六旬的李先生始终没有停下研究工作的脚步，常常独自阅读文献至深夜。1967 年一室接受"珠峰"科考任务后，先生尽其所能，全力支持年轻人勇担重任，不放过任何机会向室里同志们传授西藏地质知识，介绍喜马拉雅推覆构造，不分白天和晚上，抽空参加精选矿物。后来"珠峰"的科研成果获得了全国科学大会奖励。

先生得到平反昭雪之后，杨学昌和我等受池先生委托和一室同志的支持、信任，按池先生的意愿处理李先生的遗物。大量的科研资料、期刊、杂志和书籍留在了一室供大家使用。李先生的衣服等生活用品，寄给了先生的兄长。先生留下的衣服等生活用品，一是十分简单，全部物品只装了两个出差用的行李袋；二是没有任何贵重的物品，在老一室同志的印象中，"李先生有一把'高级'的自动伞"。每当我们清理这些遗物时，都深深打动着我的心灵，一位著名的科学家，薪水不薄，生活上是何等的艰苦朴素！

20 世纪 50 年代，地球化学在我国还是一门新兴的学科。1956 年制定的《1956～1967 年科学技术发展长远规划纲要》提出要大力发展地球化学。1958 年在刚建立的中国科学技术大学设置了稀有元素和地球化学系，首任系主任为中国科学院地质研究所所长侯德封，后来在地质所内成立了同位素地质研究室（一室），由李先生任室主任。对李先生来说，这门新的地球化学分支学科有哪些特点？开创这个研究领域需要哪些基本设备、条件？怎样组建研究班子？怎样选择研究课题？从哪里起步？都需要一点一滴地去探索。

李先生十分重视地质学与物理、化学、技术科学的相互渗透、融合。李先生吸收了当时所内有经验的化学人才，招募了一批来自国内著名大学的毕业生，其中一部分还专门派往苏联著名的研究所读研究生，进修实习，构成了研究室的核心力量。李先生十分尊重技术骨干，倾听他们的意见，充分发挥他们的积极性。在李先生的领导下，一室逐渐成为一个研究、技术力量雄厚、相互团结、奋发上进的研究集体。

李先生一贯重视与各部委同行们的协作。当时地质部地质科学研究院龙文煊老师、二机部（核工业部）三所的李喜斌老师等都曾在一室工作过，共同研究建立测试方法，相互学习共同提高。原石油部无锡测试中心、我院半导体所等兄弟单位，曾派技术人员到一室学习质谱技术。原冶金部地质研究所曾派多名技术人员，提供新进口的 CH4 型质谱计，与地质所共建联合实验室，筹建稳定同位素实验室，开展国家紧缺的铜矿资源的研究。我国首篇同位素地质的论文是由程裕淇、涂光炽、李璞等共同署名发表的，充分体现了我国老一辈科学家的协作精神。在创业过程中，在李先生的引领下，一室与兄弟单位建立了深厚的友谊。至今与过去共事过的老同志再相见，如同一家人一样。

李先生是随解放军进藏调查西藏地质矿产资源的队长，还是研究西藏花岗岩同位素地质年代的先驱。20 世纪 60 年代初期，一室的 K-Ar 法建立不久，技术条件不够成熟，要准确测定年轻花岗岩的年龄难度很大。在李先生的带领下，一室同事们经过了多少个日日夜夜的奋战，终于高质量地完成了一批希夏邦马峰地区浅色花岗岩的年龄测定，发表在《科学通报》上的论文是我国同位素地质工作者完成的第一份西藏花岗岩年代测定成果，至今仍有它的科学价值。

科大在所系结合的办学思想指导下，在地球化学系设立了同位素地球化学专门化，学校开设的专业课、实习课主要是由一室的陈毓蔚、戴橦谟、邱纯一等老师讲授、辅导的，该专业的大部分学生的毕业论文也是在李先生和一室的老师们指导下完成的。由于科大的学生有较好的数理化基础，有更多的到研究所实习的机会，受到比较全面培养，这批学生走上工作岗位后，多数成为我国同位素地球化学研究领域的骨干力量，为我国同位素地球化学发展作出了重要贡献。

李先生在筹组我国同位素地质研究班子、建设实验室、建立测试方法、培养优秀人才等方面，费尽了心血，不愧是一位出色的新学科的开拓者和组织者；李先生治学严谨，每年都有高质量的研究论文发表，是我国著名的岩石学家、同位素地质学家；李先生作风艰苦朴素，处处以身作则，是一位品德高尚的人。

回首往事，能在这样一个富有凝聚力、奋发进取的研究室开始我的职业生涯是十分幸运的。几十年来无论是一室还是个人在青藏高原地质演化研究方面取得的成果，都与李先生的开拓性工作密切相关，都得益于李先生和老师们的培养。

李先生，我们永远怀念您！

最珍贵的指教　最永久的思念

杨凤筠

李璞先生走了，他离我们而去43年了，这么多年来一直为他的不幸早逝感到深深的悲痛，而更多的则是难以抹去心中无穷的遗憾。

尽管悲痛随着时间的推移而淡却，但记忆却因反复思念而分外清晰。我记得1966年红卫兵大串联时，由原中国科学院地质研究所分出的科室人员，开始奔赴三线贵阳，李先生和年轻人一样告别了他多年工作的北京和亲人，爬上了拥挤的慢速火车，千辛万苦地到了贵阳。他住在集体宿舍，每日吃在仅有素菜粗饭的大食堂，一心想的是和大家共同尽快地完成搬迁，恢复实验室的科研工作，但"西南春雷"的贵阳是"文革"的重灾区，批斗，打砸抢横行，这种极不正常的政治环境使我们在很长时间内无法进行正常科研。

1968年为完成珠穆朗玛峰同位素年龄的测定任务，我们同位素室不少人去了北京，因硫同位素分析项目长期与冶金部北京地质研究所合作，我也随同前往。临行前，李先生到各家各户送行，并嘱咐大家抓紧时间，尽快更好的完成任务。在这次送行中，他还帮助我们扛着一个大行李，至今，他那笔直、健壮的身影，宽厚祥和的笑容和那双曾经给过许多人帮助，不知打过多少地质标本的强有力的大手还时时浮现在我的眼前。万万没有想到他这次告别竟成了和大家永远的离别！

我们到了北京没有多久，噩耗从贵阳传来，我不能相信这是真的。他非常健壮，精力充沛，常常工作到深夜，在野外工作时能和青年人一样爬山越岭，依据他的身体条件，他能长寿，能在人世上走很长很长的路。我们需要他带领指点帮助，他能为国、为民做更多的事情。然而我们再也见不到他了，我们为失去这位良师，为人待事的楷模而哭泣。可是在乌云遮天的"文革"的日子里，我们不敢为他的无辜含冤离去而哭泣，只能把泪水流回内心的苦海里，把对李先生的敬意深深地埋藏在内心的世界里。

李先生无愧于世，在他暂短的57年的生涯中，在他艰难曲折的人生道路上，他始终要求进步，追求真理，把自己的全部精力、心血和智慧毫无保留地奉献给了中国的科学和教育事业，并做出了不可磨灭的贡献。令人遗憾的是他过早的辞世，未能让他充分发挥他的聪明才智。

在他的有生之年里，他走过许多先人未曾走过的路，他爬山越岭，20世纪50年代初他带领着一支年青队伍挺进青藏高原，开拓了该地区的地质研究。60年代他为我国地学领域前沿学科同位素地球化学及其相关试验室的建立、科学团队的组织、人才培养做出了不懈的努力，为我国同位素地球化学的发展奠定了坚实的基础。

我非常怀念在李先生和他领导下的生动活泼的老同位素室，它是一支精锐杰出的科学团队，这个队伍里人才济济，为我国科学技术事业建功立业，培养了国内一大批同位素地球化学的专家、学者和工作人员，为中国地球科学的发展开拓了广阔的前景。如果说中国同位素地球化学全面发展如同一棵粗壮的大树，今日能如此根深叶茂，这其中浇灌着李先生无数的精力与心血。

60 年代的老同位素室已拥有掌握质谱技术，K-Ar，U-Th-Pb 同位素年龄测定方法的各种人才，全室和谐蓬勃向上，那时我们都很年轻，大多数人还没有成家，一心想着的是工作，常常下班后还留在实验室里继续白天的实验。

我虽从 1956 年开始在中国科学院地质研究所工作，但并不和李先生在同一个研究室，直到 1963 年才有幸到他领导下的同位素地质研究室工作。这时，室内在同位素年龄测定方面已做了大量的工作并拥有一批优秀的科研人才，力量很强，但在稳定同位素方面还很薄弱。为同位素地球化学的全面发展，在这一年里，在李先生引领下开始与冶金部北京地质研究所共同合作攻关"稳定硫同位素分析方法及其地球化学研究"的课题。整个工作过程，从立项、人员组成、合作，到成果审定，自始至终他投入了很大的精力，还经常到实验室来关心工作，亲自带领我们多次向两个所的领导汇报工作。使我难忘的还有我们愉快工作的那个集体，除我和王丽芝之外，全组都是年轻小伙子。冶金部地质所派来了四位由物理、化学、地质专业搭配齐全的班子，陈民扬、霍卫国、刘杰仁、李纯生四位都很干练，干劲十足。由冶金部地质所从德国新进口的 CH4 型质谱仪也搬入了祁家豁子质谱组。精通质谱技术的邱纯一和工作认真负责的柴保平都投入了这一工作。朱正强同志也多次参加了稳定硫同位素的分离实验，大家齐心努力，协作愉快，在和谐、活泼，蓬勃向上的氛围中很快地完成了任务。到最后的审定工作时，让我深深感动的是，那篇经过李先生认真细心批改过的《稳定硫同位素分析》一文的文稿［杨凤筠，1966，地质科学（3）］，他提出了很多宝贵的意见，就连用词不当，标点有错之处都一一予以纠正。这充分展示了一位老科学家对青年一代所特有的关爱与培养，遗憾的是几十年来多次搬迁，现在已很难找到这份作为最珍贵留念的底稿了，但李先生诲人不倦、关爱青年人成长的长者风范永远闪耀着光辉，铭记在我心里，这种榜样的力量几十年来一直激励推动着我在科研工作中不断向前。

我个人暂短的几年与李先生相处过程中，深刻领略了以下几点：

（1）他为筹建和建设中国第一个稳定硫同位素实验室及其地球化学研究充分显示出一个科学家高瞻远瞩的洞察力。

（2）他具有广纳人才，团结协作，卓越的组织才能。

（3）他具备和谐，活跃青年科研团队的领导艺术。

（4）他具有严于律己，宽以待人的长者风范。

如今曾在五六十年代在李先生领导下工作过的我们，都已进入"古稀之年"，几十年风风雨雨的坎坷历程，我们已完成了时代赋予的艰难使命与职责，现寄希望于未来，希望年青一代认真学习老一代科学家的优秀品德和无私的奉献精神，为祖国的繁荣昌盛，为人类和平幸福和进步事业继续不断地做出新的创举与贡献！

在隆重纪念李先生 100 寿辰之际，谨以此文寄托对李先生的哀思和怀念，他一定会含笑于九泉。他那无私无悔有德有情奉献给人民的精神将永远活在我们心中，他将永远是我们学习的楷模！

缅怀李璞先生

杨学昌

（中国科学院广州地球化学研究所）

今年是李璞先生诞辰 100 周年，所里要举行纪念活动，对此本人百感交集，李先生的音容笑貌，往事一件件、一桩桩涌现心头。李先生 1950 年在剑桥大学获得博士学位后，满腔热忱地回到了祖国，全心投入祖国的建设事业，在他从事的研究工作中，他总是兢兢业业，平易近人，诲人不倦，处处以身作则。但是让人痛心的是，在那史无前例的"文革"中他无法忍受屈辱，含冤自尽而去，那时他回国才 18 个年头，在这 18 年中，他在十分艰苦的条件下，废寝忘食，一丝不苟的工作，一步一个脚印，硕果累累。

1951 年西藏和平解放，李璞先生带领一支科考工作队随军进藏，他们是新中国第一批赴藏进行地质调查的科学工作者，李先生及其同事们在严酷的自然条件和艰苦的生活环境中，在历时两年多的时间里，对西藏东部地区进行了大量的地质及矿产调查工作，获得了丰硕成果，尤其是对西藏东部地层学研究和地层的划分仍旧沿用至今，为尔后开展西藏地区的地质及找矿工作奠定了坚实基础。1959 年出版了《西藏东部地质及矿产调查资料》一书（科学出版社）。

李璞先生是我国对基性-超基性岩及其成矿规律进行科学研究的开拓者之一，他从 1954 年起就开展这方面工作，首先对宁夏、内蒙古、祁连山等地区的超基性岩和铬铁矿矿区做了大量的地质调查工作，总结发表了《中国已知的几个超基性岩体的观察》论文（地质集刊第一号，1956 年），该成果获得了 1956 年中国科学院自然科学三等奖。

同期，他对宁夏小松山外围、阿拉善地区进行了 1∶20 万路线地质预查工作，首次对区内地层、构造、岩浆活动等进行了初步划分，将大面积出露的变质岩系的时代归属为震旦纪与前震旦纪，总称为"阿拉善系"，分为"上阿拉善系"和"下阿拉善系"，这一结果多为嗣后工作者所采用。

由于李璞先生在工作中的卓越贡献，1956 年被评为全国先进工作者，对此，"九三"学社还赠送一面锦旗祝贺。

1956 至 1958 年李璞先生参与组织领导了祁连山地区的地质调查工作，中国科学院地质研究所和主要协作单位中国科学院兰州地质室、北京地质学院、中国科学院地质古生物研究所组成祁连山队，在祁连山共穿越了十五条路线，李先生亲自带领穿越了四条路线，进行地质调查（其中有两条路线最长，一条是酒泉西南白杨河口—希里沟 540 千米，另一条是天峻—高台元山子 495 千米）。经过路线地质调查，他和他的同事们肯定了祁连山寒武系地层的存在，对整个祁连山地区岩浆活动提出了时间和空间的分布规律和祁连山构造—岩相带的划分。通过考察队的工作，基本填补了那里的地层空白。1960 年出版了《祁连山地质志》第一卷（科学出版社）。

李璞先生是中国开展同位素地质学研究的奠基人，他于 1958 年在中国科学院地质研究所领导筹建了中国第一个同位素地质研究室，于 1961 年获得第一批内蒙古伟晶岩和南岭地区花岗岩的同位素地质年龄数据，同时培养了一批同位素地质地球化学科研和技术人才。

李璞先生虽然长期在自然条件十分艰苦、人烟稀少的地方从事地质工作。但是所取得的成果是扎实的，多被后人肯定和沿用。我们 1973 年在东北地质研究所遇到一位曾在西藏工作多年的地质工作者，谈起李璞先生等地质学家 20 世纪 50 年代初期在西藏的工作成果时，他给了了很高的评价，其成果被他们沿用。

1976 年 4 月在西安召开的西北地区地层会议上，宁夏地质局编表组提交的会议文件中的前长城系阿拉善群（初稿）中，对李先生以往的工作成果做了肯定："自本世纪 50 年代初期即有人涉足本区，对该地层进行了研究，先后主要有中国科学院李璞等（1954）提出了时代归属和划分意见，特别是李璞等对该地层作了轮廓性的概括，为以后的工作指出了方向。"

宁夏地质局 1978 年 1∶20 万区域地质调查报告豪斯布尔都幅中对李璞先生工作的评价是："1954 年中国科学院地质研究所与地质部 621 队联合组成的调查队，在巴彦乌拉山及诺尔公梁一带，进行了 1∶20 万路线地质调查，将本区变质地层命名为上、下阿拉善变质岩系，其时代大体分别相当于震旦纪、前震旦纪。对中新生代地层确定有侏罗系、白垩—第三系。由于当时工作程度所限，对地层划分较粗略，但所定时代，为近年工作证实是基本正确的。他们对本区岩浆岩也进行了一定程度的工作，但其划分多根据岩性，未明确提出时代及期次的意见。然而根据某些野外特征，首次提出了混合岩化概念。对我们研究本区花岗岩成因是一个启发。"

宁夏地质局 1980 年 1∶20 万区域地质调查报告阿拉坦敖包幅中对李璞先生的工作也给予了肯定："1954 年中国科学院地质研究所与地质部 621 队联合组成的巴彦乌拉—巴彦诺尔公预查队，李璞等对巴彦乌拉山、巴彦诺尔公一带进行 1∶20 万路线地质调查，作有 1∶20 万路线地质图，对测区地层、岩浆活动进行了初步划分，将变质岩系命名为上、下阿拉善系，其时代大抵分别相当于震旦亚界及前震旦亚界，后人大多沿用该意见。"

综上所述，我们不难看出李璞先生的工作是经得起时间和后人工作的检验的。

李璞先生很尊重地方上有关部门，出差到野外后，主动拜访相关部门，工作结束后，再去汇报工作情况，听取意见。

在野外工作时，李先生经常是观察一段地质情况以后就停下来，坐在山头上给我们讲解分析所观察到的地质现象和应注意些什么，有时李先生也让我们先讲，然后他再提问和总结。他总是以商量的语气和我们讨论问题，这样一来我们必须认真观察岩性变化、含矿性、接触关系、构造情况等等，仔细记录，对提高我们野外工作能力和业务水平获益匪浅。

在野外休息的时候，李先生也常给我们讲故事和一些往事。讲山东军阀韩复榘的笑话，逗得大家捧腹大笑；讲他在北京参加"一二·九"学生运动时，在北海公园前门和军警发生冲突的情况；还有在南开中学、西南联大和英国留学时的一些趣事。

李璞先生离开我们时享年才 57 岁，他身体非常好，在野外工作时无论是走路还是上山，他总是走在我们前面，如果在史无前例的"文革"中没有含冤逝去，李先生还可以为我们可爱的祖国再工作二三十年或更长时间，能做出更多的科研成果来。往事不堪回首，祖国失去了一位杰出的科学家，我失去了一位恩师。李先生不但教我地质知识，他的言传身教也使我学会了怎么做人，他在学术上硕果累累，在生活中也是我们的表率，关心他人，和蔼可亲，热情待人，尊老爱幼。

李璞先生对其老师十分恭敬，我们在野外工作期间，有两三次遇到他的老师王恒升教授，李先生总是恭恭敬敬地向老师汇报工作，请教问题。还有一次我们出差坐火车，当火车行驶在宝鸡至天水之间临时停车时，李先生突然说："我老师在那边，我听到他声音了。"他赶快起身走到老师身边去问候，李先生去看望的是冯景兰教授。

1954年我们在阿拉善地区进行1∶20万路线地质调查时，从巴彦浩特出发，每天我们按设计的路线工作，我们有一支20多峰骆驼的"沙漠之舟船队"运送我们的帐篷、标本、行李和生活用品。行政管理人员负责运送物品，傍晚在约定地点会合，有时也会休息一天。有一次休整时，李先生让我跟他去看看第二天宿营的地方，沿途简单地看看地质情况，到那后看到在一个低洼的地方有个"水井"，井口不大，水也不深，但井中有很多被雨水冲进来的牛羊粪。为了让大家次日能用上干净的饮水，在没有工具的情况下，李先生就用自己的帽子把井水中的牛羊粪和脏水打捞干净，井口周围也收拾了一下，看到井中冒出干净的水，我们才返回。在这期间李先生每天都早早起来帮炊事员烧火，一边烧火，一边看书，等饭做好了，才叫我们起来，让我们年轻人多睡一会。晚上睡觉时我们被子没盖好，他就帮我们盖好。有时我们回宿营地早些，他就拎着麻袋去拾"黄炭"——干牛粪作燃料。

李先生非常关心爱护年轻人，一次出野外我带的衣服少了，天气渐冷，李先生看我穿的单薄，他就请人到牧民那里买来驼绒，把他的一条夹裤絮成"棉裤"，送给我。我非常感激，穿在身上，暖在心里，至今难忘。

有一次在野外，李璞先生收到侯德封所长的来信，他看后沉思不语，我问李先生："您怎么了？"他说："侯老信中说所里要给我和郭承基先生几个人晋升职称，我没做多少工作。"

李先生在1956年穿越祁连山进行路线地质调查过程中，因骑马腿被摔伤，走路一瘸一拐，但他仍克服疼痛，坚持地质调查，直到工作结束。

后来有司机开车和我们一起出野外了，李先生总是关照："住宿时要把最好的床位留给司机师傅，师傅辛苦一天了，明天还要开车，要让师傅休息好。"

李璞先生生活节俭，衣着朴素，他和池际尚先生俩人走在街上，看不出来他们两位是科学家和教授。他们唯一的孩子李池上小学了，裤子短了接一截照穿，可是他们身边的人谁有了困难他们都会热情相助。身教胜于言教。

1968年我们室为完成"珠峰"科考的同位素地质年龄测定任务，当时因我们刚从北京搬迁到贵阳不久，实验室还没建好，需要到北京借用冶金部地质所实验室完成，因此我们室大多数人员都出差北京。1968年3月17日早上，我带领女儿和同事王俊文一起出差去北京，李先生送我们到甲秀楼时，我说："李先生，您别送了，您还没吃早饭哪，您回去吧。我到北京后去看望池先生，您还有什么事吗？"李先生说："你别去看望池先生了，她现在和我一样受审查呢。你回来时给我买两盒北京烟丝来，我一会回所路过水塘边，买两根油条就行了。"就这样和李先生分别了。没想到一个月后，4月26日李先生无法忍受屈辱含冤自尽而去，这次分别竟成了永别。当得知这一消息时，思绪万千，彻夜难眠，和李先生分别时的情景，在贵阳甲秀楼南明河畔，李先生穿着黑色的棉衣，拎着黑色的人造革书包，慈祥的面容，依依不舍的神态，永远定格在我的脑海中。

李先生是我的地质学启蒙老师，我是从 1954 年 4 月起，有幸跟随李先生学习工作的。李先生十分关心我的学习成长，遇到一些问题请教先生时他总是很耐心的深入浅出的讲解，还让我去北京地质学院先后听於崇文老师讲矿物学课程和池际尚先生讲岩石学课程。后来为了使我教学相长，又让我去地质学校教书，担任普通地质学和岩石学的教学工作。两年后于 1961 年 8 月又回到李先生身边，从事同位素地质年代学工作。首先李先生让我筹建适用于同位素年龄测定的样品制备和单矿物分选实验室，制定有关年龄测定的单矿物分选流程。在这期间我又到北京钢铁学院选矿专业学习有关课程。跟随先生十多年，在先生耐心的指导培养下，我努力的工作，后来主要从事参与的课题有：西沙、中沙群岛及附近海域海洋综合调查（获 1978 年科学大会奖）、新疆托木尔峰地区综合科学考察（获 1979 年中国科学院科技成果二等奖）、准噶尔盆地形成演化与油气形成（获 1986 年中国科学院科技成果一等奖）、新疆额尔齐斯火山岩及含矿性研究（获 1989 年国家三〇五项目科技攻关三等奖）和新生代火山岩年代学研究等。在这些课题中我负责其中的同位素地质年代学工作。我还参加了三本专著的撰写：《天山托木尔峰地区的地质与古生物》（1985 年，新疆人民出版社）、《准噶尔盆地形成演化与油气形成》（1989 年，科学出版社）、《额尔齐斯火山岩和成矿作用》（1995 年，科学出版社）。我能够从事完成上述工作并有所收获，有些成果被引用，这与李先生的培养和言传身教是分不开的，先生的恩情永不忘怀。

李璞先生含冤去世离开我们 43 年了。虽然李先生离开我们这些年，但是我们没有忘记李先生，我们以不同形式纪念缅怀李先生。

李先生含冤去世十年后，1978 年 10 月 26 日在贵阳中国科学院地球化学研究所，召开了为李璞先生平反昭雪大会，同时被平反昭雪的还有我们尊敬的地质学家和稀有元素地球化学家司幼东先生。在此期间，我们室用从蓟县震旦系剖面采回来的含海绿石叠层石灰岩，为李璞先生做个纪念碑，表达我们怀念之情。我们同位素地球化学研究室搬迁来广州，把这个纪念碑也带来了，镶嵌在广州地球化学研究所同位素楼正门左侧墙壁中。

1988 年在李璞先生含冤去世二十周年之际，4 月 25 日在贵阳地球化学研究所举办了李璞教授学术成就讨论会。与会者纷纷结合自己的切身体会，诉说李先生的高尚品德和学术上的成就，表达怀念之情。

1996 年李璞先生诞辰八十五周年，广州地球化学研究所举行了系列纪念活动。①我们制作了李璞先生的遗像匾牌，悬挂在同位素楼门厅墙壁上。②举办了中国同位素地质奠基人——李璞教授诞辰 85 周年纪念学术讨论会；③举办了纪念李璞教授诞辰 85 周年学术专栏墙报；④在《地球化学》1997 年第二期，刊发我国同位素地球化学奠基人李璞教授诞辰 85 周年纪念专辑；⑤《中国科学报》1996 年 8 月 12 日头版报道了中国科学院广州地球化学研究所纪念地质学家李璞教授诞辰八十五周年活动。

李先生一生平易近人，诲人不倦，治学严谨、生活俭朴、助人为乐，处处以身作则，李先生永远活在我们心中。

可以告慰李先生的是，当年他领导建立的中国第一个同位素地质实验室，经过这些年新老同事们的共同努力工作，取得了长足的发展，2011 年被评定为我国第一个同位素地球化学国家重点实验室。

李璞先生永远活在我心中

姚林褆

（原中国科学院地球化学研究所一室）

2011 年是李璞先生诞辰 100 周年纪念。我和李璞先生有缘相处，概括一句说就是"自始至终"，他在"文革"中含冤离世，却依然在我梦中！缘分太多，真不知从何说起，回忆往事，历历在目，还是说说我跟李璞先生工作中、他对我的关怀和栽培吧！情重由轻处说起。

记得 1958 年 7 月，中国科学院地质研究所到嘉兴地区六所名校招收了 20 名高中毕业生，我就是其中之一。8 月的一天，我踏上征途，奔赴北京报到，被分配到地质研究所岩矿室工作，第一天见到了我们的室主任——李璞先生。初次见面，印象很深，先生浓眉大眼，神采奕奕，身材高大魁梧。在京休整了一个月，我们一行八人由刘若新、梅厚均两位地质技术人员带领，奔赴云南、贵州、四川等地寻找和普查我国的铬、镍矿产资源。在野外生活条件极其艰苦，晚上没有电灯，照明靠点矿烛。在这样的环境下，我们的李璞先生亲临第一线组织培训，还经常面对面进行指导，他功底十分深厚，知识非常渊博，讲解深受大家欢迎。我们普查所到之处，上路就是爬山，每天步行 70~80 里，走的都是羊肠小道，虽然我们都是二十出头的小伙子，但也累得满头大汗。李璞先生总是冲在第一个，他那踏遍青山，注重实地勘查，深刻剖析，循循善诱，言传身教，严于律己，甘当人梯的高尚风格，让我们深深感动。在野外实践中，先生和我们打成一片，同吃、同住，在地质观测研究之余，还一起聊天、讲故事、开玩笑。他待人接物谦和，平易近人，给我们留下了深刻的印象。先生不愧是一位有真才实学的剑桥大学的高材生。

新鲜、兴奋、好奇、疲惫，一天又一天就这么飞快地过去了。1960~1962 年间国家正处在经济困难时期，大规模精简机构、精简人员，中国科学院也不例外，大批的精简人员返乡。当时的岩矿室一分为二，新建了一个同位素地质研究室，我荣幸地被分配到新室，我们的室主任还是敬爱的李璞先生。建室初期，正逢国家困难，我们一无所有，供电不足，自己用柴油发电机发电，李璞先生要求大家群策群力，发挥聪明才智，人人动手动脑。李先生对这门新生的边缘学科极其重视，他狠抓人才培养，亲自带领室里人员走出去、请进来，当时我被派到中国科学技术大学电真空专业进修，又送我去中国科学院电子研究所、物理研究所进行培训、实习，提高业务技术素质水平，李璞先生对我的栽培，让我终生受用，一生难忘。在李先生的主持、指导下，我们很快建成了 K-Ar 法、U-Pb 法等绝对年龄测定技术方法，我国第一个同位素地质实验室在李先生领导下诞生了，成功建立了！李璞先生经常到我们钾-氩法实验室，指引我们不断创新技术，发挥我们的特长技术，提高数据质量和测定速度。不到两年的时间，我们先后测出了 U-Pb、K-Ar 等地质绝对年龄数据，取得了丰硕的成果；我们为本室、本所科研，并及时地为各省地质大队找矿提供了时、空科学数据，其中就有在我手中测定的很多岩石、矿物年龄数据。

在早些年代里李璞先生还带领过一支地质小分队，随军进藏，实地考察西藏地区铬、镍矿床的分布，收集了大量的地质资料，为开发西藏资源提供丰富的材料。随着地质科学发展的需要，1965 年原中国科学院地质研究所一分为二，新成立了中国科学院地球化学研究所。为支持"三线"建设，研究所搬迁到贵州省贵阳市。李璞先生和我们一样响应党的号召来到了贵阳，和我们同住集体宿舍，同吃大食堂。那时，我与李先生接触最多，是在"文化大革命"的年代里，我们无话不谈，李先生忠实厚道，生活俭朴，他的音容笑貌时时浮现在我的面前。李璞先生勇挑重担，务实创新，严谨的科学态度，为科学事业献身的精神，人人敬佩。他的含冤早逝，是国家的重大损失。

回顾李璞先生的一生，他都把"服从国家需要，不计名利，无私奉献"作为自己的座右铭。他培养和造就了一大批追求科学真理，有所建树的地学人才。李先生走完了他一生的光辉历程，他把生命的全部都献给了祖国同位素地质事业。先生远逝，风范长存，永远激励着后人，继往开来，为光大祖国的同位素地质事业而努力奋斗。

李璞先生的高尚品格和丰功伟绩，我将一直铭记在心。先生永远活在我的心中。

深切怀念李璞先生

于荣炳

（国土资源部天津地质矿产研究所）

李璞先生一生光明磊落，为人正直，对地质事业兢兢业业，谦虚谨慎。

1960 年，我还是在苏联莫斯科大学（简称莫大）地球化学教研室学习"测定地球的绝对年龄"专业研究生，我的导师是维纳格拉多夫院士，他是莫大地化教研室主任、教授，也是苏联科学院分析化学与地球化学研究所所长。我在莫大学习，但研究生论文的实验工作都在分析化学与地球化学研究所完成。当时见到李璞先生，他十分谦逊地一一相问，使我感到十分不好意思。其实，李璞先生也是我们的老师，因他的爱人池际尚教授是我们北京地质学院"大"① 系的系主任。

1961 年，我毕业回国到中国科学院地质研究所拜会我曾在地质所进修时的进修导师郭承基先生。碰到李璞先生，他就把我揽在身边并请我吃午饭（与涂光炽等先生同桌），当时国家灾荒困难时期，粮票十分珍贵，我奉上粮票，李先生怎么也不收，再三奉上仍不收，后来交给食堂算了。

1962 年，我在地质部中国地质科学院地质研究所工作，李璞曾两次来我们所参观访问，感到他真是个好学者、好长者，他的好学下问精神令人十分钦佩。

后来，在"文化大革命"中听说他仙逝，我和同志们都万分悲痛，我们觉得我们不仅失去了一位可敬可爱的老师、长者，更痛失一位我们同位素地质事业中的带头人。

现在适逢他百年诞辰之际，大家都应该大张旗鼓地宣传李璞的敬业精神和先进事迹。为了纪念他，我记得我爱人李增慧曾藏有一篇李璞先生与程裕淇先生合写的《北方古老岩石及绝对年龄》的文章，费了很大的劲寻找，遗憾的是没找到！

愿李璞先生在天国愉快，也愿我们还活着的人们幸福，事业有成。

---

① 当时北京地质学院矿产地质与勘探系很大，俗称"大系"，主任是王鸿祯，副主任是池际尚，之后进行多次分系调整。

令人难忘的一次工作汇报

张国新

（中国科学院广州地球化学研究所）

在纪念李璞先生诞辰 100 周年的时候，我们都深切地怀念这位爱国的科学家，怀念这位可敬可爱的李先生。

1964 年 9 月，我从北京地质学院毕业，被分配到中国科学院地质研究所，很快就去河南省许昌地区参加"农村社会主义教育运动"和劳动锻炼，1965 年 8 月才正式到同位素室工作，9 月份参加了一次野外地质考察，1966 年 3 月就搬迁到贵阳（中国科学院地球化学研究所）。李先生在世时，我与他接触不多，也没有跟随他进行过野外地质考察，很少有机会聆听他的教诲。可是，有一件事使我终生难忘。

那是在 1967 年秋天的一个下午，我与李先生在贵阳地化所院内宿舍区的一条小路上不期而遇，李先生把我喊到路边，开门见山地询问甘肃省一个花岗岩型铀矿床的情况。我马上意识到，李先生是让我向他汇报 1965 年对该矿床的地质考察和室内工作进展。因为我没有一点思想准备，所以显得很紧张，手里又没有任何资料，一时不知从哪里说起。李先生笑着说："没关系，我们随便聊一聊。"说着，李先生就在路边蹲了下去，我也跟着蹲了下来。只见李先生从路边的地上拣了一个小石块，并用小石块在土地上画了一个小圆圈，表示为那个县城。李先生问我："花岗岩体在县城的什么方位？岩体呈什么形状？"我作了回答后，李先生就用小石块在地上画了一个椭圆形的圈，并在圈里加上几个十字，表示花岗岩体的分布。接着李先生又问："花岗岩体侵入的围岩是什么时代？其地质产状和岩性如何？花岗岩体是哪期地质运动的产物，与区域大地构造存在什么关系？"李先生一边问，一边在地上比划，通过这种方式的交流，我的紧张情绪逐渐放松下来，能够回想起更多的野外地质情况。在交谈过程中，李先生要么作补充说明，要么纠正我的错误说法，对一些我回答不上来的问题，李先生让我回去再查一下资料。后来，我也从地上拣起一根小树枝在地上比划起来。有从我们旁边走过的人投来好奇的眼光，不知我们在干什么。最后，李先生问："铀矿成矿作用和哪期花岗岩有关？受什么性质的断裂构造控制？花岗岩体的侵入时代存在什么问题，准备怎么来解决？花岗岩造岩矿物是否新鲜？能否选出黑云母、角闪石、锆石？"李先生还叮嘱我："室内工作一定要抓紧，希望我们的工作对野外找矿能有所帮助。"时间过得很快，不觉得半个小时过去了，李先生站起身向我告别，说以后如有时间我们再讨论一次。

和李先生分手后，我回到宿舍翻开野外地质记录本，把李先生说的一些内容补记在上面。我下定决心，下次一定要好好向李先生作一次令他满意的工作汇报。可是，我再也没有这样的机会了！李先生于 1968 年 4 月 26 日含冤去世！这次汇报是我第一次向李先生作的工作汇报，也是最后一次工作汇报。

当时，我对这次工作汇报想得最多的是，李先生的科研功底太深厚了，今后只有努力学习和工作，才不会辜负李先生对我的希望。

随着时间的推移，我越来越认识到，从这件小事上可以看出李先生的高风亮节。1967年进入"文化大革命"的第二年，知识分子特别是上了年纪的知识分子承受的压力和冲击越来越大，李先生的夫人池际尚先生在北京的日子非常难过。在这样的情势下，李先生积极响应党和国家的召唤，只身一人来到贵阳，参加国家"大三线"建设。他不顾个人的荣辱安危，心里想的仍然是党和国家的科研事业，想的是国家的国防安全。当时李先生和涂光炽先生负责和领导我所承担的铀矿科研工作，李先生担心"文化大革命"会影响铀矿科研工作，给国家的国防建设造成损失。因此，找机会督促从事这项工作的同志加紧工作。

随着时间的推移，我还认识到，从这件小事上可以看出李先生对处在"文化大革命"中的年轻人的良苦用心。李先生对年轻人是出奇的好，在政治思想，工作学习，生活家庭等方面都是如此。这次的听取工作汇报，实际上是指导我如何进行地质考察和开展室内研究工作。李先生还害怕年轻人在"文化大革命"中荒废学业，耽误科研任务的完成。用这种方式对我们进行提醒和督促，我们真正理解了李先生的这片苦心。可以告慰李先生在天之灵的是，在"文化大革命"期间，同位素室的科研人员没有中断科研工作，并取得了一系列重要科研成果。

敬爱的李璞先生，你永远活在我们心中！

忆　恩　师

张梅英

（中国科学院岩土力学研究所）

2011 年是李璞教授诞辰 100 周年，他是我们的研究室主任，我们都亲切地称呼"李先生"。他虽然已经离开我们已近半个世纪了，但是他那慈父般的、亲切的音容仍时时浮现在我的脑海中。

记得 1960 年 9 月，我们几个刚从北京地质学院毕业的同学来到中国科学院地质研究所报到，就分配到一室（当时名称是绝对年龄研究室）工作。李先生很亲切地接待我们，谆谆教导我们要安心工作、努力学习，为填补中国科学"空白"的学科而努力奋斗。当时，"地质绝对年龄"是我们首次听到的名词，如何开始学习和工作呢？李先生让我们首先要安心"转行"（因为这是新兴的边缘学科，我们没学过这方面知识），李先生为了国家的需要，也是刚从岩石学专家调到此研究室的，引领"地质绝对年龄"这门学科的。我想一个专家都能放弃自己所研究的专业为国家的需要而转行，我刚从学校毕业的学生有什么不可以呢！我从心里很佩服和尊敬李先生。之后，李先生给我们每个人都制定了学习目标和努力方向。为我定位在钾-氩法测定地质绝对年龄研究组，研究"钾-氩法测定地质绝对年龄及对测定矿物适应性"的任务。鼓励我抓紧时间学外语（因当时国内没有这方面的资料可参考），多搜集和阅读外国有关这方面资料，同时，加强实验室的技术训练。对仪器的操作和样品的选择他经常监督和关心，他常到实验室看我们做实验，问这问那，他对所测定数据也是非常认真和严谨。

1964 年刘东生教授等参加科考队，从西藏希夏邦马峰取回多种岩石样品，李先生把这些样品交给我们，这也是对钾-氩法的考验和检验。测定结果出来后，李先生非常高兴，因为我们所测的年龄数据（黑云母等为 13 Ma，钾长石为 35 Ma）完全证实了 1961 年 Daniel Krummcnacher 发表过尼泊尔东部喜马拉雅山区 15 个 K-Ar 法年龄数据，并认为该区最晚的阿尔卑斯期的变质运动（喜马拉雅运动）是在中新世末期或上新世初期之间（其年龄为 13 Ma 左右）。而钾长石和拉萨的黑云母的 35 Ma 年龄值，也说明该区还存在始新世至渐新世之间的一次地壳变动，其时间为 35 ~ 36 Ma 左右。1965 年第 10 期《科学通报》上首次报道了我国地质绝对年龄的成果。李先生还把我的名字列为作者之一，并鼓励我要测定更多的年龄数据，为建立和编制我国第一个"地质绝对年龄年表"而奋斗。李先生严谨的科学态度和尊重下属工作人员劳动的高贵品德，值得我们永远学习。李先生对我们年轻人，除了教诲我们要有严谨的科学态度，踏踏实实，认真负责，实验中不能忽视每一细小的环节和现象等等室内科学研究精神外，同时还培养我们野外的工作能力，组织我们到西山、南岭等地区进行地质观察和采集样品。一到野外，讲解完后，李先生就手拿地质锤，双手背在身后开始带我们上山，首先带我们到近区最高的山顶，站在高处看下面周围的地质、地貌等现象，并给我们讲解。在休息时还很风趣地讲有趣的故事，有时还采一些小花插在我们女孩的头上。在三年困难时期，他关心我们的生活，并几次邀请到他们家玩玩等，让我深感到慈父般的关爱。

　　"文化大革命"开始，我们研究室因接受珠穆朗玛峰的地质年龄测定的自然科学研究任务，那时，大部分人要到北京做实验。在贵阳选样期间，李先生很重视和关心这项任务，苦于不能参与，有时到我们选矿室一起挑选样品。我们劝李先生保重，并询问池先生情况（李先生爱人，当时她在北京已先被隔离）时，他说："她比我坚强，……"事后，我一直在后悔，当时我为什么不多想想他所说的话呢！

忆良师益友李璞先生

张培善

（中国科学院地质与地球物理研究所）

良师益友李璞先生离开我们已经多年，他的不幸去世，是我国地质学界的一大损失，先生死于非命，更是令人痛惜！时光流逝，今逢先生百岁诞辰，为了纪念这位优秀科学家，他留给我们的除有关中国地质学、岩石学、矿床学和地质年代学等学术成就之外，他的优良人品、他的道德风范，更是我们学习的重要内容。现举其要者，略陈于后。

一、学成归来　报效祖国

李璞先生毕业于英国剑桥大学，新中国刚刚建立，国家建设急需地质人才，先生报效祖国的热血沸腾，毅然归来。解放后他随军进藏考察西藏地质，是新中国考察西藏的第一位地质学家。

新中国的建国经验要向苏联学习，李璞先生受命赴苏考察、学习先进地质技术经验，回来传授给大家。他亲自去西伯利亚雅库特考察金伯利岩，并取回镶嵌着大颗粒金刚石的金伯利岩标本，大家观后，赞叹不已！

二、科研选题　国家急需

李璞先生是中国科学院地质研究所（简称地质所）岩石学研究室主任，他的研究室不是单纯的从事岩石科学研究，而是根据国家经济建设的急需选题，选取铬、镍、钴、铂、金刚石等国家急需矿产研究，把这些与基性–超基性岩有关矿产作为科研课题。国家的急需便是他的选题目标。

20世纪60年代初期，国家三部一委主持召开的"4·15会议"之后，地质所成立了横跨各研究室的白云队，从事白云鄂博地质学、矿物学、岩石学、矿床学、地球化学和地质年代学研究，地质所派王中刚和我负责白云队业务工作，李璞先生派他的研究生胡霭琴参加了白云队工作。

三、勤于实践　勇于创新

地质学是从野外地质考察的实践中发展起来的科学，业精于勤，而荒于嬉，大量而精确的地质实践是李璞先生的成功之道，他的足迹几乎遍及全中国，对于中国地质概况了如指掌。与此同时，他还勇于创新，善于创新。

依据地层上下和古生物而建立的地质年代是相对的，而依据放射性同位素而建立的地质年代则称为地质绝对年龄。20世纪50年代末60年代初，李璞先生率领科研人员在地质所首先建立地质绝对年龄研究室并将其发展壮大，为中国地质学的发展建立了功绩，这是他勇于创新的具体实例。

四、待人亲善 乐于助人

李璞先生和蔼可亲，待人亲善。平时与之相处，并不觉得他是大科学家，更有体贴温暖人的感觉。上下班时，我俩经常在地质所大楼西面的小月河畔相遇，同走回家之路，我很愿意与他聊天共度时光。

集体的场合，爱出风头的人总是往前站，抢镜头，他则相反，总是往后缩，缩到最后。但是，李璞先生热心助人，关心同志，特别是他周围家庭经济困难的同志，他总是偷偷资助，不希望被资助人的任何报答。帮助别人是他的人生乐趣。

五、虚怀若谷 不耻下问

上级向下级求教，一般人都放不下这个架子，同理，老师向学生求教，也是难以做到。但是，江河不择细流，故能成其大。李璞先生则虚怀若谷，有时问我问题，向我求教。记得20世纪50年代末60年代初，地质所刚从城内沙滩迁来北郊，那时我正在研究稀土矿物独居石，他询问我有关独居石矿物的产状和化学组成，并索要我收集的所有有关独居石的资料，拿去阅读后又全部交还给我。我当时想：这位大科学家还看得起我的资料，真是三生有幸。

六、科学专家 蜚声中外

李璞先生是我国当代著名岩石学家，他的夫人池际尚教授，更是一位著名女岩石学家，夫妇俩都是当代中国岩石学家，这在我国地质学界还是空前的。苏联科学院同位素地球化学专家屠格林诺夫在作学术报告时，曾几次引用李璞教授的学术观点，并称赞不已。

李璞先生的作风和学风、他的人品，值得我们学习的甚多甚多。这些中华民族的优秀品德，是我们的国粹，是人类发展的精华，有许多内容都能在李璞先生的一行一言中体现出来。他是我们学习的榜样，是我们真正的良师益友。

匆匆成文，错误难免。宋云华同志热情相助，谨致谢忱！

深切怀念李璞先生

张 焘

（中国科学院）

李璞先生是我非常尊敬的德高望重、具高尚爱国情操、富开拓创新精神、弘扬学术民主与自由理念的科学前辈。与先生接触十多年，我深受其影响，受益匪浅。李先生为我们留下极宝贵的财富，为我们树立了做人、做事、做科研的光辉榜样，特别在今天，更加熠熠生辉、光彩照人。

李先生性格内向，但坦诚、敦厚、朴实，为人厚道、谦虚、真诚、平易近人。在科研上，他倡导科学精神、坚持严谨学风、主张学术民主与自由、强调团队精神。他是一位学术思想家和实践家，高瞻远瞩，独辟蹊径，立足前沿。他展现了科学家应有的价值观，淡泊名利、不求权势、兢兢业业、默默无闻、无私奉献、专心致志于科研。他非常关注年轻人，在工作上为他们铺路搭桥，大胆放手，又严格要求；在生活上，关怀备至。他的一生，实事求是、光明磊落、胸怀坦荡、做事低调、不惧压力。

一、与李先生的缘分

我人生的一个重要转折，就是毕业分配到中国科学院地质研究所（简称地质所）由涂光炽和李璞二位先生领导的岩石矿床室。我认识涂先生较早。涂先生是我毕业论文的指导老师，由于他接待苏联科学院访华团，其中有我后来的导师别杰赫金院士，由刘宝珺老师具体辅导。涂先生主持了我的论文答辩会。

在岩矿室，我了解到李先生是我国基性-超基性岩与有关矿床领域的大专家。他冒着西藏社会不平静的风险，顶着缺乏高原工作必需设备的压力，成为我国解放后第一位带队进藏科考的科学家。

我去苏联的消息，是李先生从北京到兰州后告诉我的。当时祁连山科考队先遣队刚结束白银厂的考察。李先生为我饯行，他嘱咐我，机会难得，要珍惜，多了解"研究进展、研究方法和新技术。"想不到，李先生不久就到苏联考察铬铁矿和金刚石矿床。由我当翻译，李先生与我所在研究所的副所长萨柯罗夫等人交流，了解苏联方面情况。我发现，他非常了解苏联在铬铁矿床研究的进展。我为他考察乌拉尔和雅库特举荐了翻译。非常感动的是，多年后我回国，他邀我到办公室，介绍他的考察，展示含金刚石的金伯利岩，其中一个镶嵌在岩石中的八面体金刚石，宽约为20毫米左右，晶莹剔透、闪闪发光。

我回国时，李先生已经建立起我国第一个同位素研究室，他开启了我国同位素地质研究的先河，奠定我国自然界同位素研究的发展基础。研究室的规模不算大、人员不多、主攻年代，但我已看到，它就是我国"地质学、地球化学"研究领域上的一颗辉煌灿烂的金刚石，其光芒射向非常广阔的研究空间。

与李先生接触最多的还是与铀矿有关的领域，除了 320 矿床，我随侯老、涂先生、李先生、叶先生和佟成等考察了陕西北秦岭、六盘山以北地区以及甘肃、内蒙古等各种类型铀矿，访问了金川铜–镍矿床、大青山铜矿床、白云鄂博铁–稀有、稀土矿床，也看望了钟富道，参观了他研究的伟晶岩。在佟成安排下我与李先生、叶先生、陈先沛、郑恒有等考察了砂岩中的铀矿化，重点考察了 510 铀矿化点。李先生与我受邀 182 队到甘肃的中东部至西部和北山地区考察。我们还考察了贵州黑色岩系中的白马洞铀–汞矿床。

李先生在考察中，不论对地表，还是坑道，都观察非常仔细。在海拔近 3000 米的 510 矿，不顾年龄和氧气稀薄，跑上跑下，力图多看到一些。他有个习惯，必看岩石和矿石的光、薄片。他见了放射性沥青铀矿脉，迫不及待地走向前，趴着，用放大镜观察。在甘肃一个矿化点、通风不好的坑道中待了近 2 小时。在考察之后都要向主持单位谈自己的看法。李先生的发言，非常实在，尊重事实，把握分寸，直言不讳。当然，他的发言离不开同位素问题。

在许多考察中，我与李先生同住一室。我们在晚上交谈白天的观察，综合分析观察结果与资料，做出判断与评价。在与李先生的交谈中，我总意识到，他努力营造一种自由交流的宽松环境，让我不感拘束地自由表达意见。有时他先谈，有时让我先谈。出现不同看法时，他耐心地采取找事实、分析问题的探讨方式。总之，气氛非常轻松。

在聊天中，我感觉李先生对多学科组成的同位素研究团队非常满意，对每位同志的工作一清二楚。他常提到陈毓蔚、于津生、钟富道等人的工作，给予充分肯定和赞赏。

我和李先生有两次骑马考察的经历。在甘肃中部考察呈带状分布在半山腰的强异常。从驻地到异常点，距离远，又无路，还必须爬一个大的山坡，182 队同志牵来马匹，李先生毫不犹豫，一跃而上，策马奔走，令大家非常赞叹，因为，那时李先生已年过半百。另一次是从朗木寺到海拔近 3000 米的 510。我们骑马在满布卵石的流水浅滩和砂砾地中行进、爬坡。

李先生在野外考察中，非常注意是否"特殊了"。182 队每次提供较丰盛饭菜，他很不安，讲不能那样，曾多次要我告诉 182 队。他讲，我们考察的地方大都是草木不生的荒山、丘陵与戈壁滩，荒无人烟、饮水困难、交通不便。在莫斯科时，我到雅罗斯拉夫斯卡娅车站附近的饭店接他去研究所，他从不用出租车。但是，他对遇到困难的年轻人，慷慨解囊。有一件事我难以忘却。听说黄再元出事，地化所许多同志立刻奔向南明河畔。那天，乌云密布、天气阴沉，上涨的南明河水汹涌东去。我和李先生非常着急地盼望下水年轻人抢救成功，但他们经受不住河水的冰冷很快出水，在岸上也冷得发抖。不知谁喊了一声，需要喝酒。李先生立刻拿出钱让大家买酒，而且多次拿钱，直到囊空。

二、李先生与地化所的筹建

中国科学院地球化学研究所（简称地化所）的成立是中国科学院和我国地学界的大事，对地球科学的发展有深远影响，对国家在资源、能源、环境、材料、减灾、全球变化、人体健康、国家安全等诸方面，有重要作用。地化所的成立促成了在 1964 年开会酝酿的中国矿物岩石地球化学学会的建立，李先生参加了这次会议。

地化所的筹建，李先生是侯老、涂光炽、李璞三位一体的学术领导核心之一。

侯老根据当时情况提出的中国科学院地质-地球化学研究机构布局：北京从事地质物理、西南为地球化学、兰州主事地质生物，得到涂、李二位与所领导的赞同。1964 年，我受命于杨敬仁，撰写地球化学所建所任务书，报院部和计委审批。任务书基本批准后，杨敬仁考察所址，经与侯老、涂光炽、李璞、王跃华、陈其峰等商定建所于贵阳。1964 年底，陈其峰等与新技术局代表选址杨家坝，征得副省长陈璞如的支持。1965 年成立由郭玲、邵继桐为首的基建班子。1965 年 9 月由我负责总体部分，由陈毓蔚、范嗣昆、刘永康、张惠芬、梁琴、文启忠、江邦杰、李肇辉等同志着重各实验室，完成 204 所建所设计书的编写。随后，做好基建准备的三号楼、住宅楼和附属设施的基建，逐步展开。1966 年初成立以柴云山为首的搬迁班子。

1965 年 3 月，侯老率领李璞、叶连俊、张臻荣、姜百川、杨朝梁和我考察贵阳化学所（简称贵化所），了解贵阳科研物资供应与图书资料等，并向贵州大学、贵州工学院相识的老教授了解学校情况。侯老钟情贵化所人员，但此时对地化所的未来，忧心忡忡。李先生与我商量，他讲，未来地化所的困难不少，对困难要想的更全面、考虑的更长远一些，在仪器设备与大学生分配方面，要尽可能多争取院部的支持。院新技术局基本满足要求。

我写地化所建设任务书，在很大程度上受益于侯老、涂先生和李先生的科学精神、学术思想与思维方式的熏陶，在许多方面受到直接的言传身教。

侯老与涂、李二位先生的基本思想是，地质学与地球化学必须面向国家经济建设、社会发展、安全稳定等方面的需求，即要立足于时下的急需，也要关注未来的战略要求和科学自身的发展。

侯老与涂、李二位先生，高瞻远瞩、立足前沿，特别是敏锐地捕捉孕育中的科学前沿。李先生在 50 年代中期开始筹划自然界同位素研究，派陈毓蔚、肖仲洋赴苏学习。确定自然界同位素研究是个战略性决策，对李先生也是一个巨大挑战。在 60 年代，在研究内容上，除了发展年代学外，向更广阔的方面展开。侯老在 1958 年随中国科学院访问团访问期间，与别杰赫金院士讨论的主题，就是后来他提出的化学地质史，这是一个基础性研究。侯老敏感于地方病与自然环境有关，他让我阅读了群众反映克山病、大骨节病的信件，提出把它作为重点。涂先生非常关注成岩、成矿的实验模拟。60 年代中期开始他把注意力转向与岩浆作用无关联、具有热液成矿现象的大量重要矿床的成因。元素与有机物质、元素与生物、生物成岩与生物成矿作用，包括同位素，成为最重要的前沿。单矿物复合材料在尖端技术中应用前景引起重视。飞行器等器件的涂层，相当部分是由最普通的矿物组合组成，他们的组合显示出极不平凡的功能。

侯老与涂、李二位先生主张地质学、地球化学的整体性研究，寄希望于分支学科深入发展的同时，相互间的密切结合与整合，不赞同学科越分越细越多和相互孤立研究。三所一盘棋格局和地化所研究室设置是一种努力。

侯老与涂、李二位先生主张多学科的交叉与融合，希望跨单位、多学科的研究，力促物理、化学、数学、生物学，甚至医学人才的介入，形成跨学科交叉、融合的研究局面。司幼东先生的夫人和梁琴受邀加入地化所就是一例。他们要求争取到更多的其他基础科学和技术科学专业毕业生。选址贵阳也与贵化所和贵阳拟建中国科学院化学中心有关。侯老曾想在贵州大学或贵州工学院设立地球化学系，增大地球化学系教学中的各基础科学的比重。

侯老与涂、李二位先生非常关注科学团队的作用。这也是继续地质所研究机构的原因，只适当调整，还可形成全所一盘棋，实现合作协同、团结拼搏、开拓创新的局面。在研究组、研究室和全所中，通过有效举措，营造宽松的学术自由和学术民主的环境，促成不分职务高低、年龄大小、资历长短、意见差异、学科不同、在学术上人人平等、相互尊重和鼓励独立思考、自由争论、允许不同意见的氛围与科学文化，至关重要。侯老与涂、李二位先生为我们树立了榜样。

在实验测试体系的设计上，李先生在 1965 年 3 月对我的谈话，促使我们形成基本思想：①充分估计可能的困难；②努力达到国际水准；③着眼于新技术探索的应用。除了大力发展岩石–矿相实验室和常规化学分析技术外，着重建设以下系统：以微区、微粒、微量和不损样品的分析测试；从常温常压到高温高压、到地球深部极端条件超高温压实验模拟和构造作用的实验模拟；放射性–同位素的分析测试；矿物物理与晶体结构实验；计算机应用。时至今日，仍然可体会它们的意义。

微区微粒微量与不损样品的分析测试系统的建立，李先生嘱咐我予以关注。我曾在何作霖先生专门为此主持的座谈会上，介绍了苏联在 1959 年应用尚未成商品的电子探针于铜–镍矿床和直接在光片上进行的显微光谱技术。在涂先生和所领导的支持下，刘永康团结几位同志，于 1964 年用英国产品建成我国地学第一个电子探针实验室。巩积文研发成功显微光谱仪。

最后也必须提到由侯老、涂光炽、李璞和所领导支持、后夭折的 205 物质成分研究与测试基地。它是 1966 年国家计委批准中国科学院建立的二个基地之一，定位为国家学术权威机构，与地化所一体化，二个牌子，服务于矿产资源的综合回收、综合利用、物尽其用；外贸出口的资源和有关产品；环境与动植物、食品与材料等的检测并配合地化所的研究。经历45 年，由于资源、能源、环境、材料、健康、食品、医药、灾害、全球变化、国家安全、外贸以及外交等各方面的需要，不难看出基地的重要性和侯老、涂光炽、李璞、刘东生、郭承基、司幼东等和当时所领导的科学洞察力和战略远见。需要指出，最初是刘永康根据外贸问题提出的，然后由我负责调查、撰写报告，经所领导呈送科学院和国家计委批准，并负责对计委的质询与联络。

三、李先生的最后遗言

"张焘，510 硅岩沉积浅变质矿床是个独特类型，经济意义重大，也很有科学意义，要好好研究"，这是李先生去世前一天下午工间操时间，当我经过二单元遇到李先生，先生对我讲的。他讲之前还回头看看，说完就走向二单元。当时，我有点纳闷，这个时候李先生谈这样的话。我边走、边琢磨、边回头看。李先生到了二单元回头看了看我，就上楼了。想不到这竟成为永别。我悲痛欲绝，李先生才五十多岁啊，地化所有很多事需要他做。我们曾在学习班交谈，等待不乱戴帽子、不受迫害、不受歧视、自由自在、有尊严地为国家科学事业做点事的那一天。

李先生的话对我而言，是最后的遗言，但它属于大家的。先生的话反映了他纯朴、敦厚的性格，反映了他对国家事业的无限忠诚之心，也体现他富有远见的科学洞察力和他与硅岩系浅变质铀矿床的浓重情结，同时也表达了他对我的支持与期待。先生的话，我刻骨铭心，终生难忘。

李先生与硅岩系浅变质型铀矿床的情结，起始于 1961 年底 320 矿床。侯老、涂先生、叶先生、李先生和佟成局长等齐集 320 矿。我与郑楚生有幸与他们一起度过几个日夜。我们与李先生、涂先生观察了所有的光、薄片，对赋存矿体的"硅化带的硅化"提出质疑。

提出 320 矿床与前人不同的成因认识，得到李先生和侯老的肯定。侯老安排我单独向他和佟局长详细汇报。在 1962 年我们提交的第一份研究报告中，提出 320 铀矿床是黑色硅岩系浅变质矿床，是个新类型，并非当时公认、写进教科书中的岩浆期后热液矿床。成矿物质来源于以黑色富有机质和硫化铁的泥质硅岩为主、有黑色硅质页岩的硅岩系，而成矿物质再富集成矿，形成微脉浸染、细脉、细脉–角砾状矿石渐变系列和不同类型的硅岩，是不均衡构造作用的结果，以"浅变质"、"就地取材"、"阿尔卑斯脉型矿化"，予以表述。其找矿标志：①黑色富有机质、泥质和硫化铁巨厚硅岩层与硅质页岩层；②它们遭受强挤压、褶皱、断裂、破碎的地区。此外，风化带出现反映岩石 的元素共生组合的铀、铜、钼、镍、钒、磷的次生矿物。我们的研究刊载《中国若干铀矿床矿石物质成分及地球化学》科学技术研究报告中。

成矿认识的价值在于说明更多的现象，预测、找到更多矿床，何况也只是对客观事物或规律的一种逼近描述和摹写，局限性难免。我们提出预测应用，首选了湘、桂、黔、赣各省，也收集了南秦岭黑色硅岩层分布情况，为此，还请教了张文佑先生。

李先生支持开展 510 矿点研究并点面结合开展南秦岭硅岩系浅变质铀矿床的预测、找矿研究。佟成带来机会。1965 年转入地质部的佟成找到我，邀请叶连俊、李璞和我考察 510。他认为 510 矿与 320 矿床相似。他从河南组调的 405 地质队，正向 510 搬迁。在佟成的安排下，李先生、叶先生、陈先沛、郑恒有和我等七人去 510。看到 510，李先生和我异常兴奋，他讲，的确类似 320 矿床。

涂先生去"四清"前，让我代他负责二室的矿床研究业务，并随李先生去三局商谈新一轮合作。因此我向李先生谈了上 510 并开展南秦岭硅岩系浅变质型铀矿的预测、找矿研究，得到先生的赞同。随后我与佟成具体商谈合作。在汇报会上，我作为主要发言，综合观察与异常分布的测算，提出"很有远景"的看法，表态与 405 合作，并概略介绍 320 矿的情况，提出岩石命名原则的建议。回到地质所组建队伍，包括郑楚生、郑朗荪、李朝阳、张湖、董振生、侯渭、张履桥和陈先沛、任锦章。写了《西部地区放射性矿床踏勘简报（1965.7）》，按彭会意见，以叶连俊、李璞、张焘、陈先沛名义分送二机部和地质部有关单位。

佟成安排我向何长工部长主持的部、司局长会议汇报我们的建议：重点支持 405 队，并在"三线"腹地、显示有远景的南秦岭开展硅岩系浅变质铀矿的预测、找矿工作。随后向二机部提出类似建议。三局地质队随即开展工作。涂先生从"四清"回来，我向他汇报了一切，得到他的同意并去 510 考察。后来我们跟随涂先生考察一些地区，包括汉水流域。地化所成立后，1966 年年底，我们组织了较大规模的考察，除了上述人员外，还有范德廉、王庆隆、占巴扎布。

现在我可告慰李先生，先生在遗言中提到的"独特类型"、"经济意义"和"科学意义"，已经有所体现。尽管，我在 1977 年底被调离铀矿床研究，我还是努力实现先生遗言，而更可喜的是，地化所和许多科研机构、生产部门与大学师生开展 510 矿床的研究，而且成绩斐然。

（1）"文革"期间，与 405 队合作，510 矿点成为大矿床，其邻区发现几个矿床。虽然我不能与大家出差野外，但仍可在那里接待 405 队同志和涂先生等进行岩石与矿石的研究。

（2）1997 年我们访问了 320 矿床，矿上同志告诉我们，按提出的成因认识，经勘探增加数倍储量。矿山展厅四壁唯一展出我们 30 多年前共同的研究成果内容。

（3）硅岩系浅变质铀矿成矿认识，基本上成为主流。80 年代，涂先生领导的集体完成《中国层控矿床地球化学》巨著，在第一卷前言中，着重表述了 60 年代初期我们的工作，虽然没有点出具体作者，但在文中用了"侯德封、涂光炽、叶连俊、李璞等"，还在文下注出"中科院地质所"、"涂光炽等（1965～1973）"（涂光炽等，1984）。

（4）沉积浅变质铀矿床成因类型的提出，在相当程度上，促进了 70 年代末兴起的层控矿床研究。1965 年涂先生提出 510 矿是"沉积再造矿床"，根据他对"沉积再造"的诠释，与我们的"沉积浅变质"成矿的内涵雷同。基于此，涂先生以深邃的科学联想思维，开始思考那些数量大、与岩浆作用无关联、成矿受特定岩层控制、具热液现象的金属、非金属矿床的成因。涂先生改用了"沉积改造矿床"的术语，但概念相同。

（5）沉积浅变质铀矿床成因认识的进一步深化，也促进了黑色岩系型铀矿床以及砂岩中铀矿化成矿机制的研究，提出缺氧环境成矿控制的观点，概略地讲，黑色岩系型矿床的矿层与矿源层形成于缺氧环境，成矿物质再沉淀富集都与缺氧环境和围岩中的还原物质有关（范德廉等，2004）。以此原理即可解释成矿的层控机制和砂岩有关的铀矿床成因，也可解释其他主要工业铀矿床成因，包括不整合面型铀矿床等。

（6）1992 年我与范德廉受聘国际原子能机构赴巴基斯坦。考察、评价了有关铀矿化，期间介绍了硅岩系沉积浅变质（改造）铀矿床的基本特点。

（7）中国科学院与二机部在"核科学与技术的合作中""对秦岭地区铀矿资源进行评价"是"较突出的"（钱三强等，1994）。

（8）从 320 矿到 510 矿，可能是我们与生产部门合作，解剖典型，提出成矿的理论认识，增加已有矿床的储量，并成功预测，使一个矿点成为大矿床，并找到几个矿床的成功范例。

李先生的人生是短暂的，但却闪闪发光。特定的性格、高尚人品、崇高信仰、爱国情操、整体观念、开放思维、人文理念、科学精神、对无止境的科学前沿的探索与执着、团结拼搏与开拓创新精神的融合，形成绚丽多彩的光辉史篇，也提供了繁荣科学、促进科学创新的思考与途径。

主要参考文献

范德廉，张焘，叶杰等. 2004. 中国的黑色岩系及其有关矿床. 北京：科学出版社. 1～441

钱三强，朱洪元，杨澄中等. 1994. 核科学及技术. 见：中国科学院编辑委员会. 中国科学院（上）. 北京：当代中国出版社. 359～475

涂光炽等. 1984. 中国层控矿床地球化学. 第一卷. 北京：科学出版社. 1～354

回忆恩师指导

张玉泉

（中国科学院广州地球化学研究所）

我 1960 年毕业于长春地质学院，随后被保送到中国科学院地质研究所同位素地质研究室（一室），做李璞老师的研究生。

李先生第一次找我谈话，是我到研究室一星期之后。谈话内容，除问一些到研究所后有关生活情况外，主要是了解我在学校期间，除学习专业课之外，有没有参加过生产和专题研究方面的工作。我毕业前（1959 年）参加过辽宁省复县瓦房店地区 1：5 万地质填图和负责该图幅有关岩浆岩部分的报告编写。因此，在谈话结束后，李先生叫我把前述地区的岩浆岩分布图和文字部分整理出来交给他。三个星期后我把岩浆岩分布简图和文字部分交给李先生。差不多过了一个星期，李先生第二次叫我到他办公室。我到之后，他就告诉我去八达岭跑路线地质的事，主要是通过现场学习和熟悉有关岩浆岩方面的工作，时间一个月，吃住在清华大学八达岭农场。

第一次去清华大学八达岭农场时，李先生和我一起去的，在安排好住处后，就开始工作。第一天跑的路线，基本上都是在八达岭花岗岩体内，从岩体与围岩接触处开始，直到岩体内部，即由岩体的外部相到岩体的内部相，长石、石英和云母等造岩矿物逐渐变大等现象。在每天工作结束之前，就把第二天要跑的路线安排好，然后回北京。在 20 多天的野外工作中，只要所里和室里没有事，李先生都是到现场指导。从工作的开始到结束共详细观察了上庄辉长岩、松树沟二长闪长岩、铁炉子花岗闪长岩、八达岭和四桥子花岗岩等岩体，在和围岩接触处直到岩体内部岩性变化规律等的认识，为本人后来做花岗岩类研究奠定了基础。

李先生非常重视劳逸结合，由于同志们平时做实验，经常加班加点。所以到了星期天，经常带全室同志去登山、划船等。

1961 年李先生带领一室地质人员到南岭，对部分岩体进行考察和采集样品，由于人员比较多，工作时常常是分成两组，我基本上都是在外围组，交通条件差，要步行穿越岩体。一次是跟程学志等人跑大东山的岩体剖面，一次是跟常秉义等人跑热水岩体剖面，每次跑完路线回来，领队的汇报后，李先生总是叫我们参与跑路线的人都要谈谈自己的认识。

李先生第三次找我谈话（时间在 1961 年底或 1962 年初），内容一是做研究生方向不变，去中国科学技术大学听课；二是参加铀的成矿条件和找矿等研究工作。由我决定。我当时跟李先生说，国家的需要就是我的志愿，所以选了后者。当时中苏关系有点紧张，苏联专家全部撤走。二机部三局领导找中国科学院地质研究所领导商量，由多学科：张文佑（构造）、叶连俊（沉积）、李璞（岩浆岩）和涂光炽（矿床）等四位专家组成一个专家领导小组，领导全所从事与沉积岩、变质岩、火山岩和花岗岩有关的铀矿成矿条件的研究。1962 年下半年专家组到广东翁源县夏庄二机部的地质勘探队，检查我们的工作进展情况时，听完构造、岩石、矿化及蚀变带等专题汇报后，李先生又叫我给他讲有关成矿条件等方面的个人认识。在结束问话时，李先生还提到观察现象时要仔细认真等有关问题。

1968 年 4 月 25 日下午，开会休息时间，我请李先生帮我看一下他从国外带回来的一盒薄片中的二辉岩，如何在镜下区分单斜和斜方辉石。问题解决之后，李先生还告诉我这套标准薄片有一本详细说明书，叫我注意找一下。但万万没有想到第二天李先生和我们永别了！后来我一直没有见到这本说明书。李先生留下的一盒标准薄片我一直在保存着。现在我想把它放在岩矿鉴定室，让它继续发挥作用。

李璞先生永垂不朽

张自超　龙文萱　白云彬

（原地质矿产部宜昌地质研究所）

　　1958 年春天，中国科学院地质研究所和我们地质部地质研究所先后确立了创建我国自己的同位素地质研究的项目（当时称为绝对年龄测定），并启动和开展了绝对年龄测定实验室的筹建工作。由于当时地质部地质研究所在这一专业方面完全是一张白纸，从人员到物质都是一无所有，白手起家，到 1958 年下半年才调集了三四位刚参加工作的青年同志开始学习，以后虽然逐年加强了一些有实际工作的骨干，但对于绝对年龄的专业知识都知之不多或一无所知，对于开展筹建工作困难很大，真有点"猫子吃乌龟"，不知从哪儿下手。那时中国科学院地质研究所比我们先行甚远，不仅已经选送了一批有实际经验的年轻同志去苏联学习，而且有一批年轻同志在李璞先生——一位既有丰富专业知识又在英国留过学的室主任的领导下踏踏实实地进行实验室筹备工作，因此他们的绝对年龄实验室的筹建工作进展较快，成果明显。这对在当时苦于无从下手的我们来说正好是唯一学习的地方。那时我们隔三差五就要到中国科学院地质研究所去参观学习和取经请教。尽管我们当时都是一些小毛孩，与李璞先生也不熟悉，李先生还是经常在百忙中抽时间与我们见面，与我们亲切交谈，给我们鼓劲和建议，他对我们平易近人和谆谆教导，总是给我们很大的启发和鼓舞，激励我们去克服困难。后来进入 1959 年和 1960 年以后，先后有两位苏联专家来华讲学和指导建立年龄测定实验室，都是同时在中国科学院地质研究所和地质部地质研究所联手进行，情况才开始有所转机，这些都得益于两个系统和单位的紧密合作，也归因于中国科学院地质研究所对我们的无私援助。在专业上李先生也是身传言教，给我们年轻同志做示范。他与那时地质科学院负责指导我们筹建工作的副院长程裕淇先生经常交流，共同研究，并于 1964 年联名在《科学通报》上发表了我国第一篇关于同位素地质的学术论文《关于我国地质年代学研究的一些成果的讨论》。总之，我们深切地感到，李璞先生对我国同位素地质研究工作的发展及把我们这一代同位素地质的年轻人引领进同位素地质研究的大门起到了很大的作用。也正因为如此，每当我们在回顾我国同位素地质事业的发展过程和取得的成就时就更加怀念敬爱的李璞先生、程裕淇先生、王恒升先生等我国老一辈的同位素地质事业的奠基人和领路人。李璞先生关心年轻人的成长，平易近人，他慈祥博爱的情怀与严谨的治学精神将永远留在我们心中。

　　李璞先生永垂不朽！

李璞先生带我踏上科研之路

赵大升

（中国科学院地质与地球物理研究所）

悠悠岁月，时光流逝，不知不觉参加地质工作已逾五十五个春秋，回首往事仍历历在目。现仅记几件我最初踏上地质科研之路时难以忘怀的事，事虽锁细，但它决定了我为之付出毕生精力所从事的事业。

一、意外的惊喜

那是 1956 年的春夏之交，在我完成学业并通过了毕业论文答辩，正迫切期盼毕业典礼的召开及宣布国家统一分配名单的日子。同学们三五成群都在议论着想利用这离校前的短暂时间，痛痛快快地游览首都的名胜古迹，以便愉快地、充满信心地到祖国最需要的地方去，到遥远的边疆去，为寻找祖国的地下宝藏，为新中国的经济建设付出全部青春年华。正在同学们酝酿着如何安排好游览计划的时候，突得校方通知，让我们近期不要离开北京外出，有可能要提前分配工作，去参加一项极光荣而艰巨的国家任务。这意外的消息，使我们万分激动，也有些茫茫然不知所措，一颗平静的心被扰乱了。经多方打听得到的回答都是耐心等候，做好准备，详情不久即可知晓。果不然，没隔几天，通知我们去开会，校方正式宣布，由于国家的急需，我们将提前分配走上工作岗位，要我们不辜负祖国和人民的培养，在完成任务的过程中接受国家的考核；随后中国科学院地质研究所（简称地质所或所）的代表对我们分配到地质所表达了热情欢迎，并简要地介绍了要我们参加祁连山地质综合考察任务的重大意义。会后我心情非常复杂，一方面感到很惊喜，另一方面又感到有些忐忑不安，惊喜的是即将走上工作岗位，而且是实现了自己要响应祖国召唤到最需要、最艰苦地方的愿望，而感到不安的是要到国家最高学府从事地质科研工作是否能胜任呢？

1956 年 5 月底办完离校前的一切手续，依依不舍地离开了已生活和学习四年的母校——北京地质学院（简称地质大院或地院），离别了尊敬的老师和朝夕相处的同窗学友，被接送到位于北京沙滩的地质所。到所后召开了有所领导、地学界老前辈和各处室代表参加的迎新会，对我们这些"新生力量"表示了极其热情的欢迎，并介绍了地质所的概况及让我们参加祁连山地质综合考察任务的安排。由于任务紧迫，要求我们抓紧时间做好出差的一切准备，包括个人行装的购置及野外用品的领取等等。此事留给我的印象颇深，因为这是我第一次领到了国家给的费用。

从一个宽广但很熟悉其每个角落的地质大院，来到一个新的生活、学习和工作环境。来到一群陌生人中间，一切急剧的变化要求我尽快地适应和熟悉周围环境，充满豪情地投身于新的战斗岗位，为发展祖国的地质事业献出毕生的精力，不辜负祖国和人民的培养。

二、祁连山的呼唤

到地质所后没几天就满怀着急迫的心情，哼着那首不久前学会的歌曲："我不是不爱你呀亲爱的故乡，为了祖国到处都是春天，我离开你呀到远方……"，离别了北京，离开了亲人，踏上了西去的漫漫旅程。

中国科学院祁连山地质考察队负责后勤的同志在兰州已先期做了大量的、繁重的工作，包括衣食住行的方方面面。在当时的条件下，为一支庞大队伍做了如此周密而细致的工作安排，确实是件很了不起的事。按计划祁连山的地质综合考察任务，由地质所牵头联合中国科学院有关地学的研究所及地质院校等承担，将分几条路线同时穿越完成。我被分至以李璞先生为首的分队，参加穿越从青海省天峻县到甘肃省肃南裕固族自治县的路线。

李璞先生毕业于西南联大，后赴英国深造，获剑桥大学博士学位，新中国成立后回国效力，担任过第一批随解放军进藏地质综合考察队队长，具有渊博的地学理论知识及丰富的野外实际工作经验，人和蔼可亲，平易近人。能在其带领下工作，使我倍感荣幸。

组成分队后李先生向我们这些初出茅庐的地质队员介绍了有关祁连山的一些概况。祁连山山峦重叠，东西绵延近千千米，道路险阻，人烟稀少，其腹地属无人区。它在地质构造上十分复杂，蕴藏着极丰富的地下宝藏，而以往仅有极少西方地学工作者对其进行过局部考察所撰写的零碎资料，基本上属地学领域的空白区，是一尚待开发和研究的处女地。我们这次的考察是开拓性的工作，任务和使命非常艰巨，也很光荣。能参加此项工作使我倍感自豪和鼓舞。

由于我在地院是学岩矿专业，毕业论文又是在矿山进行，因此对进行区域性的路线地质考察比较生疏，加之第一次参加工作就要到一个在地质构造上对其知之甚少的空白区，更增加了很多困难，也可说是一次严峻的考验。我下决心，要排除万难，在难得的实践中充实自己的地质知识，去完成神圣使命。

从兰州乘汽车经西宁，过青海湖，越日月山到达我们此次翻越祁连山路线的起点青海省天峻县。县城位于祁连山南侧的茫茫谷地草原中，县城很小，实际上仅是一个由几个居民点较集中而形成的小镇。城镇房屋简陋，其中还错落分布些蒙古包似的帐篷。在这里分队做了进山前的最后准备工作。

极目远眺，巍巍祁连山近在咫尺，它高高耸入蓝天白云。远处皑皑雪峰在阳光照射下闪闪发亮；山前谷地中绿草茵茵，成群的牛羊及野驴悠闲地游荡其间；近处蒙古包顶冒出缕缕炊烟，在微风中缓缓升起；弯弯小河旁不时飘来悠扬动听的牧歌声……这一切显得多么宁静和安详。祁连山——祖国富饶的宝山——在悄悄地呼唤和欢迎我们这支要揭示和剖析其地质奥秘的人们。

在一个风和日丽的日子，带着一支浩浩荡荡的马匹和骆驼队，开始了我们跨越祁连山的新奇而艰苦的路程。我们每天迎着朝霞，脚踩着露水，肩挎着地质包，手拎着铁锤，哼着《把青春献给祖国》的歌踏上征程；夕阳西下，不远处已能听到断断续续的马嘶和驼铃声，《勘探队员之歌》的歌声在山谷中回荡，伴随着我们走向宿营地，结束了一天既艰辛又愉快的工作。

　　沿途李先生对我们这些年轻人倍加关照，在一些比较关键的地质观察点，都给我们详细的讲解，并让我们谈谈看法，以培养我们对一些地质现象的观察和分析能力，启发我们去思考问题和探索解决问题的思路，也是对我们从书本上学到的知识在实际中应用的一种检验。在工作中他对我们的要求很严，经常提示我们要细观察、勤动手、多思索，以便收集到对于地质工作者来说是至关重要的第一手野外实际资料。每当我们对地质现象观察不细而导致错误认识或测量地质产状不准确，抑或没有采集到必要的新鲜岩石标本时，都会让我们重复去观察、去测量、去采集，从实践中教会我们逐步地，进而系统地掌握一整套从事野外地质工作的本领，培养我们观察和解决问题的工作能力，这为我在其后从事的地质科研工作打下了良好的基础。而每当我们在地层中找到了化石、在岩石中发现了矿化，或看到了地层间的不整合现象、地层与岩体之间的接触关系、地层中的构造类型等等，李先生都给予我们鼓励，并详细地讲解了它们在揭开祁连山地质构造奥秘中的意义，这使我们欢喜若狂，也增加了去完成任务的信心和勇气。

　　通过近一个月的艰辛但又很愉快的穿越祁连山的路线，不仅增长了我对地质事业的认识和热爱，也被作为一名"地下尖兵"而深感光荣和自豪。我们没有辜负祖国的期望和召唤，圆满地完成了使命。此外，在体能及适应野外生活上得到了磨炼，为其后能独立地去承担野外工作打下了良好基础。

三、走上岩矿科研之路

　　从祁连山回所后，我正式被分配到岩矿研究室工作，从而开始走上岩矿学的科研之路。

　　分配到岩矿研究室从事科研工作与我在地院所学专业及毕业论文所涉及的内容相近，而且又能在带领和指导我踏上地质科研之路的李璞先生亲自领导下进行工作，感到万分高兴。

　　研究方向确定后的一段时间里，我除紧张地投入祁连山大量野外资料的整理工作外，加强了对岩矿基础理论知识的学习，以求尽快适应今后将面临的新的挑战。

　　到岩矿研究室后不久的一天，李先生叫我到他的办公室进行了长谈。首先他征询我分到岩矿研究室有何意见？对我今后的研究方向有何设想和打算？我表示一切听从组织上的安排，服从工作的需要。李先生听后很高兴，并说那就从事岩浆岩石学方面的研究吧，以后就参加室内的基性-超基性岩研究小组的工作。该研究小组是在解放初期根据国家经济建设中急需矿产资源任务，在李先生的亲自主持和参与下建立的，李先生因此成为国内在此研究领域的开拓者和奠基人。李先生把我分至基性-超基性岩研究小组是早有考虑的，回忆在完成祁连山地质路线到酒泉后又派有我参加的两人小分队进入位于祁连山北坡的一个超基性岩体做了考察，其目的之一可能就是让我更多地熟悉和了解超基性岩，以培养对它的兴趣，这算是后话吧。在谈话中他要我加强对岩石学基础理论知识的学习，熟悉和掌握现今对它们的研究现状和研究方法，以便今后在完成国家任务中做出贡献。接着他向我介绍了在剑桥大学深造期间如何抽时间亲自到化学实验室做岩石化学分析的经历，并说这对一个从事岩石学研究的工作者来说是不能缺少的。他要我抽出一段时间到所内化学分析室进修学习，以掌握样品制作、样品分析的全部流程及对分析结果的解析和应用。很感谢李先生的指点和教导，实践出真知，通过这次的进修和实践，使我增长了对岩石地球化学方面的知识，了解到自然界岩石中元素的分布、共生组合、变化特征及其活动规律，从而对岩石化学分析数据的认定及可能出现的问题做到心中有数。这使我在其后长期从事岩石学研究方面受益匪浅。

四、启迪与收获

李璞先生是带领我走上地质学研究之路的领路人，是指导我步入岩石学研究领域的启蒙导师。他严谨的治学态度和认真求实的工作作风，是我从事科研工作的学习榜样。他言传身教，一步一步地指导我走过了地质科研之路的最初岁月。

参加祁连山地质考察及对岩石化学分析的进修学习，是我走上地质工作和研究之路迈出的第一步，收益颇丰，它不仅使我学到了进行地质工作的本领及培养了对岩石学进行综合研究的工作能力，而且更使我懂得了在工作中获取第一手实际资料至关重要。对一个从事地质学研究的工作者而言，建立在大量实际资料基础上并将其各方面的特征加以综合分析，才可能得到较为客观的正确认识，才有可能去探索和揭开地球的奥秘。

这些从李璞先生言传身教中所得到的启迪以及在实践中领悟出的道理，不仅始终贯彻在我其后的一切研究工作中，也是我培养研究生过程中所遵循的。

宋云华同学将文稿转成电子版，并对文稿进行了修改，谨致谢忱！

往事点滴

赵树森

（中国科学院地质与地球物理研究所）

想起李璞先生就令我联想到先生为我国同位素地质科学事业的奠基、发展所做的卓越贡献和他的丰功伟绩。他的创新敬业、刻苦钻研和高风亮节的品德鼓舞我们后辈步步向前。

1960年，我在中国科学院地质研究所（简称地质所）的所长办公室任业务秘书，列席所的业务会议，从而认识了李璞先生。那时，我国的地质科学正处于与数理化学科互相渗透和创新的发展阶段（曾称为地质科学革命），同位素地质学（含同位素地球化学）尚属于空白学科。为填补这空白研究领域和与国际研究接轨，所务会议做了认真讨论，决定成立同位素地质研究室，并推举李璞先生出任研究室主任。记得，当时先生已身兼西藏和祁连山地质研究的重任，但他仍勇于承担了创新学科的领导重任。为此，先生夜以继日地辛勤工作，迅速抽调了我们一些具有不同专业背景的研究技术人员组成了同位素地质研究室（一室）。他非常重视全室专业人员的学习和提高。首先，为适应同位素地质研究对多学科知识的需求，先生动员、组织不同专业的人员互教互学：学物理的讲原子物理学；学化学的讲放射化学；学地质的讲同位素地质学所要研究的问题，并开展野外调查和采样，他还要求每个学地质的人员要参加一项实验技术工作。学习的另一方面是提高外语水平和掌握国外研究进展。在当时学习苏联和以俄文资料为主的情况下，先生鼓励大家学俄语；及时组织翻译有关专业的俄文资料。他还托人得到了苏联刚出版的《核子地球化学》一书，立即组织翻译，并边介绍边应用。那时先生很重视基础地质工作，亲自带领野外调查，教导我们要在查明地质体相互关系后再采集年代学研究的样品。正是在先生的倡导和精心组织下，全室团结一致，于1961年在我国首先建立了一个同位素分析、测试实验系统，从而取得多项相关的研究成果，填补了我国同位素地质科学的空白。

李先生为人平和、热情待人，尤其重视对年轻人的培养和提携。我在室里帮他抄写稿件，在野外，他教我如何采得规范的标本，先生打的岩石标本又大、又规范完美。休息时，他给我们讲他丰富的人生经历和故事，说他当过冯玉祥的兵，每天出操、下操都唱歌，还给我们唱了"今天的工作已完了……"的歌；告诉我，他学习英文时，自己手抄了一本英文的《普通地质学》，……这一切都使我们感受到了先生的平易和真诚。先生低调帮助有困难的人，我从被助人那里已知道不少这类情况，他的办公桌里经常放些工资，只要有需求者，他就慷慨相助。1961年，一位转业军人离京回乡，先生带着儿子李池去火车站送行。先生的人格魅力和榜样的力量，鼓舞着全室的人员忘我地工作。那时，工作不计时间，尤其住在北郊新建区的人，大都工作到办公楼锁门。记得一位同事深夜在回宿舍的路上，由于照明不佳，一下子跌进了无盖的地下水井，用尽了全身之力才爬上来。成立初期的十三室人员个个工作努力，学习认真，是一个和谐和温馨的团队。在那个年代，节假日虽少，但互相串门、组织游园的活动常有，有时还派人排队买票，一起去首都剧场看话剧，去天桥剧场听歌剧……工作休息时，有人模仿剧中人举手高唱茶花女主题曲，大家也随唱，气氛非常活跃。正是这样一群积极向上的年轻人，在李璞先生的领导下，为同位素地质学在我国的发展奠定了坚实的基础。1963 年，我被调离一室时，先生给我的亲切赠言，我至今不忘。后来，我个人能从原来的水文地质专业，进而从事我国铀系年代学的建立和研究，也与先生的引导和培育有关。

我最后见到先生约在"文化大革命"开始后的 1967 年，先生回京，我俩在地质所大饭厅共进午餐。他低声有感地对我说："你现在还能和我一起吃饭？"短短的一句话永记我心。后来得知先生的不幸，我悲痛万分。

今天，同位素地球化学研究室已经历了五十多年。先生所奠基的同位素地质研究事业，在一代一代后辈们的努力下，已得到了长足的发展，它不仅在国内处于领先，在国际上也取得了平等的学术地位。李先生得以含笑九泉了，安息吧，李璞先生！

一位令人可敬的严师

——忆我国同位素地质学奠基人李璞先生二三事

周新华

（中国科学院地质与地球物理研究所）

今年是李璞先生诞辰 100 周年，而他离开我们也已有足足 43 年了。时光如梭，一个时代虽早已逝去，但他留下的光亮和回响却不会随着时间而流失。相反，随着历史步伐的前进，会愈发增添它往昔的意义和价值。

回想第一次接触到李先生的大名还是在刚刚跨进中国科学技术大学（简称科大）地球化学和稀有元素系的时候，那是 20 世纪 50 年代末。当时的中国科学院地质研究所所长，也兼任科大该系主任的侯德封老先生与我们这批刚迈进大学校门的年轻人座谈，介绍地球科学，介绍中国科学院地质研究所（简称地质所），介绍新兴的边缘交叉学科地球化学，把我们带进了以前完全陌生，却是色彩斑斓的学术百花园。很快我们就知道了李璞先生的名字。知道了这位从英国剑桥大学毕业回来的岩石学博士正在领军组建我国第一个同位素地质学研究室及相应的实验室。这也是我第一次接触到这一崭新的专业学科名词，逐渐产生了浓厚的兴趣，从此也就改变了我人生的轨迹和方向。

随着科大课程的进展，几年后开始了专业课的学习。以李璞先生为首的地质所同位素地质研究室老师的教授团队来到科大地球化学专业，按各类同位素方法技术给我们讲授同位素年代学。李璞先生负责讲授总论及年代学应用与地质年表，因李先生工作太忙，安排的课时虽不多，但他对年龄数据解释及地质应用需谨慎的强调，给我们留下了十分深刻的印象。这对我们这些还尚未跨进科学大门的年轻学子来说，可以说是上了科学研究要求严格、严谨学术态度的第一课，也应该说对我们产生了终生的影响。当时我就利用课余时间，阅读了一些同位素年代学的文献，依照李先生讲课的思路，与陈文寄合作写了一篇读书报告，并在年级内的学习园地"滴水"墙报登出。与其他同学的文章一起，"滴水"还引起了系主任黎彤教授的关注。到了五年级，每个同学都需作毕业论文，我被分配到李先生名下，由陈毓蔚老师直接指导。这使我有机会进一步"领教"李先生在科学上的严格的要求。因做论文时间很紧张，我们同学们都住在地质所六楼会议大厅的行军床上，基本是日夜加班赶实验。当时我们都觉得这对学生而言是太普通了，是"天经地义"的。万万没有想到，在夜晚做实验时，经常会看见李先生办公室门上的玻璃还亮着灯光。直到有一天，李先生想了解实验进展叫我去汇报，才见到在他办公室窗边靠书柜处有一个折叠好的行军床。这时我才恍然大悟，像李先生这么"高级"的研究员也睡行军床加班啊！后来听其他老师讲，李先生觉得他原来是学岩石学的，同位素地质学对他而言，也是一门新的学问。故他除了日常的学术领导工作外，还特别抓紧时间努力学习国际上这一学科的发展及各种新的方法技术；因而，也经常在办公室过夜。这也使我知道，李先生不仅仅对研究室的工作，对学生要求很严，他对自己要求更严！因此在实验室工作期间，流传中的李先生名言"这里是科学院，不是东安市场！"就成为我们每个人自觉遵守实验室工作纪律的"戒条"。

1964 年毕业后我被留地质所工作，马上即去参加河南的"四清"运动。次年"四清"回所后参加的第一个科研项目就是李先生布置的与东北地区铀矿床有关的辽东地区铅同位素地质研究，同时李先生希望还要对该区前寒武纪地层中工作基础较差的宽甸群补充年代学工作。当时项目负责人是于津生老师，参加工作的还有桂训唐老师。这一工作直至"文化大革命"开始从东北野外回所。根据要求，项目组在于老师领导下撰写了两个报告，直接与铀矿有关部分属保密范围，交二机部三局资料室保存。而辽东地区铅同位素地质属公开部分，成稿后准备投《原子能科学技术》学报发表。该文主要涉及同位素年代学及铅同位素工作，故我参与较多。成文后交李先生审阅。这是我平生第一次参与学术论文写作，当然是怀着战战兢兢的心态。果然几天后，李先生把我叫去，针对文稿提出了不少问题和修改意见。其中，不仅涉及科学问题的论证和讨论，也有关于文字表达和专业术语运用等。应该说，李先生给我上了科学人生的第一课，如何做科学，求真，严谨永远是第一位的！而与此相对照的是，在日常生活中，李先生却是极其简朴平易。当时我们都住所里的集体宿舍，他的工资存折就存放在姚林褆那里，据说李先生表过态，室里哪个同事家里生活发生困难，就授权姚林褆取款帮助。

1968 年晚春，在那大革文化命的年月里，当我们在北京进行珠峰科考样品同位素测试任务时，从贵阳传来了李先生去世的噩耗！我们一时真不知如何应对。脑子里闪过的是李先生那胶东汉子的刚烈性格和历史性的悲壮一幕。

"虎踞龙盘今胜昔，天翻地覆慨而慷"。一晃，到了改革开放的 20 世纪 80 年代。可能是因我在北美有关中国东部玄武岩的工作，1985 我得到了剑桥大学同位素实验室 O'Nions 教授的邀请，在英国皇家学会资助下，去从事地幔样品的同位素研究。初到康桥，大部分时间都在实验室加班工作。但在紧张实验之余，我仍念念不忘那二十多年前李先生给我的教诲。终于有一天我找到了系里的有关秘书及老教员，请他们帮助一起查找到了当年李先生的博士论文。那是在尘封的老档案室里，看着厚厚的李先生博士论文，真是思绪万千啊！多么希望李先生能重回到我国同位素地质学舞台，领着我们一起继续前进！

作为晚辈与学生，虽然我与李先生只有不到五年时间相当有限的接触，但先生对人，对科学，对事业的真与严却深深印刻在我心间。师恩永存！先生严谨的科学精神，严格的学术要求，严肃的人生态度将永远是激励我们前进的精神财富。

回忆李璞先生两三事

周作侠

（中国科学院地质与地球物理研究所）

李璞先生是我的恩师，给我学术的指导，心灵的教诲和人生道路上的启迪，终生受益匪浅。

平易近人，谦虚谨慎。新中国成立初期，国家缺少钢铁，镍铬资源更是不足。接受有关寻找镍铬资源任务后，李先生日夜操劳并具体指导。河北迁安镍矿是一个小矿，李先生亲自领导我等前往调查，11月份风冷水凉，同吃、同住、同劳动，睡在同一土炕上，早晨在河水中洗脸刷牙，从不抱怨。四五天的时间，十分疲劳。回到北京做了室内研究后，向苏联专家巴普洛夫汇报得到好评，有关论著发表在《地质科学》学报。

业务精湛，一丝不苟。李先生在业务上十分认真严谨，特别是对我写的文章或论文非常仔细批改，甚至对我的毕业论文摘要如何写法，重点章节都给予有效的指导。有一次李先生去苏联开会、讲学，准备得特别仔细，发言提纲、讲学内容均写出草稿，还在俄语上狠下功夫。回国后，给我们详细介绍情况，还送我两本专著。

亲如家人，谆谆教诲。记得有一次因某些琐事不开心，先生亲切邀我谈话，使我心中感到热乎乎的，为让我放松一下，给我找了个差事，当时密云水库坝址初选，发现有超基性岩，让我去调查超基性岩体并估算其经济价值，我欣然前往，工作完成后，心情舒展很多，此事给我印象很深。

严谨求实，开拓创新。在20世纪50年代，李先生和涂先生经常与大家一起夜以继日研讨一些创新项目。例如，同位素地质学、微量元素地质学等以及探讨某些资源远景区，如铬镍、微量元素和稀有元素等资源，这为后来的同位素地质学，铬镍和稀有元素等资源的研究和学科的发展打下良好的基础。上述成果曾在当年"七一"献礼时送怀仁堂展出，叫我和杨风筠去介绍，胡耀邦等领导还前往参观，并给予很高评价。

李璞先生勉励我们高质量完成珠峰任务

朱炳泉

（中国科学院广州地球化学研究所）

1963 年李璞先生在中国科学技术大学讲课，讲了同位素地质年代在地球科学中的重要性和我国刚起步发展这一学科的情况。这使我对同位素地球化学产生了浓厚的兴趣，并坚定不移地选择了同位素地球化学作为毕业论文和今后的研究方向。1964 年我被分配到中国科学院地质研究所同位素地质研究室（一室）工作。1966 年在人员少、年龄测定任务重、准备搬迁、"文革"冲击等情况下，我们 24 小时轮班工作。晚上加班，只要李先生在所时，他都要到实验室来看一看，问问情况。一声问候，使大家忘记了疲劳。1967 年秋，科委综考会下达给中国科学院地球化学所测定珠穆朗玛峰顶峰样品年龄任务。顶峰样品属于国家一级保藏品。李先生最早组织青藏科考，深知珠峰顶峰样品来之不易，因此极其关心这一年龄测定任务。当时李先生虽被停职检查，但还是帮助做有关年龄测定新技术的文献调研。由于刚搬迁贵阳，"文革"对科研工作又冲击很大。实验室根本不具备低年龄和石灰岩等样品定年的条件。李先生查到国外刊物发表有一篇应用慢中子活化技术 K-Ar 定年的文章，介绍给大家，并约同技术人员在他的住处（集体宿舍里），为大家细读此文，并参加讨论方案，勉励我们要为国争光，高质量完成珠峰任务。后来确定慢中子活化技术 K-Ar 定年这项工作由我和陈文寄、卫克勤去完成。我认真阅读国际上仅有的两篇文献，感到难度很大；反应堆样品照射、内部注入气体样的计数器、托氏泵、低本底能谱测定等等，没有一项技术和设备是国内同行研究所具备的，一切都要从头开始。而且 ^{37}Ar 的半衰期国外也没有精确测定过，这将严重影响年龄测定的精度。同时，我对当时政治形势发展也感到十分忧虑，感到没有信心完成这项任务。我们虽和李先生同住一个集体宿舍，但迫于当时的政治形势，自己和李先生本人都不敢在一起相互谈心和交流思想。然而李先生还是看出我们的心理状态。他当时说了一句意味深长的话："要相信党，天不会塌下来，天塌下来有珠峰顶着。"正是这句话使我增强了信心。为珠峰任务，一室十多位同志先后去了北京相关单位（冶金部地质所实验室、原子能所、科学院北郊 917 大楼和北京分析仪器厂）工作，开展慢中子活化 K-Ar 新技术定年和 Rb-Sr、U-Pb 灰岩定年工作。正当我们工作顺利开展时，传来了李先生用刀结束自己生命的噩耗，使我们陷入万分悲痛和彷徨中，但只能用相互沉默来表达自己的心情。我当时忽然又感到他是在兑现自己的诺言。他像一座"珠峰"，用自己脆弱的生命顶住了那倾斜的"天"。这就是男子汉的"顶天立地"。原来他当初就是在教导我们要做"顶天立地"的人。正在科研工作紧张进行时，许多人被调回去搞"运动"，只有我和极少几个人留下来继续完成珠峰任务。每天高剂量的辐射，使我的心情极不好。我用了李先生"天不会塌下来"这句话为引子，写信给室里回去的部分同事，要他们顶住所里破坏科研的错误决定。有人出于好心，怕我受牵连，把信烧了。通过一年多的共同的努力，我们高质量地完成了珠峰任务，建立了慢中子活化分析 K-Ar 定年方法，并正确测定了 ^{37}Ar 的半衰期为 35.3 天，后来得到国际原子能委员会的认同。往事烟云，但"天不会塌下来"这句话永远记得。

缅怀李璞先生：诗三首

安三元

（长安大学资源学院）

怀念李璞老师

冰河蛇绿印足痕，哲语嘉言曾耳闻；
持身处世见风貌，著作立论树精神；
情谊汪洋珠玉润，教诲簇峦字句新；
斯人已逝典型在，祁连石色入眼深。

1981 年 4 月 28 日

一 九 五 五

铁马冰河长征路，草径废卡迹可寻；
逞强尽日落峡谷，迷途彻夜畏狼群；
八宝流急逐波马，百经寺旁找矿人；
恩师已逝典型在，心随冷龙岭头云。

1986 年

注：自民乐入祁连山，仍有马步芳追堵西征红军之关卡在焉。涉洪水河，融冰水痛入骨髓，攀冷龙岭，见冰川熠熠生光。三岔河孤身探奇，陷入峡谷，进退失路，百经寺傍晚下山，与警卫失散，彻夜徘徊于荒草中。李璞老师乘马落水，击浪浮出，衣物全入鹰落峡，不知所终。先生言传身教，严己宽人，音容笑貌，仍在目前，不幸"文革"遇难，弃世已二十年矣！祁连巍巍，景行仰止。先生之德，当永志不忘。

祁 连 巍 巍

　　有一个人——不是普通的人，又是一个极普通的人，他的身影常在我心中萦绕。

　　他已经不幸离开了人世，我却总觉得他还活着。

　　每当我处在困难之中，我看到他攀登祁连冰川的背影；

　　每当我怒不可遏时，我感到他那深邃的目光盯着我；

　　每当我累得想躺下时，我想起他说的曾经跟在牦牛后面进藏的情景；

　　每当我灰心泄气时，我听到了他平静的安详的山东口音：

　　"老赦哪，加油！"。

1987 年 6 月

（安三元教授怀念李璞先生的诗稿由其夫人叶剑教授提供）

敬慕与怀念李璞先生

王　辉

（中国科学院广州地球化学研究所）

忆复国初多艰难，回归爱国浴心田；
奋力为国觅矿产，科海明师现模范；
国家需求驱动力，跋山涉水遍青山；
艰苦岁月不停息，南北东西探矿源；
博学究理事科研，同事生友齐鸣谦；
绝对年龄测定术，华夏大地第一间；
人生短暂似流水，浸入大海不复还；
疾风暴雨来势急，陨落科坛强壮汉；
前辈足迹启后人，敬业史实记心间；
百岁诞辰缅怀众，先生精神永承传。

第二部分
李璞学术论文选集

康藏高原自然情况和资源的介绍

李　璞

1951 年 5 月中央人民政府和西藏地方政府签订了和平解放西藏办法的协议后，政务院文化教育委员会组织了西藏工作队入藏进行各方面初步的调查研究工作，为今后帮助西藏兄弟民族发展政治、经济、文化等建设事业提供一些参考资料。工作队人员共 57 人，包括自然科学和社会科学两方面。我们在入藏前对于康藏高原的情况的了解是很少的，通过两年来的实际工作，对于高原的自然和社会情况有了一些初步的认识。但由于工作时间仅两年，调查的区域还不够大，所见到的情况自然不能概括高原的全貌，对于问题的分析也不可能很深刻。现在提出来仅供今后进一步工作的参考。

1　各区的一般自然情况

康藏高原范围很广，南至喜马拉雅山，北至昆仑山及其支脉唐古拉山等；东端是一向被人们所习称的"横断山脉"；中部又有靠近东西向的冈底斯、念青唐拉、倾多拉一条断续的山脉，把高原分割开来。高原形成于第三纪，之后经过了长期的冰川和流水的作用，原有面貌已大部改变。根据地理情况，大致可分成 5 个自然区域：①藏北高原——内陆湖区；②怒江上游——高原峡谷过渡区；③东部三江流域——高山峡谷区；④雅鲁藏布江上游——宽谷山地区；⑤雅鲁藏布江下游——峡谷区。现在将各区的情况简单地介绍于下：

1.1　藏北高原——内陆湖区

包括黑河以西，冈底斯、念青唐拉和昆仑山及唐古拉山之间的地区，是一个海拔 4500～4600m 的大高原，其中虽有一些不规则的狭窄山地和少数高出 5700m 的山峰，但主要地形是坡度平缓的丘陵和盆地。盆地拔海（现称"海拔"）为 4400～4600m（黑河 4443m，腾格里湖 4515m，班戈湖 4620m①）（图 1），它的中部往往有大小不一的内陆湖或盐碱沼泽。河流一般是很短的，最长的也不过几百千米，并且都向盆地集中，没有向外的出口。湖水大都含有盐碱等矿物质，有的湖底沉积了大量的盐和硼砂，有的湖里和河里还有鱼类。

图 1　腾格里湖一角

---

① 高度为空盒气压表记录。

从这些湖泊周围存在着相当厚的湖沉积看来，湖水是在慢慢地退缩着，如董错和棒错①之间仅被高约十几米的湖沉积所隔开，由此可知，在过去某一个时期内，两湖可能是一个。腾格里湖东北角一带所看到的湖沉积做成的台地，距离目前的水位也有十几米，这个情形在雅鲁藏布江②以南的羊卓雍湖边也可以看到。

这个地区的气候是属于标准的大陆性气候，干寒是其特点，春季有雪，夏季有阵雨或冰雹，每年 9 月到次年 4 月是风季，以西风为主，起风时间多在下午一点钟左右，直吹到傍晚六、七点钟，风大时，在干涸的湖边，沙土飞扬，能见度仅几米。但平时天气晴朗，视距可以达到很远。例如，在黑河以西 120km，一个海拔 5700m 的山头——窘拉③上，可以看到周围50km 以内的 7 个湖。同时日照也很强，冬季最低温度可到 -35℃ 以下，最高温度在 0℃ 左右，昼夜温差很大，在盆地里，即在冬季也不是经常积雪的，一般说来，5 ~ 12 月都适宜于作野外调查工作。湖区内部道路很多而且很平，但交通因受高度和距离的影响，较地形上其他方面的限制较大。初由内地到高原的人，一般都感到呼吸急促，但经过两、三个月，就可以适应了。湖的周围是广阔的草原，那里有一簇簇牧民居住的帐篷和一群群的牛羊和马。念青唐拉雪岭，像一条锦屏似的横立在南方，主峰拔海约 7100m，突立在群山之上，更是壮观。

湖区生产以牧业为主，在黑河（4443m）和囊如宗（即江龙宗 4685m）间，有小区域的青稞和元根，青稞可以长到两尺（1 尺 ≈ 0.34m）多高，但不能结实。腾格里湖北岸，有高1 ~ 2m 的桧柏。

1.2 怒江上游——高原峡谷过渡区

包括丁青、洛隆宗以西，黑河以东，倾多拉-唐古拉山之间地区。怒江在这里大致呈东西向，上游切入黑河以西的湖区，使支流和湖泊相连，同时由于河流的下切，湖水被洩走，湖泊变成了沼泽或干涸的盆地，黑河盆地就在这种情况下形成的。从黑河向东，河谷逐渐变狭，河谷以外的地形是山地和草原，但河谷以南到倾多拉之间的地形较由河谷北去到唐古拉山麓为复杂（图 2）。

图 2　怒江上游邦通

昌都到拉萨有三条大路：南路经倾多拉以南的波密地区；中路则沿倾多拉北麓，经洛隆宗、边壩宗、嘉黎及工部江达（太昭），路线最短，山却很多，山口大都接近雪线，丹达拉、本达拉（5300m）、错拉（5300m）就是其中有名的几个；北路在怒江河谷北岸，经丁青、硕站单关（硕宗）及黑河，大部是草原，道路比较平坦。

本区气候较内陆湖区稍为湿润，河谷与山地间的草原是现在藏北主要的牧区之一。三大奔共及比如宗以东河谷两旁渐有森林，以杉柏为主。

---

① "错"—是藏语，意为"湖"，如腾格里湖藏名囊木错。
② "藏布"—是藏语，意为"大水"、"江"、"河"等。
③ "拉"是山口的意思。

1.3　东部三江流域——高山峡谷区

包括倾多拉以东，怒江、澜沧江和金沙江三条大江的流域。在丁青东南，怒江主流渐由东西转向西北东南，与澜沧江、金沙江同时平行南流。由于垂直侵蚀大于侧向侵蚀，因而造成比高达 1200m 以上的高山深谷（金沙江河谷在冈坨拔海 3000m，江西额拉山口 4300m，澜沧江上的昌都 3170m，昌都以东的甲丕拉为 4580m，达马拉 4440m，西面的南错拉 4398m），把高原原来的地形大部破坏（图 3）。

图 3　三岩附近金沙江峡谷

分水岭上的地形非常复杂，有许多拔海 5500m 左右的雪峰，只有在较宽的分水岭上才残留着平广的小高原。澜沧江和怒江分水岭上的八宿草原就是其中的一个，也是本区的重要牧区之一。河谷台地保留得不多，可耕面积也不大，越向南，河谷越窄。昌都附近最显著的一层台地高出河面约 25m 左右，坝子面积接近 2000 亩，已经算是大的了。有的支流上游的冰川谷、河谷也很宽，但拔海均在 4200m 以上，农作物就不易生长了。

这个地区气候比怒江上游要湿润些，青稞栽培的高度可以达到 4000m，除开阔的河谷和阳坡，因蒸发大，比较干燥外，在窄谷和阴坡，植物很易生长，常有森林出现。从地形上来看，这个地区东西南北的交通都是困难的，但是康藏公路现在已经越过这个地带，交通条件已与以前的情况不同。

1.4　雅鲁藏布江上游——宽谷山地区

德木宗以西，雅鲁藏布江主流上的河谷渐渐宽起来，则拉宗附近则宽达 10km 以上。除了曲水以西的月觉、日喀则以东的下惹勾撒和泽当以东的卓布几段峡谷外，河床坡度大都平缓，可以通航，但河槽不固定是其缺点。较大支流上的河谷两旁台地发育也相当好，如拉萨河谷平原高出河面 2m 左右，平均宽度可达 3～4km。从雅鲁藏布江河谷向南北两方开展，地形渐由山地转入高山带，山地间常夹杂着东西向的河谷平原或盆地，如拉萨河谷平原（3660m）、拉萨以北的林子宗盆地（3800m）、念青唐拉南麓的当雄盆地（4200m）等。这些盆地与雅鲁藏布江河谷相比较，由南向北成为阶梯状。这些盆地两侧或河谷区往往有断层存在。南去到喜马拉雅山北麓，有一带东西向的小高原，上面还残留着一些内陆湖如羊卓雍

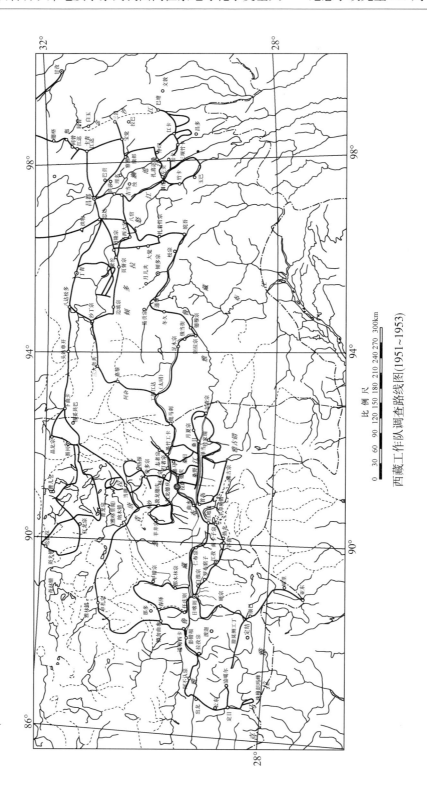

西藏工作队调查路线图(1951~1953)

湖、错莫测丁等，有些类似藏北的高原（图4）。

图4　拉萨河谷平原

由于南面印度洋的湿气为喜马拉雅山所阻，因此河谷下游的湿气，影响这个地区很少，加以地形开阔，蒸发大，形成这地区的半干旱性气候。但因可耕地面积较西藏其他地区为多，所以人口较其他地区为稠密，出产也较丰富，藏族悠久的文化，也是在这里发展起来的。这一地区沿河谷的东西交通相当方便，但南北交通仍要受到高山的阻碍，如拉萨拔海为3660m，拉萨北至黑河的山口果拉为5100m，拉尼拉为4680m，由拉萨南去亚东，在曲水到江孜的山口——卡惹拉为4800m。

1.5　雅鲁藏布江下游——峡谷区

包括倾多拉以南的波密区和珞瑜区，四面有许多雪山环绕着，当中是峡谷，地形与东部三江流域极相似，但较复杂些。北面的倾多拉、冬拉，东面的过扎拉、邦家拉，南面的金珠拉、随拉，西面的梭白拉等山口都接近雪线，每年积雪期在4个月以上。河谷高度在3000m以下，山口与河谷高差达到2000m以上。波密境内的河谷区如博藏布及衣贡曲河谷两旁台地平均宽度在0.5km以上，河流上源的冰川谷，或冰川湖边缘，也常有较大面积的平地，如鱼儿共、昂错。由于雅鲁藏布江在波密南部由东西转向南北流入印度，印度洋暖流沿着这条南北孔道北来，侵入这个地区，使这里气候温湿，雨量较其他地区为多，雪线较低，森林茂密，农作物种类也较其他地区为多。

波密地区是一个强震带。1950年的大地震，波及则拉宗地区，曾经毁坏了一些建筑。同时也有局部山崩及河流被阻塞的现象，在德木宗和则拉宗的河谷间，常看到由地震造成的小断层，这表示了这个地带还是不稳定的。

这个地区内部沿河谷一带，交通比较方便，但对外交通，因有雪山阻隔，相当困难，公路通后，将会有大大的改善。

总结以上情况，从地形发育上来看：藏北湖区，大致可以代表高原原来的形状，过去的侵蚀和沉积是以冰川作用为主；东部三江区高原地形被破坏的最多，自冰期退后到现在，侵蚀是以河流作用为主；怒江上游是前两个地区的过渡地带；雅鲁藏布江流域是另一个地形发育的单元，上游是宽谷山地区，从雅鲁藏布江主流上的几段峡谷来看，有些宽谷区可能原来是一些湖泊，后来由于下游向源割切，把一个个的湖泊联结起来，湖水集中到河道里；下游是雪山峡谷区，大致与东部三江流域的地形相似。

由于自然条件的不同，各区生产情况也不同：藏北湖区是纯牧业区或荒漠的草原；雅鲁藏布江上游河谷是主要的农业区；其他三个区域农、林、牧兼有。但在雅鲁藏布江下游峡谷区，森林特别发达，其次是农业；怒江上游地区牧业占主要的成分，农林较为次要；三江区农业比例较前两区为大，但仍不是主要的。

我们将来发展西藏地区的生产建设事业，应该注意这些自然条件的特点和区域的差别，根据各区的条件，研究如何去发展它有利的方面，如何去限制或改造它不利的方面，将是科学工作者的重大任务。

2 高原的矿产、水利和森林

2.1 地质与矿产

沿高原南部喜马拉雅山区，东到波密地区的博藏布河谷，东北部的唐古拉山区，东部金沙江河谷——德格至巴塘，澜沧江西岸——色曲河谷，以及怒江河谷——仁达至嘉玉桥，都出露结晶片岩，在这个基础上或在这些结晶片岩带之间存在着古生代以后的地层，目前能确定的有泥盆纪、石炭纪、二叠纪、三叠纪、侏罗纪、白垩纪和新生代等。古生代地层多出露在结晶片岩带附近，或某些背斜的轴部。中生代地层出露的地点很多，在藏北及雅鲁藏布江上游地区分布特别广泛。第三纪地层在雅鲁藏布江河谷上游区出露较多，在其他地区则限于某些盆地。自东向西各个时代的岩相，是有变化的，较显著的例子是三叠纪地层，在昌都地层，可分为两层，底部是红层，上部是石灰岩，西到丁青地区是红层、石灰岩及页岩交错层。侏罗纪地层在东部大都是陆相或浅海相沉积，西至黑河以西及雅鲁藏布江上游日喀则地区海相地层加多，厚度也加大。白垩纪在昌都地区主要是红层，在洛隆宗以南为浅海相的黑色砂页岩系，在拉萨以北，上部有红层出现，下部为海相层，在雅鲁藏布江河谷上游区则以海相为主。第三纪地层在昌都丁青及黑河以西，色陵湖（奇陵湖）以东为陆相沉积，在雅鲁藏布江上游定日以北为海相沉积。以上地层由于地壳运动，都受到程度不同的褶皱、断裂及变质，主要的构造线大致与现在主要的山脉河流走向相当，在西部，主要的是东西向，向东逐渐转向西北东南，但局部仍有些变化。随着地壳运动，有不同时期的火山活动，特别是中生代以后的火山活动更为明显。火成岩的种类也很复杂，由深成岩到喷出岩，由超基性岩、基性岩到酸性岩及碱性岩。花岗岩、花岗闪长岩及中性到酸性的喷出岩分布也很广，特别是在拉萨以北到藏北湖区的南部。由辉石橄榄岩、辉岩及玄武岩变质而成的蛇纹岩带则出现于中生代以后的地层中，在雅鲁藏布江上游日喀则地区、藏北湖区、董错及棒错一带，以及怒江上游北岸的丁青区、怒江东岸的四竹卡一带都分布很远。高原矿产的成因是与这样一个复杂的地质发展史直接关联着的。

在东起金沙江，西至日喀则以西，南起波密，北至丁青、黑河的地区内的路线上，已经看到100多个有矿的地点，重要矿产有煤、油页岩、油苗（沥青）、铁、铜、铅、锌、钼、锑、盐、碱、硼砂、硝石、硫黄、砷、矾、重晶石、石墨、皂石、磁土、滑石、红柱石、刚玉、石膏及黏土等。从初步调查结果看来，西藏地区的矿产资源是相当丰富的。从矿产分布情况来看，有几个较明显的矿带和矿区，如昌都以南澜沧江西岸的铁矿带、拉萨地区东西向的金属矿带、昌都以东的煤矿带和石膏带、藏北湖区的盐碱及硼砂等；从质和量的方面看，这里有的矿是相当好的，如昌都和拉萨两地区的铁矿，某处的铅锌铜矿脉，地表露头长达两公里，江卡的石墨矿纯度可达 50% 以上。藏北湖区有大量的盐、碱和芒硝，许多湖水里都含有钾和硼。昌都地区二叠纪的煤层，地表露头厚的可达 1.8m。拉萨地区的磁土、雅鲁藏布江东段的皂石和昌都地区的石膏的埋藏量都很大。高原上一些油苗的发现，意味着高原上有埋藏油田的可能。根据所发现的矿产的种类和质量来说，在西藏某些地区初步发展钢铁、电工、化工及水泥等事业是有前途的。

2.2 水利

雅鲁藏布江上游有两段峡谷，曲水以西从月觉到通一段，枯水流量为 57.5 s/m³，20km 间落差有 90m；泽当以东卓布到介修一段，枯水流量为 130 s/m³，40 余千米间落差为 280m。这两段峡谷以上的地区，都有宽谷，可供大量储水，产生动力。雅鲁藏布江下游的波密地区，气候温暖，一般的河流流量变化很小，洪水与枯水流量，较差仅为数倍到数十倍，小支流的比降陡急，常是数分之一到数十分之一，极宜于水路式的动力开发。东部三江（怒江、澜沧江、金沙江）的分水岭，有的地方极狭窄，利用支流与干流间同一横断面上，两河不同水位差，凿通水路，产生动力是极有希望的。在以上地区八个点和一个小支流的全流域的调查，动力蕴藏量初步估计为 1070460 匹马力，3 万～5 万的有 3 处，7 万～10 万的有 3 处，13 万以上的 1 处，36 万的 1 处，长约 50km 的小支流——博堆藏布上，可产生动力的地点有 15 处，动力蕴藏量近 16 万匹马力。从这些初步估计数据可以看出，西藏动力蕴藏量是极其丰富的（图 5）。

图 5 雅鲁藏布江某段峡谷

2.3 森林

这次对高原森林，未作调查，但在经过的地区看到有 3 个森林区，即东部峡谷区、春丕河谷及波密地区，而其中以波密的森林区面积最大。在波密区直径达 1m 以上的树木极为普遍，森林面积初步估计在 550 万亩左右，已知道的种类有：云杉、冷杉、桧柏、马尾松、油松、落叶松、白桦、槲树、漆树和杨、柳等，其中以云杉为主。但由于交通不便，人口稀少，这个森林区仍保留着原始状况。东部峡谷区南部的森林也很茂密，与波密地区合起来看，康藏森林在祖国森林资源上的地位应该是极为重要的。西藏地区所产的药材有 300 种左右，分布于高原各地区，其中具有医疗及经济价值的约有 100 种，是西藏出口的一项重要土产。

3 农牧生产的条件和目前生产的情况

3.1 气候

一般地说，康藏高原北部寒冷干旱，东部受太平洋天气系统的影响，向西雨量渐减。南部受印度洋天气系统的影响，雨量充足，温度较高，尤以雅鲁藏布江下游最为显著。中间至怒江流域，受两方面的影响都较弱，雨量较少。藏北高原内陆湖区，可能自成一个天气系统，为纯大陆性气候。各地气温变化的共同特点是年差小而日差大，如昌都年平均温度为 9.8℃，最高月与最低月平均温度差为 19.5℃，绝对年较差为 54.6℃，与北京极相近；1951 年 5 月 31 日，昌都的日变差为 20.6℃，与同日北京的日变差 14.8℃相较，则相去甚远。影响高原气候的因子，除纬度外，尚有高度和地形两个条件。拔海越高，气温越低，山地、谷地和高原虽拔海相同，气候却不一致。东部峡谷区，地形复杂，一地气候往往只能代表附近的小区域，同一纬度同一高度的两个相邻地区，植物生长环境，可能差别很大。高原气温虽低，风力较大，太阳辐射都很强，蒸发量很大。由于日变差大，往往使早霜期来得早，晚霜期去得晚，生长期仅 150 天左右或更短些。由于蒸发快，使天气相对湿度降低，这样直接影响了农作物的生长。但在一些河谷主要的农业区，除有时受到霜害雹灾外，很少有其他天灾。生长期虽短，对于一些主要的作物——如青稞、小麦及一般的蔬菜，还是够的。因此，康藏某些地区的气候固然不宜于作物的生长，但若说整个康藏地区都如此，那是与事实不符的。

3.2 土壤分布

高原的地势高，地形变异多，气候的情况随地形而异，植物生长各地不同，因此土壤的分布也因地形不同而异。从昌都沿中路到拉萨，所见到的土壤有 8 种类型：①石砾地带，分布在拔海 5000m 上下的冰川地形上，在怒江以西，念青唐拉东段至拉萨附近的高山上分布极广，只在局部缓坡或洼地生长着少许耐寒植物，其余大部童秃，不具备今日农作、森林及畜牧生产的条件；②有机黑壤（高山草原土），大约分布在拔海4200～4700m的草原地带，如念青唐拉以南地段、澜沧江流域的南错拉及瓦合山山顶的草原、拉萨河谷与太昭河谷的分水岭——工布帕拉山顶。由于温度及湿度不足，主要的植物为短莎草，其他为蓼科和菊科的矮小植物及稀疏灌木；③棕壤，大都分布于拔海3500～4300m的山坡与山谷，在较湿润地区，可高至4500m。在4000m以上的地方，它发育在极零星的矮灌木丛与杂草之下；在4000m以下的地方，它发育在密集的灌木及乔木林之下。由较复杂的植物生长情况推测，棕壤发育的环境应属于寒冷亚湿润与温凉亚湿润二区。一般表土的性质是棕色至暗棕色，有机质含量高；底土为棕黄色，富有石砾的壤质土，不含石灰质，呈中性至酸性反应，肥力相当高。在面积宽广的棕壤地区可以开垦，如拉鲁至太昭一带，从远景上看，可视为良好的农牧地区。④栗钙土，是半干旱环境的土壤，大部分布在拔海4000m以下的较低的山谷中。表土近棕色并呈近似团粒状的构造，微含石灰质；底土灰黄，片状或块状构造，含石灰质较表土为高。栗钙土肥力相当高，加以分布地区的气候环境宜于农作物的栽培（特别是麦类），为西藏主要的农区。⑤盐渍土，与栗钙土同区分布，但限于排水不良的局部地区，是一种干旱或半干旱环境的碱性土壤，雨季盐分随水上下，均匀分散在土中，干季则集聚地表，结成盐皮。自墨竹工卡至曲水一段及雅鲁藏布江主流上游的地区，大部是这一类土壤分布地带。植物以耐盐耐旱为主，如禾本科的白茅草等，在排水不良地区则以莎草为主，这仍是农垦的重要地区。⑥沼泽地的腐泥土及泥炭土，分布在排水不良的地区，如雪山山麓及河源上被淤塞的湖泊周围，它在康藏高原土壤分布仍占相当重要性，如地势较低，有排水设施，农作物及蔬菜可以发展。⑦棕钙土，分布在干旱的河谷底部的老冲积台地之上，如澜沧江昌都以南。⑧砂丘和砾滩，分布零星，多在河谷底部，如雅鲁藏布江北岸多吉扎以东到拉鲁，部分可以利用。

3.3　农业

过去西藏农业极不发达，品种简单，耕作粗放。人民解放军入藏后，带来了种子与技术，生产情况渐有改进。

西藏的农业区以雅鲁藏布江宽谷地区为主，如日喀则至曲水一段、江孜年曲河谷、拉萨河谷及太昭河谷等地。自昌都至拉萨，沿线的农区都是点线的分布，面积的大小随地形、温度、湿度与水利条件而定，大都在地势较平、拔海较低的山谷和河流两岸，并有灌溉条件的地方。除了雅鲁藏布江以南地区，一般的农区多在海拔4000m以下，4000m以上的为数极少。农作物种类，以青稞及元根为最多，春小麦次之，豌豆、蚕豆、油菜、马铃薯、小扁豆等又次之。青稞的种植多在拔海4000m以下，但4200m上下的向阳山坡仍有青稞和元根的栽培。有些地方青稞还可以成熟，有些地方则不能结实，而只能充当饲料。小麦因为生长期较长，所以分布的地区不及青稞广，一般的都在3800m左右（图6）。

图6　昌都农场

　　由于自然条件的限制，作物品种类型是比较简单的，只有生长期短、比较抗寒耐旱的少数品种和少数作物，能在此地栽培发展。估计青稞每亩产量较好的不过 250 斤（1 斤 = 0.5kg），一般多在 100 斤左右。蔬菜以元根、萝卜及拉萨白菜等少数种类为主。人民解放军入藏后，由内地带去许多蔬菜种子，试种结果，除根菜类及叶菜类可普遍种植外，尚可种植茎菜类、荚果类的蔬菜。现有的蔬菜已达 20 余种，其中如萝卜、元根、甘蓝、薜蓝、花椰菜等比北京生长的还好。

　　1952 年入藏的农业科学组，带去 800 斤作物与蔬菜种子，两年来在甘孜、昌都及拉萨栽培试种，一部分结果很好。这说明高原作物品种是可以设法逐步增加的。

3.4　牧业

　　西藏主要牧区分布在藏北，包括念青唐拉南北两侧、藏北湖区南部、三江上游的二十五族及三十九族、雅鲁藏布江及其支流的上游。藏北草地，大部分是莎草地，主要的有细短莎草及粗高莎草两种。粗高莎草分布于低温地带，分布面积较细短莎草为小，单位面积产量较高。以放牧价值论，粗高莎草花梗所占部分多，叶部稀少，纤维质多，牲畜消化吸收不易，营养价值低。细短莎草，花叶部稠密，叶质细嫩，易被牲畜消化吸收，营养价值较高。家畜对牧草的嗜性不同，对各种牧草的消化利用也不同。以藏北草地来说，羊喜食柔细的短莎草，马亦喜食短草，但不容易饱，牦牛兼食短细及粗高两种。所以藏北牧区家畜种类亦以羊牛为主，马占次要地位。牧区牲畜以绵羊、牦牛及山羊为主。农区以黄牛、犏牛、小驴为主。马在农牧区都有。西藏绵羊尾很小，毛粗纤维长，体格健强，能耐高寒。牦牛躯体高大、色黑或褐，有的有杂色斑，尾、腹、肩甲、额部有长毛，耐苦负重，惯于山地驮运，乳肉可供食用。犏牛为牦牛及黄牛之杂交种，品种很好，主要被使用于农区耕作，间供产乳及驮运。黄牛母牛供农区产乳，躯体瘦小。马主要供驮用，耐苦善走山路，较青海马适于高原环境，但体格较小。一般地说，西藏高原的草地牧草生长得不很好，每亩产量在 80 斤左右，估计每只牛要有 70 亩的草才够生活。所以牧草短而品质低，是今后西藏畜牧事业改进的中心问题。牧区家畜繁殖率不高，幼畜死亡率很大，根据藏北雅巴牧区的调查，每年牛羊繁殖率仅及 50% 左右，而幼畜成活数不过一半。牛羊死亡多，由于饲养管理不良，但病疫影响亦相当严重（牛瘟、口蹄疫等），这是西藏牧区的另一问题。

　　高原上待解决的问题很多，无论在哪一方面，都有广阔的领域和丰富的内容。过去帝国主义者也曾派遣一些人，公开或秘密地跑到我们的高原上来调查，他们为的是想达到他们的侵略目的，从没有作过任何一件有利于西藏人民的事。中华人民共和国成立后，在毛主席和中国共产党的号召下，西藏民族和西藏人民回到祖国温暖的大家庭，由于中央人民政府和西藏地方政府，以及西藏人民共同的努力，西藏民族永远摆脱了帝国主义的压迫和国民党反动统治的奴役，他们和新中国成立后的国内其他民族一样享受着民族平等、宗教信仰自由及其他一切的民主权利，并为创造将来更幸福的生活而努力着。他们热爱祖国，迫切地要求在自己的土地上建设起美好的生活。他们热情地欢迎内地科学技术工作人员去支援他们。为西藏兄弟民族服务，为建设祖国的边疆贡献出自己的力量，这是我们科学工作者的一个光荣的任务。

［原文发表于《科学通报》，1954，（2）：47～54］

西藏东部地质的初步认识[①]

西藏工作队地质组（报告执笔人 李璞）

本文是根据前政务院文化教育委员会西藏工作队地质组的初步总结报告写出。西藏工作队（1951 年 9 月至 1953 年 8 月）的调查范围如下[②]：东起金沙江，西至定日及班戈错，南至波密河谷及雅鲁藏布江南岸，北至丁青及聂隆宗；大致包括：东经 89°10′~90°10′至 98°30′、北纬 27°40′~32°。由于地区太大，工作只限于粗略的路线观察。本文只想把这一地区所见到的地质现象作一概略的叙述，并希望大家提出指正和批评。

1 地层

1.1 地层分布

在调查区域内，时代可以确定的地层有：前寒武纪、泥盆纪、石炭二叠纪、三叠纪、侏罗纪、白垩纪、第三纪及第四纪沉积。有些时代未能肯定的，根据岩性及其与邻近地层的相互关系作了初步的划分。

前寒武纪地层为结晶片岩，出露于三个主要地带：①东部金沙江及澜沧江支流色曲河谷区。在金沙江河谷（三岩变质岩系），北起冈沱，经三岩，南至巴塘，作北北西走向。在澜沧江支流上色曲河谷，北至恩达，南至洩巴。②中部念青唐拉轴部（念青唐拉变质岩系），西起学古拉，东至桑雄，走向为北东。③南部喜马拉雅山区，出露于珠穆朗玛北麓杂客寺附近，向东经亚东、青多江，并由则拉宗之西向东北延长至波密南境。走向由北西西至东西，向东转为北东。至波密松宗附近，又折向东南。

下古生代地层涅拉系见于金沙江与澜沧江分水岭东侧，为海相灰绿色板岩及石英岩，似不整合于石炭二叠纪之下，未见化石。泥盆纪有三处：①金沙江西岸的冬拉，为泥质砂岩（冬拉层）；②澜沧江西岸加卡，为砂质岩夹火山岩系（？）；③波密松宗地区为薄层至厚层石灰岩（松宗灰岩）。三处都含海相化石。

石炭二叠纪地层分布较泥盆纪为广，东自金沙江之西，西至珠穆朗玛北麓，都常有出露。石炭纪与二叠纪地层，常同在一个地区连续出现，界限不明，但有时可以分开，大部为

① 本文曾于 1955 年 6 月中国科学院学部成立大会上宣读，发表时略有删节。
② 这个地区在地质上几乎是一个空白区。

海相。其分布有以下五个地区：①金沙江与澜沧江分水岭两侧，以石灰岩及砂页岩并夹基性火山岩流为主，局部有晚期二叠纪含煤砂页岩层；②澜沧江西岸加卡地区（加卡系），为海相石炭纪，以石灰岩为主并夹含煤砂页岩层；厚度较东部其他地区所见为大；③波密地区以板岩，含砾石碎屑砂质页岩为主，并夹薄层石灰岩，含化石甚少（曲宗系），厚度超过2000m；④念青唐拉南侧直达雅鲁藏布江边，石炭纪岩相与波密地区相似（旁多系），并有二叠纪灰岩（洛巴对层）及砂岩层的存在；⑤珠穆朗玛北麓，有晚期二叠纪，为砂页岩系，化石群与前述地区有别。

中生代地层，东起金沙江西岸，西经藏北湖区东部，南至雅鲁藏布江两岸，都广泛出露。在东部金沙江与澜沧江流域，中生代地层多属海陆相交错沉积。三叠纪下部为红色层，上部为石灰岩；侏罗纪为含煤砂页岩系（巴贡煤系），可能杂有海相层。白垩纪以内陆盆地红层沉积为主（昌都红色岩岩系）。西至怒江河谷区，局部有三叠纪，但下部红层常与石灰岩成夹层。侏罗纪为海相（拉贡塘层），含菊石。上与下白垩纪含煤砂页岩系（多尼煤系），作连续沉积。晚期白垩纪为红色层。藏北湖区东部仅见侏罗纪以后的地层，为砂页岩夹石灰岩层（黑河层及班戈错层）。雅鲁藏布江河谷区，仅见晚期三叠纪地层，为海相石灰岩与页岩互层，侏罗及侏罗白垩纪杂有陆相层，以砂页岩夹砂岩及石灰岩层为主。白垩纪局部含有红色层，海相沉积发育于本区西部。

第三纪地层，分布于雅鲁藏布江以南的为海相，在日喀则地区所见厚度达2000m以上（日喀则系），在藏北湖区及怒江流域所见，皆属内陆湖相或山间盆地沉积（伦坡拉层，丁青层），厚度大减。第四纪沉积有河流沉积、湖沉积、冰水沉积、山坡堆积等，未能详细划分。

几个未能确定的地层：①金沙江及色曲河谷的结晶片岩系，前虽列入前寒武纪，但有人认为属志留泥盆纪，并与西康东部金汤火山岩系相当；②澜沧江与怒江分水岭两侧的薄层结晶石灰岩、石英岩及板岩层（热敢娘系），它位于白垩纪红层之下，前寒武纪结晶片岩之上，它可能为中生代或部分属上古生代的变质产物；③怒江河谷区的浅带变质岩系——嘉玉桥变质岩系及莎丁板岩系；前者为绿泥片岩相，由绿泥片岩、石英岩及结晶石灰岩组成，可能属古生代，有人认为与金沙江河谷的变质岩时代相当，列入志留泥盆纪，后者为千枚状片岩及板岩相，属中生代，可能大部属侏罗纪，与拉贡塘层位相当；④雅鲁藏布江南的黑色板岩系（江孜系），大部属中生代，有人认为仅有侏罗纪或部分包括侏罗白垩纪，有人认为东部可能属上古生代。这些地层由于变质关系，未能获得可鉴定的化石，意见颇不一致。

从地层分布的区域性来看，可作下列概略的说明，在金沙江至澜沧江流域，自泥盆纪至白垩纪的地层都有代表；总厚（以最大厚度计算，以下同）不超过6000m，而陆相红层几占总厚度的1/3。至怒江区，主要为海相中生代地层。仅莎丁板岩系已超出2000m。自三叠纪至白垩纪，总厚超出4000m。藏北湖区东部侏罗纪为海相，白垩纪部分为陆相，部分为海相，仅侏罗纪厚度达3500m以上。念青唐拉以南至雅鲁藏布江之间，以石炭二叠纪为主；最大厚度可达4000m，如将波密地区的泥盆纪及拉萨河谷的中生代地层都估计在内，则此区泥盆纪以后的地层总厚超过9000m。雅鲁藏布江以南的地层，起自后期二叠纪，终至第三纪，全为海相；总厚达万余米。从本区地层的厚度及岩相来看，自东而西，海相地层渐渐加多，沉积也逐渐加厚。下古生代至泥盆纪海侵西至波密地区。石炭二叠纪海侵可能普遍波及本区全部。中生代——特别是侏罗纪的海侵范围最广。白垩纪及第三纪海侵则仅达到本区西部。本区东部金沙江至澜沧江流域各时代地层的岩相及所含化石大部都类似川滇地区；至澜沧江以西泥盆纪地层仍与华南相似。石炭二叠纪以后的岩相与东部有显著的差异，化石群虽仍有相同种属（特别是石炭二叠纪），但有许多新的种属，这在古地理上是一个有意义的问题。

1.2 各时代地层描述

1.2.1 前寒武纪

（1）组成金沙江河谷区的结晶片岩（三岩变质岩系），沿近南北走向所见岩性不甚一致，在三岩附近，下部为石榴子石片麻岩、方柱石角闪岩、滑石片岩、绿泥片岩及石墨片岩；上部为厚层晶质灰岩及大理岩，其底部有白色石英岩薄层。后者与下部似为不整合接触；所见厚度达 1900 余米。向北至冈沱附近，变质程度较浅，岩性亦不同，下部为灰色薄层晶质石灰岩夹绿泥片岩及片状石英岩；上部为厚层大理岩及黑色千枚岩，绿泥片岩；厚度在 3000m 以上。向南至巴塘，则以绿泥片岩及结晶灰岩为主。

（2）组成澜沧江西岸色曲河谷的结晶片岩，底部以粗粒花岗片麻岩为主，上部为云母片岩、角闪片岩、绿泥片岩，厚度 2000～3000m。

（3）念青唐拉轴部为粗粒斑晶花岗片麻岩，并含少量的角闪岩（念青唐拉片麻岩系）；厚度在 3000m 左右。

（4）组成南部由喜马拉雅山区到波密的结晶片岩，包括注入片麻岩、眼球状花岗片麻岩、片麻花岗岩、石榴子石云母片麻岩及闪石岩，局部含大理岩及石英岩夹层；在梭白拉所见厚度为 4000m。

这些结晶片岩与其上覆地层的接触关系，为不整合或断层，但有时不整合或断层关系并不显著，使疑为渐变。在金沙江两岸上覆地层有泥盆纪或三叠纪。在澜沧江西岸的为三叠纪或变质中生代（热敢娘系），至波密东区为中泥盆纪或泥盆石炭纪，至念青唐拉南侧为石炭纪，在珠穆朗玛北麓为中二叠纪。

1.2.2 泥盆纪

（1）出现于金沙江西岸冬拉的剖面（冬拉层），以灰色及褐色细粒泥沙岩为主；底部夹薄层泥灰岩层，含中国石燕、海百合及植物化石痕迹，稍受挤压，时代属上泥盆纪；上部夹砾岩层并含闪长岩岩床。再上与石炭纪火山岩及石灰岩层相接触，总厚 300～350m。

（2）加卡仅知有泥盆纪化石 Atrypa、Schizophoria 等，推想石炭纪以下的石英岩板岩夹绿色火山岩层，可能部分属泥盆纪。

（3）松宗泥盆纪（松宗灰岩），底部为薄层晶质石灰岩，夹碳质石灰岩及板岩，上部为厚层白色晶质石灰岩。前者含 Cyrtospirifer sp.，后者含珊瑚化石 Prismatophyllum，Hexagonaria，总厚约 500m。此层下与花岗岩接触并受接触变质，上与泥盆石炭纪黑色板岩层相接触，不见间断。

1.2.3 石炭二叠纪

（1）在昌都东区，石炭二叠纪地层，底部为薄层泥质灰岩夹杂色页岩及基性喷出岩；石灰岩含蜓科，珊瑚及长身贝类化石。其上即为下二叠纪至中二叠纪厚层石灰岩，后者与火山岩（安山岩、玄武岩及角砾岩）成交错层，二者在不同地区所占比重不同。石灰岩中含 Stylidophyllum volzi、Wenzellela timorica 及 Platytrochus sp.（热曲卡）、Iranoastraea szechuanensis（Huang）、Iranoastraea sp.、Wenzelella subtimorica（巴贡），厚 250～500m。

昌都东妥坝煤系局部出露，位置较高。底部为褐色粗粒砂岩及灰绿色页岩间层，厚80m。中部为含煤砂岩层中夹灰色页岩，富含植物化石：Sphenophyllum thonii Mahr、Pecopteris arborescens Brongn.、Annularia mucronata、Lobatannularia sp.、Pecopteris lativenosa、Pecopteris orientalis 及 Lepidodendron oculis felis（Abbado）Zeiller，厚60m。上部为含铁质结核黑色页岩层，顶部并含薄层砂岩及泥质灰岩层，后者含 Kratovia sp.、Linoproductus cancriniformis、Marginifera lopingensis、Dictyoclostus cf. gratiosus、Rhipidomella sp，厚 180～200m，再上为安山岩流。

（2）加卡系属石炭纪，厚度较江东为大，并夹含煤砂页岩层，自下而上可分四层：①薄层灰色纯质石灰岩，厚 200m，含 Kucichouphyllum Sinensis、Diphyphyllum sp.、Cionodendron sp. Nov.、Michelinia tiyuanensis；②薄层浅灰色石英砂岩，厚 300m，不含化石；③含煤砂页岩层，为薄层砂岩与页岩互层，含煤两层至四层，产 Linoproductus，厚600m；④薄层泥质灰岩夹页岩层，含 Dictyoclostus sp.、D. manchuricus（Chao）、D. cf. manchuricus（Chao）、Dilasma sp.，总厚120m，此层之上为灰色及绿色页岩，时代不明。其下为千枚岩夹绿色火山岩，可能属中下古生代。

（3）波密东区，松宗附近，石炭纪与泥盆纪为连续沉积，以黑色板岩为主（曲宗系），仅在松宗北觉洛沟内出现二叠纪灰岩，含有孔虫化石，上与三叠纪为不整合接触。由松宗向西至倾多衣贡间所见地层部分与曲宗系相当，其下部为含砾石碎屑板岩与灰色千枚岩及白色石英岩互层，上部为黑色板岩夹薄层至厚层石灰岩，总厚超过 2000m。

（4）拉萨北林子宗至念青唐拉之间：石炭二叠纪地层作东西向分布，南北宽达50余千米，在旁多宗一带，石炭纪（旁多系）以深灰色板岩与绿色含碎屑板岩，石英岩互层，含少量石灰岩薄层，局部含中性喷出岩及凝灰岩，底部为燧石石灰岩，含珊瑚及腕足类化石 Lophophyllum sp.、Spirifer sp.，总厚 2000～3500m。二叠纪常成孤立条带覆于石炭纪之上（洛巴对层）。下部以石灰岩为主，富含珊瑚、有孔虫及苔藓虫化石 Martinia sp.、Doliolina sp.、Aviculopecton sp.、Textularia sp.、Productus sp.、Neoschwagerina craticulifera。中部为灰色细粒角砾状安山岩。顶部为薄层石灰岩夹灰色石英岩，总厚450m。

拉萨东拉丁附近，亦见有石炭纪地层，下部为粗粒石英砂岩与灰色及绿色板岩互层，并夹薄层灰岩，后者含贵州珊瑚。向上为灰色较厚层石灰岩，夹安山凝灰岩，至顶部以绿色安山岩及凝灰岩为主，总厚约900m。时代可能相当于旁多系下部。

珠穆朗玛北麓二叠纪地层，位于结晶片岩之上，最底部为黑色板岩层，夹有50m的黑色石灰岩；富含腕足类化石：Dictyoclostus cf. subcostatus、D. cf. grandicostastus、D. gratiosus、D. yantzeensis、Linoproductus cancriniformis、Marginifera sp.、Spirifer tibetanus、Neospirifer musakhe lylensis、Schellwienia aff. Acutangula、Sch. sp.、Productus sp.，向上即为

棕色及黑色页岩夹砂岩层，砂岩层向上逐渐增多，并逐渐变为灰褐色，此层总厚约 1650m。

1.2.4　未确定的古生代

（1）涅拉系：在昌都东涅拉河谷及卡贡至江达间，出露之板岩及石英岩层，上与石炭二叠纪灰岩层或三叠纪（？）（贡觉红层），呈不整合接触，时代可能包括泥盆纪，暂定为下古生代。下部为灰色及黑色带状板岩与薄层绿色石英岩互层，含基性火山岩流及凝灰岩，上部为褐色厚层含绿泥石石英岩，总厚可达 500m。同普附近的板岩系可能与其相当（？）。

（2）嘉玉桥变质岩系：沿怒江河谷，分布自嘉玉桥西北起向南至俄姆曲竹卡一带，变质程度较涅拉系为深，在嘉玉桥附近，下部为绿泥片岩夹灰色石英片岩及灰色薄层大理岩。上部为薄层至厚层结晶灰岩与绿色片岩互层。在马日附近，此层与三叠侏罗纪泥灰岩及白垩纪（？）红层呈不整合接触。在洛隆宗之东与侏罗纪（？）石灰岩及黑色千枚状页岩成断层接触。此层因其逆掩于中生代地层之上，故暂定为古生代，可能属下古生代。

（3）则拉宗以北，沿太昭河河谷，南起觉木宗，北至奔大拉，广泛出露灰色板岩及石英岩系，厚 2300～2800m。此层顶部在嘉黎之南含石灰岩凸镜体，并含化石，推想此层大部分可能属于中上古生代地层。东与波密泥盆石炭纪（曲宗系）、西与拉萨北石炭（旁多系）二叠纪相连，因此暂归于石炭二叠纪。

1.2.5　三叠纪

出露地区：①金沙江西的江达至澜沧江西岸之间；②怒江西岸；③拉萨河谷；④雅鲁藏布江南羊卓雍错一带；⑤定日地区。

（1）在昌都地区可分上下两部，下部为红紫色砂岩夹绿色页岩，局部有厚数米的底砾岩，厚 150m 左右。上部为灰白色薄层石灰岩含 Rhychonella 及 Terebratula，此层下部常含石膏层，顶部有时出现薄层泥灰岩夹黑色页岩层，富含上三叠纪菊石 Diphyllites aff. debilis（Hauer），N?，Megaphyllites Dien，C.，Discoplacites sp.，Gen & sp. Nov.，Jellinekieis cf. horeri Dien，C-N. Rimkinites nitiensis Mojs.，C，Ectolcites sp.，Placites aff. oldhami C，Proclydonautilus sprirolobus C–N. Crytoplewuvites aff. Strabonis Mojs.，C. Atractites sp. C. cf bicrenatus，Anatibitites kelviniformis N.，Thisbites ronaldhayi Dien C，Th. borni Mojs. C.。总厚 150m。向南至江卡地区，底部红层厚达 300m，上部灰岩层厚达 500m。自昌都向西北至丁青地区三叠纪地层与昌都以东相似，再西至八打松多附近，下部红色层中含大量砾岩并夹钙质页岩，厚 200m。上部为灰白色纯质石灰岩中，夹褐色鲕状灰岩及泥质灰岩。除含酸浆介类化石并含六射珊瑚，厚 100m。在后一地区有时这两层不能分开，而以灰岩及红层成交错沉积。总厚达 800m，此层在巴夏及八打松多都含蛇纹岩脉。

（2）怒江东岸马日附近，在侏罗纪含菊石页岩之下有灰白色泥灰岩一层，厚仅 80 余米，富含酸浆介及六射珊瑚化石 Myriophyllia mojovari（Volz），Isastraea sp. Nov，Isastraea propinqua，Isastrocoenia tibetanus sp. Nov.，Thamnastrea sp.，Comosersis sp. Nov，Coelocoenia sp. Nov.。下与嘉玉桥变质岩系可能为不整合接触，其时代为晚期三叠纪至侏罗纪。

（3）在拉萨东大则宗附近的晚期三叠纪地层可分为三层。最底部为灰色薄层纯质石灰岩，向上渐夹灰色板岩及泥灰岩，含六射珊瑚 Isastrea propinqua，Isastraea porua，Diplarea sp. Nov.，Metethmos sp. 及斧足类、腕足类、苔藓虫等化石，中部为灰色板岩及泥灰岩，也产六射珊瑚。上部为灰色至浅色薄层至厚层含燧石石灰岩、黑色石英岩及泥岩互层，并夹玄武岩流及凝灰岩，后者亦见腕足类化石，此层总厚达 1000m。在拉丁西北灰色岩中产 Montlivaltia culullus，Mont. Brustriformis，Stylosmilia trapeziformis，与大则宗层位相当，同属三叠纪晚期至侏罗纪。

（4）雅鲁藏布江沿岸羊卓雍错一带，以黑色页岩及浅灰色石灰岩为主，下部含玄武岩层，向上为黄色及白色粗粒砂岩并夹火山块砾，总厚 580m。石灰岩中含腹足类化石 Aricula aff Venetianae，西去至康巴宗多不察附近为黑色砂页岩及板岩互层含 Myophoria cf tennis Haaley，M. sp.，Icoeyprena Manca，Lima sp.，Nucula sp. 等，此层属上三叠纪（？）。

（5）在定日之南，出露于二叠纪以上的三叠纪地层，下部为棕灰色砂质石灰岩及黑色石灰岩，含腹足类碎壳，上部为黑色页岩及棕灰色砂岩互层，中夹厚 20～30m 的石灰岩层，灰岩中含腕足类化石，总厚 690m。

1.2.6 侏罗纪

侏罗纪地层分布情况与三叠纪相同，但更为广泛。

（1）在昌都地区之巴贡煤系含下侏罗纪植物化石，但向上与白垩纪为连续沉积，下部为黑色页岩，厚 50～80m，直接位于上三叠纪灰岩之上。中部为灰色云母砂岩及灰色页岩互层，厚约 100 余米。顶部含薄层煤，并含植物化石：Clathropteris meniscioudes Brongn.，Cladophlebis sp.，Taeniopteris sp.，Nillsonia sp.，Nillsonia sp. Nov.。上部为灰绿色厚层砂岩夹页岩层，厚 200m，再上为侏罗白垩纪过渡层，为绿色砂页岩夹红色砂岩层，在昌都河谷此层含硬齿鱼及斧足类化石。

（2）怒江河谷之莎丁板岩系，部分可能属侏罗纪，但含化石甚少，在怒江以南洛隆宗地区，拉贡塘层含中侏罗纪菊石。底部为灰白色白云质灰岩及黑色页岩，厚约 150m，上部为灰色含铁质结核页岩夹层砂岩，向上砂岩逐渐加多，厚 300～500m。此层含菊石 Metapeltoceras aff. diversiformis（Waagen）. M. sp.，Vigatosphinctes denseplicatus（Waagen），V. sp. Nov.，Subquadratus（Uhlig），顶部砂岩中见有植物化石与菊石并存。此层向上逐渐过渡至下白垩纪含煤砂页岩系（多尼煤系。）

在怒江北岸丁青地区，底部为黑色鲕状沥青质灰岩并夹灰黄色砂质灰岩，向上为黑色含结核页岩，灰岩中产六射珊瑚，页岩中产菊石及海胆（Cidaris）等化石，菊石有：Aulacosphictes sp.，A. sp. aff. ophidioides，总厚 150m 左右。此层时代较拉贡塘层为高。西去至八打松多又出现含煤砂页岩层夹薄层泥灰岩，顶部为褐色石英砂岩，近煤层产植物化石 Neocalamites sp.，泥灰岩中产腹足类化石，厚 300 余米。时代亦为侏罗纪（？）。

（3）黑河以西至班戈错以东出露地层大部属侏罗纪，在黑河附近为黑色页岩及薄层砂岩互层，夹薄层泥灰岩，含菊石（Katroliceras. sp.）。在班戈错附近可分三层：下部为厚层灰岩含六射珊瑚 Montlivaltia sp. 及腹足类化石，中部为绿色细粒砂岩及页岩并含角砾状砂岩及火山岩，上部为带状黑色板岩，总厚 1600m 以上。

（4）在拉萨北郭拉剖面可分三层：下部灰色及白色薄层晶质灰岩部分为泥灰岩，含苔藓虫化石，厚 300～500m。中部为含结核黑色板状页岩并夹厚层砂岩及薄层砾岩，含 Otozamites，厚约 400m。上部以暗灰色石英岩为主，夹黑色板岩及薄层砾岩，厚 500～800m。此层在拉萨河谷东至嘉马及拉丁皆有出露，并含中性火山岩。此层时代暂定为侏罗白垩纪。

（5）雅鲁藏布江河谷以南，沿定日东朋曲河谷，下部为黄白色砂质石灰岩含化石，厚80m，中部为黑色砂岩、页岩及板岩互层，并含块状暗灰色石灰岩及灰色薄层石灰岩，厚500m。顶部为棕灰色砂岩及石英岩，厚300m，总厚880m，东至江孜以东谷喜附近，底部为灰白色矽质灰岩及砾石石英岩，上部为灰色钙质板岩含箭石。

1.2.7 未确定的中生代——包括大部侏罗纪

（1）怒江河谷的莎丁板岩系，向南与侏罗白垩纪含煤砂页岩系接触，向北在八打松多出露于含煤侏罗纪之下，并与三叠纪呈断层接触。在莎丁河谷为灰色板状砂质页岩，黑色纹理板岩，并夹结核状褐色矽质层。砂质板岩中含砂管及砂质条带，可能为此层底部。北至格尼拉出现灰褐色石英砂岩，向上为绿灰色千枚状板岩夹黑色板岩，再北至江汝通附近，则以灰色板岩为主，夹少量砂岩层，可能属本层上部。此层总厚达3000m以上，其时代大部属侏罗纪，部分与拉贡塘层相当，但就厚度推论，可能包括下部中生代（?）。

（2）江孜系：此层分布于云东之北，向东至江孜以东，在云东以北至雅鲁藏布江之间可分三层：下部为灰色及黑色板岩，夹石英岩及薄层石英岩，厚约1500m。中部为灰色石英岩夹黑色板岩，向上以黑色板岩为主，夹黑色至灰色不纯质的石灰岩，厚约800m。上部以黑色至棕灰色石英岩与黑色板岩互层，亦夹少量薄层石灰岩，厚达3000m。此层总厚达5300m，从岩相上看，此层连续沉积，其时代可能包括中生代各个时代的地层。

1.2.8 白垩纪

白垩纪红层分布较为局部，而东西岩性相差甚大。在昌都地区为红层（昌都红色岩系），在怒江南岸底部为黑色及褐色含煤砂页岩系，上部为红层。西至藏北湖区，下部为红层，上部为海相石灰岩层。至拉萨河谷区下部为灰质层，上部为红层，越向西灰岩层越发达。至雅鲁藏布江以南定日地区及江北达那普纯为石灰岩。

（1）昌都红色岩系可分三部分：下部为杂色页岩及砂岩互层，局部夹砾岩层；灰岩中含腹足类化石。自昌都向南，逐渐出现薄层泥质石灰岩，此层总厚约800m。中部为红色薄层砂岩与红色页岩互层，颜色鲜明，厚300～500m；上部为紫红色厚层砂岩，厚200m。总厚可达1500m以上。南至江卡地区，岩性大致同昌都相近，惟不见顶部砂岩层。在觉龙铺底部薄层石灰岩中含六射珊瑚 Diplaria。在江卡西南拉乌拉出现石英斑岩岩流，不整合于红层之上。

（2）西至怒江流域右侧，自八里郎，经紫沱洛隆宗，南至弱巴一带出露下白垩纪含煤砂页岩层（多尼煤系），与拉贡塘侏罗纪为连续沉积。底部为黑色含煤砂质页岩。上部夹厚层砂岩，两层都含植物化石，砂质页岩中并含 Trigonia sp.，Cladophlebis sp. cf. browniana，Glossozamites sp.，Onychopsis elongata，Otozamites sp. Nillsonia sp.（弱巴）Onychopsis sp.，Sphenopteris sp.（多尼）Otozamites sp.，Nillionia sp.（马五），Cladophlebis browniana，Sphenopteris sp. Nov（洞妥），总厚可达1200m左右。在同一线上沿边坝洛隆宗至止西大江有红色砾岩一条，砾石多为石灰岩并夹酸性火山岩，时代可能为晚期白垩纪。

（3）藏北湖区东部，自门得洛子至腾格里湖北岸之白垩纪地层，底部为红层，上部为石灰岩，红层底部为鲜红色页岩与砂岩间层，偶夹薄层砾岩，中部为砾岩层，砾石以灰岩及石英岩为主，厚250～300m，上部为杂色页岩及绿色粗粒砂岩互层，厚约150m。此层之上为黑色沥青质石灰岩，富含有孔虫化石 Obertolina sp.，在腾格里湖北岸并含海胆 Cidaris 等化石，厚 150~200m。在此区其他盆地边缘，常见红层覆于侏罗纪之上，其接触关系可能为不整合。

（4）拉萨北林子宗盆地的白垩纪地层（林子宗红层），向西可能与日喀则以北的白垩纪相连，但两处岩相不同。在林子宗以红层为主，底部为杂色页岩及泥灰岩含海胆及有孔虫化石 Hemiaster sp.，Holaster sp.，cidaris sp.，obertolina sp.，中部以紫色石英岩为主，并夹灰绿色页岩层，上部为杂色砂页岩互层，总厚 500~800m。此层上部夹酸性火山岩，顶部并有石英安山斑岩岩流（林子宗火山岩），不整合于红层之上，火山岩厚 1500~2000m。西至日喀则，北达那普附近，则以石灰岩为主，亦含海胆，有孔虫并有六射珊瑚化石。在日喀则西北晚期火山岩分布更为广泛。

（5）藏南地区，定日北希木第附近，第三纪地层之下为灰白色钙质砂岩与棕灰色砂岩夹泥质灰岩层，厚 150m，可能属白垩纪。东至康巴宗北有白色石灰岩一层，含 Inoceramus，再东至谷喜之北，侏罗纪箭石层之上，有红色砂岩夹黑色页岩，厚 330m，亦可能属于白垩纪。

1.2.9　第三纪

第三纪地层出露于：①怒江北岸及藏北湖区盆地中；②雅鲁藏布江河谷上游区。

（1）怒江北岸丁青盆地（丁青层），底部为黄色砾岩及粗粒砂岩。砾石中含酸性喷出岩块，厚 50~60m。中部以灰绿色黏土页岩，夹灰色砂岩及浅灰色泥灰岩，厚 40~50m，含斧足类化石及油页岩层。顶部为黄色砂岩与黏土页岩互层，砂岩具波纹及雨痕构造，含斧足类及植物化石，厚 80m。此层总厚 180m，下与白垩纪红层成不整合接触。在藏北湖区伦坡拉盆地（伦坡拉层），底部为深灰色纸片状黏土页岩，中夹细粒薄层砂岩，厚 150m，上部为杂色砂页岩互层，厚 500m。

（2）在雅鲁藏布江上游河谷区，第三纪地层有南北两带。北带沿雅鲁藏布江河谷作东西分布，西起阿不认宗，东至任木宗（日喀则层），下部为黑灰色砂岩与黑色页岩互层，底部有厚约 200 余米的砾岩层及砾砂岩层，砾石以灰岩为主。此层总厚 1000m 左右。中部在日喀则附近，以蛇纹岩为主；自日喀则之西，渐夹红黄色页岩及火山灰，再西至阿不认宗附近，蛇纹岩及火山灰逐渐尖灭；以至全部为钙质页岩及石英岩所代替；其底部并有砾岩层，与其下黑色砂页岩层呈不整合关系。此层总厚 1500m，上部以灰色页岩及砂岩为主，其底部微显红色，并夹石灰岩，含脑珊瑚（?），厚在 1000m 左右。

南带在定日北堆迷附近，底部为灰色纯质石灰岩，富含有孔虫化石 obertolina，上部为黑色及灰色页岩及砂岩互层，总厚 800m，可能相当于日喀则层下部。

1.3　火成岩

本区火成岩的分布，集中于两个地带。①念青唐拉至雅鲁藏布江之间，西起日喀则之西的通梅西卡东至波密；②藏北湖区东部，西起尼马隆东至黑河以东，在金沙江以西至澜沧江河谷，及雅鲁藏布江以南这两个地区，都没有遇到大区域的火成岩体。

从火成岩的种类上看，本区的深成岩以花岗岩类为主，分布最广，且多集中于前述两区，其他类型的深成岩、闪长岩、辉长岩、正长岩及超基性岩，大都呈比较小的岩体或岩墙，喷出岩则以中性至酸性的斑岩类型为主，亦集中于上述两地区。关于这些火成岩的时代，除了那些夹在沉积建造之中的火山岩外，目前的资料，尚不能把它们清楚地分开。火山活动时期，可能有三个：海西运动、燕山运动（包括印支运动）、喜马拉雅运动。

（1）海西运动的花岗岩可能以昌都西南加卡花岗闪长岩为代表，出现于澜沧江怒江分水岭上，侵入于石炭纪地层中，并与煤系接触或同化造成球状石墨花岗岩。与此同时的为昌都东部同普及江达之间的二云母花岗岩。在这两个岩体附近，都见到正长岩的转石，疑为同一岩体的分异产物。

（2）燕山运动花岗岩，可以藏北湖区江龙宗花岗岩为代表，大部为角闪花岗岩，这个岩体作北西南东向，延长达120km，它侵入于侏罗纪地层中，局部具斑晶结构，并含电气伟晶岩脉。黑河地区的安山岩及黑河北聂隆宗的花岗岩可能与此同期。

（3）喜马拉雅运动的火成岩，雅鲁藏布江河谷与念青唐拉之间的火成岩大部分属于这个时期（部分可能属于前期造山运动的，未能分出，暂时也放在一起）。最大的几个岩体为拉萨花岗岩、达那普花岗岩、工布江达花岗岩、波密区倾多拉花岗岩、旁多宗及鹿马岭火山岩、林子宗火山岩及日喀则以南及沿江一带的基性火山岩与蛇纹岩等。倾多拉花岗岩侵入于泥盆石炭纪及侏罗白垩纪之中，岩性较复杂，包括白云母花岗岩、二云母花岗岩、角闪云母花岗岩，多为中粒至细粒结构，在波密地区有含绿柱石的伟晶岩脉，在接触带常含大量水成岩包体。

拉萨花岗岩、太昭花岗岩及沿雅鲁藏布江河谷区的花岗岩，侵入于石炭二叠纪、侏罗白垩纪及后白垩纪酸性火山岩中，常含大长石斑晶，成分以云母花岗岩及花岗闪长岩为主。与侏罗白垩纪灰岩接触带产生磁铁矿及含铜铅锌矿，含伟晶岩脉较少，曾见有含钨石英脉。

林子宗火山岩不整合于白垩纪红层之上，岩性以红色石英斑岩为主，含大量角砾岩，呈层状。这一岩系分布很广，在北藏宗为夹白榴子玄武岩层的紫色流纹斑岩，及昌都南江卡拉乌拉的英安斑岩，都属于同时。这个火山岩至日喀则以北出露更为广泛，日喀则区第三纪沉积中的基性火山岩时代，可能晚于林子宗火山岩。

旁多宗火山岩可能代表中心喷发的火山岩贯入石炭二叠纪，地层中为绿色安山斑岩，含火山灰及火山角砾岩，德青及鹿马岭火山岩，上为绿色斑岩，可能与此同时，受蚀变及变质作用较明显。

关于其他零星岩体以闪长岩居多，在昌都东江达及昌都南村邦都侵入于三叠纪至侏罗纪地层，形成铁矿，时代都属于燕山期，沿怒江西岸盱巴及丁青地区所见的超基性岩与日喀则的蛇纹岩带，都与喜马拉雅运动晚期的断裂有关。

2　构造

根据以上地层、岩相及火成岩分布情况，可以看出在调查区域内的地质发展过程是不完全一致的，因此想把它分作四个地区来说明它的构造现象和发展历史。这四个地区如下：

（1）昌都地区：包括金沙江以西至澜沧江流域。

（2）怒江河谷至藏北湖区东部：包括衣朱拉以西倾多拉及念青唐拉以北的地区。

（3）波密-拉萨地区：包括念青唐拉及倾多拉以南与雅鲁藏布江以北的地区。

（4）藏南地区：雅鲁藏布江以南至喜马拉雅山区。

现在先提出全区的主要构造现象，然后分别说明每区域的地质发展历史。

2.1　主要构造现象

2.1.1　帚状构造

在本区东部，由金沙江至波密、松宗之间，主要的构造方向为北北西；越南则北西偏角越小，如金沙江河谷结晶片岩的片理方向，在冈沱附近为北 20°～30°西，向南至三岩附近为北 10°～15°西。澜沧江西岸色曲河谷的结晶片岩的片理方向，在吉当之西为北 40°西，向南至三坝竹卡为北 20°西。这个方向也表现在本区的褶皱轴、断层线及地层的分布方面，如一比拉断层、三坝竹卡断层、打当松多背斜、松宗河谷背斜、昌都及贡觉红色盆地，都是北北西至近南北向的。因此，北北西的构造方向是本区东部构造线的特点。

自衣朱拉以西至藏南地区主要的构造方向为近东西的，怒江河谷上游的沙丁板岩系，藏南江孜至加察宗南的板岩系（江孜系）及波密至拉萨以北的石炭二叠纪地层的分布方向都以北 70°～80°西为主，仅局部走向为北西或北东。沿怒江两侧断层，沿雅鲁藏布江河谷及其南北两方面的大断层如：黑河断层、夏曲卡断层、边坝至紫沱断层、日喀则、曲水、泽当、加察宗等断层，都与前述方向一致。因此在本区中西部主要的构造方向以北西西至近东西为主。

以上这两个构造方向，在波密曲宗向北至丁青线上连结起来，因而自本区东南部近南北向的束状构造，形成向西逐渐开展的近东西向的帚状构造。

这两个构造方向，是在同一构造基础上发展出来的。造成这一构造形态的因素，与出露于波密东南境及色曲河谷的由变质岩所组成的硬化地带，是有一定关系的。在造山运动中，这两个硬化地带可能起着相同的作用。

以下的几个现象可能与这个作用有关：①自波密东境至倾多拉一带及八宿地区大片花岗岩的出露；②曲宗东北过孔拉山下东西向的褶皱及断裂；③沿定青河谷北西走向的大断层；④洛隆宗东南止西大江地区中生代地层的极度错乱现象。

2.1.2　褶皱形态及变质情况

（1）在昌都地区，自金沙江至澜沧江之间的褶皱，一般是比较宽广而和缓的，局部有倒转的情况，倾角平均在 30°左右，断层都属于高角度的正断或逆断，一般的说仅下古生代以前的地层遭受广泛的区域变质。

（2）沿怒江上游河谷的中心区，出露东西向的褶皱带及变质带。侏罗纪以前的地层，大部受过变质，褶皱紧密，倾角平均在 30°以上以至垂直，离中心区较远的两侧，变质程度有显著的递减情况。沿本区东北翼及南侧都有大的断裂，沿断裂带出现超基性岩或喷发岩。西至藏北湖区东部，侏罗纪地层都具轻微变质，但此区褶皱是比较和缓的。

（3）在波密-拉萨地区，褶皱很强烈，倾角一般比较陡，有大规模的逆断层，如念青唐拉大断层，及低角度的逆掩断层，如林子宗断层和嘉马断层，而最突出的现象是大量花岗岩及喷出岩的出现。在不少地点，局部呈深带的变质，如工布帕拉东侧，拉萨北将巴及学浦拉

等地。泥盆石炭纪地层遭受变质，三叠侏罗纪地层亦具轻微变质现象。

（4）在藏南地区，同向褶皱及倒转褶皱较普遍，断裂亦多。沿雅鲁藏布江断层带有超基性岩及基性火山岩出现。除局部地区，白垩纪以前的地层，都受到明显的区域变质，并在本区中部造成自云东以北的玛锐拉经江孜至加察宗以南的东西向的变质带。

2.2　各区地质发展历史

2.2.1　昌都地区

本区作北北西方向，北宽南狭，北部东起德格西至恩达间，宽约 170 余千米。南部由巴塘至加卡，宽约 100 余千米。本区最老岩层为金沙江河谷及色曲河谷的结晶片岩，它构成本区的基础，在下古生代本区为一海侵区，有近似地槽沉积。此层在涅拉附近及江达至卡贡间，与石炭二叠纪似有一不整合，因此推想本区可能受到加里东运动的影响，使下古生代地层遭受轻微变质及褶皱；自上泥盆纪开始新的海侵，直到晚期二叠纪为止。上泥盆纪为浅海相泥砂岩建造；石炭纪海侵中心似在本区西部，造成厚达 1200m 的加卡系，为石灰岩夹含煤砂页岩建造。石炭二叠纪海侵范围扩大到本区全部，出现大量含珊瑚礁石灰岩建造，并有中性至基性海底喷发；至后期二叠纪，海水又行撤退。二叠纪末期此区发生华里西运动，造成近南北向的褶皱并露出海面受到侵蚀，使上覆三叠纪下部红层与下伏地层成不整合或假整合接触。自中三叠纪本区又开始下沉成为中三叠纪及上三叠纪的海侵区，沉积了富含腕足类及菊石的石灰岩建造，其下部含石膏层，代表着海侵开始时期的滨海相。侏罗纪至白垩纪初期，海水仍有时达到本区的局部地区，为白垩纪后期仅有内陆盆地红层建造。

自三叠纪至白垩纪不见明显的间断。白垩纪以后，此区发生燕山运动，产生高角度的断裂及中级的褶皱形态，并有局部的花岗岩、闪长岩侵入及酸性火山岩喷发。这是本区最后一次重要的造山运动。但构造形态是重叠在华里西运动所奠定的基本形态上。

第三纪沉积仅出现于小的山间盆地中，与白垩纪呈不整合接触。从下古生代到白垩纪地层的总厚度，不超过 6000m，而陆相红层几占 1/3，没有大区域的花岗岩侵入，中生代以后，缺乏标准地槽相沉积，这是本区的特点。

2.2.2　怒江河谷至藏北高原东部

这个地区略成狭长的弓形地带，东南起自桑昂曲宗，向西北经嘉玉桥渐向西折，直至黑河西奇林错之东。这个地区与第一区相连接，但地质发育与前一地区略有不同。组成本区最老的地层为嘉玉桥变质岩系，可能代表古生代的海相沉积。第二个地层为热敢娘层，为薄层石灰岩，灰色及杂色板岩与石英岩互层建造，可能代表下部中生代至上古生代的海相沉积。但由于这两个地层的时代不能确定，也就不能根据它做进一步的分析，不过根据衣朱拉、马日及八打松多等地有三叠纪地层的存在，可以推想三叠纪海侵曾达到这个地区。

自三叠纪以后，本区沿怒江河谷为连续的沉降带，并造成巨厚类似地槽相的沙丁板岩系。这一岩系以灰色薄层砂质板岩夹石英岩建造为主，并含中性火山岩流及薄层砾岩。岩相分异性不强，但纵的变化不大，化石很少，可见波纹，交错层及纹理状构造；在沙丁附近夹薄层含铁质矽质层。此系东西分布最少在 300km 以上，向西并可能与藏北湖区东部的海相中生代相连。自怒江河谷区向南北两侧，岩性虽大致相似，但出现侏罗纪化石层（拉贡塘、丁青）及煤系（八打松多、八里郎至弱巴以南）。因此推想怒江河谷地区可能是中生代海侵的中心区，而南北两侧出现含化石的侏罗纪及白垩纪，代表着边缘相的沉积。自三叠纪至白垩纪初期，中间未经过大的运动，直至中生代末期，可能在侏罗纪末至上白垩纪之间，本区始发生燕山运动。在沉积带的中心区，特别是东部，运动可能较早，因而缺乏晚期白垩纪红层，同时海相白垩纪，只能达到藏北湖区。由于这个运动的原因造成本区广泛的浅变质带，并在藏北湖区，出现大规模的花岗岩侵入体及中性至基性的火山喷发。白垩纪以后，在藏北湖区及怒江北侧丁青诸盆地中，沉积了厚 200～500m 的第三纪的湖相及山间盆地的沉积。

第三纪初期的喜马拉雅运动，也曾达到这个地区，使第三纪的沉积遭受褶皱，在山间盆地中，要比宽广的湖盆地中更为明显。伴着这一次的造山运动，有酸性的火山岩——透长石斑岩及含玻璃质的角砾岩的喷出。沿本区东北至东南部，有沿大断层出现的超基性岩带。喜马拉雅造山运动虽然在本区很明显，但主要造山运动仍以燕山运动为最重要一幕。

2.2.3 波密—拉萨地区

本区作北西西方向，东起波密东南境，经工布、拉萨之北至念青唐拉以西，东部极狭窄，向西逐渐开展。本区最老的岩层为波密南区及念青唐拉结晶片岩。在本区东部松宗地区，海侵自中泥盆纪开始，为石灰岩建造含珊瑚及石燕，继以泥盆石炭纪的海侵造成页岩及含砾石碎屑砂质页岩建造。向西自太昭河谷至念青唐拉以南，为石炭二叠纪海侵区。在太昭河谷以泥质与砂质互层建造为主，至拉萨东拉丁地区下石炭纪为含贵州珊瑚的砂质及泥灰岩建造，并有含安山岩流及凝灰岩的石灰岩建造。再西至旁多宗一带，灰质层减少，而以含碎屑的砂页岩建造为主。一般地说，本区石炭纪地层含化石不富。泥质岩层中含角砾碎屑为其特征，厚度很大。至二叠纪早期又出现石灰岩及含铁褐色砂岩建造，富含有腕足类化石，至二叠纪中期，出现海底火山岩的喷发。自泥盆至二叠纪沉积达 5000m。

三叠纪晚期，在本区南部拉萨河谷区又发生中生代的海侵，初为石灰岩，及泥质和砂质建造，并含玄武岩流，至侏罗白垩纪，海侵逐渐向西撤退。海相白垩纪在拉萨地区初见于林子宗红层底部，向西沉积逐渐加厚，范围也扩大，岩相变为以石灰岩为主的建造并含海胆珊瑚及有孔虫化石。至白垩纪晚期，在拉萨地区海水已完全撤退，沉积限于盆地中的陆相红层。

早期三叠纪地层在本区未发现，因此推想二叠纪以后至上三叠纪之间，此区曾有一间断，而造成这一间断的造山运动可能是印支运动。这个运动首先影响本区的东部。并由波密经工布至念青唐拉，造成本区北部的隆起及东部的褶皱与变质；由于这运动使中生代海侵局限于本区南部。这个自东向西逐渐隆起的现象，从中生代海相沉积向东只能达到拉萨河谷上游、鹿马岭以西的事实，可以获得证明。

白垩纪红层之后，本区出现了新的造山运动，发生大量的火山活动，初以（中性到酸性的）旁多火山岩为序幕，继以林子宗酸性夹碱性火山岩为特征，最后的一幕是强烈的花岗岩侵入，并产生有较普遍的接触变质及局部花岗岩化现象，这个造山运动可能已属于喜马拉雅运动的范围了。

晚期的喜马拉雅运动，也影响到这个地区，并造成近东西向的大断裂，主要是由北而南的逆断层，但在山间盆地的西侧，往往产生相对的错动。念青唐拉南侧北东走向的大断层，则是在比较近期造成的，沿着这个断层线，目前仍可见温泉的活动并时常发生地震。

2.2.4 藏南地区

关于这个地区的地层及构造发育，了解得更少。但大致知道自晚期二叠纪至侏罗纪末期，此区为一连续的沉降区，并沉积厚达 7000m 以上的地槽相岩层。二叠纪海侵南达喜马拉雅山麓，至中生代，沉降中心似北移至云东北玛锐拉至江孜一线上。在此中心沉降带，沉积了厚达 5000m 的中生代（江孜系），岩性为黑色至棕色沙质页岩建造，含化石甚少，岩相纵的变化不大；但在这个中心区的南北两侧，出现含化石的中生代及第三纪地层，而第三纪海相层的分布，向东仅到康巴及任木宗一线上，并在日喀则以西第三纪地层本身中有一间断。因此推想，本区如前所述，自二叠纪至侏罗纪可能至白垩纪初期为一广泛的海侵区。至中生代末期，沿沉积中心区及其东部，发生上升运动。因为使晚期白垩纪及第三纪海侵沿南北两带自西而东进入本区，并向东侵入不远。至始新统以后，本区发生强烈的喜马拉雅运动，造成大区域的浅变质，尤以前述沉积中心带为更明显。至第三纪中期以后，又有晚期的喜马拉雅运动，但其规模远较次于前一次。这一运动造成一些东西方向的大断裂，沿江一带西自阿不认东至泽当一带的基性喷发及超基性岩的侵入，是沿大断裂带生成的。

3 结论

总的看来：①昌都地区自二叠纪以后，由于华里西运动的结果，已经表现了相对硬化状态，三叠纪以后已非一地槽区，燕山运动使这个地区发生再一次的褶皱。②怒江河谷至藏北湖区东部，自上古代（?）至侏罗白垩纪，有类似地槽型的性质，中生代以前的造山运动不能确定，燕山运动强烈，后复受喜马拉雅运动的影响。③拉萨-波密地区自泥盆纪与侏罗白垩纪为一海侵区，沉积亦为地槽型。本区自二叠纪末期之后，即开始受到上升及褶皱的作用，复受到强烈的喜马拉雅运动的影响。④藏南地区海侵自二叠纪至第三纪，为标准地槽型，部分地区可能有燕山运动的存在，而主要的运动是喜马拉雅运动，并有晚期喜马拉雅运动的影响。⑤在中生代以后，第一地区与其他三个地区，代表着两个不同类型的大地构造单元，是比较明显的，因此应该与后三者分开看。后三个地区可能基本上同属于一个大地构造单元，不过在发展过程中所处的地位不同，因而有不同的历史差别。在古生代同属一个地槽区，在中生代初期，波密-拉萨地区隆起，因而使中生代地槽分成南北两带，北面的怒江区成准地槽，而雅鲁藏布江南成标准的地槽。⑥根据路线调查，在本区已知的矿产有 20 余种，包括煤、油苗（沥青）、油页岩、铁、铜、铅、锌、钼、锑、钟、硫、重晶石、刚玉、红柱石、滑石、皂石、高岭土、石墨、黏土、盐、碱、芒硝、硼砂、石膏等。这些矿产在分布上与上述构造区域有密切的关系。就已知矿产分布情况看来，这个地区的矿产是多种多样的，其中黑色金属、有色金属、盐碱等矿产，都有良好的远景。

附记：本文所列化石名称，系根据斯行健（植物化石）、赵金科（菊石）、王鸿祯（珊瑚）、杨遵仪（腕足类、斧足类、䗴科、海胆等）诸先生鉴定结果。特此致谢。

［原文发表于《科学通报》，1955，(7)：62~71，52.］

中国已知的几个超基性岩体的观察[*]

李 璞

摘要 本文概括地论述了中国几个已知超基性岩体的地质特点，并从建造、岩相及矿物化学诸方面评述了不同岩体的含矿情况及特点。对小松山、三岔及锡林郭勒盟各岩体有详细的研究。作者在结论中指出高品位铬矿石常与纯橄榄岩–斜方辉石橄榄岩杂岩体伴生，单斜辉石橄榄岩为主的杂岩体不是产高品位铬矿石的良好类型。工业铬铁矿的产生与原始岩浆成分有密切关系。原始岩浆含镁越高，含矿的可能性越大。相反，原始岩浆含钙铁高而含镁低，对形成高品位铬铁矿不利。作者同时也指出了岩浆分异作用与成矿的关系。在分析了中国超基性岩体分布关系之后，作者指出了中国超基性岩体与地槽关系的密切性，并认为若干古生代地槽区是寻找超基性岩及铬铁矿更为有利的方向。

1 引言

现代大地构造学家、岩石学家、矿床学家和地球化学家，对组成地壳物质成分的研究，指出在地壳任一地质体内，化学元素的共生组合和富集与一定的地质条件和区域地球化学特点有密切的关系。同样指出，作为火成岩一个岩系的超基性岩，有它自己的分布规律、生成条件、化学及地球化学特点和专属的矿产，如铬、镍、铂族金属，金刚石和石棉等。由于我国社会主义建设事业的不断发展，对上述矿物原料日益迫切的需要，近年来已开始对这些矿种的普查与勘探，发现了一些超基性岩体，并在某些岩体内找到了矿床。深入的研究这些超基性岩体和它们所伴生的矿床的成因规律，提出进一步普查找矿的方向，扩大这些资源的基地是很必要的。中国科学院地质研究所在 1954 年秋开始配合中央地质部，进行了超基性岩及铬矿的研究工作，初步调查了甘肃小松山、青海、祁连、三岔及内蒙古锡林郭勒盟几个岩体。室内工作尚待进行，先将一些部分观察结果提出讨论。

超基性岩在世界上的分布，无论时间上和空间上都不如酸性岩那样普遍，它主要是局限于不同时期的褶皱山带和岛弧之中，它的产生与地槽的发展历史有着紧密的关系，如阿帕拉阡、新南威尔士（加里东）、乌拉尔、高加索、北哈萨克斯坦（华里西）、巴尔干、南土耳其、小高加索、西印度岛弧及东印度岛弧（阿尔卑斯）。超基性岩的另一分布地区是古老的地盾或地台的内部，如南非的布什维尔德、南罗得西亚等。本孙[1]曾指出在新南威尔士的超基性岩的侵入与大的逆断层有关。亥斯[2]指出阿帕拉阡蛇纹岩带位于造山运动中心，西

---

* 本文根据中国科学院地质研究所铬矿组所作总结的一部分资料写成。

印度岛弧的蛇纹岩带与局部地壳下沉有关。A. П. 列别节夫[3]、西尼村（在中国科学院地质研究所谈话记录）及皮努斯[4]都指出世界上的超基性岩的侵入与深断裂有着极密切的关系。列别节夫进一步指出：大地构造环境是决定火成岩建造的岩相成分、岩体构造、岩浆分异程度及分异方向的重要条件。因此在研究中国超基性岩的问题的时候，就必须首先注意这些超基性岩体的分布位置与大地构造单位的联系，它的侵入时期、产状和它与围岩的接触关系等问题。

根据苏联岩石学家、矿床学家对苏联境内超基性岩与铬矿成因关系问题的研究，指出铬铁矿的生成与超基性岩体的类型、岩体内部构造——特别是岩相的分布、岩浆结晶条件及结晶的阶段有着密切的关系。有工业价值的铬铁矿常与接近纯橄榄岩成分的岩浆分异体有关。高品位的铬铁矿常局限于岩体内的纯橄榄岩带，或橄榄岩–斜方辉石橄榄岩杂岩带的纯橄榄岩之中。同时指出，有工业价值的铬铁矿多在岩浆结晶的晚期，由残余岩浆熔液或含矿熔离体中结晶出来的；铬的富集与挥发成分的存在有关[5,6]。因此对一个超基性岩体的研究，必须详细制图，根据岩石成分确定岩体的类型，了解岩体内部构造，区分不同岩相和它在岩体中的分布和变化，岩相矿物化学成分及其结晶条件——物理化学条件；矿体产状和分布与特定岩相及岩体原生构造的成因关系，必要时还需估计岩体的侵蚀程度。

在进行铬铁矿床评价时，除了以上的研究，许多作者[7]都指出铬铁矿的品位决定于造矿铬尖晶石的化学成分和矿物类型。其中 $Mg—Fe^{2+}$、$Cr—Al$、$Cr^{3+}—Fe^{3+}$ 可在极大的范围内相互代替，因而影响铬的含量及 Cr_2O_3/FeO 的值。其次铬尖晶石的形成与岩浆类型，结晶时期及结晶过程有着密切的关系，早期的铬尖晶石副成分，一般的较同一岩体内晚期结晶的尖晶石成分不同，在原生构造条件的影响下，造矿熔离体及残余熔液可以脱离原来的位置，形成异岩浆矿床。早期矿床多形成浸染结构，而晚期矿床则以稠密浸染及粗粒块状或结核状（较少）结构为其特点。因此研究含矿围岩与矿体的接触关系，含矿岩石的矿物成分、化学成分；研究在不同情况下的矿石结构特点，并确定造矿铬尖晶石的化学成分及其工业类型，都是必要的。

根据以上的一些概念，并结合作为研究对象的岩体具体情况来制订我们的研究计划是比较适当的。只有结合大地构造环境来研究超基性岩体的产状分布，才能提出与它有关矿床的远景地区。同时也只有详细的研究岩体构造、岩石成分、矿床与某类岩相的成因关系，以及造矿铬尖晶石的生成条件和工业类型，才能提出勘探方向和矿床评价。这是我们研究工作的目的和任务。

2　中国已知超基性岩的分布概况（不包括新疆）

根据不完全的资料，超基性岩在我国的分布集中于四个地区：东北、内蒙古、祁连山及西南（包括川西北、川西和西藏）（图 1）。在东北有吉林的开山屯、大黑山、桦甸，辽宁的清源、本溪，黑龙江的宁安。在内蒙古有呼和浩特盟的科尔沁旗及锡林郭勒盟的崇根山、白音山、赫根山、朝根山、满莱庙、萨达格庙等，以及乌兰察布盟的索龙山，承德的高寺台。在西南有四川彭县、富林及会理。在祁连山有永昌南山，祁连三岔及野牛沟、酒泉南山；青海乐都、都兰察卡及甘肃敦煌南湖，并向西分布于阿尔金山的安南坝至大红山口等地。西藏有丁青、左贡及日喀则等地。另外尚有几个零星分散的地区，如贺兰山及台湾东部，分布范围较小。

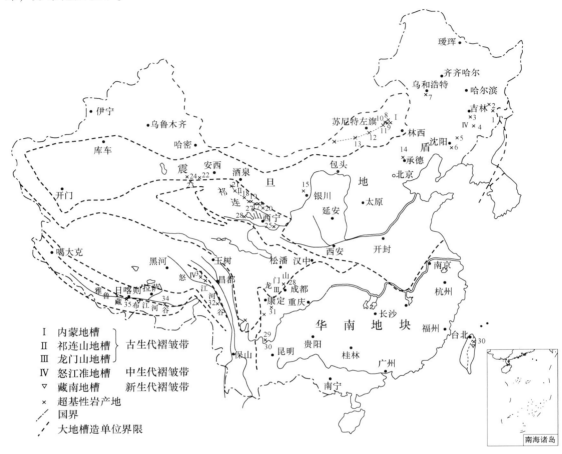

图 1　中国已知超基性岩分布图（1∶20000000）

　　初步看来，这些超基性岩的分布以地槽区为主（地槽中或地槽边缘），在时代上以古生代（加里东或华里西）为主，较少的为中生代或新生代。内蒙古锡林郭勒盟与祁连山的超基性岩体分布在下部古生代地槽区华里西褶皱带。根据西尼村教授（在中国科学院地质研究所谈话记录）的意见，锡林郭勒盟超基性岩的出露位置，可能相当于华北震旦纪地盾与蒙古地槽的交界，并与深断裂有关。川北彭县属加里东褶皱带。西藏东部，丁青及左贡的超基性岩侵入于中生代地层中，属于中生代末期的燕山皱褶带。西藏日喀则超基性岩体侵入于新生代（？）地层中，并与基性喷出岩相伴生，可能属喜马拉雅造山期。

　　超基性岩体在我国另一种分布地区是在震旦纪地盾 [根据西尼村教授中国大地构造图底稿（未发表）] 之中或地盾中的次级皱褶之中。前者如承德高寺台，吉林大黑山、开山屯等，皆位于华北震旦纪地盾之中；而甘肃小松山则位于震旦纪地盾的次级褶皱之中。无论从分布范围的大小、数量及含矿情况，后一种分布地区的超基性岩远不如前一地区为重要，而内蒙地槽及祁连山地槽包括阿尔金山的一部分，是目前发现超基性岩体比较多的两个地带。

　　关于这一些岩体，目前我们所进行的研究工作仅有甘肃小松山、祁连三岔及内蒙古锡林郭勒盟的两个岩体。可以指出，在岩性方面及岩体结构方面各有其特点，而且根据对内蒙古地区的观察，即在同一大地构造单位中的不同岩体，在岩性上也有极大的区别。关于这几个岩体的特征，以下作单独的介绍，而对于其他岩体的简单情况，可参考表1。由于过去对这一问题的注意不够，有些资料的可靠性是值得怀疑的。

表1　中国已知超基性岩体的一般情况（未包括新疆）

序号	位置	岩体形状	岩石类型	一般地质情况	含矿情况及其他	大地构造位置及侵入期
1	吉林和龙县开山屯	长方形	蛇纹石化辉石橄榄岩及纯橄榄岩	侵入于石炭二叠纪（板岩、千枚岩、砾岩、角闪岩夹中性及基性火成岩、石英粗面岩）	矿体透镜状	震旦地盾　上古生代
2	黑龙江宁安县鹿道	脉状	角闪云母橄榄岩	侵入石炭二叠纪变质页岩中	含副铬尖晶石，岩石含 Cr_2O_3 0.2%（?）NiO 0.14%	震旦地盾　上古生代?
3	吉林永吉县大黑山		蛇纹石化橄榄岩、阳起石化橄榄岩、蛇纹岩及辉石岩脉	侵入于角闪片岩中，局部与石炭二叠纪地层接触	矿体成连珠状透镜状，与围岩界线明显	震旦地盾　上古生代
4	吉林桦甸县黑石镇	透镜状	蛇纹石化橄榄岩阳起石化橄榄岩	侵入于角闪片岩中，岩体走向NW，附近出露震旦纪变质岩、石炭二叠纪砾岩、薄层结晶灰岩、板岩及角页岩、花岗岩等，接触关系不明	铬铁矿产于蛇纹石-阳起石橄榄岩中	震旦地盾　上古生代
5	辽宁清源	脉状	辉石岩及辉长岩			
6	辽宁本溪庙儿沟	脉状	辉石岩	穿入页岩中		
7	内蒙古呼盟古科尔沁右旗，哈拉黑车站西15km	脉状	蛇纹石化透闪石橄榄岩及角闪岩	穿入绢云母石英千枚岩，其中并有辉绿岩脉	含少量石棉，无工业价值	震旦地盾?　华里西
8	内蒙古西林郭勒盟崇根山	椭圆形	浅绿色蛇纹岩及单斜辉石橄榄岩	岩体长轴近东西，局部与石炭二叠纪地层接触，其上有残留白垩纪火山岩	含浸染状铬铁矿小矿体，与围岩界限清楚	内蒙地槽　华里西
9	内蒙古锡盟白音山	不规则	蛇纹石化辉石橄榄岩及致密状蛇纹石化纯橄榄岩	侵入于志留泥盆纪变质安山岩、凝灰岩及矽质千枚岩板岩中	含凸镜状铬铁矿体，矿石作块状和浸染状两种	内蒙地槽　华里西

续表

序号	位置	岩体形状	岩石类型	一般地质情况	含矿情况及其他	大地构造位置及侵入期
10	内蒙古锡盟赫根山	椭圆形	蛇纹石化纯橄榄岩、斜方辉石橄榄岩局部出现橄榄岩及辉长岩脉，角闪辉长岩脉	侵入于志留纪泥盆纪安山玄武岩及千枚岩中，纯橄榄岩位于岩体边缘，中心辉石增多，在接触带纯橄榄岩与安山玄武岩成穿插构造	铬铁矿矿体成断续凸镜体，有时集中成带，矿体与围岩界限清楚，结构为粗粒及中粒块状，或浸染状及条带状	内蒙地槽　华里西
11	内蒙古锡盟朝根山	有东西部两处，集中西部类似岩盘状	蛇纹石化纯橄榄岩及单斜辉石橄榄岩并含辉长岩包体	侵入于志留纪变质安山凝灰岩系及变质辉长岩中，在西部岩体中纯橄榄岩位于岩盆下部，含铬铁矿	铬铁矿成小的扁豆体与围岩界限清楚	内蒙地槽　华里西
12	内蒙古锡盟满莱庙	长形	蛇纹石化辉石橄榄岩	侵入于古生代变质岩系中	有铬铁矿小矿体一处，及转石数处，局部见有与其共生的矽镍矿	内蒙地槽　华里西
13	内蒙古锡盟萨达格庙	长形		侵入于古生代变质岩系	含菱镁矿，详情不明	内蒙地槽　华里西
14	河北承德高寺台附近	弓形凸透镜	蛇纹石化纯橄榄岩并有透辉石、异剥辉石	侵入于前震旦纪片麻岩中，在岩体东部有白垩纪火山岩不整合于片麻岩及超基性岩之上	铬铁矿成小块状异离体，位于岩体北部	震旦纪地盾？
15	甘肃小松山	岩体成单斜构造，超基性岩体成半月形，基性岩成长带状		岩体围岩为前震旦纪片麻岩及寒武奥陶纪石灰岩，走向 NNW—SSE，倾向 SW，岩体沿片麻岩及石灰岩的不整合面侵入，以单斜辉石橄榄岩为主	（1）铬铁矿成不规则扁豆体，集中于橄榄岩底部，矿体大小不一，矿体与围岩成渐变关系；（2）镍矿含于磁黄铁矿中，与黄铜矿共生，分散于辉长岩底部	震旦纪地盾的次级褶皱中华里西？
16	青海祁连三岔	长形凸透镜		岩体包括橄榄岩及辉石岩两部分，辉石岩为晚期侵入岩体，走向 N60°～70°W，倾斜陡峻，岩体侵入于南山系（志留泥盆纪）火山岩及矽质灰岩中，岩石受强烈蛇纹石化作用，片理极发育	铬铁矿成粗粒块状，局限于斜方辉石橄榄岩带中，较大矿体与斜方辉石橄榄岩更为密切，矿体一般都成凸镜体状，与围岩界限明显	祁连山地槽　华里西

续表

序号	位置	岩体形状	岩石类型	一般地质情况	含矿情况及其他	大地构造位置及侵入期
17	青海祁连拜经寺	扁豆状体		岩体侵入于南山系石灰岩中，岩体中也有南山系包体存在，走向N55°W，由斜方辉石橄榄岩及橄榄岩组成，岩体之南复有辉长岩体侵入于片麻岩及南山系中	含铬铁矿	祁连山地槽　华里西
18	青海祁连野牛沟	椭圆体		绿色及黑色蛇纹岩，偶见辉石斑晶，侵入于南山系及石炭二叠纪地层中（？）	偶见含浸染状铬铁矿纯橄榄岩，附近河谷冲积层中含Pt，Au	祁连山地槽　华里西
19	青海祁连冰沟	大小两块岩体		侵入于南山系变质火山岩中		祁连山地槽　华里西
20	甘肃永昌南山	知有岩体存在其他情况不明				祁连山地槽　华里西？
21	甘肃酒泉南山珠龙关	同上				祁连山地槽　华里西？
22	甘肃敦煌南湖	同上			一处知有铬铁矿转石	祁连山地槽　华里西？
23	阿尔金山安南坝	同上				祁连山地槽　华里西？
24	阿尔金山北坡大红田	同上				祁连山地槽　华里西？
25	青海乐都马营山	长条状		岩体侵入于南山系变质火山岩中，作东西分布，长10km，平均宽500~600m，主要由顽火辉石橄榄岩组成，呈斑状结构，含橄榄石70%~80%，中间部分有二辉橄榄岩存在，向东渐为基性岩代替		祁连山地槽　华里西
26	青海肇源大梁	情况不明				祁连山地槽　华里西？
27	柴达木盆地东缘都兰察卡	情况不明				？　　　？

续表

序号	位置	岩体形状	岩石类型	一般地质情况	含矿情况及其他	大地构造位置及侵入期
28	四川彭县	长条状，大小五块		蛇纹石化纯橄榄岩（?）侵入于绿泥石石英岩及石英绿泥片岩中（下古生代）	蛇纹岩中含碳酸铬镁矿细脉	龙门山底地槽加里东
29	四川会理小官河	长形椭圆体		岩体侵入于侏罗纪煤系中，以辉石橄榄岩为主，并有辉长岩		?　中生代
30	四川力马河	岩脉		为辉石橄榄岩侵入于侏罗纪石英岩中，含橄榄石、辉石、角闪石、云母、长石及硫化物	含磁黄铁矿、镍黄铁矿及黄铜矿	?　中生代
31	四川富林	两个岩体		侵入于震旦纪辉长岩硬砂板岩系中，为蛇纹石化纯橄榄岩		?　?
32	西藏左贡西南怒江河谷	带状		有纯橄榄岩存在，侵入于侏罗白垩纪煤系中		怒江地槽　中生代末期
33	西藏丁青南			橄榄岩及辉石岩，侵入于白垩纪（?）红层中		怒江地槽边缘中生代末期
34	西藏雅鲁藏布江河谷月噶宗	零星小岩体		单斜辉石橄榄岩及辉石岩侵入于古生代（?）变质火山岩中		雅鲁藏布江断裂带第三纪?
35	西藏日喀则至敖不认宗	层状（?）		蛇纹岩偶含斜方（绢石化）辉石斑晶，侵入于第三纪玄武岩中（?）		雅鲁藏布江断裂带第三纪?
36	台湾苏澳以南乌石鼻	长条状扁豆体		岩脉侵入于老第三纪（大南澳纪）包括角闪岩、石墨片岩、绿泥石片岩、白云母石英片岩、花岗片麻岩、煌斑岩、伟晶岩等	接触带有石棉脉	雅鲁藏布江断裂带第三纪

3　甘肃小松山超基性岩体及矿床特征

本岩体位于贺兰山的西侧，岩体包括橄榄岩、辉石岩和辉长岩三个建造。岩体作北西至北北西走向，超基性岩部分作半月形的岩饼，分布于岩体的东南部，长约1.85km，宽约0.83km。辉长岩沿超基性岩东侧作不规则的带状（岩墙状）分布，延长超出4km，向西北逐渐尖灭；最宽处在岩体南部，宽约 300m。根据黄劭显的意见（1953 年地质会议报告），岩体侵入于前寒武纪结晶片岩（主要是斜长片麻岩）与寒武、奥陶纪石灰岩的不整合面之间。但辉长岩的带状分布，使我们有理由推想岩浆的侵入与断裂有关。可以肯定地说，岩体的侵入时期是在奥陶纪之后及侏罗白垩纪之前，由于贺兰山地区志留泥盆纪地层缺失，所以它的侵入时期就有可能属于石炭二叠纪之前，推想可能与祁连山的超基性岩体侵入时期相当——即华里西早期（图 2）。

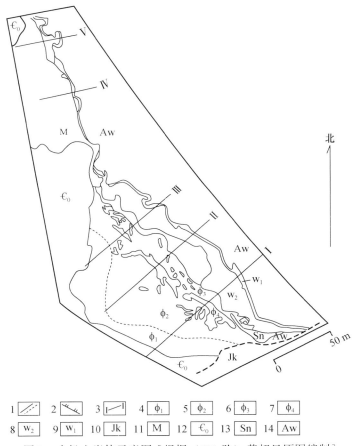

图 2 小松山岩体示意图［根据（621 队）黄超显原图编制］
1. 推定界限，实测界限；2. 断层；3. 剖面位置；4. 含辉石纯橄榄岩；5. 橄榄岩；6. 石榴子石化橄榄岩；
7. 辉石伟晶岩；8. 正长辉长岩；9. 辉长-辉石岩；10. 侏罗白垩纪；11. 透辉石大理岩；12. 寒武奥陶纪
石灰岩；13. 震旦纪石英岩；14. 前震旦纪片麻岩

3.1 岩体特征

3.1.1 构造和岩相分布

岩体具单斜构造及分带性，组成岩体的三个建造（这里所用的建造的定义，是指在时期不同而同处在一个构造之中的侵入体，在矿物及化学成分上有显著的差别）作似层状分布，橄榄岩位于辉长岩之上，辉石岩穿入橄榄岩之间，都向西南倾斜；辉石岩倾斜较陡，有时近直立。橄榄岩遭受较强的蛇纹石化。岩体岩相在小范围内变化极大，但在穿过岩体的剖面线上仍可以分开。我们根据三个剖面的观察，可将岩体划为八个主要岩相带（自上而下或自西向东；岩石名称，按库普列茨基分类）。

（1）粒状含辉石纯橄榄岩

（2）斑晶辉石橄榄岩 } 上部橄榄岩，（2）中偶含浸染状铬铁矿。

（3）橄榄岩——中部橄榄岩，局部含浸染状铬铁矿。

（4）辉石伟晶岩——侵入（5）的顶部

（5）石榴子石化橄榄岩——下部橄榄岩——主要含铬铁矿带。

（6）石榴子石葡萄石辉石岩。

（7）正常辉长岩。

（8）橄榄辉石辉长岩——含铜镍带。

以上（3）、（4）、（5）、（7）、（8）五个带沿岩体走向都存在，（1）、（2）、（6）三个带仅局部出现（图 3）。在第 I 及第 III 剖面中，除（6）以外其他七个带都可以看到；在第 II 剖面中（1）、（2）、（3）合为一个带并出现第（6）带。

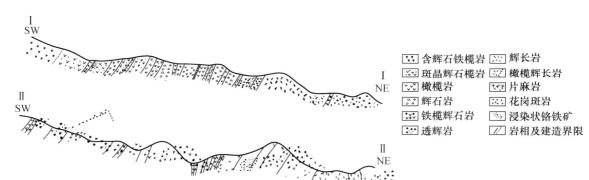

图 3 小松山超基性岩体剖面图

3.1.2 三个建造在时间上的不连续性

以上八个岩相带，分属于三个建造。粒状含辉石纯橄榄岩、斑晶辉石橄榄岩、橄榄岩及石榴子石化橄榄岩，同属于橄榄岩建造。辉石伟晶岩及石榴子石葡萄石辉石岩，属于辉石岩建造。正常辉长岩及橄榄辉长–辉石岩，属于辉长岩建造。这三个建造间的界限极其明显，缺少过渡相的存在，同时在岩石化学、矿物成分及结构上有显著差异，使我们认为它们代表着不同时期的侵入；橄榄岩在先，辉石岩较晚，而辉长岩可能最后。由于它们在空间上有密切的共生关系，我们同意黄劭显深部同源分异逐次侵入的假说。至于橄榄岩本身及辉长岩本身不同岩相的变化都为过渡渐变的，认为是原地分异的结果。过去曾有人提出橄榄岩与辉长岩的位置与一般岩体分异概念不相符合难于解释的问题，我们认为这个问题并不存在，因为辉长岩的侵入时期在橄榄岩之后就可以或上或下或穿入橄榄岩之间，同时辉长岩本身表现得很正常，即无论从矿物成分上或化学成分上，都可以看出酸性的是在上部，而基性的位于岩

体底部。由表2可以看出主要成分的变化，而 MgO/FeO 值及斜长石中钙长石的百分比都不相同（表2）。但是在橄榄岩本身的确有异常的分异现象。

表2　小松山辉长岩上下两部成分比较

成分	正常辉长岩（上部）	橄榄辉长岩（下部）
MgO	4.21	20.25
FeO	5.75	16.73
CaO	16.07	7.75
Al_2O_3	18.95	7.43
SiO_2	46.16	40.17
MgO/FeO	0.75	1.21
长石 Ab	76–78	62–67

（郭承基、钟志成）

3.1.3　橄榄岩体的异常分异现象

根据上述粒状纯橄榄岩、橄榄岩及石榴子石化橄榄岩的比较观察，使我们发现有以下四种特殊现象。

（1）从化学成分上，底部含 MgO 较上部为低，而全铁的成分上下相近，在中部的橄榄岩带为较低。但铁镁比值却同样的是上部高而下部低（表3）。

表3　小松山岩石部分分析平均数值（第 I 剖面）

	SiO_2	Al_2O_3	TiO_2	Fe_2O_3	FeO	MnO	CaO	MgO	MgO/FeO
粒状含辉石纯橄榄岩（2）×	35.05	3.16	1.63	7.13	4.39	0.47	2.85	33.76	4.92
辉石橄榄岩（5）×	37.79	5.29	1.27	7.55	3.22	0.75	8.09	28.50	2.85
橄榄岩（6）×	39.91	5.17	1.13	4.65	3.17	0.29	14.28	20.95	2.85
橄榄辉石岩（5）×	41.00	6.01	2.17	5.66	3.87	0.33	16.72	19.27	2.14
辉石岩（6）×	43.39	6.65	1.48	4.32	3.02	0.78	18.79	15.96	2.29
石榴石化橄榄岩（3）＊	35.43	10.67	2.02	9.31	1.92	0.43	22.90	12.39	1.20
超基性岩总平均（27）	38.78	6.16	1.61	6.43	3.26	0.51	13.92	21.80	2.41

×岩石受较强蛇纹石化，＊含橄榄石残晶。　　　　　　　　　　　　　　　（郭承基、钟志成）

（2）这种化学成分的异常，也反应在辉石与橄榄石相对含量方面。一般地说，在这个岩体内辉石及橄榄石的含量的变化是相当大的。但仍可看出这样一个变化，即在顶部橄榄岩内含辉石较少（15%~25%），而向下辉石有增高的趋势（45%~65%），在底部的橄榄岩中辉石含量可达70%。

（3）在粒度上虽然在每一带里变化也相当大，但也与上述现象符合，即上部橄榄石的粒度均匀而一般较小（0.2~0.5mm），向下粒度极不均匀，常有极粗粒的橄榄石出现。

（4）如果我们承认铬铁矿的富集与较纯的橄榄岩更密切的话，那这个岩体的含矿带却在含辉石较多含 MgO 较低的橄榄岩中分布较多。

3.1.4 钙质同化作用存在的可能性

在分析以上三种岩石，粒状含辉石纯橄榄岩、橄榄岩、石榴子石化橄榄岩的化学成分之后，我们又发现另外一些事实。整个看来这些岩石含 MgO 较一般的蛇纹石化橄榄岩平均含量为低，Fe_2O_3，Al_2O_3 稍高，CaO，FeO，MnO 都显著的较高，而 CaO 的高是最突出的。高 CaO 的特征不仅表示在化学成分上，也表现大量钙铝石榴子石的出现，特别在底部含矿橄榄岩中，石榴子石交代辉石（图片 1）。同时在岩体中曾发现大量石灰岩包体，经变质形成透辉石岩或钙铁石榴子石岩，极类似矽卡岩型。其次，铬尖晶石与岩石的化学成分也有共同之处，即 MgO 低，铁（FeO、Fe_2O_3）高，Al_2O_3 高，如何解释这一现象是比较困难的。我们曾经假设 CaO 的含量高是由于岩浆在上升的道路上同化了部分石灰岩成分的结果。由于大量钙质的渗入在 $MgO-FeO-SiO_2$ 的系统中，降低了岩浆的结晶温度，并促使结晶过程由橄榄石直接跃入普通辉石范围，而 Fe 元素特别是 Fe^{3+} 很快地分离出来，与 Cr 元素结合造成高铁铬尖晶石。

3.1.5 矿物成分比较复杂

初步鉴定结果，已知有下列矿物存在：

（1）原生矿物——橄榄石、单斜辉石（透辉石，透辉–次透辉石，含钛普通辉石）、铬尖晶石、钙铁石榴子石，钙铬石榴子石[①]、金云母、符山石、磷灰石、榍石、脆云母（？）。

（2）次生矿物——纤维蛇纹石、叶蛇纹石、胶体蛇纹石、绿泥石、磁铁矿、滑石、铬云母（？）、铬绿泥石、方解石、透闪石、镁铁角闪石、钙铝石榴子石、铬石榴子石、葡萄石。

辉石光学常数在不同岩相中变化很大，值得深入研究。铬石榴子石有两个世代，一个为岩浆期，位于尖晶石外围，并包裹于辉石之中；另一个与钙铝石榴子石同期，当钙铝石榴子石切穿铬铁矿时，沿接触边缘产生。从金云母、符山石、磷灰石等矿物的存在，说明岩浆结晶时期有挥发成分的存在。

3.2 矿床特征

矿体呈不规则的凸镜体，延长方向大致与岩带分布一致，矿体与围岩界线常为渐变，在矿体之中也常成局部富集。

3.2.1 矿石结构及尖晶石生成条件

矿石有三种结构：

（1）稠密浸染体，主要由铬尖晶石与辉石及少量蛇纹石组成，尖晶石作自形晶（0.2 ~ 0.5mm），均匀分布，并包裹于大片单斜辉石晶体之中（图片 2）。辉石新鲜，尖晶石与辉石接触边缘常见有绿色铬石榴子石反应圈，有时铬石榴子石分离成半自形或圆粒状晶体散布于

---

① 王公庆首次提出，经中国科学院地质研究所鉴定。

空隙之间。由此可以充分证明尖晶石结晶稍在辉石之先；在这种情况下，铬石榴子石仍属岩浆期产物，而不属热液期产物。

（2）斑点状浸染体，由自形晶尖晶石组成晶簇，聚集于橄榄石（蛇纹石化）颗粒之间，并与辉石共生或包裹于辉石之中，这种矿石常在稠密浸染体的外围见到，并与前者成渐变关系。

（3）条带装稠密浸染体，尖晶石成密集的条带状分布。尖晶石包裹于辉石晶体之中，与以上两种情况相同，镜下可见圆粒状橄榄石为大片辉石所包围，而尖晶石则集中于橄榄石晶粒间的辉石之中，由镜下及标本中，可以看出尖晶石沿着一个方向集中，但疏密程度及条带的宽度并不一致（图片3）。在尖晶石集中部分，仍可见大块橄榄石位于其间，橄榄石经蛇纹石化，中间常复有褐铁矿，惟橄榄石中罕见有尖晶石包晶，因此可以证明这种橄榄石结晶在尖晶石之前。由于尖晶石的富集具有方向性，可以指示含矿熔液是在具有方向性的应力条件下结晶的，它开始结晶的时期较大部的橄榄石及较少部分的辉石为晚；尖晶石已开始结晶之后，辉石才大量开始结晶。从大多数橄榄石浑圆轮廓，及尖晶石完全包裹于大的辉石晶体之中的事实，使我们推想在辉石结晶时期熔液更富于流动性，因此辉石才有可能渗入橄榄石各个细微的晶间空隙而结晶成大片的晶体。这时已结晶的橄榄石及尖晶石像是落在一支由辉石晶格组成的网一样，把已结晶的橄榄石及尖晶石都包裹进去。这时熔液的物理化学条件与橄榄石是不平衡的，因此橄榄石受到熔蚀，而尖晶石则未受到明显的熔蚀破坏，仅在边缘部分与岩浆有反应现象。

根据上述矿石的结构及橄榄石、辉石、尖晶石的相互关系，已经可以确定铬尖晶石大量开始结晶的时间，是在橄榄石之后，并结束在大部辉石结晶之前。尖晶石结晶时候仍有大量的岩浆存在，因此它的结晶时期仍属岩浆结晶过程的前一阶段——即早期岩浆矿床。

3.2.2　尖晶石化学成分上的特点

在28个分析中按照索可洛夫的分类，有18个属高铁铬尖晶石类型，其他为镁富铁铝铬尖晶石、双铁铬尖晶石、亚铁富铁铬尖晶石、镁富铁铬尖晶石及亚铁铬尖晶石（郭承基）。总之，都以高铁为特征。根据44个矿样的尖晶石的部分分析得出：Cr_2O_3 最低为 19.92%，最高为 30.51%；Cr_2O_3/FeO 值最低为 0.4，最高为 1.03。根据28个铬尖晶石的全分析，得出主要成分的平均含量如下：Cr_2O_3（27.55%），Al_2O_3（20.22%），Fe_2O_3（18.90%），MgO（8.4%），FeO（18.10%），TiO_2（4.48%），可以看出 MgO 及 Cr_2O_3 的含量都很低，而 FeO、Al_2O_3、TiO_2 含量都很高。郭承基指出小松山铬尖晶石化学成分上的变化为：①Cr_2O_3 与 Al_2O_3 及 Fe_2O_3 有相反消长的关系，MgO 与 FeO 有明显的相反的消长关系；②Cr_2O_3 与 MgO 有共同消长的关系。一方面，因为铬尖晶石属于普通尖晶石、磁铁矿及铬铁矿类质同象系列的矿物，所以上述诸元素相互消长的关系，可以用原子半径相似在尖晶石晶格中相互交替来解释。但在另一方面，组成小松山矿石的铬尖晶石是很复杂的，在一块标本中，经过选矿处理，可以分开强磁性及弱磁性或无磁性三个部分，而不同部分的分析数字不同。无磁性或弱磁性的部分，Cr_2O_3 有相对提高，而在磁性强的部分，Fe_2O_3 有相对提高的趋势，但却不是很规律的。从光片下的观察，尖晶石中有磁铁矿的杂质，并有连晶结构。因此推想小松山 FeO、Fe_2O_3 及 TiO_2 高的原因，可能由于磁铁矿的混入。从结构分子式的计算结果，在 RO 组里及 R_2O_3 的阳离子数值都与理论数字有相当的差别，也可以指出这种尖晶石不是一个单纯的矿物组成的（表4）。

表 4　小松山铬尖晶石分析（CrI）

成分	磁性			弱磁性			无磁性			平均值
	重量比/%	分子比	阳离子数目	重量比/%	分子比	阳离子数目	重量比/%	分子比	阳离子数目	阳离子数目
MgO	4.57	0.114	1.37 ⎫	4.39	0.110	1.25 ⎫	4.80	0.120	1.35 ⎫	1.32 ⎫
FeO	28.37	0.419	5.15 ⎬6.56	32.61	0.489	6.26 ⎬7.68	19.06	0.277	3.46 ⎬4.95	4.95 ⎬6.39
MnO	0.29	0.002	0.03	1.67	0.012	0.15	1.44	0.010	0.13	0.10
NiO	0.14	0.001	0.012 ⎭	0.26	0.002	0.03 ⎭	0.15	0.001	0.01 ⎭	0.02 ⎭
Al_2O_3	13.90	0.137	3.37 ⎫	15.50	0.152	3.89 ⎫	16.80	0.165	4.13 ⎫	3.80 ⎫
Cr_2O_3	24.11	0.313	7.70 ⎬15.74	26.85	0.344	8.81 ⎬15.81	24.60	0.316	7.70 ⎬17.54	8.07 ⎬16.37
Fe_2O_3	19.96	0.136	3.35	10.89	0.074	1.89	25.04	0.167	4.18	3.14
TiO_2	7.56	0.101	1.32	6.74	0.095	1.22	7.38	0.122	1.53 ⎭	1.36 ⎭
SiO_2	0.11	0.002		0.49	0.008		0.69			

（以 32 个氧为基础计算，并按蛇纹石 $2SiO_2 : 3MgO$ 的比值将 MgO 减掉）　　　　　　　　（郭承基、钟志成）

$(Mg_{1.32}Fe^{++}_{4.95}MnO_{0.10}NiO_{0.02})_{6.39}$　$(Al_{3.8}Cr_{8.07}Fe^{+++}_{3.14}Ti_{1.36})_{16.37}O_{32}$

3.3　小松山岩体研究的初步结论

（1）岩体沿前寒武纪–寒武奥陶纪不整合界限的断层裂隙侵入，岩体具似层状构造。侵入时期可能属华里西造山期。

（2）岩体属以单斜辉石橄榄岩为主，而有后期辉石岩及辉长岩侵入体的类型。

（3）岩体具有异常分异现象，矿物成分比较复杂，岩石化学成分以含 MgO 低，含 FeO、TiO_2、CaO 高，含 Al_2O_3 较高为特征，CaO 高的原因是由于在岩浆上升的道路上同化了大量的钙质成分的结果。CaO 的渗入可能促使 Fe 的早期分离并与 Cr 组成高铁铬尖晶石。

（4）铬尖晶石含 Cr_2O_3 低，含 FeO 特高，$Cr_2O_3/$ FeO 值多低于 1，以高铁铬尖晶石类型为主。矿体集中于岩体底部，与周围橄榄岩界限为过渡渐变，属早期岩浆矿床。

4　祁连三岔超基性岩体及矿床基本特征

本岩体出露于民乐南约 40km 的三岔，地理位置相当于狭义的南山山脉中心部分（即祁连山第二条山脉）；其地质位置相当于南山地槽的北缘。岩体成长形凸镜状，作北 60°～70° 西走向，与围岩片理方向相符；东西长 5.05km，出露宽度因剥削程度大小而不同，最宽 1125m，最窄处宽约 100m；面积 2.05km²。岩体侵入于地槽相沉积的南山系下部（局部层位）变质火山岩系及石灰岩中，出露位置相当于局部背斜的轴部，沿岩体南部为一正断层所截，断层线方向大致与岩体延长方向相同。岩体与围岩接触倾角为 40°～60°，但两侧围岩倾斜方向有时相反，有时相向。岩体由两个建造组成：①纯橄榄岩–斜方辉石橄榄岩建造；②纯橄榄岩–辉石岩建造。前者位于岩体南侧，后者主要位于岩体北部，复于前者之上，并在岩体东端，复出露于岩体南侧，形成半包围圈。

　　关于岩体形状，曾有两个不同意见：①岩床，即沿层面侵入，但两侧接触面并不平行；②鞍状，即位于背斜顶端，但内部岩相分布并不对称，故初步认为岩体为一沿褶皱轴裂隙侵入的凸镜体较适合（图4）。

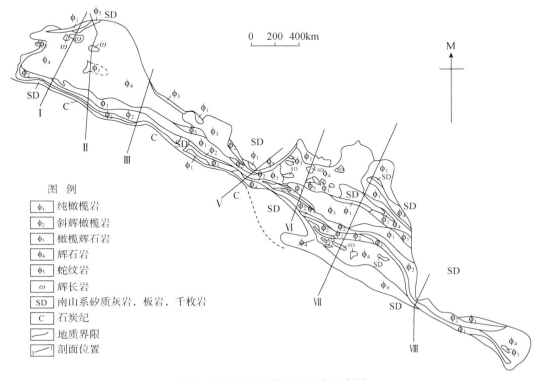

图4　青海祁连三岔超基性岩示意图

4.1　岩体特征

4.1.1　明显的分异性

　　组成岩体的两个建造：纯橄榄岩-斜方辉石橄榄岩、纯橄榄岩-辉石岩，二者接触界限清楚，后者复出现于前者之中，故显然为两期侵入。但无论在哪一个建造中，都有显著分异的现象。在前者之中纯橄榄岩与斜方辉石橄榄岩各成独立的扁豆体，长轴方向与岩体分布方向一致，综错排列，互相过渡。显然，这种分异作用是在动力影响下造成的。结合岩体内部构造、产状及蛇纹岩亦作带状的分布现象推想，岩体侵入时期是在造山作用同时产生的。在纯橄榄岩-辉石岩建造中，以条带状构造为特征——即辉石岩与橄榄岩相互呈条带状的排列，前者宽为0.5～5cm，占极少量。纯橄榄岩中辉石含量为5%左右，全他形，充填于橄榄石之间，橄榄石及辉石全部蛇纹石化；辉石带以单斜辉石为主，含10%左右的斜方辉石及5%的橄榄石，大部单斜辉石仍新鲜，橄榄石亦部分保留，两带接触界限分明，但镜下在接触线附近，辉石与橄榄石呈相互交错构造。

以上两种分异现象，都说明两个建造都是在结晶过程中原地分异形成的。但仅仅结晶分异不能解释这种现象，我们认为有动力作用及扩散作用相伴随。

4.1.2 矿物—化学特点

岩体受强烈蛇纹石化，纯橄榄岩及斜方辉石橄榄岩全部蛇纹石化；含单斜辉石的辉石岩蛇纹石化程度较浅。纯橄榄岩呈粒状结构，假象颗粒蛇纹石间为粉末状铁质充填，形成网状结构。蛇纹石的类型主要为纤维蛇纹石及胶体蛇纹石两种，二者在一个晶体中呈带状结构，晶粒外围为纤维蛇纹石，中间为胶体蛇纹石。纤维蛇纹石边缘宽窄不一，有时更可分为几个带，每带由铁质尘点分开。纤维垂直于晶面生长，因此将晶体区分成四、六或八个部分，中间胶体蛇纹石干涉色较低，其分割部位与外圈同，相对部分光性一致即索波列夫所称信封状[8]。有时在颗粒的核心部分堆积着铁质粉末或片状或纤维状含水碳酸盐（图片 4）。

由以上事实，可以推想在橄榄石变质过程中，蛇纹石化是从晶体外面向内部发育的。蛇纹石化作用除水分外，有 CO_2 渗入。由于铁质在蛇纹石假象中成环状集中，也可以表明蛇纹石化整个过程中是有间断性的，同时扩散作用也起相当的影响。蛇纹石假象呈信封状的分割现象，代表由晶体中心联接每一晶面所形成的锥体的剖面而成。

斜方辉石都变为绢石，手标本中呈锦黄色及丝绢光泽，而单斜辉石则常呈灰绿色，光泽较暗。绢石假象多为他形，具明显劈理；在纯橄榄岩中的绢石所含次生铁质粉末较在斜方辉石橄榄岩中的绢石为少，而在蛇纹石假象中的铁质粉末含量，在两种岩石中无甚区别，由此推想在纯橄榄岩中原有橄榄石 Fe/Mg 值较辉石为高；而在斜方辉石橄榄岩中，辉石中的 Fe/Mg 值可能更高些。这种情况是否表示在原岩浆结晶开始时期铁的浓度低，而且主要为先结晶的橄榄石晶格所夺取；在岩浆的另一分离部分，结晶成斜方辉石橄榄岩，铁的含量相对富集，而有更大量的铁是进入斜方辉石晶格中。这个现象在研究岩浆演化过程中 Fe 元素的行动方面，是值得密切注意的问题。

根据八个岩石标本部分的化学分析资料，可以看出三岔的纯橄榄岩与斜方辉石橄榄岩在成分上有下列区别：在纯橄榄岩中，SiO_2、TiO_2、Al_2O_3、FeO、Cr_2O_3 皆低于斜方辉石橄榄岩，而 MgO、NiO 皆高于斜方辉石橄榄岩，这种差异从平均值看来更明显（表 5）。

表 5 三岔岩体岩石部分分析

蛇纹石化纯橄榄岩类型部分分析

标本编号 \ 分析项目	FeO（+MnO）	MgO	Cr_2O_3	NiO	TiO_2	Al_2O_3	SiO_2
31	8.06	39.40	0.33	0.23	0.04	0.59	34.93
26	7.46	38.53	0.31	0.13	0.04	0.55	38.73
23	7.59	36.71	0.35	0.09	0.06	0.55	37.36
32	3.80	35.23	0.48	0.22	0.04	2.41	37.96
平均	6.73	37.47	0.37	0.17	0.04	1.08	37.25

（郭承基、钟志成）

1. MgO/FeO = 5.57   2. MgO/Cr_2O_3 = 101.2   3. MgO/NiO = 2.20

4. FeO/NiO = 39.6   5. Cr_2O_3/NiO = 2.18   6. SiO_2/MgO = 0.90

蛇纹石化斜辉橄榄岩类型部分分析

分析项目 标本编号	FeO (+MnO)	MgO	Cr_2O_3	NiO	TiO_2	Al_2O_3	SiO_2
29	9.10	33.58	0.70	0.09	0.11	1.75	40.26
15	10.40	27.67	0.77	0.09	0.08	0.80	37.59
25	15.00	31.04	0.51	0.12	0.11	0.87	40.09
19	9.50	39.05	0.88	0.08	0.04	1.75	37.92
平　均	11.00	35.23	0.75	0.08	0.09	1.29	38.97

1. $MgO/FeO = 3.21$　　　　2. $MgO/Cr_2O_3 = 46.3$　　　　3. $MgO/NiO = 4.40$

4. $FeO/NiO = 125$　　　　5. $Cr_2O_3/NiO = 8.12$　　　　6. $SiO_2/MgO = 1.11$

从以上分析平均数字看来，MgO/FeO、Cr_2O_3/TiO_2、MgO/Cr_2O_3 值随 SiO_2 增高而降低，而 MgO/NiO 及 Cr_2O_3/NiO、FeO/NiO 随 SiO_2 增高而增高。关于 MgO/FeO、Cr_2O_3/TiO_2 与 SiO_2 的消长关系是与一般的例子相符合的，郎得戛德[4]在研究瑞典的超基性岩时也特别指出这一点。但是 MgO/Cr_2O_3、MgO/NiO 的关系需要解释一下。从纯橄榄岩的四个分析中看来，Cr_2O_3 含量有与镁的含量相反的情况，在斜方辉石橄榄岩中却很不规律，但总的说来 MgO/FeO 低时，Cr_2O_3 的含量增高，这个事实与三岔岩体内部铬铁矿富集在斜方辉石橄榄岩中，而不在纯橄榄岩中的现象是符合的。从世界许多例子看，我们无论如何不能否认 Cr 元素与含镁高的岩石的共生关系，但从这个特殊的例子看，Cr_2O_3 的富集与结晶分异作用及结晶时期更有关系。因为我们认为在这个岩体内，纯橄榄岩-斜方辉石橄榄岩是由于同一岩浆在动力影响下就地分异而成的，这种分异体在化学成分上有些不同，同时在挥发分的含量上也应当不同。由于在原岩浆中大部分的 Cr 元素趋向于含挥发分较高的分异部分，这样就比较集中于斜方辉石橄榄岩中。关于 MgO/NiO 关系，我们看不出它究竟是与铁或镁有直接关系，因为在这些岩石中不见独立的含 Ni 硫化物但 Ni 的含量在含 MgO 高而含 FeO 低的纯橄榄岩中较高，我们可以假定 Ni 的富集是在原有的橄榄石中。这个事实是否表示 Ni 与 Fe^{+2} 的互相代替作用比 Ni 与 Mg 的互相代替作用更重要些，是一个值得研究的问题。Mg 与 Ni 的原子半径大小相似，但负电性不同，林伍德[10]最近提出原子负电性异同作为原子相互交代的补充原则，Ni 的负电性大于 Mg 而小于 Fe^{+2}，Ni 在橄榄石结晶格架中，代替 Fe^{+2} 的可能性较代替 Mg 的可能性更为合适。在离子半径相似，负电性小的离子常被掩护在负电性较大的离子中，就三岔岩石分析资料来看与此假说相符，上面已经指出，在纯橄榄岩中铁质在橄榄石的蛇纹石假象中较在绢石的假象中的分布得更多。在斜方辉石橄榄岩中，FeO 的总含量是增高了，特别在绢石里面次生铁质很明显的增高了，而 NiO 的含量反而低起来。郎得戛德同时指出，Ni 在超基性岩中集中的条件，主要是由于在原岩浆中 Ni 的含量不富，它首先被先结晶的橄榄石晶格所夺取，因而在结晶较晚的分异部分，就相对减低了。这种解释可能引起另一个问题，即在纯橄榄岩部分是否较斜方辉石橄榄岩先结晶的问题。我们上面已经指出，本岩体在结晶分异过程中，因受动力条件的影响，而与纯橄榄岩分异开来的斜方辉石橄榄岩部分，代表由已结晶的橄榄石-熔浆分离出来的部分，挥发分应当相对的增高，所以也就只能是较晚些结晶。这样，Ni 相对地富集于早结晶的橄榄石中，是可以解释的。

4.2 矿床特征

4.2.1 矿石结构

本区矿石结构分三种：

（1）密集中粒至粗粒块状；

（2）浸染状；

（3）豆子状或结核状。

主要矿体都为密集中粒至粗粒块状，并偶然夹结核状；浸染矿石多见于密集粒状矿体的边部，或偶尔成小的独立体，在数量上极不重要。块状矿石由他形或半自形铬尖晶石组成，铬尖晶石粒径自 1～5mm，有时可达 10mm 以上。铬尖晶石颗粒彼此密结常连成晶团，有时仍表现原有轮廓，中间并为蛇纹石分开。在这种矿石中，一般可见两种不同的粒度，粒度较小的铬尖晶石常出现于粗粒晶体空间的蛇纹石之中（1mm±），或自形或圆粒状。在有的标本中可以看到充填在铬尖晶石晶间空隙的蛇纹石具有方向的排列，但并不见铬尖晶石受到破裂，因此推想占据铬尖晶石晶间部分的橄榄石（假定原来是橄榄石）的结晶时期是在尖晶石结晶结束之后结束的。同时结晶作用是在有方向性的应力影响之下进行的。至于穿过铬尖晶石颗粒形成整齐的裂开，是在铬尖晶石固结之后不久，由于错动造成的（图片 5）。更晚期的破碎，使铬尖晶石整个破碎，形成角砾状，较大砾块仍保持原有半透明棕色特点，而小的砾块变为完全不透明；从分析结果看来，这种破碎在铬尖晶石化学成分上的反映是 Cr_2O_3 降低。在这里的矿石内，未见有次生高温热液期的矿物，如铬石榴子石、铬透辉石等。

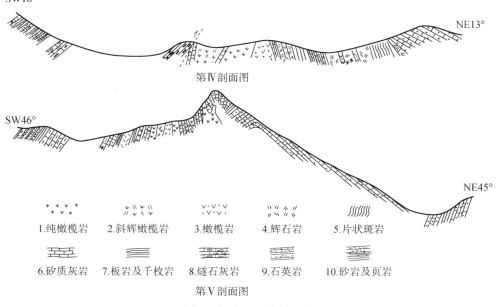

SW18°

NE13°

第Ⅳ剖面图

SW46°

NE45°

1.纯橄榄岩	2.斜辉橄榄岩	3.橄榄岩	4.辉石岩	5.片状斑岩
6.矽质灰岩	7.板岩及千枚岩	8.燧石灰岩	9.石英岩	10.砂岩及页岩

第Ⅴ剖面图

图 5 祁连山三岔剖面图

豆状矿石常夹于密集粒状矿石之中，二者呈过渡变化，在铬尖晶石的光学性质上不见有任何区别。豆子大小比较均匀，直径 1～1.2cm，稍呈椭圆体状，有时互相接触，有时孤立存在，周围为绿色蛇纹石所充填（图片6）。从它与密集粒状矿石的过渡关系看来，认为这种豆子结构是在挥发分比较局部密集的封闭系统中造成的，而它的形成是由于细小铬尖晶石颗粒的聚集，并不似一般结核的生成一样，由一个中心向外发展起来的；从豆子周围有时有分散的小颗粒看来，也表示晶体聚结的过程（图片7）。

浸染状的矿石有时独立存在，有时局部出现于密集粒状矿石之中，而常见于后者的边缘，含蛇纹石化橄榄石成分 20%～50%，尖晶石粒度比较小（1～2mm），晶形也比较完整些。

4.2.2 矿物产状

矿体主要富集于纯橄榄岩–斜方辉石橄榄岩带中的斜方辉石橄榄岩部分，呈独立或断续相联的凸镜体，最小的凸镜体长仅数厘米，大的可达 2m 以上，矿体长径延长方向以及数个凸镜体相连结的方向，都与岩带延长分布相近。在许多大的凸镜体相联结的情况下，可组成有经济价值的矿体。矿体与周围斜方辉石橄榄岩界限非常明显，但显微镜下仍可看出矿体与围岩非直线式的接触，而且往往可以看到铬尖晶石岔入围岩部分，造成锯齿状的交错关系。根据这些事实，我们认为矿体晚于周围橄榄岩而结晶，但仍认为矿体是由包围它的岩石中异离而来的，而这种异离作用与熔离现象相符合。索可洛夫[11]在讨论肯皮尔赛矿体成因的时候，提出熔离作用是造成晚期铬铁矿床的重要方式之一。我们从事实的观察认为是比较适合于这个例子。这种熔离体在岩体的一部分（在这里是斜方辉石岩岩浆的部分）形成独立的矽酸盐–铬铁矿成分的熔离体，其中含有相当量的挥发分，主要是水蒸气。造矿的 Cr 元素，在每一个熔离体中不同，因此铬尖晶石的富集程度也不同。根据七块矿石镜下的测量，铬尖晶石与矽酸盐（蛇纹石）的比例平均为 69.40/30.60，最高为 87.53/12.47，最低为 69.19/30.80。在矿石中很少看见辉石或其变质产物，这说明造矿异离体的成分上，二氧化矽是不饱和的，MgO、SiO_2 两种组分只能形成橄榄石。所以从熔浆的成分上看，它仍是近于纯橄榄岩；王俊发[12]指出，矿体周围薄层的黄色蛇纹石外壳，仍代表矿体产于斜方辉石橄榄岩中纯橄榄岩异离体也是有理由的。但在纯橄榄岩带中，仅见浸染状矿石，而且无经济价值，仍不能否认这里的矿与斜方辉石橄榄岩的密切关系。在一处（V 剖面）见有宽 2～3cm 的铬矿凸镜体贯入接触带的石灰岩中，尖晶石与蛇纹石及碳酸盐共生，而颗粒较大的都受到破碎，并部分分解。凸镜体的边缘几全部破碎，中间颗粒较小的尖晶石仍保存自形晶。这种矿脉的形成仍不属热液类型，而是在尖晶石结晶之后，伴随着部分未结晶的矽酸盐溶液，在动力作用下被挤入接触带的裂隙中的。至于这种结晶体–溶浆的混合体被挤入裂隙的作用，能否扩大来解释超基性岩体也由类似的作用形成，在这里是没有得到确凿证据的。

4.2.3 尖晶石的成分

根据对十个铬尖晶石的分析，确定这里的铬尖晶石属镁铝铬铁矿类型（郭承基），Cr_2O_3 最高可达 57.72%，Al_2O_3 较低，FeO 很低，Cr_2O_3/FeO 值最高可达 4.0，平均在 2.91 左右。一个铬尖晶石的全分析的数字见表6。

表6 三岔铬尖晶石分析

分析项目	重量%	分子数	阳离子数目
MgO	15.70	0.3893	5.87 ⎫
FeO	11.89	0.1655	2.49 ⎬ 8.363
NiO	0.003	0.0001	0.002 ⎬
MnO	0.010	0.0001	0.0002 ⎭
Al_2O_3	11.63	0.1141	3.98 ⎫
Cr_2O_3	57.46	0.3779	11.42 ⎬ 16.17
Fe_2O_3	3.57	0.0224	0.68 ⎬
TiO_2	0.46	0.0058	0.09 ⎭
SiO_2	0.02		
共　计	100.323		

尖晶石成分（$Mg_{5.87}Fe_{2.49}Mn_{0.002}Ni_{0.002}$）8.36

（$Al_{3.98}Cr_{11.42}Fe_{0.68}^{3+}Ti_{0.09}$）$16.17O_{32}$

（郭承基、钟志成）

在分子比中，按照蛇纹石的理论分子式用 $2SiO_2$∶$3MgO$ 的比减去相当数量的 MgO。以尖晶石构造式 $Mg_8Al_{16}O_{32}$ 计算发现分析数字高于理论数字。在光片下，大片的尖晶石反光强度一致，无杂质，但错动带有次生磁铁矿及赤铁矿。这种差异现象，可能由于尖晶石样品的分选有小量次生磁铁矿及赤铁矿混入。

4.3 三岔岩体研究初步结论

（1）岩体侵入于地槽相"南山系"变质火山杂岩及矽质灰岩中，为同造山运动时期（华里西）侵入体。

（2）岩体由两个建造：纯橄榄岩–斜方辉石橄榄岩及纯橄榄岩–辉石岩组成，前者侵入在先。岩体属于包括后期侵入的辉石岩及辉长岩的纯橄榄岩–斜方辉石橄榄岩类型。

（3）纯橄榄岩–斜方辉石橄榄岩呈带状分布，各成凸镜状交错，延长方向与岩带分布方向一致，这种分异作用是在有方向性的动力作用下造成的。

（4）铬铁矿矿石具三种结构：浸染状、中粒至粗粒块状、结核状，第一种极次要，主要产于纯橄榄岩中。第二种为主要矿石类型，并组成较大矿体的主要部分。第三种占量很少，它与第二类型成过渡关系。矿石经错动破裂，常有含铁高的细晶质的矿脉贯入裂隙之中。在矿体边部的擦面上，也有类似的情况。

（5）矿石含 Cr_2O_3 品位以粗粒块状为最高，Cr_2O_3/FeO 为 3.55 ~ 4.16，铬尖晶石属镁铝铬铁矿，在矿石遭受错动破碎后，Cr_2O_3 的含量显然降低，而 FeO 的含量增高。

（6）总的看法：这个岩体是属于适宜产高品位铬铁矿的类型，但因岩体太小，从成矿的机会上看矿的储量受到极大的限制。

5 内蒙古锡林郭勒盟朝根山赫根山岩体及矿床基本特征

本岩体分布地区属内蒙古自治区锡林郭勒盟东段，在地质上位于蒙古地槽东南部，口北地障之北，大兴安岭之西。超基性岩体作近东西或稍北东东断续分布达数百千米，组成一明显的超基性岩带。根据对朝根山及巴音山（蒙语"山"叫"敖拉"，此地因方便称为山）等岩体的初步观察，岩体侵入泥盆志留纪（？）变质火山岩系之中，本岩系成分极其复杂，包括安山玄武岩、安山岩、流纹质英安岩、安山质凝灰岩、辉长岩及碎屑状千枚岩及板岩，皆呈轻微变质。在此火山岩系中有碧玉岩、结晶灰岩及石英滑石菱镁岩夹层，或凸镜体。这些特征都表示这个岩系属地槽相沉积。根据中央地质部641队报告，认为岩体侵入时期属华里西。与我们在朝根山所观察的意见一致。朝根山中部岩体成岩盆状，朝根山东部岩体及赫根山岩体的形状尚未能确定，巴音山诸岩体成小岩株。目前对朝根山岩体的一部分曾作初步观察，其特征如下：

5.1　朝根山中部及东部两岩体同属纯橄榄岩-单斜辉石橄榄岩类型

岩体直接与变质辉长岩及角闪片岩相接触，二者同属前述火山岩系一部分。在这两个岩体内，纯橄榄岩所占地位较次要，而东部较中部岩体纯橄榄岩所占地位尤少。岩体具分异现象，中部岩盆状岩体，由两个主要岩相组成。上部为蛇纹石化结核状单斜辉石橄榄岩，含辉石约20%。下部为蛇纹石化纯橄榄岩，偶含少量辉石，中间局部出现过渡类型的橄榄岩-纯橄榄岩夹层，呈凸镜体状构造（图6）。东部岩体成分较复杂，由两个建造组成，但仍以前述两个岩相为主。根据物探结果，推断岩体出露部分仅代表岩体的一部分。岩相作带状分布，并有重复现象。根据万分之一制图结果，可将岩相自下而上划分为六个带：

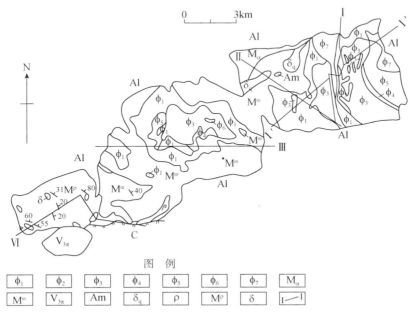

图6　内蒙古锡林格勒盟朝根山超基性岩岩相分布图

Φ1. 纯橄榄岩；Φ2. 含辉石纯橄榄岩；Φ3. 结核状辉石橄榄岩 Φ4. 凸镜体状辉石橄榄岩；

Φ5. 翠绿色辉石橄榄岩；Φ6. 辉石橄榄岩；Φ7. 橄榄岩；Mα. 变安山岩；Mω. 变辉长岩；V3π. 石英正长斑岩；

Am. 角闪岩；δq. 石英角闪片岩；ρ. 霏细岩；Mρ. 变质流纹岩；δ. 闪长岩

$$上部建造\begin{cases} （6）辉石橄榄岩-橄榄岩带：翠绿色，风化面具结核状构造。\\ （5）橄榄岩及纯橄榄岩杂岩带：具凸镜状构造，凸镜体大小不一，\\ \qquad 成分不同，一般地说凸镜体含辉石较包围它的部分为高。\\ （4）纯橄榄岩带：含铁质很高。 \end{cases}$$

$$下部建造\begin{cases} （3）单斜辉石橄榄岩带：褐色含铁质斑点。\\ （2）结核状辉石橄榄岩及橄榄岩带：局部为含辉石纯橄榄岩。\\ （1）纯橄榄岩带：绿色、灰绿色，偶含斜方辉石（绢石化）斑晶。 \end{cases}$$

以上两个建造可能属两个岩浆轮回的产物。

5.2　朝根山岩体矿物及化学成分特点

两个岩体都受强烈蛇纹石化，并以叶蛇纹石为主。除中部纯橄榄岩，一般地说这两个岩体的岩石都含铁质很高。根据镜下测定，东部纯橄榄岩含磁铁矿粉末为3%～8.2%，结核状辉石橄榄岩含磁铁矿粉末4%±，上部翠绿色橄榄岩含磁铁矿达8%±，在凸镜状橄榄岩中含磁铁矿有时达18%（图7）。

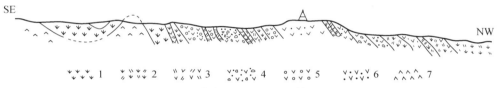

图7　内蒙古朝根山东部岩体剖面图
1. 纯橄榄岩；2. 含辉石纯橄榄石；3. 辉石橄榄岩；4. 结核状辉石橄榄岩；5. 凸镜体状辉石橄榄石；
6. 翠绿色辉石橄榄岩；7. 变辉长岩

关于叶蛇纹石的形成，索波列夫认为它是由纤维蛇纹石重结晶而成，根据朝根山的例子，纯橄榄岩几由80%以上的叶蛇纹石组成。叶蛇纹石由三种产生情况：一种是在纤维状蛇纹石中产生的（Ⅵ1-5），第二种情况是由鳞片状或胶体蛇纹石产生的（图片8），第三种情况是由单斜辉石产生的。前两种情况原岩都为纯橄榄岩，当重结晶作用极度发育时，整个岩石都由叶蛇纹石及少量磁铁矿、绿泥石或碳酸盐组成。在有的薄片下，可以看出叶蛇纹石的初期发展阶段成针状小晶体，然后再发展为叶片状。在第三种情况下，原岩橄榄石部分及辉石也都变为叶蛇纹石，由橄榄石发展出来的与前述相同。但由辉石发展出来的叶蛇纹石晶体特别粗大。在有些薄片下可以看出辉石转变为叶蛇纹石有三种不同情况：①辉石轮廓部分保留，但全变质成褐色均质体，在它的两端发展着大片的叶蛇纹石；在褐色均质物中也可以看到有交错状的叶蛇纹石在开始生长；②辉石晶体由带状分布的铁质与叶蛇纹石组成（图片9）；③辉石全为铁质及碳酸盐矿物集合体所代替。辉石原有劈纹仍保留，在上述集合体的中间，特别是两端发展着大片的叶蛇纹石。从以上这些例子可以说明，叶蛇纹石可以由橄榄石或辉石转变而来，但在前一种情况叶蛇纹石是由另一种蛇纹石——纤维蛇纹石或胶体蛇纹石重结晶而成。而在后一种情况，叶蛇纹石可以由单斜辉石直接产生而成。

根据七个部分岩石分析资料，朝根山岩石含 SiO_2 37.99%～42.24%，Al_2O_3 0.54%～3.85%，FeO 2.22%～13.24%，CaO 0.39%～2.71%，MgO 26.03%～38.62%，Cr_2O_3

0.47%~0.86%，TiO_2 0.03%~0.08%，Ni 0.10%~0.23%，其中 Cr_2O_3 的含量在橄榄岩中较在纯橄榄岩中为高，同时在接近矿体的纯橄榄岩中也高。对 Cr_2O_3 的这种分布现象尚待进一步研究。但根据东部岩体，铬矿产于前述的纯橄榄岩中亦产于橄榄岩中的事实，是可能与化学分析资料结合起来的。矿体呈极分散状的小凸镜体，矿石结构有粗粒块状、斑状及浸染状。

5.3　赫根山岩体特征

本岩体主要包括纯橄榄岩及斜方辉石橄榄岩两个岩相，局部出现橄榄岩，并有后期辉长岩穿入，纯橄榄岩与斜方辉石橄榄岩为过渡渐变。由同源岩浆就地分异结果，岩体应属以斜方辉石橄榄岩为主，而以纯橄榄岩为副的类型。纯橄榄岩或在大区域的斜方辉石橄榄岩中成独立的凸镜体存在，或在局部与斜方辉石橄榄岩组成更密切的杂岩带。后一种情形在岩体的边缘出现，可能代表岩体的底部。纯橄榄岩为他形晶橄榄石所组成，经蛇纹石化转变为纤维蛇纹石，颗粒间充填着磁铁矿粉末，组成网状结构，偶含斜方辉石达 5%~10%。斜方辉石橄榄岩由斜方辉石斑晶（绢石化）及纤维蛇纹石组成，辉石颗粒粗大，含量可达 30%±。

根据一个矿体详细制图的结果，可以看出矿体作大小凸镜体，集结于纯橄榄岩中，辉石含量有随离开矿体距离越远而越增加的趋势。矿体与围岩界限极明显。在岩体中其他部分的斜方辉石橄榄岩中亦有矿，但经详细制图结果证明，紧靠矿体的围岩仍为纯橄榄岩。

岩石结构以中粒（2~3mm，少数到 4mm）、稠密浸染体为主，尖晶石为半自形晶，蛇纹石含量 10%±，在有的矿石中亦含斜方辉石。其次为稀疏浸染体，尖晶石晶形较完整，粒度 1~2mm。

5.4　朝根山及赫根山岩体研究初步结论

（1）朝根山岩体侵入于变质中性火山凝灰岩及辉长岩中，就局部地区证据看来，侵入时期在石炭二叠纪之前，属华里西早期。

（2）岩体包括单斜辉石橄榄岩及纯橄榄岩，岩石受强烈的重结晶作用，分离出的铁质成分很高。

（3）矿体成小的凸镜体，细脉或不规则的小矿结，在东部岩体中，矿体分布于底部的纯橄榄岩中及顶部辉石橄榄岩中。在中部岩体中，矿体仅集中于底部纯橄榄岩中。

（4）根据岩相成分分析，认为两个岩体都不属于产生具有工业价值高品位铬矿的类型，两者比较，中部岩体较东部岩体产矿可能性更大些。在西部岩体中进一步找矿可以底部纯橄榄岩带分布地区为根据。

（5）赫根山岩体侵入于变质中基性火山岩中，火山岩的成分较朝根山为基性些。

（6）赫根山岩体为以斜方辉石橄榄岩为主，而以纯橄榄岩为副的类型，在岩体西部边缘可以看出火山岩与岩体直接接触的岩石为纯橄榄岩–斜方辉石橄榄岩杂岩带，向东倾斜，如以这一部分代表岩体底部，则向东即为岩体上部。

（7）赫根山 41 区矿体直接围岩为纯橄榄岩，斜方辉石含量有距矿体越远越增加的趋势。主要矿体与纯橄榄岩的关系更密切些。显然矿体的分布受岩相及岩体原生构造的控制。

（8）赫根山矿石以中粒至粗粒稠密浸染体为主，矿体与围岩界限极清楚，与朝根山、祁连三岔相同，同属岩浆结晶后期矿床。

（9）在赫根山地区进一步的工作，应设法找出纯橄榄岩在岩体中分布的范围作为进一步找矿的根据。由于覆盖很厚，进行这一工作需要大量的矿山工作，如槽探、竖井、浅井等，钻探工程对了解岩体结构及进一步探明已发现的矿体状况有极大的作用。物理探矿工作者如果能设法区别纯橄榄岩及含斜方辉石较多的橄榄岩，这样可以有助于找矿。

6 小松山、三岔、朝根山三处超基性岩体研究初步结论

（1）具工业价值的铬铁矿的产生与原始岩浆成分有密切关系。原岩浆含 Mg 越高，含矿的可能性越大。相反的，原始岩浆含 Ca、Fe 高而含 Mg 低，对于形成高品位的铬铁矿越不利。从岩石成分上讲，以纯橄榄岩–斜方辉石橄榄岩为主的杂岩体类型，是产高品位铬矿的岩体类型。反之，以单斜辉石橄榄岩为主的杂岩体类型，不是产有工业价值的铬铁矿的良好类型。三岔和赫根山属于前者，小松山属于后者，朝根山可能属于中间类型。

（2）超基性岩浆的分异作用与结晶、重力及动力三种分异作用有关。似层状的岩体是结晶分异及重力分异作用的结果，带状及脉状岩体常与结晶分异及动力分异作用有关。朝根山中部及小松山岩体似属于前者，三岔及赫根山（?）属于后者，但在任何情况下，不能引用单纯的重力作用来解释分异现象。在小松山岩体内，同化作用对超基性岩浆的演化似乎起着相当大的影响。

（3）铬铁矿的富集与岩浆分异作用的程度有关，在分异性弱的岩体中，矿的富集的可能性越低。有工业价值的铬矿床的形成，与挥发分的局部富集（虽然是少量的）有直接关系。我们很同意索可洛夫提出的在岩浆结晶较晚的时期，经熔离作用形成含矿熔离体的假说，这些熔离体一方面浓集着造矿元素，同时也含有被溶解的挥发分。不然矿体与围岩很明显界限，同时矿石粗粒块状的结构都得不到合理的解释。

（4）区别正岩浆期矿床的早期或晚期的主要特征，应以矿体与围岩是过渡渐变式或是突变的关系作重要依据，并需结合矿石结构、晶体间相互关系的研究，而不能仅仅根据显微镜下矿物的结晶次序来确定。因为控制矿物生成次序的条件很复杂，如温度压力、造矿元素的浓度、溶浆黏度及扩散作用等，在晚期形成的矿体里，也常见到铬尖晶石有先矽酸盐矿物结晶，并较矽酸盐结束在先的事实。小松山铬铁矿属早期岩浆矿床，三岔、赫根山及朝根山都属于晚期岩浆矿床。

（5）根据我国已知超基性岩的分布，说明它的分布与地槽区的关系更密切，目前认为在古生代地槽区（加里东及华里西）寻找超基性岩及铬铁矿为更有利的方向，如祁连山、内蒙古、阿尔金、昆仑、龙门山等。对西藏地区的中生代及新生代褶皱区也应注意，如怒江地槽东缘及藏南地槽北侧——沿雅鲁藏布江河谷等地。在祁连山可以寻找类似三岔类型的超基性岩体为找矿的根据。在内蒙古可以寻找赫根山类型的岩体作为找矿的根据。在每一个岩体内进行详细制图，区分岩相，并以纯橄榄岩带或纯橄榄岩–斜方辉石橄榄岩杂岩带作为找矿的根据是较为适合的。

最后应当指出，在超基性岩及其有关矿床研究方面还存在着许多问题待进一步研究，作

者想摘引 A. П. 列别节夫在"论基性岩及超基性岩发展规律"一文中所提出的研究任务作为这篇论文的结束。

这个问题包括两方面：一个是岩石学方面的，另一个是矿床学方面的。也就是说，一方面要阐明岩浆发展规律并指出区别每一建造的特征；另一方面要指出矿床的远景。这两方面的问题都必须充分考虑形成这一建造的岩浆发展的整个历史与其所在的大地构造带的地质发展史间的关系。

在岩石学方面要注意：超基性岩岩浆分异的机构与分异的方式，深部同化作用的影响，岩浆发展过程中铁元素的行动，指出由基性岩浆及独立的超基性岩浆所形成的不同成分的超基性岩的地球化学特征。在成矿规律方面需要引用地球化学的观点，指出每一岩体内含矿远景的特征。成矿作用的机构与岩石成分的关系，指出在岩体中一定构造中或一定成分有经济价值矿床的特点，岩浆期后非金属矿床的成矿作用。并引用试验方法来探索在超基性岩凝冷过程中造矿组分的行动，以及由同化作用所引起的对造矿成分在溶浆中可能的影响。

这些问题的研究无论在丰富科学理论和扩大国家矿物资源方面都有极大的意义。

参 考 文 献

［1］Benson W N. The geology & petrology of the Great Serpentine belt of New South Wales. Proc. Linn. Soc. N. S . Wales, 1913：38.

［2］Hess H H. 1）Gravity anomalies & Island arc structure with particular reference to the West Indies. Proc. Am. Philos Soc. , 1938, （29）.

2）World distribution of serpentinized peridotiles and its geological significance. Am. Min. , 1939, （24）.

［3］Лебедев А П. Закономерности ризвития остовныи и гипербаситовых формация на примере СССР. 1955.

［4］Пинус и др Г В. Гипербизиты тувы. 1955.

［5］Ветехтин и др. Хромиты СССР. Ⅰ, Ⅱ.

［6］Соколов Кромиты Г А урала, их состав, условия кристализации и закономерности распространения– Тр. Инсм. Геол. АН СССР, вып. 97. Рубн. Месм. , № 12. 1948.

［7］塔塔林诺夫：铬铁矿.

［8］Соболев И А. Серпентины СССР. 1951.

［9］Lundegardth P H. Aspects of the geochemistry and petrology of plutonic ultrabasites in Sweden. Geol. Foren, 1950, Jan. Feb. No. 460.

［10］Ringwood A G. The principles governing force elements distribution during magmatic crystallization. P. I. Geochemica & Cosmich. Acta. 1955, 17：（3-4）.

［11］Соколов Г А. 1940, 1948.

［12］王俊发. 研究设计（未发表）.

（原文发表于地质集刊，第1号：69~95）

图片1 柘榴子石化橄榄岩

Ол. 橄榄石；ПИ. 单斜辉石；Гр. 钙铝柘榴子石（54.3×10）

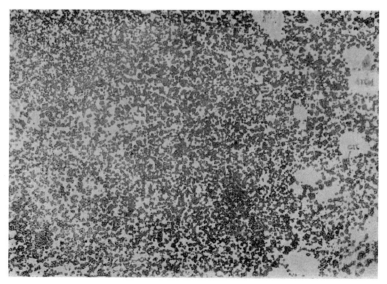

图片2 自形晶铬尖晶石颗粒组成稠密浸染体，晶间为单斜辉石、
黑色铬尖晶石、白色辉石（54—2 A33.5.948）（×4.5）

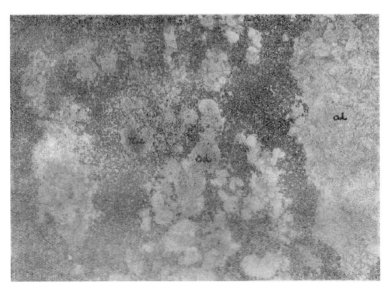

图片 3　自形晶铬尖晶石颗粒成条带集中，并包裹于大片辉石之中，
局部仍可见橄榄石亦包裹于辉石之中，但不含铬尖晶石
Оп——橄榄石；Пи——单斜辉石（5—951. ×3.75）

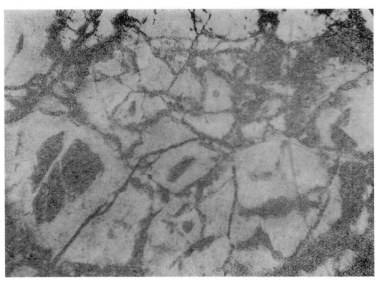

图片 4　蛇纹石化纯橄榄岩蛇纹石假像，略具网格状结构，
中间为含水碳酸岩（V36×10）

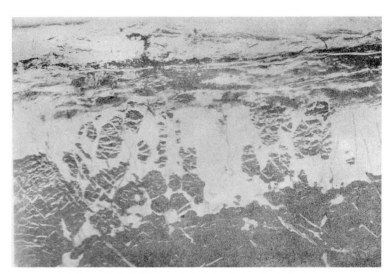

图片 5　块状铬铁矿两个方向的裂隙，部分遭受晚期
蛇纹岩脉破坏成砾状（×10）

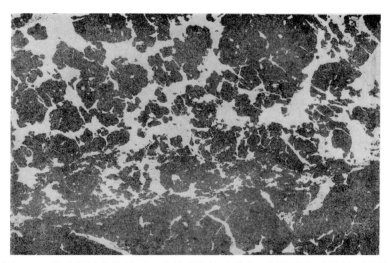

图片 6　豆状或结核状铬铁矿，岩块状铬铁矿共生，结核中间为蛇纹石充填，
动力作用使结核遭受破坏Ⅱ号山（×10）

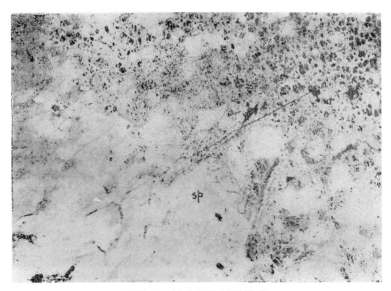

图片 7 蛇纹石化纯橄榄岩

A$_2$（12）蛇纹石假像微显网格状结构，含铁量很高

Sp——蛇纹石白色 Mt——磁铁矿黑点（×10）

图片 8 叶蛇纹岩由鳞片状或膠体蛇纹石重结晶而成。叶蛇纹石成交叉状，
中间仍充填鳞片状及膠体蛇纹石（424×10）

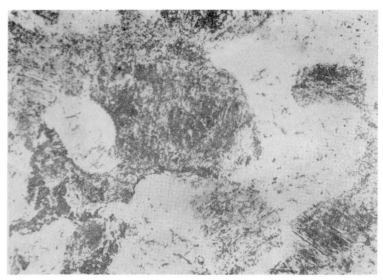

图片 9　橄榄岩蛇纹石化辉石轮廓及劈纹仍保留为磁铁矿及小量蛇纹石所代替，
在它的端末叶蛇纹石开始发育（135×10）

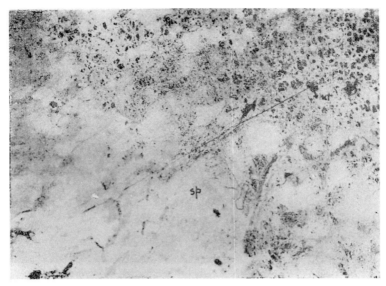

图片 7 蛇纹石化纯橄榄岩

A$_2$（12）蛇纹石假像微显网格状结构，含铁量很高

Sp——蛇纹石白色 Mt——磁铁矿黑点（×10）

图片 8 叶蛇纹岩由鳞片状或膠体蛇纹石重结晶而成。叶蛇纹石成交叉状，
中间仍充填鳞片状及膠体蛇纹石（424×10）

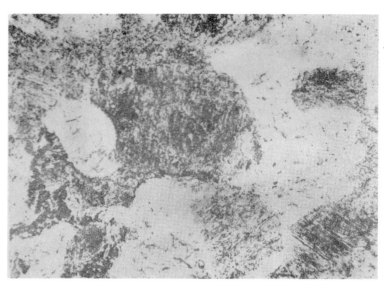

图片9　橄榄岩蛇纹石化辉石轮廓及劈纹仍保留为磁铁矿及小量蛇纹石所代替，
在它的端末叶蛇纹石开始发育（135×10）

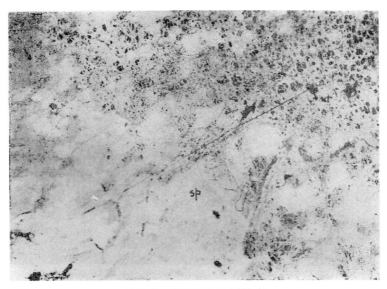

图片7 蛇纹石化纯橄榄岩

A₂（12）蛇纹石假像微显网格状结构，含铁量很高

Sp——蛇纹石白色 Mt——磁铁矿黑点（×10）

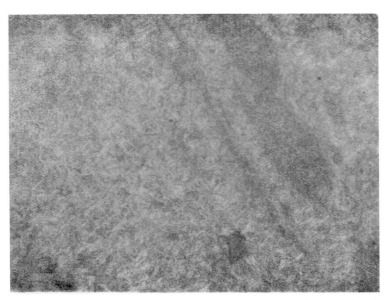

图片8 叶蛇纹岩由鳞片状或胶体蛇纹石重结晶而成。叶蛇纹石成交叉状，
中间仍充填鳞片状及胶体蛇纹石（424×10）

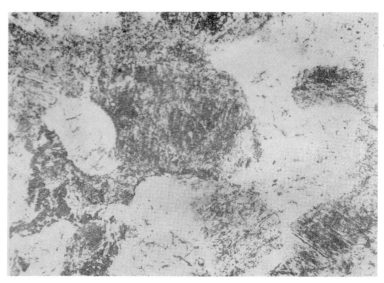

图片 9　橄榄岩蛇纹石化辉石轮廓及劈纹仍保留为磁铁矿及小量蛇纹石所代替，
在它的端末叶蛇纹石开始发育（135×10）

关于如何寻找超基性岩和基性岩及有关
铬镍等矿床的一些意见

李 璞

根据已知资料，超基性岩和基性岩在我国的出现有以下三种情况：第一种情况是呈带状出现在地槽之中、地槽边缘、地槽中的背斜带及地槽中次一级隆起的两侧或其中；第二种情况是呈分散状态出现于地台区的古老地块（隆起区）之中；第三种情况是成带状出现在两种不同大地构造单位的邻接带。而超基性和基性岩体分布的位置常常更接近凹陷区（或过渡带），特别是古老地块与邻近的凹陷带（或过渡带）。

在一般情形下，超基性岩在地槽区更发育些，而基性岩虽然更多地出现于上述第二种和第三种地区，但在地槽区也有分布。

在地槽区或在两种不同地质构造的邻接带分布的超基性岩和基性岩体常沿大断裂侵入。而零星分布在古老地块中或在地槽中的隆起带的岩体，其情况比较复杂，它与深大断裂的关系，有时可以直接看到，有时则不能直接看到。

根据上述的情况看来，寻找新的超基性和基性岩体首先要注意以下两种地质条件。

（1）在地槽的两侧或地槽区内部背斜的两侧。

（2）在古老地块与不同时期的凹陷带相邻接的地带过渡带或地台上的向斜带（台向斜）。

同类的超基性岩在成分上有两种类型，一类 MgO：FeO 值高，一般接近 10 或大于 10；另一类小于 10，甚至只到 5 左右。

在副矿物的成分上二者也不一致，含 MgO：FeO 值高的，普遍含铬尖晶石的副成分，反之，含 MgO：FeO 值低的，含副成分的铬尖晶石较少或者根本不含铬尖晶石。

另一种情况是出现于地槽区的超基性岩，其 MgO：FeO 值常较地台区的同类岩石的 MgO：FeO 值要高。许多例子都说明，在寻找铬铁矿时，以前类岩体为更有利。

有大量含长石成分岩相存在的岩体，一般地说，与铬铁矿无关，仅在特殊情况下，铬铁矿才成层状富集。无论在地槽区或在古老地块上，超基性岩体的侵入深度越大，对铬铁矿的生成就越有利。

对含硫化镍的岩体来说，恰恰与铬矿相反，它常常位于地台区的古老地块之中，或位于两种地质构造的邻接带。

对由岩浆直接形成的硫化镍矿来说，岩体分异程度越好，对矿的富集越有利，但与岩浆后期的硫化镍矿或异岩浆形成的脉状及似脉状的铬铁矿有关的岩体，有时不符合上述情况，即含矿岩体的分异程度可能很好，也可能不好，因此应该分别研究。

对每一个岩体含矿可能性的推测，应注意下列条件：

（1）岩体大小；

（2）岩体形状；

（3）岩体与围岩的接触关系；

（4）岩体分异程度、类型及其岩相矿物组成及化学成分；

（5）岩体的侵蚀程度及后生构造。

岩盘、岩盆或层状岩体都对成矿有利，而矿体常位于岩体底部含镁高的部位（对原生岩浆融离所形成的铬铁矿和硫化镍矿都是如此），因此侵蚀程度越接近岩体的深部，对找矿越有利，如果含镁高的岩相不位于岩体底部，即应注意研究含镁高的岩相分布情况，并用此来作为找矿的线索。

对矽酸镍来说，古气候条件（包括第三纪和更老的）、岩性（一般只发育在超基性岩区）和构造错动带（特别是线型风化壳镍矿）及岩体的侵入时期都有决定性的意义。

中生代以前的风化壳矽酸镍矿在我国各处可能找到，而较近代的风化壳矽酸镍矿（如第三纪中期到第四纪）在我国华中华南比华北更有希望。

在卡斯特发育的地区，如广西，要更注意研究超基性岩与石灰岩所构成的接触带（超基性岩体底盘是石灰岩），一般来说，它们与岩体形成过程或岩体形成之后的构造错动带有更密切的关系，这一点可作为寻找卡斯特型的风化壳矽酸镍矿的标志。

对超基性岩区次生沉积的合金铁矿也应加以注意，这种矿带分布在离超基性岩体稍远的地方。它含 Fe 达 30% ~ 40%，同时含 Ni、Co、V 和 Ti，因此能形成天然的合金铁矿，在侵蚀强烈的超基性岩区，对这种矿要多加注意。

对铬铁矿床来说，它的工业价值决定于成矿铬尖晶石的成分及其 Cr_2O_3/FeO 的值。

世界上一般采用的冶金用的铬铁矿，其中所含 Cr_2O_3 约为 48%，含 S 与 P 各在 0.1 以下，Cr_2O_3/FeO 值在 2.8 ~ 2.5，Al_2O_3+MgO 多在 25% 以下，用作为耐火材料的铬铁矿，其 $Cr_2O_3+Al_2O_3$ 等于 57% ~ 63%，在化工方面用的铬铁矿，其中所含 Cr_2O_3 要在 45% 左右，Cr_2O_3/FeO 值可降到 1.6，SiO_2 要低于 5%。

如果铬尖晶石的成分适宜，在岩石中有 10% ~ 15% 以上的铬尖晶石存在，就可以经过选矿富集加以利用。上述品位规格，可以随着技术的进步和我们的具体情况而相应降低。目前在冶金方面利用低品位矿石的问题，已经初步得到解决。

一般用于铬铁合金的硫化镍矿，含 Ni 0.5% ~ 5.62%，含 CoO 0.04% ~ 0.24%。如果 Ni 与 Cu，Co 共生，而且有相当的储量，那么镍的边界品位，可以降低到 0.2%。

对矽酸镍来说，世界上一般用的品位相差很大：含 Ni 由 1.18% ~ 10%，含 Co 由 0.05% ~ 0.2%。在苏联所采用的矽酸镍矿，其平均含 Ni 量为 1.26%，干燥后 Ni 的平均品位应不低于 1%，边界品位为 0.7%，如果采用新的冶炼方法，Ni 的边界品位可以降低些，矿石中 MgO 的含量应在 30% 左右。

在寻找超基性岩、基性岩、铬镍矿及与上述岩类有关的其他矿床的远景地区时，最好能注意以下这些地质条件：

（1）地槽边缘或地槽区的复背斜带两侧；

（2）地槽区的内部古老隆起带的凹陷地区，地槽区的古老隆起带的边缘；

（3）沿着两个地质构造单位相邻接的深大断裂带；

（4）古地台区的深大断裂带，及不同断裂的交叉点；

（5）地槽区有细碧斑岩发育的地带；

（6）地台区暗色岩系发育的地带的边缘；

（7）已知有超基性岩、基性岩的地点和矿点，以及已发现有砂矿及转石的地区。

根据这些条件制定每一个地区的预测图是很必要的，这个工作必须全国各省地质机构分头负责共同合作，先编制出分区的预测图，然后编制出全国的预测图以作为今后普查的根据。

［原文发表于《地质科学》，1959，（3）：71~72］

甘肃玉门红柳峡第三纪火山颈的报道

李 璞

　　红柳峡位于酒泉盆地西南部，东南距玉门市 40km。白垩第三纪砂页岩系在这里形成近东西向的一带长岭，火山颈则突出于长岭南侧的丘陵之上，高出山南盆地约 200m，地形上非常显著，自玉门市西行不远就可以看到它，因此很早就引起地质工作者的注意。

　　1957 年中国科学院地质研究所祁连山队对这个火山岩颈及其附近的岩流进行过 1∶2000 的地质制图。现结合野外及室内观察初步报导如下（图 1）：

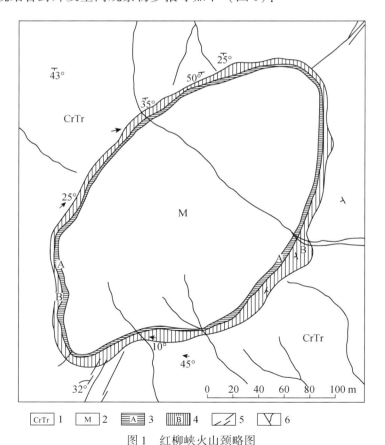

图 1　红柳峡火山颈略图
1. 白垩系、第三系；2. 粗玄岩；3. 堇青石角岩带；4. 退色角岩带；5. 岩脉；6. 河流

　　（1）根据玉门矿务局资料，火山颈系穿过白垩第三纪地层，岩颈作椭圆形，长轴北东—

南西，长轴长280m，短轴长160m。岩颈出露最低点到最高点的比高80m，环绕岩颈周围形成陡壁。岩颈东南部分受割切剥蚀比较强烈，成陡的斜坡，并有一北西向的冲沟直达岩颈中心，因此很容易观察到岩颈与围岩的接触关系及内部构造（图2）。

图2　火山颈及其岩流

在岩颈长轴方向的围岩中出现2～3条中性岩墙，在岩颈东南100m的山头残留有一层玄武岩流，它与岩颈直接关系不明。

（2）在岩颈附近的白垩、第三纪地层呈北东走向，倾向南东，倾角20°～45°。岩颈与围岩接触面近直立，可见到围岩受牵引及揉皱现象（图3），岩颈内部具三组异常发育的节理，一组呈环状与岩颈外缘相符合，一组由岩颈中心向外成放射状，另一组与上述二组相垂直。

图3　岩颈与围岩接触
图示右侧岩层因岩浆上冲而产生的拉伸现象

（3）岩颈本身由暗色辉石粗玄岩组成，局部有正长闪长岩分异体，沿上述第一组和第二组节理充填着粗面岩细脉，沿后一组节理则充填着沸石或方解石细脉。粗面岩主要由正长石及霓辉-普通辉石组成，粗玄岩主要由普通辉石及拉长石组成，化学分析资料指出，其成分近似碱性玄武岩（SiO_2 48.94；TiO_2 0.01；Al_2O_3 16.62；Fe_2O_3 4.25；FeO 5.12；MgO

5.88；CaO 5.51；Na$_2$O 3.80；K$_2$O 3.68；H$_2$O$^+$3.66；H$_2$O$^-$ 0.96；P$_2$O$_5$ 1.95）。

（4）岩颈与围岩接触形成明显的接触变质圈——堇青石角岩带（1～4m）及褪色角岩带。风化后各带表现得非常清楚（图4）。

图 4 岩颈接触带鞍部左侧的岩颈

这个岩颈为岩浆侵入的力学作用、第三纪岩浆化学性质、岩浆分异作用、碱性岩浆与矽铝质岩接触的热力变质作用等提供了一个很好的例子。

（原文发表于《地质科学》，1959，11：341，封二）

关于中国岩石绝对年龄的讨论[①]

А. И. 屠格林诺夫　　С. И. 兹可夫　　程裕淇　　Н. И. 司徒普尼可夫
Н. И. 波列娃娅　　李璞　　К. Г. 克诺列　　С. Б. 布朗特　　涂光炽

这个问题的研究是根据中国科学院地质研究所和中国地质部地质研究所的倡议而进行的。

参加这项工作的有中苏两国的科学工作者，其中包括中国科学院、苏联科学院、中国地质部和苏联地质及保矿部有关研究所的人员。

由于有许多人参加这项工作，因而能在 1957 年和 1958 年夏季收集了必需的岩石标本，并在 1958～1959 年室内工作期间对它们作了部分的研究。

用以鉴定年龄的标本是为了编制中国第一个地质建造年代简表和进行华北前寒武系研究而采集的。它们包括了中国主要岩浆旋迴和变质杂岩体。作者认为对现有材料的研究和对比，只是初步的尝试，当然还需要进一步加以证实。

在测定岩石绝对年龄时应用了下列的方法：

（1）古典的铀-钍-铅法：同时应用如下的常数：

$$\lambda_U^{238} = 0.154 \cdot 10^{-9} \text{年}^{-1} \qquad \lambda_U^{235} = 0.972 \cdot 10^{-9} \text{年}^{-1}$$

$$\lambda_{Th}^{232} = 0.0499 \cdot 10^{-9} \text{年}^{-1} \qquad U^{235}/U^{238} = 1/138$$

（2）普通铅法或粗铅法：用于鉴定碳酸岩层的沉积时代（详见内蒙古自治区部分）。

（3）钾氩法：用以测定沉积岩层海绿石的年龄，以及测定伟晶岩、火成岩及变质岩中的黑云母、白云母和微斜长石的年龄。

同时采用下例的常数值：

$$\lambda K_k = 5.5 \cdot 10^{-11} \text{年}^{-1} \qquad \lambda K_\beta = 4.72 \cdot 10^{-10} \text{年}^{-1}$$

$$\frac{K^{40}}{K^{39} + K^{41}} = 1.22 \cdot 10^{-4}$$

考虑到每一个省区的地质特点，我们从北部地区开始进行首批测定，这些数据列在表 1 中（表 1 中所列举的取样地点请参看图 2）。

1　辽宁省

在辽宁省鞍山和海城地区，由于有鞍山群的古老变质杂岩出露，对进行年代研究是很有意义的。表 1 中前四个测定是根据鞍山群中经过花岗岩化作用形成的混合岩中的伟晶岩化团块或伟晶岩脉进行的。西鞍山的伟晶岩（表 1，标本 4）属于这种早期的伟晶岩，在鞍山地区有（2250±100）×10⁶年的伟晶岩化区和1600×10⁶年的伟晶岩期，以及老于（2250±100）×

---

①　原稿是由屠格林诺夫专家用俄文写成的，由范嗣昆译，李璞等校。

表 1　用钾-氩法、铀-钍-铅法和粗铅法测定侵入体、伟晶岩和沉积岩绝对年龄的结果

编号	岩石特征	研究矿物名称	标本采集地点	Ar10^{-5}/(cm³/g)	K/%（质量）	获得的年龄值/百万年	测定的年龄值/百万年	完成研究的实验室	标本的采集者
1	由鞍山群经过花岗岩化形成的混合岩中的伟晶岩化团块	白云母	辽宁弓长岭羟茨沟口	107.9	7.26	2110	2250±100	全苏地质研究所	程裕淇、沈其韩等*
2	同上	白云母	辽宁弓长岭后台沟	117.0	6.66	2330		同上	沈其韩等
3	由鞍山群生成的混合杂岩伟晶岩脉	白云母	辽宁鞍山东小寺	135.5	8.47	2260		同上	程裕淇、冯宁生
4	由鞍山群形成的混合杂岩中的伟晶岩脉	白云母	辽宁鞍山西鞍山	68.5	7.22	1600	1600	同上	程裕淇、沈其韩等*
5	穿过辽河群石英岩的伟晶岩岩脉	白云母	辽宁海城县下房身	58.1	7.44	1400	1400	同上	沈其韩、刘长安等*
6	上震旦统景儿峪组的海绿石砂岩（震旦系第 10 组）	海绿石	河北蓟县景儿峪	23.2	5.52	870	880	同上	沈其韩、陆宗斌、陈荣辉等*
7	同上	海绿石	同上	24.6	5.70	890		同上	同上
8	产于含锰层的页岩（震旦系第 4 组）	海绿石	河北平泉县河杖子	13.1	2.48	1040	1040	地球化学和分析化学研究所	中科院地质所
9	穿过基底变质岩的五台群的花岗岩	黑云母	山东济南附近	56.3	4.92	1770	1800±50	苏联科学院达格斯坦分院	中科院地质所
10	穿过五台群角闪岩的伟晶岩	白云母	山西繁峙红岩	97.2	8.10	1860	1800±100	全苏地质研究所	沈其韩、陆宗斌、陈荣辉等*
11	沿劈理侵入到五台群闪岩中的伟晶岩	白云母	同上	87.2	8.46	1680		同上	同上
12	由五台群形成的混合质花岗片麻岩中的伟晶岩	黑云母	山西代县峨口以北 2km	69.3	6.67	1680		同上	同上
13	穿过前震旦纪片麻岩的伟晶岩	白云母	山西灵丘县	59.8	4.93	1870		同上	同上

续表

编号	岩石特征	研究矿物名称	标本采集地点	Ar10⁻⁵/(cm³/g)	K/%（质量）	获得的年龄值/百万年	测定的年龄值/百万年	完成研究的实验室	标本的采集者
14	馒头组中含海绿石的砂岩（下寒武统）	海绿石	山西五台县	14.4	6.41	500	500	同上	沈其韩、陆宗斌、陈荣辉*
15	燕山花岗岩中之伟晶岩	黑云母	同上	6.27	7.65	200	200	同上	同上
16	伟晶岩	钙-钶钇矿	山西东北部	铀-钍-铅法		280	280	地球化学和分析化学研究所	中科院地质所
17	穿过五台群混合岩的伟晶岩	独居石	内蒙古自治区西部	铀-钍-铅法		1800±100 根据三个测定的平均值	1800±100	同上	中科院地质所屠格林诺夫
18	同上	黑稀金矿	同上	铀-钍-铅法		1850±50		同上	同上
19	白云鄂博群（滹沱群?）白云岩	白云岩	同上	普通铅法		1350±100 根据四个测定的平均值	1400±100	同上	屠格林诺夫
20	同上	方铅矿	同上	普通铅法		1440±100		同上	同上
21	黑云母金云母化角岩	黑云母和金云母	同上	10.8	5.42	475	（460±15?）	同上	同上
22	同上	同上	同上	8.3	4.53	452		同上	同上
23	穿过白云鄂博群的石英-钠辉石脉	易解石	同上	铅-铀-钍法		230±50		同上	同上
24	白云鄂博群底部的混合片麻岩	黑云母	同上	5.82	6.00	250	280±20	同上	同上
25	粗粒黑云母花岗岩	黑云母	同上	7.5	6.84	280		同上	同上
26	同上	黑云母	同上	7.75	7.42	260		同上	同上

续表

编号	岩石特征	研究矿物名称	标本采集地点	$Ar10^{-5}$/(cm³/g)	K/%（质量）	获得的年龄值/百万年	测定的年龄值/百万年	完成研究的实验室	标本的采集者
27	细粒斜长花岗岩	黑云母	同上	7.2	6.07	300		同上	同上
28	绿柱石伟晶岩	微斜长石	同上	10.0	9.45	260		同上	同上
29	前震旦纪黑云母片麻岩	黑云母	固阳附近	5.3	4.98	270		同上	同上
30	穿过白云鄂博群的黑云母花岗岩	黑云母	固阳附近	8.1	7.6	272	280±20	同上	同上
31	穿过五台群片麻岩的片麻状长岩	黑云母	三木代庙	6.92	6.86	250		达格斯坦分院	同上
32	穿过前寒武系的片麻状花岗岩	黑云母	甘肃永昌	5.5	6.27	240	240±20	同上	同上
33	穿过古老变质岩的细晶岩	白云母	青海鱼卡	11.4	8.30	330	330±30	同上	中科院兰州地质室
34	穿过前震旦纪片岩的英闪岩	黑云母	湖北宜昌三斗坪	22.3	5.72	860		同上	地质部水文工程地质队
35	同上	黑云母	同上	25.2	5.39	915		同上	同上
36	前震旦纪片麻岩中（混合岩）英闪岩侵入体	黑云母	同上	2.8	1.01	700	800±100	同上	同上
37	前震旦纪花岗岩中的英闪岩伟晶岩	白云母	宜昌美人沱村	36.40	8.76	810		同上	同上
38	穿过前震旦纪花岗岩的英闪岩	蛭石	宜昌太平溪	10.45	5.54	450	500（由于云母的水化作用使氩丢失，年龄值可能偏低）	同上	同上
39	穿过前震旦纪片岩的英闪长岩	蛭石	同上	11.9	5.30	510		同上	同上
40	同上	蛭石	同上	11.7	5.25	500		同上	同上

续表

编号	岩石特征	研究矿物名称	标本采集地点	$Ar10^{-5}$/(cm³/g)	K/% (质量)	获得的年龄值/百万年	测定的年龄值/百万年	完成研究的实验室	标本的采集者
41	穿过前震旦纪片岩的石英黑钨矿矿脉	白云母	江西兴国画眉坳	5.73	9.01	160	160	同上	中科院地质所
42	黑云母花岗岩	黑云母	广东陆丰县	2.9	7.00	100	} 90	同上	同上
43	同上	黑云母	同上	2.9	6.9	100		同上	同上
44	黑云母花岗岩	黑云母	广西东部	2.16	7.90	80		同上	同上

* 地质部地质研究所。

注：铀–钍和铅/物的分析数据及年龄计算结果列在表2～表5中。标本 No.14 为稍有被陆源杂质污染的海绿石。因此，虽然测得的数据与下寒武纪阿尔旦组（巴多斯高原）中海绿石的年龄数据十分相符，但是应当认为这些数据是初步的。

10^6 年的受到混合岩化的古老变质杂岩鞍山群的存在，按其岩性（结晶片岩和"含铁石英岩"）和时代，这些杂岩与乌克兰苏维埃社会主义共和国克里沃罗克层的岩石很相似。

所谓辽河群，位于鞍山群之上，关于两者之间是否有巨大的不整合存在，还有不同的意见，但一般认为辽河群被震旦系以不整合关系所覆盖。由于已经确定穿过辽河群的伟晶岩为 $(1400\pm50)\times10^6$ 年，而震旦系未被这期伟晶岩所侵入，可以断定辽河群的时代上限早于 $(1600\sim1400)\times10^6$ 年。

2 河北、山西、山东等省

这三个省的地质特点是大量出露有由结晶片岩、角闪岩、片麻岩、混合岩所组成的五台群。在它们的侵蚀面上有时以角度不整合沉积了滹沱群的变质砾岩、石英岩、千枚岩、板岩和白云岩，再上又被变质极为轻微的震旦纪砂岩、石英岩和矽质灰岩所覆盖，震旦系的剖面在河北省东北部出露最全。整个震旦纪岩层可以分为十层（组）。

对穿过五台群结晶片岩的伟晶岩（表1，标本 10～13）的年龄测定表明，这个群的时代，上限为 $(1800\pm100)\times10^6$ 年。

采自震旦系剖面不同部分的海绿石之绝对年龄是不同的，如震旦系第 10 层（景儿峪）（表1，No.6 和 7）的两个海绿石标本，其年龄为 870×10^6 年和 890×10^6 年，而同时第四层的海绿石（表1，No.8）的绝对年龄是 1040×10^6 年。这种差别不能解释为方法的实验误差，虽然如此，但是我们在分析俄罗斯地台沉积盖层不同层位中海绿石时也得到同样的结果。大概这些数据证明了在地台条件下沉积物堆积的漫长性。指出这一点很有趣，在地槽条件下（如高加索）沉积物堆积的速度很快。这已为测定剖面不同层位中的海绿石所证明了。毫无疑问，震旦纪地层的沉积占据了很长一个的地质阶段。这个阶段在下寒武纪与元古代之间是以数亿年计的。在将来继续研究的过程中，我们就可能阐明震旦系地层沉积的整个时间范围，目前这个震旦系的下限年龄可以认为应在 $(880\sim1040\pm100)\times10^6$ 年以上。这个结果与根据下寒武纪海绿石测得的年龄值——500×10^6 年也是相符合的（表1，标本 15）。

必须说明，在滹沱群的标准产地（山西五台山）滹沱群本身还没有绝对年龄测定的资料，而它以不整合关系为震旦系中部地层所覆盖。因此虽然许多人认为滹沱群的时代属前震旦纪，但少数地质工作者认为它可能和河北省东北部的下震旦统相当。

还应当指出，我们曾用铀-钍-铅法对山西省东北部前寒武纪地层发育地区出现的含稀土的伟晶岩进行了测定，测定结果表明该伟晶岩的年龄为 280×10^6 年（表2）。由此可见，在海西时正当满蒙地槽形成时，在中国地台的边缘也有剧烈的岩浆成矿作用。

表2 用铀-钍-铅法测定矿物绝对年龄的结果

编号	标本采集地点	含量/% （质量）			铅的同位素成分				年龄值/百万年				采用的年龄值
		Pb	U	Th	Pb^{204}	Pb^{206}	Pb^{207}	Pb^{208}	Pb^{207}/Pb^{206}	Pb^{206}/U^{238}	Pb^{207}/U^{235}	Pb^{208}/Th^{232}	
1	独居石（内蒙古西部伟晶岩）	0.76	0.19	8.37	0.01	7.6	0.91	100	1680	1730	1700	1770	
2	同上	0.31	0.05	3.58	0.034	6.09	1.06	100	1650	2100	1420	1710	1800±100
3	同上	0.60	0.14	7.60	0.013	7.66	0.92	100	1570	1900	1790	1560	
4	黑稀金矿（内蒙古西部伟晶岩）	3.6	10.6	1.65	0.002	100	10.99	5.55	1830	1900	1840	1800	

续表

编号	标本采集地点	含量/%（质量）			铅的同位素成分				年龄值/百万年				采用的年龄值
		Pb	U	Th	Pb^{204}	Pb^{206}	Pb^{207}	Pb^{208}	$\frac{Pb^{207}}{Pb^{206}}$	$\frac{Pb^{206}}{U^{238}}$	$\frac{Pb^{207}}{U^{235}}$	$\frac{Pb^{208}}{Th^{232}}$	
5	易解石（内蒙古）	0.02	0.066	1.10	0.49	57.79	10.05	100	300	(620)	(600)	200	250±50
6	钶钇矿（山西东北部伟晶岩）	0.41	9.64	1.87	0.056	100	6.14	8.93	340	270	280	290	300±30

注：1. 所有普通铅混入物的改正值是根据内蒙古自治区某地方铅矿中的铅：

Pb^{204} = 1；　　Pb^{206} = 16.00；　　Pb^{207} = 15.20；　　Pb^{208} = 36.0。

2. 对内蒙古自治区西部伟晶岩来说，根据独居石（No.1）和黑稀金矿的各种同位素比值是相一致的，因此可以很有把握地说是 $1800±100×10^6$ 年（表3）。

3. 对于内蒙古自治区的易解石最可能是海西期的，约为（$250±50$）$×10^6$ 年（表4）。

4. 对于山西东北部伟晶岩中的钶钇矿所获得的数据令人信服地表明它们的年龄是海西期的，约为（$300±30$）$×10^6$ 年。

3　内蒙古自治区

内蒙古自治区对制定中国地质建造年代表方面具有特殊的意义。因为在内蒙古自治区的范围内不但分布有五台群，而且也分布有在地质时代上还有争论并且可能相当于白云鄂博群的滹沱群，以及比较新的沉积岩和岩浆岩。

李毓英、翁礼巽和何越教对内蒙古自治区西南部的前寒武系提出了下列的原则性地层表（图1）。

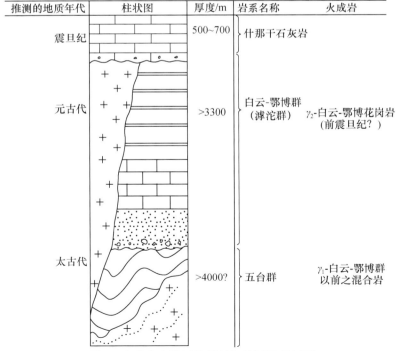

图1　内蒙古自治区前震旦纪地层示意剖面

（据李毓英、翁礼巽和何越教）

从此图中可以看出作者将所有在内蒙古自治区西南部出露的变质岩群和轻微变质岩群（五台群、滹沱群和震旦系）及穿过它们的花岗岩类都划归前寒武纪。

特别应当指出的是，他们认为白云鄂博群的花岗岩的时代是前寒武纪，这个区域铁矿层的形成在成因上与花岗岩有关。他们特别强调白云鄂博群的地槽复理石相的特点，按他们的意见，这是上元古代地槽的一部分。

赵宗溥和另外一些同志认为这个区属于内蒙古自治区北部的海西地槽和南部主要由结晶岩基底所组成的阴山地块之间的边缘带。

赵宗溥和另外一些同志认为这个区属于内蒙古自治区北部的海西地槽和南部主要由结晶岩基底所组成的（五台群）阴山地块（内蒙地轴）之间的边缘地带。

赵宗溥认为白云鄂博群沉积是独立的滹沱群，在地层上占据着五台群和震旦系之间的位置，它们在中朝陆台内分布很广，他将内蒙古的岩浆活动划分为以下四个主要的岩组：

（1）在滹沱群沉积之前侵入的并引起五台群岩石花岗岩化的肉红色花岗岩；

（2）震旦纪以前穿过滹沱群的灰色黑云母花岗岩；

（3）穿过上石炭纪沉积的海西花岗岩；

（4）穿过侏罗纪地层的燕山花岗岩。

他把白云鄂博群的花岗岩归入海西期。

为了解决五台群的年龄问题，以及将它与其他类似的地区进行对比，我们曾测定了内蒙古自治区西部伟晶岩的年龄，这种伟晶岩穿过五台群，而不出现于不整合于其上的白云鄂博群中。

根据不同同位素比值得出的结果是很一致的（表2～表4，标本 No.1 和 4），为（1800±100）×10^{6}年，这里即五台群的上限。

这些数据与在鞍山、山西和山东等地所获结果特别近似。

因此可以坚信，在中朝陆台内以典型的角闪岩和含铁石英岩为代表的结晶基底的形成约在（1800±100）×10^{6}年以前，并以强烈的岩浆活动而告终。这些岩浆活动的痕迹是：在中国广大区内都有混合岩和比较晚期的伟晶岩产生。

不整合于五台群结晶岩上部的白云鄂博群的年龄怎样呢？

因为在白云鄂博群中未发现含海绿石层，所以我们用普通铅法作为基础的新方法来确定碳酸盐层的沉积时代。

方法归结如下：

岩石和矿石的普通铅由四种同位素，即 Pb^{204}、Pb^{206}、Pb^{207} 和 Pb^{208} 组成。

后三个同位素在地壳中的数量随时间而增长，它们是 U^{238}、U^{235} 和 Th^{235} 蜕变的最终产物。Pb^{204} 没有放射性前身（предшественик），因而它在地壳中的量在任何时间内都是一个常数。并且可以用来作为比较的标准，根据 U、Th 以及地壳中现代铅（即大洋中的现代海泥铅）的同位素成分的克拉克值可以按下面的这些假设公式，计算出在地质年代中地壳上铅的同位素成分变化的曲线：

$$Pb^{206}/Pb^{204} = 19.04 - 12.05 \ (e^{0.154t} - 1) \tag{1}$$

$$Pb^{207}/Pb^{204} = 15.69 - 0.089 \ (e^{0.972t} - 1) \tag{2}$$

$$Pb^{208}/Pb^{204} = 39.00 - 46.48 \ (e^{0.0499t} - 1) \tag{3}$$

式中，t 为矿物年龄；Pb^{206}/Pb^{204}、Pb^{207}/Pb^{204}、Pb^{208}/Pb^{204} 为矿物中铅的同位素比值。

表3 内蒙古自治区西部伟晶岩独居石的年龄

含量/% （质量）	Pb		Th	U
	0.76		8.37	0.19
	Pb^{204}	Pb^{206}	Pb^{207}	Pb^{208}
独居石铅的同位素比例	0.01	7.60	0.91	100.0
作为改正值的普通铅同位素成分	(1.0)	(16.00)	(15.26)	(36.0)
	0.01	0.16	0.15	0.36
独居石放射性成因铅的同位素成分		7.44	0.76	99.64
独居石放射性成因铅同位素成分/% （质量）		0.05	0.0053	0.694
	Pb^{207}/Pb^{206}	Pb^{206}/U^{238}	Pb^{207}/U^{235}	Pb^{208}/Th^{232}
同位素比值	0.102	0.306	4.23	0.0925
年龄值/百万年	1680	1730	1700	1770

注：测得结果非常相似。由于在矿物中钍的含量很高，最可靠的年龄值为 1770×10^6 年。

表4 内蒙古自治区西部伟晶岩中黑稀金矿的年龄

含量/% （质量）	Pb		U	Th
	3.6		10.6	1.65
	Pb^{204}	Pb^{206}	Pb^{207}	Pb^{208}
黑稀金矿中同位素比值	0.002	100	10.99	5.55
作为普通铅改正值的同位素成分	(1.0)	(16.0)	(15.26)	(36.00)
	0.002	0.032	0.030	0.072
黑稀金矿放射性成因铅的同位素成分		99.97	10.96	4.48
黑稀金矿放射性成因铅的同位素成分/% （质量）		3.09	0.34	0.14
	Pb^{207}/Pb^{206}	Pb^{206}/U^{238}	Pb^{207}/U^{235}	Pb^{208}/Th^{232}
同位素比值	0.11	0.338	5.013	0.0948
年龄值/百万年	1830	1900	1840	1800

注：测得结果非常相似，最可能的年龄值为 $(1800 \pm 50) \times 10^6$ 年。

但是只有当岩石或岩浆中，铅与在数量上可以与其相比拟的 U 和 Th 同时存在时，铅的同位素成分才自然而然的产生这种变化。在矿化过程中，铅呈不含 U 和 Th 矿物（如方铅矿）与岩浆或岩石分离开来，这时铅中放射性成因同位素的增长便停止了。也就是说，方铅矿的铅标记着造矿时期岩浆中铅的同位素成分。这种方法可以从测定的方铅矿中铅的同位素成分而大致地计算出矿物的年龄。

当我们测定碳酸盐沉积物的年龄时（根据其中含有的铅），也使用类似的推理方法。

В. И. 巴拉诺夫、А. Е. 洛诺夫和 Е. Г. 库拉索娃曾引用数百个标本来研究俄罗斯陆台的碳酸盐沉积物，研究结果表明当其中 Th 的平均含量为 0.0002% 时，实际上全部钍都产于陆源部分的岩石中。

同时为大家所熟知的是，当碳酸盐海泥堆积时，以化学方式从海水中沉淀出来的铅将单独地参加到岩石的碳酸盐部分中，这时铅的平均含量达到 0.001%。因此，当我们从含最少量不溶解残渣的石灰岩中提取铅时，不必先分解不溶解的残渣，就可以获得铅，在此种铅中 Pb^{208}/Pb^{204} 的值将准确地与其沉积的时间——石灰岩的年龄相适应。如果在这种石灰岩中 U 含量为 Pb 含量的 1/100，那么就可以按 Pb^{206}/Pb^{204} 和 Pb^{207}/Pb^{204} 获得近似的年龄值。

用这种方法对白云鄂博群中分离出来的铅进行研究，得出很近似的结果，其年龄约为 $(1350\pm100)\times10^6$ 年。

如将这些数据与内蒙古自治区西部伟晶岩和河北省震旦纪沉积层的年龄测定进行对比，就可以知道在内蒙古自治区也和在山西省一样，事实上可以划分出呈角度不整合、产于五台群混合岩之上的变质岩系，其沉积时期应比震旦纪沉积层还要古老些。

对于白云鄂博群中金云母化黑云母角岩（表1，标本 No.21，22）所测年龄值为 $(450\sim470)\times10^6$ 年。这也表明白云鄂博群是前寒武纪时期的，正如地质观察表明一样，这些角岩在海西期时遭到了强烈的交代变质。这种变化所引起的氩的消失可以解释上述角岩所测年龄值偏低的原因。也就是说，白云鄂博群沉积的真正年代，显然比 475×10^6 年还要老得多。

表5 白云鄂博群（滹沱群）碳酸盐层沉积年代的测定结果

编号	研究对象	采样地点	铅的同位素成分			年龄值/百万年		
			Pb^{206}/Pb^{204}	Pb^{207}/Pb^{204}	Pb^{208}/Pb^{204}	Pb^{206}/Pb^{204}	Pb^{208}/Pb^{204}	
1	白云岩	白云鄂博变质岩系（C_8层）	16.08	15.31	36.07	1420	1250	
2	同上	同上	17.70	15.38	36.15	700	1200	1350 ± 100
3	变质岩夹层中的方铅块	同上	15.95	15.32	35.77	1490	1440	
4	同上	同上	15.92	15.24	35.78	1500	1440	

注：在 No.1 白云岩样品中，Pb/U 值约为 20。这就会使得在岩层存在时间内有大量的铀铅 Pb^{206} 的补充，从而使按 Pb^{206}/Pb^{204} 测得的年龄值有很大的偏差。

对内蒙古自治区西部花岗岩类（表1，标本 24~29）和矿脉（表6）的许多年龄测定表明，这里广泛分布有海西期岩浆作用及与其有关的古老岩石变质作用。例如，由于与侵入体接触而重结晶的固阳区及白云鄂博区片麻岩和查汗查孙的绿柱石伟晶岩的年龄是与侵入体的年龄相似（表1，标本 No.28）。

表6 内蒙古自治区易解石年龄的计算

	Pb	Th	U
含量/%（质量）	0.02	1.28	0.066
	Pb^{204}	Pb^{206}	Pb^{207}	Pb^{208}
易解石中铅的同位素比值	0.49	57.79	10.05	100.0
作为普通铅的修正值的铅的同位素成分	(1.0)	(16.0)	(15.26)	(35.8)
	0.49	7.84	7.47	17.54
易解石中放射性成因铅的同位素成分		49.95	2.58	82.46
易解石中放射性成因铅的同位素成分/%（质量）		0.006	0.0003	0.01
	Pb^{207}/Pb^{206}	Pb^{206}/U^{238}	Pb^{207}/U^{235}	Pb^{208}/Th^{232}
同位素比值	0.0516	0.10	0.78	0.009
年龄值/百万年	280	(620)	(600)	180

注：注意到研究易解石标本的变生状态，以及因此而产生的铀的可能丢失，根据 Pb^{207}/Pb^{206} 和 Pb^{208}/Th^{232} 得出的平均年龄值，为 $(230\pm50)\times10^6$ 年。

在受如此强烈的海西期岩浆作用的内蒙古南部，可以假定曾有寒武-志留纪的沉积物存在（大概现在已经被侵蚀了）。也可以证明在海西期，在内蒙古的一部分地区内存在有地槽状况。

4　甘肃和青海

无论是在内蒙古自治区西部或西南部，海西期岩浆岩带都有广泛发育，这一点在我们对穿过甘肃北山前寒武纪的花岗岩类年龄所做测定中找到了证明（表1，标本 No. 32 和 33）。

5　湖北省

在湖北省西南部三峡区中越陆台前震旦纪基底中，发现有英安岩、石英闪长岩侵入体及其与结晶片岩混合生成的混合岩，以及与它们有关的伟晶岩侵入体，这些侵入体按绝对年龄测定数据可分为两类。

其中之一——三峡地区的侵入体（表1，标本 34 和 37）属于前寒武纪晚期的产物 [（800±100）×10⁶年]，它对于古老地盾的边缘带是很典型的。

前寒武纪大陆的印度斯坦（比哈尔）和加拿大（阿巴拉契亚山）等地也有与上述相似的前寒武纪晚期的构造-岩浆带。

值得指出的是，由这些侵入体杂岩所生成的混合岩（片麻岩），按 Ar/K 法测得的绝对年龄与侵入体本身的年龄是一样的（表1，标本 No. 36）。

分布在太平溪和三斗坪的侵入体（表1，标本 No. 38~40）可能是由于受到局部的蚀变及云母标本不纯（部分是蛭石）从而造成严重的偏差，因而使人怀疑这些测得的年龄值是否可靠。在云母水化时，部分氩损失掉，所以这些年龄值很可能偏低。

根据野外观察，太平溪区域的英安岩是与三斗坪的侵入体同属一个岩浆杂岩体，两者应该是同时生成的。

6　江西、广东、广西等省

对于这些省份的花岗岩类和热液成矿现象（表1，标本 No. 41~45）完成的少数绝对年龄测定表明，无论是在中越陆台的中部（表1，标本 No. 41），或者是沿它的南部边缘穿过前震旦纪岩层的大部分侵入体及与其有关的矿床，其时代都是中生代。

结论

根据各个地区的地质特点得出的关于中国岩石绝对年龄测定的数据，可供我们作出如下的结论：

（1）最古老的岩石发现于辽宁省，这些岩石是伟晶岩化的岩石和伟晶岩，它使鞍山群和由其生成的混合岩又受到了新的变化，这些伟晶岩的年龄值变化于（2130~2360）×10⁶年，就目前所知，鞍山群岩石是中国最古老的岩石，我们可以将它同乌克兰等地的德聂泊片

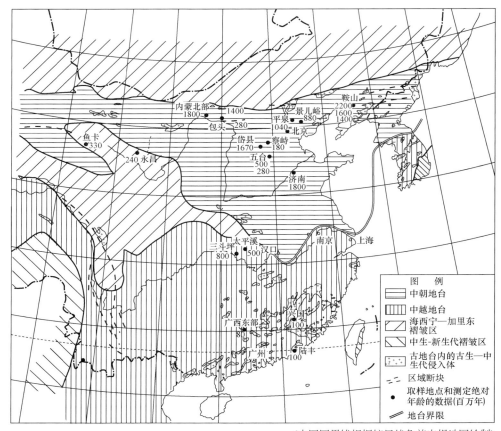

(本图国界线根据抗日战争前申报地图绘制)

图 2 　岩石取样地点草图

麻岩相比。

（2）鞍山群岩层和与其相当的五台群，其上限的年代，根据在辽宁省或山东、山西和内蒙古等地的各个露头所获得的数据，可以十分肯定的确定为（1800±100）×10^6年。这一界限无论是用钾–氩法或者用铀–钍–铅法都加以确定了的。因此可以推定，在五台群以后，沉积层沉积之前，最低限度有两个岩浆旋回：距现在分别为（2130～2360）×10^6年及（1700～1900）×10^6年。

（3）直接测定白云鄂博群（滹沱群）的岩石（在中国的许多地方以明显不整合产于五台群岩石之上）的年龄为（1350±100）×10^6年。这些结果可以同海城区（辽宁省）穿过辽河群的伟晶岩的年龄测定值1410×10^6年相比。因此，有一定的根据推测滹沱群和辽河群沉积物堆积在时间上是相近的。

（4）测定中、晚震旦世和早寒武世沉积物中的海绿石年龄［中震旦世为（880～1040）×10^6年，早寒武世为（500±50）×10^6年］表明，俄罗斯陆台里芬系［（1290～600）×10^6年］和中朝地台震旦系［（1040～500×10^6）年］沉积物的堆积在时间上是可以对比的。

滹沱群沉积作用的时间范围确定为（1800±100）×10^6年（下限）和（1000±100）×10^6年（上限）。

（5）在中越陆台的北部边缘，约在800×10^6年前有强烈的岩浆作用现象。

（6）在中朝陆台的边缘带青海、甘肃、内蒙古和山西北部海西期岩浆活动发育得非常强烈，从而使巨大矿床得以形成并使古老岩层发生显著的变质作用。

（7）沿中越陆台的南缘发现有广泛分布的中生代侵入体，而这些侵入体使较古老的沉积物发生明显的变质。

（8）对比一下中越陆台、中朝陆台和阿尔丹地块的构造，可以看出，每一个较北的地块比分布在它以南的另一个地块有较大的侵蚀度。这说明在北部地块中有最古老岩层出露地面，而在南部它们都覆盖在年青的沉积物之下。可能，这与分布在高纬度的地台沿赤道方向移动和分异上升有关。这种移动和上升是由于地球旋转所引起的不同离心速度的结果。

［原文发表于《地质科学》，1960，3：111～121］

地质绝对年龄研究与地质科学

李 璞

1 地质科学中的时间因素与地质绝对年龄测定的重要性

地质科学的重要任务之一，在于揭露组成地壳的物质在地质发展过程中的运动规律。大量的资料说明了无论在时间上和空间上，这些物质在地壳中的分布都是不均一的，存在状态也是不一致的。这些特点标志着地质发展的阶段性。精确测定地质发展阶段的时间，是认识地质发展过程中物质运动规律的重要步骤。在生产工作中，如在地质制图、普查找矿、矿产预测等方面，也迫切要求对地质建造的时间加以确定。

地质学家，特别是地层学家、古生物学家和构造学家，对地质时间的研究，曾作过多方面的努力，作出了很大的贡献。他们把漫长的地质历史时期划分为代、纪和世，为认识地质发展历史过程提供了科学依据。但上述的划分，只告诉我们地质事件发生的先后顺序，不能给出较精确的数字概念。利用天然放射性的原理测定地质体的绝对年龄，为解决这一问题提出了新的途径。

地质绝对年龄研究的历史已有 50 多年，它的发展可以分为三个时期。第一个时期，由 19 世纪末期到 20 世纪 30 年代的中期，是天然放射性的发现和它在地质科学上应用的尝试时期。在这一时期，提出应用天然放射性测定地质绝对年龄的设想，进行了岩石和矿物中 U、Ra 含量的分析，开始利用 He 法（E. Rutherford, 1906）和 U-Pb 法（B. B. Boltwood, 1905~1907）测定矿物的绝对年龄。1924~1925 年，美国和苏联先后提出首批测定年龄的结果。1934 年，В. И. Вернадский 建立了放射性地质学，1937 年提出放射性地质学的研究任务，地质绝对年龄研究是其中重要任务之一。

第二个时期，自 20 世纪 30 年代中期到 40 年代末期，是建立精确方法的时期。1935~1941 年，A. O. Nier 的工作使地质绝对年龄研究方法大大前进了一步。他利用 Pb^{206}/U^{238}、Pb^{207}/U^{235}、Pb^{208}/Th^{232} 的值得出一批含铀矿物的地质年龄。1936 年，И. Е. Старик 提出利用 Pb^{207}/Pb^{206} 的值计算年龄；1937 年，W. R. Smythe 等提出钾氩法；1946~1948 年，L. H. Ahrens 系统地研究了 Rb-Sr 法；1943 年 S. J. Thomson、S. Rowland 和 1947 年 В. Г. Хлопин、Э. К. Герлинг 先后试用 K-Ar 法进行矿物年龄测定，В. Г. Хлопин 和 Э. К. Герлинг 的工作为 K-Ar 法在地质年龄研究上开辟了新的一页。在这个时期，还出现了一些总结性的工作。И. Е. Старик 出版了"利用放射性方法测定地质年龄"的著作（1938）。A. Holme（1936）和 Э. К. Герлинг（1942）关于地球年龄的估计，以及 A. Holmes（1947）的地质绝对年龄表。到 40 年代末期，这门学科从理论上和技术上已渐趋完备。

第三个时期，自 20 世纪 40 年代末期到现在，是这项工作大发展的时期。K-Ar 法得到

进一步的改进（X. И. Амирханов，1954；G. J. Wasserberg，1954）和大量应用，U、Th、Pb、K、Rb、Sr 化学分析精度得到提高，同位素稀释法获得应用（G. L. Davis—L. T. Aldrich，1953），U^{238}、U^{235}、K^{40}、Rb^{87}各种衰变常数及 K_β/K_k 比例的重新确定。此外，还进行了各方面的条件试验，新方法的探索，如 K-Ca 法（L. H. Ahrens，1951）、Re-Os 法（H. Hinterberger，1954）；扩大了应用于测定地质年龄的对象，并在这个基础上，开展了大量的工作，使这门学科得到快速的进展。

2　地质绝对年龄方法的适用性

目前对第三纪以前的地质建造的绝对年龄研究，普遍采用铅法（U-Th-Pb 法）、氩法（K-Ar 法）和锶法（Rb-Sr 法）。氩法虽然发展得较晚，但它的应用越来越广泛，仅苏联一个国家在 1951～1956 年的五年间就作了约 1500 个数据。近年来锶法也提升到相当重要的地位，锶法在西方国家中开始的较早，苏联在 1956 年也开展起来。古典的化学铅法在今天已失去意义，而代之以利用 U^{238}、U^{235}、Th^{232} 与其相应的 Pb 同位素比值来计算年龄。对铅矿石年龄研究所采用的粗铅法是利用 Pb^{204} 与 Pb^{206}、Pb^{207}、Pb^{208} 的值来计算年龄的，其精确度不如 U-Th-Pb 法，但在远景上是一个有前途的方法。He 法也是一种古典的方法，过去许多学者利用它进行了大量的测定，但由于影响年龄数值的未知因素较复杂，在绝对年龄研究方面现已很少采用。1952 年，E. S. Larsen-N、B. Keevil-H、C. Harrison 等提出 α-Pb 法，这种方法所用的设备比其他方法简便，根据其所得结果看来，对研究中生代–新生代岩浆建造的年龄有一定的适用性，可以作为一种补充的方法。其他方法如 K-Ca 法及 Re-Os 法，还仍处在建立方法的阶段。以下就铅法、氩法和锶法的适用性加以考查。

2.1　理论的根据和条件的满足

利用放射性方法测定地质绝对年龄的原理，是根据天然放射性元素的原子核衰变量为时间的函数，放射衰变速度不因外界条件而有所改变。因此从理论上讲，利用矿物中任一放射性母体元素和它衰变的最终子体间的此例关系，都可以计算地质绝对年龄，但必须考虑以下五个条件：

（1）所测矿物是在较短的地质时间范围内形成的；

（2）母体元素的半衰期不宜过长或太短，衰变的最终产物是稳定的，同时衰变常数已经准确测定；

（3）已知母体元素的同位素组成及其丰度百分比；

（4）有精确测定母体和子体各种含量的分析方法，以及校正母体中原始混入的子体组分的方法；

（5）在矿物形成后，除衰变外，母体和子体都基本上未有增失。

第一个条件虽不能得到直接的证明，但根据对年轻的矿物的绝对年龄测定的结果看来，可以区别出少于 10×10^6 的年龄而得到间接证明。第二个条件，就现在所采用的几种放射性元素来说是符合的，其半衰期相当于已知地球年龄 1/6～3 倍的范围。这些同位素的半衰期都经过长期的研究与测定，U^{238}、U^{235}、Th^{232} 的衰变常数的测定误差为 1%～2%，K^{40}、Rb^{87}

的衰变常数在 1956 年以后基本上无大变动。1959 年以后各国所采用的各种数值见表 1。

表 1

母体	子体	放射衰变方式	衰变常数/年	半衰期/年	母体丰度/%
U^{238}	Pb^{206}	$8\alpha+6\beta$	1.5369×10^{-10}	4.51×10^9	0.9929 克/克 U
U^{235}	Pb^{207}	$7\alpha+4\beta$	9.7216×10^{-10}	0.71×10^9	0.0071 克/克 U
Th^{232}	Pb^{208}	$6\alpha+4\beta$	0.4987×10^{-10}	13.9×10^9	1.00 克/克 Th
Rb^{87}	Sr^{87}	β^-	1.39×10^{-11}	5.0×10^{10}	0.283 克/克 Rb
$K^{40} <$	Ar^{40}	K-俘获	$5.57 \pm 0.26 \times 10^{-11}$	12.4×10^9	$\Big\} 1.22 \times 10^{-4}$ 克/克 K
	Ca^{40}	β^-	$4.72 \pm 0.5 \times 10^{-10}$	1.47×10^9	

关于第四个条件主要是各项分析方法的准确度的问题，根据已发表的资料看来，U、Th 的化学分析误差为 1%，Pb 为 ±5%，Pb 的同位素分析误差<1%。K 的分析误差为 1% ~ 2%（化学分析，或火焰光度法分析），Ar 的测定误差为 2% ~ 5%，K-Ar 法所得年龄的误差为 ±3% ~ 5%。Rb 的分析误差较大，为 ~ 5% ~ 7%，Sr 为 ~ 5%，Sr 同位素分析误差为 ±2%。U-Th-Pb 法可用 Pb^{204} 的含量校正原始混入的 Pb 同位素的含量，K-Ar 法可根据 Ar^{36} 的含量校正混入的大气 Ar 的含量。第五个条件是比较复杂的。如果标本未经后生地质作用的影响，其测得年龄结果即代表矿物原始结晶时间。但后生地质作用是经常发生的，并造成母体或子体部分地丢失，其结果就不能代表矿物原始结晶时间。后生作用对 U、Th 系列的影响尤其复杂，并可能造成各种比值不一致的结果；这样在应用数据时就有很大困难。关于这类问题已进行过很多研究，已得出一些可靠的鉴别办法。因此，我们可以说在理论上和方法上，绝对年龄的研究已经有了较好的基础。

2.2 适用的矿物对象及所得年龄结果的可靠程度

目前测定地质绝对年龄所用的对象，包括：

（1）含铀-钍的矿物（如晶质铀矿、钍石、锆英石、独居石、褐帘石及其他一些铌钽矿物，如易解石、褐钇铌矿、磷钇矿等），适用于铅法；锆英石、独居石和磷钇矿并适用于 α-Pb 法。

（2）含钾矿物和岩石（如钾盐类矿物、云母类矿物、钾长石类矿物，其他如霞石、海绿石、方柱石、角闪石等）适用于氩法，并在适当条件下可用于锶法。全岩石样品的应用，如花岗岩、火山岩，扩大了氩法的测定对象。

（3）陨石及含铅硫化矿物——如方铅矿、黄铁矿等，适用于 "粗铅法"。陨石还可用 He 法、氩法和锶法。

（4）生物遗骸适用 C^{14} 法，海泥可用 Ra-Io 法。

随着工作的开展，新的应用对象在不断扩大，但总的说来，目前还是以深成地质建造（如岩浆岩、变质岩及其有关的成矿建造）的矿物为主，对于表生沉积对象除海绿石、钾盐之外还没有找到更多适用的矿物对象。因此，绝对年龄的研究在目前还有它的局限性。

根据现有数据的分析结果，应该肯定已取得很多可靠的数据。某些数据的不一致，大多不属于分析方法和理论上的缺点，而主要是由于后生变化对矿物中某些组分含量的改变所引起的，因此对测定结果的应用是要很谨慎的。现在着重讨论一下铅法和氩法的结果。

（1）铅法：一般认为 206/238、207/235、207/206 三种比值或加上 208/232 四种比值所得年龄值一致时为最可靠，但也有许多不一致的情况。产生结果不一致的原因，主要是由于 U、Ra、Rn、Pb^{206}、Pb^{207}、Pb^{208} 及其他中间产物的迁移丢失所引起的。不同组分的丢失会造成数据不一致的结果。И. Е. Старик（1937）、A. O. Nier（1939）、J. L. Kulp（1954）等都指出 207/206 比值不因 U、Pb 的丢失而改变，因此在大多数情况下，207/206 数据最为可靠。207/235 不受 Rn 的丢失而改变，这时 207/235 为可靠。J. L. Kulp 还指出在（60～500）×10^6 年龄范围内 207/206 最适用，<600×10^6 时用 206/238、>600×10^6 用 206/210；但应该指出，>600×10^6 的年龄范围，207/206 也常常是最可靠的，甚至一些太古代伟晶岩（2680×10^6 年）的年龄数值也是用 207/206 最好。对不同矿物来说，后生作用对各种组分的影响也是不一致的，И. Е. Старик（1960）指出，在独居石中 Ra、Rn、Pb^{206}、Pb^{207} 的迁移作用，大于 Thx、Th 及 Pb^{208}，因此独居石的年龄以 208/232 为最可靠，而对晶质铀矿则 206/238、207/235 和 207/206 值为合适。A. П. Виноградов 等（1956）在研究乌克兰地质年龄的工作中也指出独居石年龄的可靠性。在一般情况下，207/206>207/235> 206/238>>208/232 的现象是常见的，其原因现在还不完全清楚。К. К. Жиров 等（1961）指出三种情况三种结果：①Pb 同位素的丢失造成 207/206>207/235>206/238>208/232；②U、Th 等量丢失造成 208/232>206/238>207/235>207/206；③U、Th、Pb 同时等量丢失造成 208/232>206/238>207/235。

上述情况都说明具体情况要具体对待，同时必须与区域地质条件结合起来加以研究，可惜这方面的工作做得还很不够。

（2）氩法：测定的主要对象是云母类矿物，其次是长石类矿物，再其次为海绿石及全岩石。影响数值的最大的原因是 Ar 的丢失。在上述每一类矿物中，对 Ar 的扩散程度都做过研究。云母保持 Ar 最好（Э. К. Герлинг，1955；С. С. Сардаров，1961），因此云母值最可靠。长石中 Ar 的丢失可能由 0～40%，因此所得数据常常比同一地质体中的云母数值低 20%～25%（А. А. Полканов，1958；Г. Д. Афанасьев，1960），对越古老的地质建造，二者相差越大。Н. И. Полевая 等（1960）认为海绿石中的 Ar 保存得也很好，但从已有数值看来，其结果也常常偏低。

表 2 列举出三种方法对同一地质体的测定结果，作一比较。

表中所举的例子，代表不同方法所得数据变化的各种情况，我们从此可以得出下列结论：

（1）如无后生变化，铅法、氩法和锶法三种方法可以得出一致而可靠的年龄值，三种结果比较起来，氩法数值代表最低的数值。

（2）一般情况，铅法的四个比值中常常有一个或两个数值与氩法和锶法一致。铅法本身比值的不一致，是比较复杂的问题，代表着一定的地质意义，可以启发我们进一步去追索在矿物形成之后，曾发生过什么地质变化。

（3）对同一地质体的年龄研究，最好用不同对象采用同一方法，或同一对象采用不同方法进行研究，并应根据地质研究选用正确的数值。

表 2　三种方法对同一地质体的测定结果

地点	铅法				氩法	锶法*
	206/238	207/235	207/206	208/232		
晶质铀矿					云母	
Fission Mine，Welberforce，Ont.	1040	1060	1090	1010	920	1000
Cardiff Mine，Cardiff，Twp，Ont.	1020	1020	1020	995	960	1030
独居石					云母	
Bikia Quarry，S. Rhodesia	2640	2670	2700	2640	2310	2680
могилевский Карьер，Ук.	1980	2020	2160	1980	1980	—
中国内蒙古，乌拉山	1730	1680	1700	1770	1700	—
锆英石					云母	
Red Stone，N. H.	187	184	140 ± 60	190	189	190
Wichta Mts.，Ok.	520	527	550	506	460	510
	514	522	550	493		
Llano，Texas	950	990	1070	890	1060	1100
Bagdad，Ariz.	630	770	1210	270	1360	1390
Quartz Creek，Colo.	925	1130	1540 ± 140	530 ± 110	1280	1310
独居石					云母	
Brown Derby Mine，Colo.	1950	1420	1170	995	1300	1400
Capetown，S. Aferica	330	355	530 ± 40	238 ± 30	505	600

* 年龄值单位为百万年。

3　地质绝对年龄研究的结果及提出的问题

　　1952 年以前的工作，大多是对一些独立的地质体进行研究，积累了一些资料，但较分散。1952 年以后的工作，渐渐走向面的工作，如对一个地质建造，或一个大地构造区进行系统的研究。以下着重提出五个方面的工作。

3.1　独立地质建造的系统研究（如一个地质剖面、一个岩浆杂岩体及同期的不同岩体的研究）

　　Н. И. Полевая 等（1960）在远东滨海区的工作中，提出奥尔加–捷秋赫地区一个地质剖面的年龄测定的例子，剖面中上白垩纪火山–沉积岩系总厚达 3600～5000m，其下与下白垩纪地层不整合，其上为古始新世沉积覆盖。从上白垩纪不同层位的火山岩及凝灰岩的年龄测定结果表明，可以自下而上把火山岩的时期划分为 80 百万年、74 百万年、69 百万年、

63～54 百万年、49 百万年[①]五个层位，同时可以看出两个火山岩层年龄相差大约为 500 万年，而整个上白垩纪的喷出活动，继续进行了近 3000 万年。

对独立的侵入岩体的系统研究，可以 А. Я. Крылов（1960）在中天山的工作为例，他对 Джы-огуз 及 Сары-мойнак 两个海西期花岗岩体进行了同样的工作。他从岩体接触带向岩体内部及岩体外部的围岩，按不同距离取样进行年龄测定。根据所得结果似乎可以初步得出以下的时间概念：①自岩体边缘向内年龄有逐减的趋势（350～340 百万年；280～275 百万年）；②在岩体中有明显的较晚的同源的岩脉存在；③变质作用及岩浆侵入活动在同一造山旋回中同时发生；④近岩体的老变质岩系受到岩浆侵入的影响，其年龄数值变低。

这种系统的研究，对杂岩体特别适用，如 H. T. Bullwinkell 等（1958）对上湖北岸 Coldwell 正长岩杂岩体的研究，岩体中部霞石正长岩及辉石正长岩的年龄为 1000～1100 百万年，周围的花岗岩为 2300～2400 百万年，前者为上元古代，后者为太古代。这种研究对揭露岩浆演化有很大帮助，可惜目前对这类问题进行研究得还不多。

关于对一个地区同期的岩体的年龄研究，如 P. M. Hurley 等（1958）对梅因区 14 个岩体 50 个年龄测定得出一致的年龄为 385 百万年。А. Я. Крылов 对中天山 15 个斑状花岗岩类的岩体的 23 个测定数值也表明同期岩体年龄的一致性。18 个岩体之中，其年龄在 390～380 百万年的有 4 个，在 375～360 百万年的有 4 个，在 350～340 百万年的有 6 个。从四个岩体中不同部分的年龄（390～380 百万年、390～360 百万年、380～365 百万年、385～355 百万年）可以看出，同一岩体不同部分年龄差别由（10～30）×10⁶ 年，可能代表一个岩体结晶的时间范围，而岩浆侵入结晶的整个地质时期约占 45×10⁶ 年的时间。这样的工作会告诉我们一个岩体或一个岩带岩浆侵入结晶的过程，对了解构造性质、构造运动规律有很大的帮助。

3.2　前寒武纪地质建造的划分及前寒武纪地质历史的发展

B. И. Вернадский 早在 1937 年就指出对地壳最老的岩系进行地质绝对年龄的研究，对认识地球发展历史有重要意义。目前对前寒武纪研究较好的地区有波罗底地盾、乌克兰地盾、加拿大地盾及南非地盾。

苏联学者 А. А. Полканов-Э. К. Герлинг（1958～1960、1961）根据近 600 个数据将波罗底地盾区的前寒武纪历史划分为个 10 时期，岩浆活动有 12 个期。А. П. Виноградов-Л. В. Комлев 等（1958、1960）根据 265 个数据把乌克兰地盾前寒武纪地质发育划分为三个阶段，九个岩浆期；并指出在 1500～2000 百万年一段岩浆活动最频繁，而最强烈的岩浆活动期是从 1900～2100 百万年。Н. П. Семененко-Б. С. Бурксер 等（1960）则把乌克兰前寒武纪地盾建造划分为三个组合，七个岩浆旋回。A. Holmes（1957）根据 130 个数据把非洲中南部的前寒武纪划为六个造山旋回，四个发展阶段（表 3）。

---

① 从年龄值看来，这些数字偏低，可能由于使用全岩标本的原因。

表 3　世界各地前寒武纪绝对年龄对照表　　　　（单位：百万年）

地质时代			波罗底地盾 A. A. Полканов	乌克兰地盾 A. П. Вино-градов	乌克兰地盾 Н. П. Семе-ненко	南非地盾 A. Holmes	北美地盾 G. Gastil	印度 M. S. Krishnan	澳大利亚 D. Green-halgh 等	中国 A. И. Тугаринов
			1	2	3	4	5	6	7	8
元古代	上元古代	里菲期 II	700 (660)~890	550~600	550~630	630		550	610~670	
		里菲期 I	900~1130 (1080)		1100~1250	1025	950~1100	750~1000	1190	880~1040[1]
	下元古代	哥梯期 II	1260~1130		1300	1200~1400	1250~1450			1550±200[2]
		哥梯期 I	1420~1570	1400~1500	1400				1440	
		斯费叩芬尼—卡累利期	1640~1850	1500~1600 1780~1800 1800~1900	1630 1700~1950	1650~1850	1650~1850	1570	1600~1700	1600~1800
太古代	上太古代	白海期	1900~2140	1900~2000 2000~2200	1900~2050 2100~2250	2000~2300	1900~2200			
	下太古代	蓬米期 II	2200~2560					2400~2700	2300~2400	2240~ (2650?)
		蓬米期 I	2560~2700			2650			2700	
	远太古代	II	2710~3100	>3000	>2900	>2650				
		I	3250~3590							
>4000?										
地球年龄　4500~4600										

注：（1）海绿石年龄值；（2）粗铅法年龄值。

这些工作虽然还很不足，但使人们对前寒武纪地质发展的认识已较过去大大前进了一步。

对前寒武纪绝对年龄的研究，也加深了我们对前寒武纪时期地质发展过程其他方面一些问题的认识，如后一期变质作用对前一期变质岩年龄的再造，使原来年龄消失。但再变质作用对不同矿物或对一个矿物中的不同同位素的反映却不同，如重结晶过的云母，采用 K-Ar 法测得的年龄有变小的趋势，而用 Rb-Sr 法测得的年龄却保留原有年龄。也有人指出，用 Rb-Sr 法测得变质岩中的长石年龄和用 Pb 法测定其中锆英石的年龄都保留原年龄（G. R. Tilton, 1958）。就大地区来说，在较新一期的变质岩发育的地区中，仍可以发现古老岩块的残体，如科拉半岛东部下萨米期岩系分布的地区仍有远太古期的岩块保留（A. A. Полканов, 1958、1960），这些问题除了用放射性地质年龄测定，其他方法是无法解决的。

前寒武纪地区绝对年龄的研究也有助于探索某些地质发展的基本规律，如前寒武纪含铁石英岩沉积的环境和沉积时期，岩浆岩的演化、混合岩化和大陆成长等问题。

3.3　关于褶皱山带的研究

苏联学者对乌拉尔、高加索及天山地槽区的地质绝对年龄进行了较系统的研究，美国学者对阿帕拉阡及西部太平洋带也作了不少工作。

Л. Н. Овчинников 等（1958～1960）指出，乌拉尔地槽有八个构造–岩浆期，说明乌拉尔地槽发展虽以古生代为主，但其历史很久远，而岩浆活动是多期的。阿帕拉阡（A. O. Nier，1954；G. J. Wasserberg，1956；G. R. Tilton 等，1957）及高加索（Г. Д. Афанасьев 等，1958～1960）也同样发现有相似情况。阿帕拉阡以古生代岩浆活动为主，但其中也有元古代和中生代的岩浆活动。同样高加索地槽自古生代至第三纪都有岩浆活动，因此多期的岩浆活动并不是某一地槽的特点，而是构造发展继承性的普遍规律的一种表现。

构造变动、变质作用、岩浆活动常和成矿作用是紧密相连的，即构造–岩浆–变质–成矿等等作用的同期性，代表着地壳发展某一阶段的统一事件。前寒武纪每一个岩浆活动旋回长达 300～400 百万年，而古生代每个旋回仅 60～80 百万年。结合各地区中新生代及前寒武纪的岩浆活动的例子，有迹象表明地壳变动有越来越强化的趋势。

绝对年龄研究有助于追索造山带在空间和时间的发展观律。Г. Д. Афанасьев 对高加索的研究表明：由大高加索自内向外，自北而南岩浆活动时期越来越新。地槽发展主要阶段出现超基性岩–钠质花岗岩建造，在地槽主要阶段之后，沉降幅度变小，出现同褶皱期的富钾的花岗闪长岩–花岗岩–白岗岩建造。到始新世–渐新世时期在高加索区出现了同期的次碱性和碱性岩浆活动，这样一个岩浆演化的方向与活动带的发展历史是有密切的关系的。

美国一些学者在美国西南部发现一系列 1300～1400 百万年的岩体（L. T. Aldrich 等，1955），表明该区基底曾有大量的 1350 百万年的岩浆岩存在；但从今天的情况看来，这个地区却以中生代的构造为主，通过绝对年龄的研究才进一步把这一古老的构造揭露出来。这些例子都说明对褶皱山带地质绝对年龄的研究，更便于找出构造发展与岩浆活动及成矿作用的联系。

3.4　地质绝对年龄表

1947 年 A. Holmes 发表的和 1950 年 J. P. Marble 加以修正的地质年表已应用很久，但缺点很多。为了更准确地划分地质时期，深入认识地质历史发展，有必要建立一个广泛适用的地质绝对年龄表。1958～1960 年，很多人对原表提出了修正意见，1960 年在二十一届国际地质学会上，对这个问题进行了充分的讨论。现在把几个新定的年表比较如下（表4）：

从下表可以看出以下六个问题。

表 4　地质绝对年龄年表

地质时期			A. Holmes-Marble（1950）	A. Holmes（1959）	J. L. Kulp（1960）	CCCP（1960）	时代间距
新生代	第四纪	更新世	1 *	1	1		10 ~ 11
	第三纪	上新世	12	11	12	10	11 ~ 15
		中新世	28	25	23	25	12 ~ 15
		渐新世	40	40	35	40	20
		始新世	60	60	55	40	10 ~ 15
		古始新世		70±2	70	70	65 ~ 70
中生代	白垩纪		130	135±5	135	上 { 100　下 { 140	45
	侏罗纪		155	180±5	180	185	40 ~ 50
	三叠纪		185	225±5	220	225	45 ~ 50
古生代	二叠纪		210	270±5	270	270	50 ~ 80
	石炭纪		265	350±10	350	320	50 ~ 80
	泥盆纪		320	400±10	400	400	20 ~ 40
	志留纪		360	440±10	430	420	60 ~ 65
	奥陶纪		440	500±15	490	480	90 ~ 100
	寒武纪		520	600±20	600	570	530 ~ 630
前寒武纪	Ⅳ 上元古代					1100 ~ 1200	700
	Ⅲ 下元古代					1800 ~ 1900	800
	Ⅱ 太古代					2600 ~ 2700	800
	Ⅰ 远太古代					3400 ~ 3500	

*表中数字都代表时代下限，年龄以百万年为单位。

（1）各个年表所定的时代界限数值大多比较一致，如中生代下限为 220 ~ 230 百万年，新生代下限为 70 百万年。泥盆纪下限为 400 百万年，二叠纪下限为 265 ~ 270 百万年，侏罗纪下限为 180 ~ 185 百万年，白垩纪下限为 130 ~ 140 百万年。不一致的如寒武纪下限、奥陶纪下限、志留纪下限、石炭纪下限，不一致的原因可能表示资料还不足，也可能表示地质发展有地区的差别。

（2）尽管有些数据不一致，但各表所示地质时间较 A. Holmes1947 年的年表是拉长了。已知最老的岩石年龄为 35 亿年，寒武纪下限较原表提前 5000 万年到 1 亿年，中生代下限提前近 2000 万年，新生代下限提前 1200 万年。

（3）前寒武纪地质时期很长，如以已知的地球上最老岩石年龄 35 亿年为限，前寒武纪所占时间为 29 亿年，占已知的地质时期 83%，寒武纪以后的时期为 6 亿年左右，只占已知地质时期 17%。地质学家对自寒武纪以后 6 亿年的地质历史研究得比较清楚，可是对占长达 29 亿年以上时间的前寒武纪地质历史研究得还不够清楚，这是应该引起我们注意的。

（4）各纪时代较长的有寒武纪（100 ~ 90 百万年）、石炭纪（80 百万年）、白垩纪

（65～70 百万年）、奥陶纪（60 百万年）、第三纪（69 百万年），其他较短的为 40～50 百万年，以志留纪为最短（20～40 百万年）。整个古生代占 375 百万年，中生代占 155 百万年，新生代占 70 百万年，与苏联年表中所给的前寒武纪的年龄数值对照起来，前寒武纪四个时期（远太古代、太古代、下元古代、上元古代），各代所占时期在 800～500 百万年。这样，纪与纪之间的时间长短变化不一，看不出什么规律，而代与代之间的时间变化却有由老到新、由长变短的趋势。

（5）地质年表的建立使我们对生物发展和生物起源也得到进一步的认识，南昂塔留（Ontario）含藻类化石及菌类化石的含铁燧石层，其年龄为 1300 百万年，可能达到 2000 百万年（P. M. Hurley-C. Goodman，1943），A. Holmes（1954）认为，南非罗得西亚石墨灰岩中的环藻结构为生物遗迹，其年龄为～2700 百万年，这样在太古代已经出现生物了。

（6）根据陨石中及铅矿石中 Pb 的同位素计算结果，目前一般认为地球年龄在 45 亿～46 亿年，而我们所能肯定的最老的岩石年龄为 35 亿年，其间相差 10 亿年。关于这 10 亿年间地质上发生了什么事件我们还一无所知。寻找 30 亿～45 亿年的地质年龄，将是探索地质发展历史的地质年龄研究工作者一个重要的课题。

3.5　关于地壳运动的规律性

由于世界各地地质绝对年龄数据的增多，逐渐可以看出某些世界性的地质问题。G. R. Tilton（1959）指出，有些年龄数值在四大洲都出现（如 2600～2700 百万年、1000～1150 百万年），而有些数值至今只在三大洲出现（如 1900～2000 百万年、500～600 百万年），这是应该引起注意的。1960 年，G. Gastil 把世界已有的绝对年龄数据进行统计整理，并把可靠的数据按时间、空间分布作出一系列的图表，其中涉及全世界范围的一幅图简化见图 1。

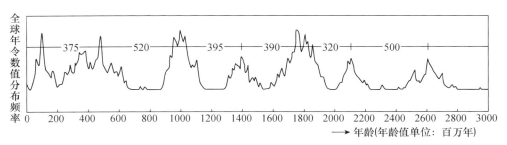

图 1　矿物年龄在空间和时间上的分布（G. Gastil，1960）

图上表现得最明显的有以下几点：

（1）已有绝对年龄数据集中在八个时间段落（>2700 百万年、2710～2490 百万年、2220～2060 百万年、1860～1650 百万年、1480～1300 百万年、1100～980 百万年、620～280 百万年、120～0 百万年）。

（2）每一个段落都有一段高峰（±2600 百万年、±2100 百万年、±1780 百万年、±1360 百万年、±980 百万年、±500 百万年、±350 百万年、±105 百万年）。

（3）由一个高峰到另一个高峰之间的时间间距是不一致的，最长的达到 520 百万年，短的 320 百万年，平均为 410 百万年。

（4）结合 G. Gastil 的其他图表上数据的分布看来，美洲、澳大利亚缺±2100 百万年的岩石，北美有±350 百万年的高峰，而 500 百万年的高峰不突出；反之，非洲±500 百万年的高峰突出，而±350 百万年的高峰不突出。

由于这些数据多来自岩浆岩中矿物，其次是变质岩中矿物，高峰应代表地壳运动的增强，虽然目前这些数字的代表性还有一定的局限性，但这种表现绝不能认为是偶然的，我们有理由相信，这些高峰的出现和它在全世界分布的情况，正是说明地质长期发展的阶段性和地质发展的区域性和全球的一致性。长期性和阶段性、局部性和全球一致性这是地质发展的两个方面，正反映了地质发展的普遍规律性。

地质发展的阶段性表现出一定的"周期性"。一方面，我们不赞成狭义的"循回学说"，即过一个时期地质事件重复出现，因为我们认为发展不是重复；但不能否认，相类似的事件在地质发展过程中常呈波动式的多次的出现，如造山运动、岩浆活动、成矿作用等。这些作用正反映地质发展的阶段性。另一方面，我们承认地质运动是经常在起作用的，地球上没有地质作用完全静止的时期，但是，我们也反对只承认地质作用的渐变而否认地质作用中有突变的存在。绝对年龄的数据说明地质运动不止一次的由较平静的时期转变为强烈的活动时期，后者又再次转入平静的时期，如此交替前进，以至于无穷。

4 结束语

以上概略地介绍了地质绝对年龄研究的现状。有些问题未能包括进去，如地球年龄、矿床年龄、成矿热液来源及矿床预测等问题。地质年龄这门学科现在才刚刚发展起来，有许多方向还待积累更多的资料，作进一步的探索。但我们已有充分的理由相信，这门学科在近代地质学发展中有极大的重要性。它是以近代物理、放射化学、同位素化学的理论和技术为基础的学科，是地质学与物理学和化学的边缘学科。为了进一步推进我国地质绝对年龄研究的发展，特提出以下几点意见：

（1）加速建立完备的试验室技术系统，提高分析质量和速度；

（2）在开展以氩法和铅法为重点的同时，必须注意开展其他方法，使结果可以相互校正；

（3）注意地质绝对年龄基准点的建立，为制定我国地质绝对年龄年表打下基础；

（4）更密切地结合地质背景，充分利用地质研究成果，广泛地应用同位素分析成果，探索地壳运动的普遍规律；

（5）成立全国性的组织，制订全国性的规划，结合实际需要程度，选定重点地区；关键性的问题，分区分期分工协作，进行系统研究。

本文编写时承许多同志协助搜集资料，陈毓蔚同志帮助作了校正，特此致谢。

（原文发表于《科学通报》，1962，10 月号：16～26）

内蒙和南岭地区某些伟晶岩和花岗岩的
钾-氩法绝对年龄测定

李　璞　　戴橦谟　　邱纯一　　王联魁　　王俊文

1　前言

近十年来放射性地质年代学的研究在许多国家发展得很快，这门学科在解决地质科学中某些理论问题，越来越显示出它的重要意义。在我国郭承基首先注意这项工作，他在 1954 年前后曾试用化学铅法得出华北某些伟晶岩中的矿物年龄。从 1956 年起在我国的地质科学研究中正式列入了这个课题。1958～1959 年曾由苏联一些实验室测定了我国的一些样品；1960 年 A. И. 屠格林诺夫（Тугаринов）[1] 等，1962 年王曰伦等曾分别发表了一些数据，引起我国地质学界的重视。1959 年在我国几个地质研究机构中开始筹建绝对年龄实验室，1959～1960 年曾先后得到苏联学者 Н. И. 波列娃雅（Полевая）和 Э. В. 萨鲍托维奇（Саботович）的热心帮助。经过两年来的努力，几个实验室现在都开始进行正常的研究工作。

本文是根据我所实验室对内蒙古南部和南岭一带的样品所得 K-Ar 法年龄测定的初步结果。

参加这项工作的除我所的十几位工作同志外并得到江西、广东、广西和贵州地质局的大力支持。我们对上述各兄弟单位的帮助深表感谢。

苏联科学院 Г. Д. 阿法纳谢夫（Афанасьев）通信院士提供了云母和长石的标准样品，对标定我们实验室的仪器性能有很大帮助，也在此一并致谢。

2　实验方法

在普通钾中都含有钾的同位素 K^{40}。它的含量虽然仅占 0.0119%，但它是具有放射性的。K^{40} 通过 K 层电子俘获衰变为 Ar^{40}，通过 β^- 衰变为 Ca^{40}。因此当矿物中含有 K 时就构成一个很精确的天然时钟，并提供了测定该矿物绝对年龄的基础。利用 $K^{40} \rightarrow Ar^{40}$ 的衰变关系测定矿物的绝对年龄的方法称之为 K-Ar 法。

由于钾在天然矿物中分布很普遍，而 Ar 在矿物中除由 K^{40} 放射衰变形成的以外则很少有其他的来源，这就提供了利用 K-Ar 法测定矿物年龄的优越性。所以这个方法一旦建立起来，就在许多国家得到广泛的应用。与其他方法比较，K-Ar 法是目前较成熟的方法之一。

K-Ar 法所得数据的可靠程度，取决于 K 衰变常数测定的准确度、所用样品是否适宜与 Ar 的析出及其测量的技术条件、Ar 同位素和 K 含量的分析是否能达到足够的精度。对上述这些问题，自从 1952 年以来经过国外许多学者的系统研究已基本得到解决。在我们建立实验室的两年中，主要是掌握已有的方法和技术，进行大量的试验使所得数据达到比较可靠的程度。

在我们的实验中所应用的样品限于云母类矿物，样品都经过精选及显微镜下检查，保证达到 98%～99% 的纯度。所用样品的粒度不小于 0.25mm，这样可以避免过多的吸附水和气体造成操作上的不便。加热熔样应用矽碳棒制成的管状高温炉。在实验进行过程中 Ar 析出器全部系统保持 10^{-6}mmHg 的真空度。样品经过缓慢加热后，升温至 1250～1300℃ 并保持 1.5 个小时，确保样品熔融完全，矿物中 Ar 全部析出。我们实验室所用的 Ar 析出装置有苏联科学院地球化学、分析化学研究所制的和我所仿制的两种。这两种 Ar 析出器的性能完全相当。Ar 的体积测量应用麦氏压力计，测量范围在 300～2000PV（mmHg，立方毫米）时，平均误差为 1%～2.5%，最大误差为 8%。K 含量应用火焰光度计测定，当 K 含量在 8% 左右时，分析统计误差不超过 2%。Ar 同位素含量测定是应用 МИ-1305 型质谱计进行的。分析条件如下：离子源、分析室的压力小于 5×10^{-7}mmHg，加速电压为 2000V，电离电压在 40～50V、选择最佳值，发射电流为 1.5mA。本底范围：质荷比为 40 的离子流强度为 $4-8\times10^{-14}$ 安培，质荷比为 36 的离子流强度为 $(1～2)\times10^{-14}$ 安培，目前分析所必需的最少样品量为标准状态下 2.6×10^{-4}cm^3，分析相对误差低于 5%。年龄计算采用常数为：$\lambda_\beta=4.72\times10^{-10}$ 年$^{-1}$，$\lambda_\kappa=5.57\times10^{-11}$ 年$^{-1}$，$K^{40}/(K^{39}+K^{41})=0.0122\%$ 克/克 K。年龄计算公式为

$$t=4363\left[\lg\left(\frac{Ar^{40}}{K^{40}}+0.1056\right)+0.09765\right]$$ 百万年 [2]

重复试验结果表明（表1），对年龄值为 1800～2000 百万年的样品，Ar 分离的系统误差为 0.5%～3.4%，对年龄值为 150～200 百万年的样品，Ar 分离的系统误差为 1.5%～1.6%，最大误差为 7%。利用苏联科学院提供的标准样品测定结果与原值相符合（表2）。

表 1 Ar 分离重复性实验结果

样品编号	Ar/10^{-6}g/g	相对误差/%	年龄值/10^6 年
天 09	1.849 1.820	1.6	1883 1867 }1875±8
益 11	1.742 1.678	1.8	1862 1889 }1875±13
天 01	1.843 1.853	0.5	1881 1881 }1881±0
二 07	1.873 1.938	3.4	1929 1957 }1942±15
62-G-41	1.614 1.594	0.6	1845 1820 }1834±11
J-T-18	0.115 0.114	0.9	177 177 }177±0
JX6	0.095 0.102	7.0	166 178 }172±6
N-K-z-24/1	0.071 0.084	1.6	157 161 }159±2

表 2　对苏联标准样品分析结果

样品	K/%	Ar/10^{-6} g/g	年龄值/10^6年
白云母	（1）8.67±0.27	1.7738	1816
	（2）8.63±0.17	1.8478	1833
黑云母	（1）7.78±0.31	1.5931	1814
	（2）7.70±0.15	1.7875	1820

注：（1）苏联几个实验室的平均数值（Г. Д. 阿法纳谢夫 1960）[3]；
　　（2）中国科学院地质研究所分析数值。

3　研究地区的地质特点和研究的目的

内蒙古南部和南岭地区各代表不同的地质单位。内蒙古南部代表一个长期隆起的前寒武纪地块，东西向分布，中部构成阴山，西接狼山并向西进入阿拉善；东经张家口以北及河北省北部山地向东止于辽河区域。这一古老地块位于华北台块的北缘，并形成蒙古地槽的南界。我们选择这个地区进行研究的目的是希望在这里可能发现代表华北台块年龄最古老的岩系并追索这些古老岩系的发育顺序。目前的工作只限于集宁附近及乌拉山西南端两块范围极小的地段。

南岭及其邻近地区是我国钨锡矿床的主要产地，区内中泥盆世以前的变质岩系分布很广，上古生代及中生代地呈不整合于上述浅变质岩系之上，许多学者认为这一地区属加里东褶皱系。区内花岗岩体极其发育，其直接围岩多为前中泥盆世的地层，少数为晚古生代的地层；直接与中生代地层呈侵入接触的很少见。因此关于这些花岗岩体的侵入时期就很难确定。我们选择这个地区的目的主要是想通过绝对年龄测定，研究本区岩浆活动及其成矿的时期，并追索不同时代的花岗岩体在空间上的分布关系。

4　关于内蒙古南部伟晶岩年龄的讨论

在内蒙古南部共得出 38 个数值代表 20 条伟晶岩、三处伟晶岩与大理岩交代形成的金云母、一处花岗岩及五处伟晶岩分布地区内的变质岩。所得数据列入表 3、表 4。

从表 3、表 4 中的数据可以得出四个方面的意见。

（1）在乌拉山南坡及集宁地区所得 20 条伟晶岩的年龄数值可分为三个时间段落①：320～360 百万年，相当于晚泥盆世—早石炭世；1600 百万年属元古代早期；1800～1975 百万年，属太古代晚期。所得数值与本区过去已有的绝对年龄数值比较有的稍偏高（А. И. 屠格林诺夫等 1960）[1]，但从其所代表的时间上看可以肯定本区有两个主要的岩浆期，即海西早期和太古代晚期。代表元古代早期的数值仅有一个，其意义尚不明了。

本区所得海西早期 320～360 百万年的年龄值应代表蒙古地槽回返褶皱运动波及本区所引起的岩浆活动的时期。本区所得 1890±90 百万年的年龄值代表太古代末期最后一次岩浆活动的时期，也代表本区太古代地质历史结束的时期。

---

①　按苏联 1960 年苏联绝对年龄委员会编的[4]和 1961 年美国 J. L. 卡尔普（Kulp）编的地质绝对年龄年表值，以下同。

表 3 内蒙古乌拉山地区岩石绝对年龄数值（包括三木代庙一个样品）

样品编号	样品名称	样品产地及产状	$K^{40}/$ $(10^{-6}\,g/g)$	$Ar/$ $(10^{-6}\,g/g)$	Ar^{40}/K^{40}	年龄值$/10^6$年	样品采集者
MS-36	白云母	三木代庙角力格太伟晶岩	9.9064	0.1992	0.0194	320	夏玥
MWOA₂	黑云母	乌拉山南坡大东沟 2 号伟晶岩	8.7962	0.1871	—	(338) *	欧阳自远
MWOA₃	黑云母	大东沟伟晶岩接触带片麻岩	8.552 8.552	0.1871 0.1992	0.0211 0.0230	346 374 } 360	欧阳自远
MWOA₄	黑云母	乌拉山南坡大东沟 3 号伟晶岩	8.296	0.2067	0.0223	364	欧阳自远
MWOA₆	黑云母	大东沟花岗片麻岩	8.613	0.2164	0.0233	378	欧阳自远
MB002	黑云母	包头北桃尔湾伟晶岩	6.490	0.9247	0.1410	1602	李达周
M3055	白云母	乌拉山南坡小庙子伟晶岩	9.870	1.000 0.9251	0.1774 0.1691	1874 1813 } 1843	范嗣昆
MWOA₁	白云母	乌拉山南坡小西沟伟晶岩	9.894	1.8698	0.1878	1938	欧阳自远

* 括弧内数值为未经同位素分析，按相邻岩体样品中所含大气氩含量扣除相应大气氩含量得出的数值，为初步数值。以下同。

表 4 内蒙古集宁地区岩石绝对年龄数值（包括河北省一个样品）

样品编号	样品名称	样品产地及产状	$K^{40}/$ $(10^{-6}\,g/g)$	Ar $(10^{-6}\,g/g)$	Ar^{40}/K^{40}	年龄值$/10^6$年	样品采集者
MG 40	白云母	益元兴金城洼子伟晶岩	10.224	1.8797 1.8206	0.1808 —	1892 (1829) } 1861	赵树森、钟富道
MG 41	黑云母	益元兴金城洼子花岗岩	9.284	1.6140 1.5944	0.1729 0.1706	1838 1823 } 1831	赵树森、钟富道
MG 03	白云母	益元兴察汗营伟晶岩	10.077	1.8737	0.1842	1913	赵树森、欧阳自远
MG 22	白云母	益元兴察汗营西沟伟晶岩	10.126	1.9148	0.1856	1921	赵树森、欧阳自远
MG 08	白云母	侯家沟伟晶岩	9.930	1.7320	0.1735	1843	赵树森、钟富道
MG 09	黑云母	侯家沟伟晶岩接触带片麻岩	9.662	1.6140	0.1662	1792	赵树森、钟富道
MG 207	白云母	赵秀沟伟晶岩	10.052	1.8737 1.9386 1.9149	0.1863 0.1909 0.1894	1927 1957 1948 } 1944	欧阳自远、姜尚美
MG 208	黑云母	赵秀沟 30 号伟晶岩	8.906	1.7782	0.1936	1975	欧阳自远、姜尚美
MGT 09	白云母	天皮山 1 号伟晶岩	10.296	1.8494 1.8206	— —	(1845) (1827) } (1836)	欧阳自远、姜尚美
MGT 01	白云母	天皮山 2 号伟晶岩	10.187	1.843 1.853	0.1791 0.1791	1881 1881 } 1881	欧阳自远、姜尚美

续表

样品编号	样品名称	样品产地及产状	$K^{40}/$ $(10^{-6} g/g)$	Ar $(10^{-6} g/g)$	Ar^{40}/K^{40}	年龄值$/10^6$年	样品采集者
MG 020	黑云母	益元兴西土坑伟晶岩	8.210	1.3687 1.6689	0.1636 0.2022	1772 2028 } 1890	欧阳自远、赵树森
MG 18	黑云母	益元兴跃进沟伟晶岩	8.588	1.6237 1.7025	0.1862 0.1960	1927 1990 } 1958	欧阳自远、赵树森
MG 11	黑云母	益元兴东山伟晶岩	9.821	1.7420	0.1764	1862	欧阳自远、赵树森
MG 10	白云母	益元兴东山伟晶岩	9.943	1.8464	0.1838	1912	欧阳自远、赵树森
MGK 01	金云母	三岔口康家沟伟晶岩	9.418	1.7839	0.1875	1929	欧阳自远、赵树森
MG 06	金云母	玻璃图伟晶岩与大理岩交代带	9.967	1.7322	0.1728	1838 } 1891	赵树森、钟富道
MG 14	金云母	玻璃图伟晶岩与大理岩交代带	9.491	1.6824	0.1740	1844	赵树森、钟富道
MG 23	黑云母	土贵山苏长岩–片麻岩接触带	9.223	1.6239	0.1728	1838	赵树森、钟富道
MG 24	黑云母	土贵乌拉南20号村片麻岩	8.637	1.4861	0.1711	1827	赵树森、钟富道
HH-1	黑云母	河北省怀安伟晶岩	8.698	1.5045	0.1712	1827	王书凤

注：括弧内数值为未经同位素分析，按相邻岩体样品中所含大气氩含量扣除相应大气氩含量得出的数值，为初步数值，以下同。

（2）样品 MWOA6 采自大东沟伟晶岩邻近的黑云母花岗片麻岩，MWOA3 采自与伟晶岩直接接触的片麻岩，这两种片麻岩与区域分布的前寒武纪片麻岩没有区别，但其年龄值各为378 百万年、361 百万年，与伟晶岩（338 百万年、364 百万年）的年龄接近或一致。在集宁地区同样出现这种现象，采自侯家沟伟晶岩中的白云母（MGO8）年龄为 1843 百万年，采自这个伟晶岩接触带的黑云母（MGO9）为 1792 百万年，同样的在本区伟晶岩分布或花岗岩化发育地段所得的变质岩年龄也接近伟晶岩的年龄（MG24、1827 百万年，MG23、1838 百万年）。这些数值表现出老变质岩的年龄有经过新的岩浆活动而再造迁就新的岩浆岩的年龄的趋势。这些数值也可以说明在伟晶岩特别发育的变质岩区地区，即或不见大区域出露的岩浆岩体，而变质岩的原有年龄也会有显著的改变。至于如何估计由于后期岩浆活动作用使古老变质岩年龄再造的强度和如何去追索变质岩原始年龄将是变质岩地质年代学研究的重要问题之一。

（3）结合这些伟晶岩矿化情况看来，本区海西早期的伟晶岩与铍的成矿有关，白云母的矿化较弱。太古代末期的伟晶岩与白云母、金云母及稀有元素的成矿有关，铍的矿化较弱。

（4）结合华北古老岩系已有的年龄数值，如乌拉山塞胡同伟晶岩（1800±100 百万年）[1]、山东桃科花岗岩（1800±50 百万年）[1]、山西繁峙的伟晶岩（1800±100 百万年）[1]、辽宁连山关花岗岩（1933 百万年）、凤城翁泉沟的金云母（1802 百万年）、吉林辑安的金云母（1819 百万年），都能说明 1800 ~ 1980 百万年这一年龄在华北的分布相当普遍。无疑地它所代表的时间在我国华北前寒武纪地质发展历史上有极其重要的意义。

5 关于南岭一带岩石绝对年龄数据的讨论

我们对南岭及其邻区的岩石共得出 48 个数据，包括江西（20 个）、广东（15 个）、湖南（7 个）、广西（3 个）、贵州（3 个）的样品共 39 处。所得数值分别列入表 5，表中可靠的数值可以划为六个时间段落：687 ~ 837 百万年代表前寒武纪—震旦纪；370 ~ 385 百万年代表早中泥盆世；312 百万年属早石炭世；228 ~ 258 百万年代表晚二叠世到早三叠世初期；150 ~ 190 百万年代表晚三叠世到中侏罗世晚期；90 ~ 110 百万年代表早白垩世到晚白垩世初期。312 百万年和 480 百万年的数值都只有一个，目前尚不能断定它所代表的意义。687 ~ 837 百万年的数值只有两个，但从地质资料看来，可以初步确定其代表的意义。其他数值都比较集中，自然有其代表性。

表 5　南岭及其邻近地区岩石绝对年龄数值

样品编号	样品名称	样品产地及产状	$K^{40}/$ $(10^{-6}\,g/g)$	$Ar/$ $(10^{-6}\,g/g)$	Ar^{40} $/K^{40}$	年龄值/10^6 年	样品采集者
江西省							
KHE-4	黑云母	贵溪上马石斜长花岗岩	4.965	0.0426	0.0051	90	江西地质局
KH11	白云母	星子枭木山 11 号脉	9.918	0.0852	—	(133) ⎫ (133)	李璞
KH5	白云母	星子枭木山 5 号脉	9.406	0.0801	—	(132) ⎭	
KHPe1/3	白云母	漂塘矿区	10.113	0.1050	0.00934	161	王联魁等
KH14/12	黑云母	大吉山五里亭花岗岩	8.003	0.0846	0.0092	158	李璞等
KH1	白云母	星子华龙山伟晶岩	9.882	0.1074	0.00977	168	李璞等
KHE-1	黑云母	上饶灵山斑状花岗岩	7.124	0.1013	0.00981	169	江西地质局
KH10/8	白云母	大吉山矿区	10.699	0.1189	0.01044	178 ⎫ 173	李璞等
				0.1057	0.0097	167 ⎭	
KHX-6	白云母	画眉坳矿区	9.833	0.1021	0.0102	175	
KH18/3	白云母	上坪矿区	9.894	0.1142	0.0105	177 ⎫ 177	王联魁等
				0.1159	0.0103	177 ⎭	
KH-14	黑云母	西华山花岗岩	7.756	0.0928	—	(184)	王联魁等
KH10/9	白云母	大吉山闪长岩脉壁	9.223	0.1074	0.01136	194?	王联魁等
KHT6	黑云母	大庾小梅关花岗岩	8.222	0.1211	0.0144	242	王联魁等
KH-1	黑云母	花岗岩	7.053	0.0687	0.0154	258	江西地质局
KH-2	黑云母	花岗岩	7.088	0.2069	0.0236	387	江西地质局
KHE-5	黑云母	贵溪慈竹片麻状斜长花岗岩	8.186	0.2105	0.0252	406	江西地质局
KH810	黑云母	弋阳上方斜长片麻花岗岩	8.882	0.289	—	(480)	马文璞
KHC708	黑云母	高安下观花岗闪长岩	8.283	0.4907	0.0586	837	江西地质局

续表

样品编号	样品名称	样品产地及产状	$K^{40}/$ $(10^{-6}g/g)$	$Ar/$ $(10^{-6}g/g)$	Ar^{40} $/K^{40}$	年龄值/10^6年	样品采集者
广东省							
KTX02	黑云母	新丰江水库三台山花岗岩	7.405	0.0717	0.0093	160	王景钵
KTZ24/1	黑云母	仁化李家社诸广山花岗岩	8.527	0.0845	0.00921	160 } 163	常秉义等
			7.722	0.0777	0.00956	165	
KTD6	黑云母	大东山花岗岩（大路边）	8.759	0.1295	0.0104	178	王联魁等
KT6/3	白云母	贵东花岗岩中伟晶岩团块	10.162	0.1226	0.0101	172 } 179	李璞等
KT6/4	白云母	（沙溪西北山硐口）	10.052	0.1158	0.0108	185	李璞等
KT18/2	白云母	贵东花岗岩中伟晶岩团块（小砾南公路旁）	9.479	0.1277	0.0113	193	李璞等
KT49/6	白云母	热水花岗岩中伟晶岩（牛屎沥）	9.638	0.2057	0.0111	190	程学志等
KT10140	黑云母	南雄南3公里花岗岩（跃下村）	8.503	0.1225	0.0140	236	广东省地质局
KT9015	黑云母	新兴花岗岩（脆古河村东北）	7.588	0.1125	0.0144	242	广东省地质局
KT3196	黑云母	台山花岗岩（五十圩）	7.173	0.1118	—	(248)	广东省地质局
KT11711	黑云母	台山花岗岩（四十九公社）	7.015	0.1226	—	(255)	广东省地质局
KT156	黑云母	广州市北片麻岩	6.710	0.1735	0.0167	321	广东省地质局
KT10655	黑云母	南雄拦河圩花岗岩	8.076	0.1977	—	(375)	广东省地质局
KT169	黑云母	太保（连山）花岗岩	8.286	0.1680	0.0227	370	广东省地质局
湖南省							
HNA001	锂云母	平江花岗岩中云英岩带	10.553	0.0698	0.0063	110	王中刚
HNH7/1	黑云母	骑田岭花岗岩（竹视水）	7.527	0.0979	0.0109	186	王联魁等
HN17046-1	钾长石	关帝庙花岗岩中伟晶岩（陈坑里）	12.736	0.1221	0.0087	151	范嗣昆等
HN17066-10	钾长石	关帝庙花岗岩中伟晶岩（大古山坡长石斑晶）	11.333	0.1349	—	(182)	范嗣昆等
HN17001	黑云母	关帝庙花岗岩中伟晶岩（灵官殿）	8.210	0.1124	0.0108	185	范嗣昆等
HN17057-1	黑云母	关帝庙花岗岩中伟晶岩（关帝庙东）	7.991	0.1137	—	(228)	范嗣昆等
HN-H25	黑云母	彭公庙花岗岩	7.430	0.1738	0.0233	378 } 385	王联魁等
			7.429	0.1856	0.0242	391	
广西省							
KS125	黑云母	大厂灰乐矿区花岗斑岩	8.381	0.0577	0.0052	91	李锡林等
KS11	黑云母	大厂灰乐矿区花岗岩	8.405	0.0683	—	(107)	李锡林等
KS01	黑云母	横县析津水库花岗岩	8.222	0.179	0.0148	249	水电部
贵州省							
KW-1-A	黑云母	煌斑岩（雷山）	7.917	0.0970	0.0118	201	贵州省地质局
KWC-2	黑云母	煌斑岩（镇远、涌溪）	8.064	0.2162	0.0247	399	涂光炽、范嗣昆
KW131-H	黑云母	梵净山桃树林花岗岩	9.857	0.4676	0.0461	687	贵州省地质局

将上述江西、广东、广西、湖南、贵州五省所得 39 处 48 个年龄数值,按其所代表的时间列入表中(表6),并与相应的造山期的时代加以对比可以得出下列的意见:

表6　南岭地区绝对年龄数值对照表

Kulp年龄值/(1961) 百万年	年龄值/10^8年					相应的造山运动时期年龄/10^6年	备注
	江西	广东	广西	湖南	贵州		带有( )的数字代表初算年龄
—90 晚 90	90 上马石花岗岩		91 大厂花岗斑岩 大厂花岗岩			90~(130) 燕山晚期	
—100 白垩纪			(107)	110 平江花岗岩中云英岩化带			
早 135	(133) 枭木山矿脉						
—150 晚 侏罗纪 中 166	148 罗坑花岗岩; 161 漂塘矿区; (163) 五里亭花岗岩; 168 华龙山伟晶岩; 169 上饶花岗岩	160 新丰江花岗岩; 163 诸广山花岗岩		151 陈坑里伟晶岩		150~190 燕山早期	
早 181 三叠纪 晚 200	173 大吉山矿区; 175 画眉坳矿区; 177 上坪矿区; (184) 西华山花岗岩; 194 大吉山闪长岩脉	178 大东山花岗岩; 179 沙溪伟晶岩团块; 190 热水伟晶岩; 193 小砾伟晶岩团块		182 大古山坡花岗岩; 185 灵官殿花岗岩; 186 骑田岭花岗岩	201 雷山煌斑岩		
早 (230) 晚 三叠纪 中 260 早 280	242 小梅关花岗岩 研1号; 258	236 南雄花岗岩; 242 新兴花岗岩; (248) 台山花岗岩; (255) 台山花岗岩	249 横县花岗岩	(228) 关帝庙片麻岩		(230)~260 印支期?或海西晚期	
晚 石炭纪 中 320 早 345 To vi		312 广州市北片麻岩				海西期? 312	
晚 (365) 泥盆纪 中 390 早 405	387 研2; 406 贵溪慈竹花岗岩	370 太保花岗岩; (375) 南雄拉河坝花岗岩		385 彭公庙花岗岩	399 镇远煌斑岩	370~(410)加里东晚期	
志留纪 (425) 晚 445 奥陶纪 早 500	(480) 弋阳上方花岗岩					(480±)加里东早期	
晚 530 寒武纪 早 600? —600 前寒武纪	837 高安下观花岗闪长岩				687 梵净山花岗岩	690~840 前寒武纪(震旦纪)	

* 带有( )的数字代表初算年龄

（1）可以肯定在南岭及其邻区有五次岩浆活动及地壳变动，其时间范围与相应的造山时期大致如下：元古代晚期，690~840百万年为震旦纪；加里东晚期，370~410百万年——自晚志留世末期到中泥盆世；海西晚期，（230）~260百万年——自中晚二叠世到早三叠世初期；燕山早期，150~190百万年——自早侏罗世到中侏罗世晚期；燕山晚期，90~（130）百万年——自早白垩世到晚白垩世以前。部分数据表明在南岭地区还有加里东早期岩浆活动及海西早期地壳变动的迹象。现有数据对燕山期的岩浆活动的时间范围只能粗略的划分为燕山早期、燕山晚期两幕而不能更细致的划分，但说明本区中生代的岩浆活动开始于晚三叠世末期。

（2）确定江西九岭花岗岩及贵州梵净山花岗岩为前寒武纪，其时代应属震旦纪，这是在南岭邻区已知年龄最老的岩浆期。梵净山花岗岩的数据证明板溪群下部不应晚于晚震旦世。已有年龄值证明在赣南、粤北、湘南及贵州东部都有加里东期的岩浆活动及地壳变动存在，海西晚期或印支期的岩浆活动在南岭地区也占有相当重要的地位，但燕山期的岩浆活动仍是主要的。南岭中段燕山早期岩浆活动很重要，而在南岭外围则有燕山晚期岩浆活动的出现。

（3）已得年龄数据完全可以证实南岭主要的石英脉型钨矿成矿期属燕山早期，成矿时间持续得相当长，自早侏罗世到中侏罗世后期，包括将近20百万年的时间。但对单一岩体与其成矿的时间关系如何，目前数据尚不能得出确切的概念。赣北和湘东北独立存在的石英脉型铍矿化与燕山晚期的花岗岩有关，在广西东部的硫化物型锡矿及铅、锌矿床似乎也与燕山晚期的岩浆活动有关，它比南岭中段与钨共生的锡矿成矿期要晚些。

6　结束语

两年来在开展地质年龄测定的工作过程中，通过大量的实验得出一批较可靠的数据，对内蒙古南部及南岭地区的岩浆活动及成矿时期进行了初步划分，同时也从工作中取得了一些初步的经验：

（1）伟晶岩中的白云母是最适宜于K-Ar法测定年龄的矿物，它对放射性成因Ar的保存性较同生的黑云母往往更好些。花岗岩体中原生的伟晶岩团块中的白云母，可以作为代表该地段花岗岩浆结晶时期的标志矿物。

（2）在研究岩基型的花岗岩体年龄时，即使它不是多期的侵入杂岩体，也必须充分估计到岩体不同部位完成结晶时间的差异性。为了准确测定岩体的年龄，对所采样品在岩体中所代表的部位越确切越好，对样品的代表性及其保存程度应予以特别重视。造成数值的偏差，往往不是由于分析误差而是由于样品保存不佳所引起的。此外对测定的样品，必须与地质情况、岩石和矿物学的研究密切结合。

（3）在伟晶岩、花岗岩，以及花岗岩化特别发育的变质岩地区，应当考虑到由于新的岩浆活动的影响变质岩年龄有再造的可能性。

（4）欲得出可以说明某些地质重要问题的年龄数值，今后须要注意进行系统的细致的工作。在引用年龄数值时，更应密切结合该地区地质的特点，换句话说必须应用地点观点去考虑年龄数值的真正含意。

参 考 文 献

［1］屠格林诺夫，А И，等. 关于中国岩石地质绝对年龄的讨论. 地质科学，第 3 期，1960.

［2］Старик И Е. Ядерная геохронология. 1961.

［3］Афанасьев Г Д，Кожина Т К，Старик И Е. Результаты определения аргоновым методом возраста эталонных прод мусковита，биотита，и микроклина. Междунар. геол. конгр.，XXI сессия. Докл. советс. геологов. проблема 3，1960.

［4］Геохронологическая шкала в абсолютном летоисчислении по данным лабораторий СССР на 1960 г. Изв. АН СССР，сер. геол.，1960，№ 10.

［5］Kulp J L. Geologic Time Scale. Science，133（3459），1961.

［原文发表于《地质科学》，1963，（1）：1～9］

钾-氩法测定岩石矿物绝对年龄数据的报道

李　璞　　戴橦谟　　邱纯一　　王俊文

本文提出了 98 个 K-Ar 法绝对年龄测定的新数据，样品是由中国科学院地质研究所和其他兄弟单位提供的。我们的试验条件大致与以往相同[1]，但部分样品采用内加热法熔样。年龄计算常数仍采用：$\lambda_k = 5.57 \times 10^{-11}$ 年$^{-1}$，$\lambda_\beta = 4.72 \times 10^{-10}$ 年$^{-1}$，K^{40}（克／克样品）$= 1.22 \times 10^{-4} K\%$。

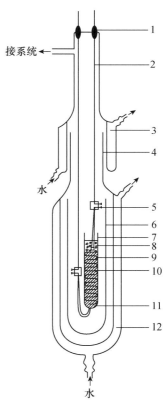

利用同位素铅法验证了集宁地区伟晶岩中云母以 K-Ar 法测定的年龄值，并对同一岩石样品中所含云母、长石斑晶及全岩分别进行了试验分析，得出其年龄相对偏差的范围。

（1）内加热反应器（图 1）用透明石英管制成，以钼丝作电极，样品放入带有钨丝回旋电阻的小石英管中，加热利用功率为 3 ~ 5kW 调压变压器控制，输出最大电流为 30 安培。当分离系统达到高真空后，逐步升高电压，在 30 ~ 40 分钟内升温至 1350℃ 以上。加热、纯化、吸收全部过程可在 90 ~ 120 分钟完成。内加热法所得结果与外加热法一致（表 1）。但效率有所提高，试验成本降低。

（2）对采自内蒙古集宁地区伟晶岩中六个含放射性矿物（褐帘石三个，锆英石、独居石及钶钛铀矿各一个）进行了同位素铅法的绝对年龄测定①，其结果分别为：2080 百万年、1960 百万年、1882 百万年、1890 百万年、1880 百万年及 1880 百万年（表 2），其平均值为 1900 百万年（其中除一个褐帘石所得年龄值稍高外，其他数值与同期伟晶岩中云母所得 K-Ar 法年龄平均值偏差范围均在 5% 左右，见表 2），因而进一步肯定了该区伟晶岩的绝对年龄是在 1890±90 百万年。

图 1　内加热反应器示意图
1. 钼-玻璃焊接点；2. 电引线；3. 双层玻璃管；4. 磨口；5. 电极接头；6. 石英隔热屏；7. 样品管；8. 石英碎屑；9. 电阻丝；10. 样品 .11. 石英碎屑；12. 双层石英管

①　陈毓蔚、赵树森、桂训唐、刘菊英. 1963. 同位素铅法测定内蒙古地区六个含放射性元素矿物的地质年龄。见：中国地质学会全国矿物、岩石、地球化学专业学术会议论文摘要汇编（地球化学）内部资料。

表 1   内加热法对标准样品重复试验的结果

标本编号	矿物名称	加热时间/分钟	Ar 量/(毫米^8·毫米汞柱)	温度及电压
173	黑云母	27	2090	1350°C/35 V
173	黑云母	52	2056	1390°C/40 V
173	黑云母	170	2120	外加热
天 09	白云母	165	2386	1600°C/40 V
天 09	白云母	37	2298	1500°C/60 V
天 09	白云母	105	2360	外加热
176	长石	23	2090	1700°C/60 V
176	长石	60	2360	1750°C/50 V
176	长石	64	2334	1630°C/45 V

表 2   集宁地区伟晶岩中矿物的 U-Pb 法及 K-Ar 法绝对年龄数值比较

产地	矿物名称	年龄值/10^6 年	偏差/% *
玻璃图	褐帘石	2080	
玻璃图	金云母	1890	-9
三岔口	褐帘石	1960	
康家沟	金云母	1930	-2
三岔口	锆英石	1890	
康家沟	金云母	1930	+2
益元兴	钶钛铀矿	1880	
益元兴	褐帘石	1882	+0.1
益元兴	黑云母	1860	-1
益元兴	白云母	1910	+2
跃进沟	独居石	1800	
跃进沟	黑云母	1930	+7

* 表中偏差正、负值以含放射性矿物年龄为准。

（3）对采自广东河源、和平、九连山及湖南望湘岩体同一花岗岩或同类花岗岩样品中的云母、长石斑晶、基质长石、基质长石与斑晶长石混合样品或全岩分别测定结果表明，长石所得年龄值较黑云母偏低达 22% ~ 39%，基质长石或全岩较云母偏低 12% ~ 29%（表 3）。采自内蒙古凉城石榴子石片麻岩中的云母和斜长石所得数值偏差为 4%。矿物不同程度的次生变化特别是风化作用使年龄测定数值偏差很大。

表 3   云母、长石、全岩分别测定的绝对年龄值偏差比较

样品编号	样品的产地及产状	样品名称	年龄值/10^6 年	偏差/%
KX02	广东河源花岗岩、三台山花岗岩	黑云母	152	
KX10	广东河源新丰江水库花岗岩	长石斑晶	145	5
KX10	广东河源新丰江水库花岗岩	斑晶、基质（长石）混合样品	130	14

续表

样品编号	样品的产地及产状	样品名称	年龄值/10⁶年	偏差/%
KX8	广东河源岩体灯塔南花岗岩	黑云母	127	
KX8	广东河源岩体灯塔南花岗岩	长石	97	24
KHP8	广东和平闪长岩	黑云母	361	
KHP8	广东和平闪长岩	全岩	255	29
KHP8	广东和平闪长岩	长石	241	33
KHP7	广东九连山花岗岩	黑云母	233	
KHP7	广东九连山花岗岩	基质长石	204	12
KHP7	广东九连山花岗岩	长石斑晶	182	22
J₂	湖南望湘花岗岩	黑云母	131	
J₁	湖南望湘花岗岩	长石	80	39
MB-63-6	内蒙古凉城片麻岩	黑云母	1917	
MB-63-6	内蒙古凉城片麻岩	正长石	1839	4

（4）在东北南部得出 17 个数据（表 4）。采自鞍山樱桃园富铁矿体与绿泥石片岩接触带的白云母与同区鞍山群下部伟晶质混合岩中白云母的绝对年龄值很接近，前者为 2428 百万年，后者为 2372 百万年，其平均值为 2400 百万年。采自吉林辑安地区片麻岩中一个黑云母的两次测定的平均值为 1909 百万年，与同区变质碳酸岩夹层中三个金云母的平均值 1914 百万年完全相等。与此相接近的数值还有本溪莲山关花岗岩中的白云母为 1933 百万年，凤城变质碳酸岩中的金云母为 1803 百万年。上述变质岩都划归鞍山群，但与鞍山混合岩的年龄值相差可达 500～600 百万年，可能代表鞍山群再变质的结果。采自辽宁宽甸区黑云母变粒岩中的两个黑云母分别为 1480 百万年和 1488 百万年，同区变质碳酸岩中的两个金云母分别为 1550 百万年和 1260 百万年，除后一数值较低，其他皆与采自本溪莲山关以东白岗岩中的白云母的年龄平均值（1684 百万年）相接近，都在 1680～1480 百万年的范围。这一组年龄值在本区早有发现[2]。此外还有三个时代较晚的花岗岩，即清源摩离红花岗岩中伟晶岩为 739 百万年，五道岭花岗岩为 125 百万年及白水寺花岗岩为 102 百万年，前者属前寒武纪晚期，后二者属燕山晚期—早、中白垩世。

表 4 我国北方 * 各地岩石绝对年龄数值（10⁶年）

顺序号	样品编号	样品名称	样品产地及产状	K^{40}/ $(10^{-6}g/g)$	Ar/ $(10^{-6}g/g)$	Ar^{40}/K^{40}	年龄值 /10⁶年	样品采集者
(1) 东北南部								
1	LN-02	白云母	鞍山樱桃园富铁矿体与绿泥石片岩接触带	10.26	2.8406	0.2746	2428 ⎫ 2400	陈光远
2	LN-01	白云母	鞍山樱桃园混合岩	10.35	2.7495	0.2635	2372 ⎭	陈光远
3	LNW-711+713	黑云母	吉林辑安黑云母片麻岩	9.33 / 9.33	1.7780 / 1.6824	0.1903 / 0.1766	1954 ⎫ 1909 1864 ⎭	王秀璋 / 王秀璋

续表

顺序号	样品编号	样品名称	样品产地及产状	$K^{40}/$ $(10^{-6} g/g)$	$Ar/$ $(10^{-6} g/g)$	Ar^{40}/K^{40}	年龄值 $/10^6$ 年	样品采集者
4	LNKLW-582	金云母	吉林辑安变质碳酸岩	9.32	1.7439	0.1849	1918 ⎫	王秀璋
5	LNKLW-706	金云母	吉林辑安变质碳酸岩	8.37	1.5700	0.1855	1923 ⎬ 1914	王秀璋
6	LNKLW-624	金云母	吉林辑安变质碳酸岩	8.63	1.5700	0.1820	1900 ⎭	王秀璋
7	LN-4004	白云母	辽宁本溪莲山关花岗岩	7.75	1.4597	0.1872	1933	辽宁地质队
8	LNW-389	金云母	辽宁凤城变质碳酸岩	9.21	1.5765	0.1677	1803	王秀璋
9	LNB-1770	黑云母	辽宁宽甸黑云母变粒岩	8.02	0.9841	0.1249	1480	王秀璋
10	LN-B5	黑云母	辽宁宽甸黑云母变粒岩	9.56	1.2070	0.1259	1488	王秀璋
11	LNW-382	金云母	辽宁宽甸变质碳酸岩	8.94	0.9035	0.0997	1260 ⎫ 1405	王秀璋
12	LNW-265	金云母	辽宁宽甸变质碳酸岩	7.08	0.9611	0.1336	1550 ⎬	王秀璋
13	LN-4002-1	白云母	辽宁本溪莲山关东北白岗岩	9.47	1.5589	0.1638	1776 ⎫	辽宁地质队
14	LN-4002-2	白云母	辽宁本溪莲山关东北白岗岩	10.94	1.5353	0.1389	1592 ⎬ 1684	辽宁地质队
15	LNH-1003	白云母	辽宁清源摩离红花岗岩中伟晶岩	10.44	0.5395	0.0503	739	辽宁地质队
16	LN-B-296	黑云母	辽宁宽甸五道岭花岗岩	8.36	0.0638	0.0072	125	王秀璋
17	LN-4003	黑云母	辽宁本溪白水寺花岗岩	7.93	0.0502	0.0058	102	辽宁地质队

（2）北京地区

顺序号	样品编号	样品名称	样品产地及产状	$K^{40}/$ $(10^{-6} g/g)$	$Ar/$ $(10^{-6} g/g)$	Ar^{40}/K^{40}	年龄值 $/10^6$ 年	样品采集者
18	PK-03	黑云母	密云沙厂更长环斑花岗岩	2.57	0.4176	0.1447	1644	陈光远
19	PK-62-M-2	黑云母	密云沙厂更长环斑花岗岩	9.41	1.4186	0.1303	1524	杨学昌
20	PK-RG-1	黑云母	密云沙厂更长环斑花岗岩	3.39	0.4373	0.1193	1433	赵崇贺
21	PK-RG-2	黑云母	密云沙厂斑状花岗岩	6.60	0.7088	0.1059	1317	赵崇贺
22	PK-01	黑云母	密云沙厂斜长片麻岩	8.31	0.9788	0.1053	1312	陈光远
23	PK-04	黑云母	密云四干顶花岗岩	8.91	0.1126	0.0105	180	陈光远
24	PK-P1	黑云母	北京花塔石英二长岩	8.64	0.0824	0.009	155	杨学昌
25	PK-P8	黑云母	周口店花岗闪长岩	7.97	0.0723	0.0084	145	池际尚
26	PK-P8a	黑云母	北京周口店花岗闪长岩岩心（深357m）	8.75	0.0766	0.0082	141	地质力学研究所
27	PK-P4	黑云母	黑山寨花岗岩	7.15	0.0576	0.0083	145	池际尚
28	PK-P6	黑云母	东老峪花岗岩	7.95	0.0685	0.0082	142	池际尚
29	PK-PAa	黑云母	八达岭花岗岩	8.49	0.0759	0.0082	141	杨学昌
30	PK-P5	黑云母	对白峪花岗岩	7.86	0.0640	0.0075	131	池际尚

续表

顺序号	样品编号	样品名称	样品产地及产状	$K^{40}/$ $(10^{-6}\,g/g)$	$Ar/$ $(10^{-6}\,g/g)$	Ar^{40}/K^{40}	年龄值 $/10^6$年	样品采集者
31	PK-02	黑云母	怀柔四道沟石棉厂矿区片麻岩	8.67	0.0854	0.0081	140	陈光远
32	PK-P004	黑云母	云蒙山片麻状花岗岩	8.98	0.0643	0.0070	123	池际尚

（3）我国北方其他地区

顺序号	样品编号	样品名称	样品产地及产状	$K^{40}/$ $(10^{-6}\,g/g)$	$Ar/$ $(10^{-6}\,g/g)$	Ar^{40}/K^{40}	年龄值 $/10^6$年	样品采集者
33	HK-74	黑云母	河北邢台将军墓石榴子石片麻岩	7.60	2.0277	0.2640	2360	常子文
34	ST-A$_1$	黑云母	山东泰山白杨房二云母微斜片麻岩	8.72	1.8347	0.2099	2075	应思淮
35	ST-A$_2$	黑云母	山东泰山万鸡山二云母微斜片麻岩	8.77	1.8034	0.2055	2049 ⎫2030	应思淮
36	ST-A$_2$	黑云母	山东泰山大众桥东微斜片麻岩	9.09	1.759	0.1925	1967 ⎭	应思淮
37	H62-T-02	黑云母	河北太行山平山县栏道石北片麻岩	9.04 9.04	1.6692 1.6686	0.1846 0.1845	(1917) (1916)	钟富道
38	H62-T-03	白云母	河北太行山平山县小觉镇河西村穿入片麻岩中的伟晶岩	9.92	1.806	0.1821	1906	钟富道
39	MB-63-6	黑云母	内蒙古凉城石榴子石片麻岩	8.43	1.5700	0.1846	1917	钟富道
40	MB-63-6	长石	内蒙古凉城石榴子石片麻岩	1.57	0.1908	0.1731	1839	钟富道
41	MG-T-09	白云母	集宁天皮山1号伟晶岩	10.30 10.30 10.30	1.8500 1.8738 1.8043	0.1790 0.1815 0.1751	1880 ⎫ 1897 ⎬1877 1854 ⎭	赵树森
42	MG-KT$_1$	金云母	集宁察汗营镁矽卡岩	8.94	1.750	0.1873	1934	王莲芳
43	KSW-E1	白云母	甘肃永昌北龙首山伟晶质花岗岩	10.43	1.752	0.1588	1740	甘肃地质队
44	SS-2	黑云母	山西中条山横岭关片麻岩	10.38	1.6769	0.1568	1726	张文佑
45	SHS-K161	白云母	陕西商南伟晶岩	8.30	0.2896	0.0338	526	王中刚
46	MA-K132	白云母	内蒙古巴颜卓尔盟阿尔屯阿博花岗岩	9.98	0.3916	0.0298	466	袁棨林
47	SK16686-2	黑云母	新疆托克逊库米什花岗岩	6.65	0.1516	0.0214	350	新疆区测队
48	MBY-26	黑云母	内蒙古白云鄂博斑状花岗岩	8.39	0.1707	0.0188	311	胡辅佑

续表

顺序号	样品编号	样品名称	样品产地及产状	$K^{40}/$ $(10^{-6}\,g/g)$	$Ar/$ $(10^{-6}\,g/g)$	Ar^{40}/K^{40}	年龄值 $/10^6$ 年	样品采集者
49	MBY-206	黑云母	内蒙古白云鄂博斑状花岗岩	8.85	0.1323	0.0143	241	胡辅佑
50	SHS-62-1-3	黑云母	陕西陇县斜长花岗岩	5.83 8.64	0.095 0.1609	0.0134 0.0159	226 266 }246	陕西第三区测队
51	KSWREJ-10	白云母	甘肃兰州马啣山响水坑伟晶岩	10.09	0.1642	0.0154	258	甘肃地质队
52	M1825-3	白云母	内蒙古狼山花岗岩中伟晶岩	10.53	0.1427	0.0127	215	陕西第三区测队
53	HL-01	金云母	河北涞源花岗岩接触带矽卡岩	10.00	0.1113	0.0084	145	石准立
54	SS-A01	正长石	山西太原狐偃山碱性岩	11.26	0.0983	0.0081	140	吴利仁
55	SS-A02	正长石	山西临汾龙王庙碱性岩	10.42	0.0890	0.0080	138	吴利仁
56	SS-A03	正长石	山西临县紫金山碱性岩	14.23	0.1205	0.0078	135	吴利仁

* 我国北方和南方的划分方法,以秦岭山脉—昆仑山脉为界,其北部属北方,南部属南方。

结合已发表的资料[2],在东北南部地区可以初步建立三个前寒武纪的变质时期:2240~2430 百万年、1800~1930 百万年、1400~1480 百万年;四个前寒武纪的岩浆活动期:2400±百万年,1930±百万年,1400~1680 百万年及 740±百万年。鞍山群下部年龄应大于 2400 百万年。数据还指出变质作用、岩浆活动及成矿作用在时间上的紧密联系。

(5)在北京地区 15 个数据(表4)指出本区有 1640~1320 百万年的岩浆活动,可以密云沙厂更长环斑花岗岩为代表,和它呈侵入接触的片麻岩也得出相当的年龄值。采自沙厂花岗岩体中更长环斑花岗岩的三个黑云母,都有不同程度的蚀变,其年龄值分布于 1644~1433 百万年,取其最高年龄值代表环斑花岗岩的侵入时期较为适宜,这一年龄值与苏联的科拉半岛及芬兰的环斑花岗岩的年龄相当[3]。采自同一岩体中第三期斑状花岗岩的年龄为 1317 百万年,它与采自沙厂斜长片麻岩中黑云母的年龄为 1312 百万年相当,或表明沙厂注入片麻岩的形成与沙厂晚期的花岗岩有关。至于密云群的年龄还有待于进一步追索。

燕山一带中生代花岗岩的年龄范围为 180~120 百万年,前者以四干顶花岗岩为代表,后者以云蒙山花岗岩为代表。南口花岗岩群的侵入时期自 155~130 百万年,根据池际尚①等的研究,南口花岗岩群的侵入顺序为:里长沟闪长玢岩、花塔二长岩、东老峪花岗岩、八达岭斑状花岗岩及对臼峪-莲花山粗粒花岗岩。对这些岩体中的云母所测绝对年龄数据与上述顺序基本吻合,表明这一群花岗岩的侵入时间持续了近 25 百万年;其侵入活动的规模自晚侏罗世首先以孤立的较小的中性侵入开始,逐步扩大,至早白垩世对臼峪-莲花山岩体的侵入而达到顶峰。

---

① 池际尚等. 1963. 中国地质学会第卅二届学术年会论文选集(岩石、矿物、地球化学)(内部资料)。

就目前资料看来，本区燕山期花岗岩浆活动始自早侏罗世，而止于早白垩世，但更确切地划出燕山旋回各个阶段的岩浆活动的时间范围，尚有待取得更多的数据。值得引起注意的是本区的燕山期花岗岩的年龄值大致可以与南岭地区相比较。

（6）我国北方其他地区所测得的资料（表4）比较分散，包括河北、山西、内蒙古、陕西、甘肃、新疆等地共24个，就这些数据可以得出以下的意见：①太行山区有相当于鞍山混合岩期的变质作用及集宁伟晶岩期的岩浆活动，分别以采自邢台将军墓石榴子石片麻岩中的黑云母（2360百万年）及采自平山小觉镇河西村片麻岩中伟晶岩的白云母（1906百万年）为代表。采自河北太行山平山县栏道石黑云母片麻岩中的黑云母，其年龄值（1916～1917百万年）也与后者相当；②采自山东泰山三个地点的混合片麻岩的黑云母，其年龄值为2075百万年、2049百万年及1967百万年，其平均值为2030百万年。泰山混合岩化作用的时间早于桃科花岗岩200百万年，故二者应为两期产物；③在中条山横岭关片麻岩及采自甘肃永昌北龙首山的伟晶质花岗岩分别得出云母的年龄值为1726～1740百万年；④新的数据对西北地区晚古生代岩浆活动提供了更多的证据，如白云鄂博花岗岩为311～241百万年，甘肃马衔山的伟晶岩为258百万年及新疆托克逊库米什花岗岩为350百万年。结合已发表的资料[2]可以将本区海西期岩浆活动分为早晚两个阶段：早石炭世及晚二叠世；⑤对山西三个碱性岩体中的正长石的测定得出：太原狐偃山碱性岩体为140百万年，临汾龙王庙碱性岩体为138百万年，临县紫金山碱性岩体为135百万年；三个岩体各相距150～200km，但所得年龄异常近似。这些数据指出在我国北方其他有燕山晚期岩浆活动发育的地区亦应注意发现同期的碱性岩体。

（7）以上我们对我国北方56个新的K-Ar法绝对年龄数值作了简略的叙述，现在我们试图结合已发表的资料对其前寒武纪地质年代作进一步的概括如下：

①我国北方前寒武纪历史可以划分为七个年龄组：>2400百万年、2240～2430百万年、1880～2070百万年、1600～1700百万年、1300～1400百万年、800～1100百万年（海绿石年龄）及740百万年左右。如果仿效地层单位或构造运动的命名方式，我们也可以根据某一年龄值在某一特别发育的地区作为地质年代分期和命名的标准，如>2400百万年的可名为新泰期①；2240～2400百万年的称鞍山期；1880～2070百万年的称集宁期等，并可以进一步把岩浆活动、变质作用、沉积作用的时期区别开来。

这种命名的建议当然还会随着数据的增加而有所增补或更改，但这一划分原则将会补充根据地层单位、岩性区别来划分前寒武纪时期的不足，同时有利于对前寒武纪发育地区的地质制图、构造分析及对成矿作用的研究。

②根据现有年龄数值的分布看来，华北台块前震旦纪基底曾经经过极其复杂的地质变动。在这样广大的地区内当时地壳的分异作用应当早已发生，因此它所经历的地质事变各处当然不会是完全一致的。可以设想在那些已经发现>2300百万年年龄值的地区如新泰、鞍山、太行山及登封等地区都有可能代表华北台块发育早期的一些古老核心。本区地质年龄的进一步研究，在其他地区或许还会发现相类似的地段。这一假设在目前当然还没有足够的数

① 程裕淇，沈其韩等．1963．对于山东新泰一带泰山群变质岩和伟晶岩绝对年龄的讨论．中国地质学会全国矿物、岩石、地球化学专业学术会议论文摘要汇编（地球化学）（内部资料）。

据基础，但是可以作为研究我国前寒武纪地质年代的一个线索。

（8）在我国南方各地区共得出42个数据（表5），散布于江苏、江西、湖南、广东、广西、贵州、四川、云南及西藏等地。由于数据过于分散，只作重点的说明：①在南方继续发现有相当于前寒武纪晚期的岩浆活动，可以康滇台背斜中元谋得大花岗闪长岩（640百万年）及小斑果花岗岩（719百万年）为代表。对于高安下观花岗闪长岩（九岭花岗岩）作了进一步的肯定，其年龄值为843百万年。这样至目前为止在我国南方可能建立两个前寒武纪晚期的岩浆活动时期，其一为九岭期，与三斗坪石英闪长岩为同期，其年龄值为800～840百万年；其二为元谋期，可能与梵净山花岗岩相当。②粤北和平闪长岩体所得年龄值为361百万年，应属于早古生代。③相当于燕山期的岩浆活动发现于川西甘孜–阿坝地区，云母花岗岩的年龄值为192百万年，其伟晶岩年龄值为183百万年、188百万年。在我国南方新发现与此同期的花岗岩还有广东台山为182百万年，杨春马山岩体为201百万年。④粤北诸广山西段牛岭的含钨云英岩为182百万年。江西荡萍半面山含钨云英岩为160百万年，漂塘448中段8号脉中黑云母亦为167百万年。这些数值一方面说明本区石英脉型钨矿的成矿时期延续自180～160百万年，同时可以间接指出这些岩体的年龄如诸广山岩体、西华山岩体及漂塘的隐伏岩体的侵入时期都应较早于或接近于其云英岩或矿脉的年龄。⑤相当于燕山晚期的花岗岩体如苏州花岗岩为130～140百万年，江西幕阜山花岗岩为137百万年，广东阳江大澳岩体为141百万年。为时稍晚一些的花岗岩如云南个旧，其年龄值为72～92百万年，西藏北部东巧花岗岩为106百万年及雅鲁藏布江河谷区大竹卡花岗岩为82百万年，后一数据代表与第三纪日喀则系呈不整合接触的花岗岩年龄，指出白垩纪与第三纪的年龄界限应接近或稍晚于82百万年。⑥藏南休古拉花岗岩可能代表第三纪早、中期的岩浆活动为21～37百万年。⑦华南地区新数据对已有数值有所补充，同时也对1962年我们所提出的南岭及其邻区的岩浆活动分期的轮廓[1]加以证实。

表5 我国南方各地岩石绝对年龄数值

顺序号	样品编号	样品名称	样品产地及产状	$K^{40}/$ ($10^{-6}g/g$)	$Ar/$ ($10^{-6}g/g$)	Ar^{40}/K^{40}	年龄值/ 10^6年	样品采集者
57	KHC-708	黑云母	江西高安下观花岗闪长岩	8.27	0.5519	0.0591	843	江西省地质局
58	KH-TP-27	白云母	江西荡萍半面山云英岩	10.80	0.1246	0.0093	160	徐淑琼
59	KH-TP-21	黑云母	江西漂塘448中段8号脉	8.60	0.0893	0.0097	167	徐淑琼
60	KH-TP-26	黑云母	江西大余县铅厂花岗岩岩心	7.77	0.0653	0.0080	138	徐淑琼
61	KH-AR-7	黑云母	江西幕阜山花岗岩	7.99	0.0699	0.0079	137	蔡元吉
62	HN-17514	黑云母	湖南邵东井头江关帝庙岩体花岗闪长岩	8.11	0.1158	0.0131	222	范嗣昆
63	HN-17121	白云母	湖南邵东井头江关帝庙岩体二云母花岗岩	10.32	0.1332	0.0122	207	范嗣昆
64	HN-Y₁	白云母	湖南长沙杨桥花岗岩	9.60	0.0954	0.0086	148	童清木
65	HN-Y₂	黑云母	湖南长沙杨桥花岗岩	9.44	0.0777	0.0073	127	童清木

续表

顺序号	样品编号	样品名称	样品产地及产状	$K^{40}/$ $(10^{-6} g/g)$	$Ar/$ $(10^{-6} g/g)$	Ar^{40}/K^{40}	年龄值/ 10^6年	样品采集者
66	HN-J$_2$	黑云母	湖南长沙丁字湾花岗岩	8.27	0.0686	0.0076	131	童清木
67	HNC232-M72	白云母	湖南长沙丁字湾花岗岩中伟晶岩	10.03	0.0722	0.0067	117	冶金工业部,地质研究所
68	HNC232-41	白云母	湖南长沙丁字湾花岗岩中伟晶岩	10.13	0.0886	0.0057	99	冶金工业部,地质研究所
69	KHP-8	黑云母	广东和平闪长岩	8.19	0.3279	0.0221	361	李璞
70	KHP-7	黑云母	广东九连花岗岩	8.93	0.1346	0.0138	233	李璞
71	KH8111-1	黑云母	广东杨春马山岩体中心相	8.53	0.1036	0.0118	201	广东省地质局
72	KHK-J-3	白云母	广东诸广山西段牛岭云英岩	9.71	0.1051	0.0106	182	李璞
73	KH-110	黑云母	广东台山花岗岩中心部分	8.61	0.0988	0.0106	182	向晓荣
74	KH-910-2	黑云母	广东台山东南边缘另一期花岗岩	7.65	0.0766	0.0070	122	向晓荣
75	KJ1-73	黑云母	广东河源花岗岩黎洞附近	8.69	0.1124	0.0087	150	新丰江地质队
76	KX02	黑云母	广东河源三台山花岗岩	7.41	0.0695	0.0088	152	王景钵
77	KX-581	黑云母	广东河源新丰江水库水文站附近花岗岩	8.03	0.0724	0.0083	143	新丰江地质队
78	KX-117	黑云母	广东河源响水坑采石场二长花岗岩	8.27	0.0709	0.0076	132	新丰江地质队
79	KH-11/2	白云母	广东贵东岩体分水坳伟晶岩	9.87	0.0988	0.0086	149	王联魁
80	KI-59	黑云母	广东贵东北缘英安斑岩	7.80	0.0709	0.0083	143	王联魁
81	K549-1	黑云母	广东阳江县东南大澳花岗岩	7.69	0.0666	0.0082	141	广东省地质局
82	K1408-1	黑云母	广东佛岗岩体	8.31	0.0667	0.0076	132	冶金工业部,地质研究所
83	YN609-1	黑云母	云南元谋小斑果花岗岩	7.77	0.3782	0.0487	719	云南区测队
84	YN488-4	黑云母	云南元谋得大花岗闪长岩	7.22	0.3202	0.0424	640	云南区测队
85	YNY2-438	海绿石	云南震旦纪砂岩	5.94 5.59	0.2678	0.0413 0.0438	626 658	刘鸿允
86	KCR402-1	黑云母	广西大苗山岩屋村花岗岩	8.59	0.1892	0.0211	345	贵州省地质局
87	YNG2	黑云母	云南个旧牛屎坡花岗岩	9.10	0.0533	0.0055	92	于学元
88	YNG3	黑云母	云南贾沙街花岗岩	7.86	0.0354	0.0041	72	于学元
89	SCW2611	黑云母	四川甘孜东北二云母花岗岩	8.21	0.1022	0.0112	192	王道德
90	SCG-4	白云母	四川甘孜东北伟晶岩	9.96	0.1204	0.0107	183	王道德
91	SC133	白云母	四川甘孜东北伟晶岩	10.93	0.1298	0.011	188	王道德
92	SCW28	白云母	四川阿坝伟晶岩	9.36	0.1269	0.0116	198	王道德

续表

顺序号	样品编号	样品名称	样品产地及产状	$K^{40}/$ (10^{-6} g/g)	Ar/ (10^{-6} g/g)	Ar^{40}/K^{40}	年龄值/ 10^6 年	样品采集者
93	KSU-14	黑云母	苏州花岗岩	7.56	0.2980	0.0081	140	洪文兴
94	KSU-13	黑云母	苏州花岗岩	6.14	0.0549	0.0075	130	洪文兴
95	TB-01	黑云母	西藏东巧花岗岩	8.05	0.0650	0.0061	106	解广轰
96	TB-02	黑云母	西藏南部大竹卡花岗岩	8.36	0.0461	0.0047	82	解广轰
97	TB-03	白云母	西藏南部休古拉花岗岩	10.58	0.0316	0.0012	21	解广轰
98	TB-04	黑云母	西藏南部休古拉花岗岩	8.04	0.0235	0.0021	37	解广轰

（9）就目前我们已掌握的南岭及东南沿海地区的年龄资料指出，本区中生代的岩浆岩体为数最多，其中包括一些规模巨大的岩体，如广东的贵东、大东山、诸广山、河源、佛岗及湖南望湘、江西幕阜山等，小岩体如西华山、五里亭、台山、大澳等。因此可以肯定中生代花岗岩浆活动在本区内极其发育。

引起我们特别感兴趣的是，这些岩体都在时间间距不太长的一段地质时期内 150～180 百万年相继侵入到这样广大地区内的地壳上层之中，因而可以设想在中生代早、中期本区地壳发生骤然而强烈的上升运动。这一上升运动导致本区深部地壳发生重熔和分异，大规模的酸性岩浆连续喷出和侵入。如果这一作用称为地台活化，那么应当是地壳骤然上升的一个过程，是深部地壳发生重熔、再分异的一个过程。这一过程也就为这一地区的中生代岩浆活动及丰富多样的矿产的形成造成了有利的条件。

（10）进一步的工作意见：三年来对我国岩石、矿物的地质年代学的初步研究，使我们充分意识到这项工作对认识我国地质发展历史的重要意义。

正确的年龄数据有可能把我们对地质作用的研究从定性的认识推进到定量认识阶段，但正确的数据的取得，有赖于分析技术不断的提高，有计划的系统采样；而当前更重要的是制定严格的采样规格，不同实验室相互检查校正分析结果，使我们的工作能更快地达到足够的精度和扩大数据的有效价值。

最后，我们对北京地质学院，广东、江西、湖南省地质局及其他单位的同志，提供分析样品，提供宝贵的地质资料，对我们这项工作给予极大的支持与合作，在此谨表示衷心的感谢。

参 考 文 献

[1] 李璞，戴橦谟，邱纯一，等. 内蒙古和南岭地区某些伟晶岩和花岗岩的钾-氩法绝对年龄测定. 地质科学，1963，(1)：1～9.

[2] A. H. 屠格林诺夫，等. 关于中国岩石绝对年龄的讨论. 地质科学，1960，(3)：111～121.

[3] Polkanov A A, Gerling E K. The pre- cambrian geochronology of the baltic shield. Report of the 21 session. Intern Geol Cong Pt IX Proc Of Section 9, 1960, 186.

（原文发表于《地质科学》，1964，1：24～34）

关于我国地质年代学研究的一些成果的讨论

程裕淇　李　璞

在 1963 年年底以前，已公布的中国岩浆岩类岩石和少数变质岩类岩石的绝对年龄数据接近 150 个[1-4,6-8,10,17]，除五个铀–铅法数据外，其余都是钾–氩法的数据。其中前寒武纪的有 50 多个，绝大部分样品采自北方①；古生代和中生代接近 100 个，大部分样品采自南方。1964 年又公布了接近 100 个钾–氩法绝对年龄资料[5,19]，本文除将这些数据列入附表外，还引用了未发表的 11 个数据②，其中有六个是铀–铅法的测定结果。

尽管已有数值还不够多，而且分布不甚集中，但就这些资料，可以概括说明我国东部前寒武系分布地区主要的变质作用和岩浆活动时期，以及我国东部及西北地区古生代及中生代的岩浆活动时期。

1　前寒武纪岩浆岩类和变质岩类岩石的绝对年龄新资料

在新取得的 50 多个数据中，属于东北南部的有 16 个[5]，这些资料说明：①鞍山附近鞍山群所受的混合岩化作用和有关的交代作用的时代为 2400±百万年（表 1，1、2），较有关的伟晶岩化和伟晶岩活动的时代[17,18]稍老；②鞍山以东划归鞍山群的变质岩中黑云母和金云母，出现了两组数值：一组是 1900+百万年（表 1，3～6），与之相近的有 1803 百万年（表 1，8）的数值；另一组是 1405～1488 百万年（表 1，10～13）。由于说明黑云母是否受到了晚期的变质作用还缺少地质证据，而金云母系由晚期交代作用生成，它们究竟代表鞍山群岩石所经历的先后两期交代作用还是两期变质作用和有关的交代作用，还待进一步研究；③鞍山以东连山关一带的花岗岩为 1933 百万年（表 1，7），白岗岩为 1700±百万年（表 1，13～15），和上述变质岩的两组数值相近；④鞍山以北有 739 百万年的伟晶岩脉（表 1，16）。

山东新泰一带泰山群中岩石的 15 个数据[19]，为说明该地泰山群的区域变质和晚期交代作用以及岩浆活动时期提供了资料：可能已略受以钾交代为主的交代作用影响的变粒岩③中黑云母时代为 2460 百万年（表 1，17），受到不同程度晚期交代作用的变质岩中黑云母的时代为 2285～2345 百万年（表 1，18～22），说明其区域变质时代>2460 百万年。以钾交代（微斜长石化）为主的交代作用产物混合花岗岩中黑云母为 2197 百万年（表 1，23）；以钠交代（奥长石化）为主的交代作用产物混合岩中黑云母年龄是 1950 百万年（表 1，24、

---

①　中国北方和南方的划分以秦岭及其延长方向的山脉为界。
②　在 1963 年 11～12 月举行的中国地质学会第一届矿物、岩石和地球化学学术会议上口头报导。
③　变粒岩引用苏格兰的涵义。

25）；这两组数值大致代表这两期交代作用的终止时期。白云母的数据指示着有时代为 2500±百万年的早期伟晶岩脉（表 1，26、27）和 2300±百万年（表 1，28、29）的晚期伟晶岩脉，后者的时代与伟晶花岗岩中白云母的时代（表 1，31）基本相同。同一伟晶岩脉中黑云母的年龄值（表 1，30）比白云母（表 1，29）低 203 百万年，看来有必要作进一步研究来解决同生的黑云母和白云母数值之间可能存在着系统差别问题。泰山片麻岩中黑云母的平均年龄值是 2030 百万年（表 1，32 ~ 34）。

北方其他地区的资料[5]比较分散，从这些数值可以得出以下的意见：①河北太行山邢台有时代为 2360 百万年（表 1，35）的变质岩；②1800 ~ 2000 百万年的酸性岩浆活动在华北的分布确是比较广泛（表 1，37、38、41、42；表 2），在有些地区，这期岩体的围岩还受到了时代大致相同的叠加变质作用的影响（表 1，39、40）；③山西五台山所谓桑干群中有时代为 2088 百万年（表 1，36）的伟晶岩脉；④初步肯定了甘肃中部和山西南部（表 1，43、44）分别有 1700+百万年的岩浆活动和变质作用存在；⑤北京密云有 1320 ~ 1640 百万年的中酸性岩浆活动（表 1，45–49），其中 1433 ~ 1466 百万年的环斑花岗岩侵入期，其时代与苏联、芬兰的环斑花岗岩年龄相当[20]。

在南方继续发现相当于前寒武纪晚期的岩浆活动（表 1，50 ~ 52）。

表 1　前寒武纪岩石绝对年龄数值（钾–氩法）*

顺序号	样品号	样品名称	样品产地及产状	K^{40}/$(10^{-6}g/g)$	Ar/$(10^{-6}g/g)$	Ar^{40}/K^{40}	年龄值/10^4年
（1）东北南部							
1	LN-02	白云母	鞍山樱桃园富铁矿与绿泥片岩接触带	10.26	2.841	0.2746	2428 〕2400
2	LN-01	白云母	鞍山樱桃园混合岩	10.35	2.749	0.2635	2372
3	LNW-711+713	黑云母	吉林辑安黑云母片麻岩	{ 9.33 9.33	1.778 1.682	0.1903 0.1766	1954 〕1909 1864
4	LNKLW-582	金云母	吉林辑安变质碳酸岩	9.32	1.744	0.1849	1918 〕
5	LNKLW-706	金云母	吉林辑安变质碳酸岩	8.37	1.570	0.1855	1923 〕1914
6	LNKLW-624	金云母	吉林辑安变质碳酸岩	8.63	1.570	0.1820	1900
7	LN-4004	白云母	辽宁本溪连山关花岗岩	7.75	1.459	0.1872	1933
8	LNW-389	金云母	辽宁凤城变质碳酸岩	9.21	1.576	0.1677	1803
9	LNB-1770	黑云母	辽宁宽甸黑云母变粒岩	8.02	0.9841	0.1249	1480
10	LN-B5	黑云母	辽宁宽甸黑云母变粒岩	9.56	1.207	0.1259	1488
11	LNW-382	金云母	辽宁宽甸变质碳酸岩	8.94	0.9035	0.0997	1260 〕1405
12	LNW-265	金云母	辽宁宽甸变质碳酸岩	7.08	0.9611	0.1336	1550
13	4002，61174	白云母	辽宁本溪连山关东北白岗岩	8.73	1.652	0.1551	1713** 〕
14	LN-4002-1	白云母	辽宁本溪连山关东北白岗岩	9.47	1.559	0.1638	1776 〕1694
15	LN-4002-2	白云母	辽宁本溪连山关东北白岗岩	10.94	1.535	0.1389	1592
16	LNH-1003	白云母	辽宁清源摩离江花岗岩中伟晶岩	10.44	0.5395	0.0503	739

续表

顺序号	样品号	样品名称	样品产地及产状	K^{40}/$(10^{-6}g/g)$	$Ar/$$(10^{-6}g/g)$	Ar^{40}/K^{40}	年龄值$/10^6$年
(2) 山东西部							
17	61197，Jy-8	黑云母	新泰马家雌山黑云变粒岩	7.16	2.456	0.2812	2460**
18	61188，Ay-244	黑云母	新泰天井峪东南黑云斜长片麻岩	7.54	2.549	0.2770	2435**
19	61202，At-68	黑云母	平邑万山庄西南混合质黑云斜长片麻岩	6.81	2.313	0.2784	(2445)**
20	61191，Ay-83	黑云母	新泰大石硼西南角闪斜长片麻岩	7.07 7.07	2.220 2.224	0.2574 0.2579	2340** 2344** } 2342
21	61201，At-15	黑云母	新泰陈家庄轻微混合岩化的黑云斜长片麻岩	6.48 6.48	1.956 2.065	0.2474 0.2614	2288** 2366** } 2324
22	61190，Ay-95	黑云母	新泰贾庄轻微混合岩化黑云变粒岩	7.15	2.154	0.2469	2285**
23	61187，Ay-80	黑云母	新泰大石硼西南混合花岗岩	6.78 6.78	1.860 1.975	0.2230 0.2380	2152** 2241** } 2197
24	61196，Ay-96	黑云母	新泰贾庄部分混合岩化的黑云变粒岩	7.56	1.787	0.1936	1975**
25	61189，Ay-6	黑云母	新泰小石硼东北黑云奥长均质混合岩	6.83	1.586	0.1903	1954**
26	61193，Jy-1	白云母	新泰雁岭关东伟晶岩	8.16	2.872	0.2884	2495**
27	61194，Ay-94	白云母	新泰张家庄西南黑云变粒岩中伟晶岩脉	8.41 8.41	2.992 2.940	0.2916 0.2865	2508** 2485** } 2497
28	61195，Ay-72	白云母	新泰大石硼东角闪岩中伟晶岩	7.95	2.547	0.2626	2367**
29	61198，Ay-391a	白云母	新泰石河庄东角闪岩中伟晶岩	8.49	2.547	0.2458	2278**
30	61199，Ay-391b	黑云母	新泰石河庄东角闪岩中伟晶岩	7.51	1.923	0.2099	2075**
31	61192，Ay-245	白云母	新泰天井峪东南	9.03	2.669	0.2422	2265**
32	ST-A₁	黑云母	泰山白杨房	8.72	1.835	0.2099	2075
33	ST-A₂	黑云母	泰山万鸡山	8.77	1.803	0.2055	2049 } 2030
34	ST-A₃	黑云母	泰山大众桥东	9.09	1.759	0.1925	1967
(3) 北方其他地区							
35	HK-74	黑云母	河北邢台将军墓石榴石片麻岩	7.60	2.028	0.2640	2360
36	G-24	白云母	山西代县太和岭口罗庄伟晶岩	7.26	1.872	0.2120	2088**
37	61140	黑云母	山西静乐华树塔岔上群中花岗岩	5.92	1.396	0.1932	1972**
38	H62-T-03	白云母	河北平山小觉镇河西村片麻岩中伟晶岩	9.92	1.806	0.1821	1906
39	MB-63-6	黑云母	内蒙凉城暗色磨粒岩	8.43	1.570	0.1846	1917
40	MB-63-6	长石	内蒙凉城暗色磨粒岩	1.57	0.1908	0.1731	1839

续表

顺序号	样品号	样品名称	样品产地及产状	$K^{40}/$ $(10^{-6}\,g/g)$	$Ar/$ $(10^{-6}\,g/g)$	Ar^{40}/K^{40}	年龄值 $/10^6$ 年
（3）北方其他地区							
41	MG-T-09	白云母	内蒙集宁天皮山一号伟晶岩	10.30 10.30 10.30	1.850 1.874 1.804	0.1790 0.1815 0.1751	1880 1897 } 1877 1854
42	MG-KT₁	金云母	内蒙集宁察汗营镁矽卡岩	8.94	1.750	0.1873	1934
43	KSW-E₁	白云母	甘肃永昌北龙首山伟晶质花岗岩	10.43	1.752	0.1588	1740
44	SS-2	黑云母	山西中条山横岭关片麻岩	10.38	1.677	0.1568	1726
45	PK-03	黑云母	北京密云沙厂环斑花岗岩	2.57	0.4176	0.1447	1644
46	PK-62-M-2	黑云母	北京密云沙厂环斑花岗岩	9.41	1.419	0.1303	1524
47	PK-RG-1	黑云母	北京密云沙厂环斑花岗岩	3.39	0.4373	0.1193	1433
48	PK-RG-2	黑云母	北京密云沙厂斑状花岗岩	6.60	0.7088	0.1059	1317
49	PK-01	黑云母	北京密云沙厂斜长片麻岩	8.31	0.9788	0.1053	1312
（4）南方各地区							
50	KHG-708	黑云母	江西高安下观花岗闪长岩	8.27	0.5519	0.0591	843
51	YH609-1	黑云母	云南元谋小班果花岗岩	7.77	0.3782	0.0487	719
52	YH488-4	黑云母	云南元谋得大花岗闪长岩	7.22	0.3202	0.0424	640

* $\lambda_K = 5.57 \times 10^{-11}$ 年$^{-1}$；$\lambda_\beta = 4.72 \times 10^{-10}$ 年$^{-1}$。

** 测定单位为地质部地质科学研究院；其余数据的测定单位为中国科学院地质研究所（以下同）。

注：顺序号 13、36、37 的数据尚未公布。

表 2　内蒙古集宁地区伟晶岩中含放射性矿物 U-Th-Pb 法年龄值

顺序号	样品号	样品名称	产地及产状	U/%	Th/%	Pb/%	$Pb^{206}/$ U^{238}	$Pb^{207}/$ U^{235}	$Pb^{208}/$ U^{232}	$Pb^{207}/$ Pb^{206}	选用年龄/ 10^6 年
53	10903	独居石	跃进沟	0.0563	4.40	0.387	1800	2220	1780	2660	1880
54	62-G-16	褐帘石	三岔口	0.0216	0.92	0.093	1575	1740	1960	1950	1960
55	Ⅱ16	褐帘石	玻璃图	0.0367	0.94	0.097	740	1350	2080	2440	2080
56	10914	褐帘石	益元兴	0.0045	0.46	0.054	>	>	1882	>	1882
57	10902	锆英石	三岔口	0.0502	0.11	0.021	1890	1895	62	1915	1890
58		钶钛铀矿	益元兴	15.43	0.79	4.95	1880	1750	2000	1555	1880

注：表 2 所列数据尚未公布。

2　已知的几个最老变质岩系

根据已有的和新增加的绝对年龄数据，山东新泰一带有目前我国所发现的变质岩和伟晶岩的最老年龄值，该地泰山群岩石的区域变质时代 >2450 ~ 2500 百万年。辽宁鞍山附近鞍山群的区域变质时代 >2400 百万年，所受混合岩化作用的时代大致为 2200 ~ 2400 百万年。河北邢台有变质时代为 2360 百万年的变质岩；河南登封杂岩的变质时代 >2345 百万年[2]。新泰一带泰山群的组成岩石有黑云斜长片麻岩、斜长角闪岩、黑云变粒岩、角闪片岩、黑云石英片岩，以及由它们生成的混合岩化岩石和混合岩，原岩是一套复杂的地槽型细碎屑岩系，并夹有基性熔岩和有关的火山碎屑岩类。鞍山附近鞍山群的组成岩石以黑云变粒岩、黑云石英片岩较多，部分地区含绢云石英片岩较多；另一些地区含较厚的斜长角闪岩类岩石，它们又都部分受到混合岩化作用的影响而生成不同类型的混合岩，原岩以地槽型细碎屑岩为主，局部成不完整的复理石构造并含灰瓦岩，一般都含有硅铁质建造的岩石。看来，泰山群和鞍山群的对比可能性是很大的，作为它们的原岩物质来源的古陆是否出露于地表，需在今后地质工作中加以注意。太行山邢台一带变质岩以云母片麻岩居多，也有黑云母花岗片麻岩，原来也是地槽型沉积；登封杂岩由黑云母片麻岩、角闪片麻岩和石英绢云母片岩等组成。两者都有可能和泰山群对比。山西五台山的所谓桑干群和吕梁山的变质岩都为2100±百万年的伟晶岩[8]所侵入，它们的区域变质作用时代有可能接近于泰山群，或仅相当。上述几个已知最老变质岩系都位于所谓"中朝准地台"或"华北台块"的东部。根据已有地质资料和绝对年龄数值推断，各地的原始沉积条件不尽相同，以后经历的变化更为复杂而有较大差别。在这些地区的古老变质岩系未受后期岩浆作用或交代作用的地段，尤其在山东西部和辽东，有可能取得更为古老的绝对年龄数据。

3　前寒武纪地质史中年龄组的初步划分

综合我国现有变质岩类和岩浆岩类岩石绝对年龄值资料，自老而新可以初步划分为下列六个年龄组：

（1）>2450～2500百万年组——是新泰泰山群的区域变质时代，鞍山附近鞍山群的变质时代也大致属这一期。

（2）2200～2400百万年组——大致是鞍山地区鞍山群所受混合岩化，伟晶岩化和伟晶岩脉侵入的时期；山东新泰晚期伟晶岩脉和以钾为主的交代作用也属这一期。山西、河南也有同期的伟晶岩脉。

河北邢台变质岩的变质时代是否也划归这一期，尚待更多的资料加以证明。

（3）1800～2000百万年组——可以内蒙古集宁、乌拉山的伟晶岩脉为代表。吕梁山部分伟晶岩脉[8]，鞍山以东划归鞍山群的一部分变质岩，山东泰山花岗片麻岩和新泰以钠为主的交代作用时期，以及辽宁、山西少数花岗岩类年龄值都属这一时期。

（4）1700±百万年组——数据较少，如甘肃永昌、山西吕梁山、五台山、中条山的伟晶质花岗岩、伟晶岩、变质岩等。辽宁本溪连山关白岗岩也属这期。

（5）1400～1600百万年组——数值也较少。属于这期的有辽宁宽甸变质岩、辽宁鞍山、海城[3,10]和内蒙古包头北[4]的伟晶岩等。

（6）700～900百万年组——包括北方大兴安岭北部的闪长片麻岩[6]，辽宁清源、河北灵邱[1]的伟晶岩，以及南方的湖北宜昌[3,10]、江西高安、贵州梵净山[5]、云南元谋等地花岗岩类的数据。

对上述几个组别，如可仿效地层单位或构造运动的命名方式，按已取得数据较多而有关地质作用又较明显的地区名称，将（1）～（3）组别分别命名为新泰期、鞍山期和集宁期。

又以上所列的年龄组中，一方面，有的以区域变质作用为主，有的以岩浆作用为主，而有的性质比较复杂，如在某些地区的鞍山期和集宁期，除了岩浆活动以外，还有区域性混合岩化作用的存在，并出现某些有用元素和矿物的富集与成矿作用。另一方面，同一年龄组的地质意义，不但随着地区的不同而有差别，而其具体时间，也可能稍有先后。

看来，上述分组分期的原则将会补充根据地层、岩相、构造等研究来划分前寒武纪时期的不足，也将有利于对前寒武纪发育地区的地质制图、构造分析及成矿作用研究等工作。随着地质工作的进一步开展和绝对年龄数据的积累，不但对年龄组别的划分和命名的建议将有所补充和修改，对其地质意义的了解也将不断深入或有所修正。

4　古生代岩浆活动的时期

加里东期及海西期岩浆活动在我国北部、西北部及中部秦岭地区特别发育，近年来在东南地区也发现有加里东期的岩浆活动[4,12]。但关于加里东及海西期岩浆活动的绝对年龄数据还很少。内蒙古西部海西期花岗岩及伟晶岩 6 个年龄数据[4,10]，其时代范围为 330～280 百万年；河北及山西北部 3 个海西期伟晶岩数据[1]、东北北部大兴安岭北部的海西期花岗岩类，其时代范围为 220～325 百万年[6]；南方四处加里东期岩浆岩年龄（江西贵溪慈竹斜长花岗岩 410 百万年，湖南彭公庙花岗岩 390 百万年，广东连山花岗岩 370 百万年及贵州镇远的煌斑岩 400 百万年）和相当于晚二叠世早三叠世时期（230～260 百万年）的花岗岩[4]。新的工作继续得出我国加里东及海西期花岗岩的一些数据（表 3）。

表 3　古生代岩石绝对年龄数值（钾–氩法）

顺序号	样品号	样品名称	样品产地及产状	$K^{40}/$ $(10^{-6} g/g)$	$Ar/$ $(10^{-6} g/g)$	Ar^{40}/K^{40}	年龄值/ 10^6 年
59	SHS-K161	白云母	陕西商南伟晶岩	8.30	0.2896	0.0338	526
60	61114，RDj-1	黑云母	兰州十里店深沟皋兰群黑云母片岩	6.64	0.2670	0.0320	516**
61	61102，SK55	白云母	四川丹巴日布山变质岩中伟晶岩	7.81	0.1550	0.0162	271**
62	MA-K132	白云母	内蒙古阿尔屯阿博花岗岩	9.98	0.3916	0.0298	466
63	KHP-8	黑云母	广东省和平闪长岩	8.19	0.3279	0.0221	361
64	SK16686-2	黑云母	新疆托克逊库米什花岗岩	6.65	0.1516	0.0214	350
65	MBY-26	黑云母	内蒙古白云鄂博花岗岩	8.39	0.1707	0.0188	311
66	MBY-206	黑云母	内蒙古白云鄂博花岗岩	8.85	0.1323	0.0143	241
67	MBY-2	黑云母	内蒙古白云鄂博花岗岩	8.06	0.1418	0.0156	262
68	MBY-1	黑云母	内蒙古白云鄂博花岗岩	8.41	0.1400	0.0160	268
69	SHS-62-13	黑云母	陕西陇县斜长花岗岩	{8.64 5.83	0.1609 0.095	0.0159 0.0134	226} 246 266}
70	KSWREJ-10	白云母	甘肃兰州马卸山响水坑伟晶岩	10.09	0.1642	0.0154	258
71	M1825-3	白云母	内蒙古狼山花岗岩中伟晶岩	10.53	0.1427	0.0127	215
72	KHP-7	黑云母	广东九连山花岗岩	8.93	0.1346	0.0138	233

注：顺序号 60、61 号样品的数据尚未公布过。

新的数据指出，"秦岭地轴"内部（表 3，59）祁连山中带（表 3，60）及阿拉善地块中（表3，62）都有加里东期的岩浆岩或变质岩。在天山东段及秦岭西段（表3，64、69）都证明有海西期的花岗岩。新的资料继续发现在南岭区有加里东晚期及相当于晚期海西的岩浆活动（表3，72）。四川西部大雪山北端有海西期伟晶岩出现（表3，61）。

总结已有资料，我国北方早期加里东期岩浆活动的时间范围为526~466百万年；海西期起始于早石炭世，即350~330百万年，晚期海西相当于二叠世，其时间范围为228~240百万年。在我国南方有晚期加里东期岩浆活动，其时间为410~370百万年，而相当于二叠—三叠世之间的岩浆活动为250~230百万年，后者从数据看来应归于晚期海西，而不属于中生代的岩浆活动范围。

已有数据可以初步指出在我国西部某些古生代的地槽中岩浆旋回的多期性。

5　中生代岩浆活动的分期

我国东部的中生代酸性岩浆侵入活动最为发育，它与中生代燕山运动有关，对于由此产生的侵入岩通常称为燕山花岗岩。关于燕山期花岗岩的侵入时期，曾有许多人进行过讨论和划分[13,14,16]。

近年来由于区域地质测量及岩石学研究的深入，对华南南岭、河北燕山及辽东半岛等地区燕山期花岗岩的侵入时期有进一步的认识，因而可以作较详细的分期。燕山期岩浆活动开始于中、早侏罗世之间，止于晚白垩世第三纪之间，主要侵入活动是在中、晚侏罗世到早白垩世；同时有人把中生代早期的岩浆活动归入另一期——印支期[4]。

燕山期花岗岩与我国南方的钨、锡、多金属及稀有金属矿床的成因关系极为密切，因此对这一期花岗岩的侵入时期的正确测定，将为今后寻找有关矿床提供依据。近年来不同作者曾报道过江西画眉坳含钨石英脉的云母年龄为160百万年，广东陆丰花岗岩的云母年龄为100百万年[3,10]；南岭区中生代花岗岩及有关矿床中的云母年龄21个数据[4]，其时间范围为190~90百万年；大兴安岭北部花岗岩类的年龄为187~95百万年[6]。最近又补充了华南及北京燕山地区[5]一些新的数据（表4），因此可以对这两地的燕山期花岗岩的侵入时期进行比较和划分。

表4　中生代岩石绝对年龄数值（钾–氩法）

顺序号	样品号	样品名称	样品产地及产状	K^{40}/ $(10^{-6}g/g)$	Ar/ $(10^{-6}g/g)$	Ar^{40}/K^{40}	年龄值/ 10^6年
(1)　华北地区							
73	PK-04	黑云母	北京密云四干顶花岗岩	8.91	0.1126	0.0105	180
74	PK-01	黑云母	北京花塔石英二长岩	8.64	0.0824	0.009	155
75	PK-P8	黑云母	北京周口店花岗闪长岩	7.97	0.0723	0.0084	145
75	PK-P4	黑云母	北京黑山寨花岗闪长岩	7.15	0.0576	0.0083	145
77	PK-P6	黑云母	北京东老峪花岗岩	7.95	0.0685	0.0082	142
78	PK-PAa	黑云母	北京八达岭花岗岩	8.49	0.0759	0.0082	141
79	PK-P5	黑云母	北京对白峪花岗岩	7.86	0.0640	0.0075	131
80	PK-P004	黑云母	北京云蒙山花岗岩	8.98	0.0643	0.0070	123

续表

顺序号	样品号	样品名称	样品产地及产状	$K^{40}/$ $(10^{-6}\,g/g)$	$Ar/$ $(10^{-6}\,g/g)$	Ar^{40}/K^{40}	年龄值/ 10^6年
(1) 华北地区							
81	HL-01	金云母	河北涞源花岗岩接触带	10.00	0.1113	0.0084	145
82	SS-A01	正长石	山西太原狐偃山碱性岩	11.26	0.0983	0.0081	140
83	SS-A02	正长石	山西临汾龙王庙碱性岩	10.42	0.0890	0.0080	138
84	SS-A03	正长石	山西临县紫金山碱性岩	14.23	0.1205	0.0078	135
(2) 华南及其他地区							
85	KH-TP-27	白云母	江西荡萍含钨云英岩	10.80	0.1246	0.0093	160
86	KH-TP-21	黑云母	江西漂塘含钨石英脉	8.60	0.0893	0.0097	167
87	KH-TP-26	黑云母	江西大庾铅厂花岗岩	7.77	0.0653	0.0080	138
88	KH-AR-7	黑云母	江西幕阜山花岗岩	7.99	0.0699	0.0079	137
89	HN-17514	黑云母	湖南邵东关帝庙花岗闪长岩	8.11	0.1158	0.0131	222
90	HN-17121	白云母	湖南邵东二云母花岗岩	10.32	0.1332	0.0122	207
91	HN-Y$_1$	白云母	湖南杨桥花岗岩	9.60	0.0954	0.0086	148
92	HN-J$_2$	黑云母	湖南丁字湾花岗岩	8.27	0.0686	0.0076	131
93	HNC232	白云母	湖南丁字湾花岗岩中伟晶岩	10.03 / 10.13	0.0722 / 0.0886	0.0067 / 0.0057	117 / 99 } 110
94	KH8111-1	黑云母	广东扬春马山花岗岩	8.53	0.1036	0.0118	201
95	KHK-J-3	白云母	广东诸广山牛岭云英岩	9.71	0.1051	0.0106	182
96	KH-110	黑云母	广东台山花岗岩	8.61	0.0988	0.0106	182
97	KJ1-73	黑云母	广东河源黎洞花岗岩	8.69	0.1124	0.0087	150
98	KX-117	黑云母	广东河源响水坑二长花岗岩	8.27	0.0709	0.0076	132
99	K-549-1	黑云母	广东阳江大澳花岗岩	7.69	0.0666	0.0082	141
100	K1408-1	黑云母	广东佛岗花岗岩	8.31	0.0667	0.0076	132
101	SCW2611	黑云母	四川甘孜二云母花岗岩	8.21	0.1022	0.0112	192
102	SCG-4	白云母	四川甘孜伟晶岩	9.96	0.1204	0.0107	183
103	SC133	白云母	四川甘孜伟晶岩	10.93	0.1298	0.011	188
104	SCW28	白云母	四川阿坝伟晶岩	9.36	0.1269	0.0116	198
105	KSU-14	黑云母	苏州花岗岩	7.56	0.2980	0.0081	140
106	KSU-13	黑云母	苏州花岗岩	6.14	0.0549	0.0075	130
107	TB-01	黑云母	西藏北部东巧花岗岩	8.05	0.0650	0.0061	106
108	TB-02	黑云母	西藏南部大竹卡花岗岩	8.36	0.0461	0.0047	82

新的数据（表4）指出，南岭本区花岗岩一般地较广东沿海及沿长江南侧的花岗岩年龄要老些，在四川西部发现有相当于早侏罗世的花岗岩及伟晶岩，在西藏地区有晚期中生代的岩浆活动。

结合已有数值可以很明显地看出，在我国南方中生代的岩浆活动始自晚三叠世及早侏罗世之间，历经中早侏罗世之间，晚侏罗世晚期到中、晚白垩世之间，岩浆侵入时期大致可以分为四个阶段：200～180 百万年、170～150 百万年、140～130 百万年及 110～90 百万年。除最后一个阶段外，其他三个侵入阶段都有较大的花岗岩体为代表。就年龄数值看来，含钨石英脉的时期自 190～160 百万年；在这一时期锡矿只作为钨的伴生元素出现；而锡石硫化物矿床与铍矿床则与 150～130 百万年，特别是与 110～90 百万年的花岗岩类岩体有关。新的资料还指出同属中生代的岩体，各种矿产出现的时间在不同地区也还有所不同。与 Л. B. 费尔索夫[11]在苏联远东东北地区一些含钨、锡矿床的花岗岩的年龄相比较，其时代与我国南方一些含锡石硫化物的花岗岩体的年龄相近。

北京地区南口花岗岩群的年龄资料又为燕山期花岗岩的相继侵入活动提供一个很好的例子。根据池际尚等的研究[15]，本区最早期侵入的为闪长玢岩，依次为石英二长岩、花岗闪长岩、斑状黑云母花岗岩，中粗粒黑云母花岗岩，最后为碱性花岗。除早晚两期未得到年龄数据外，其中间几次侵入分别为 155 百万年、145 百万年、142～140 百万年及 130 百万年。不同岩性的岩体侵入时间相距可达 10 百万年左右。山西省三个相距 150～200km 的碱性岩体中的正长石所测得的年龄值也很有兴趣，各为 140 百万年、138 百万年、135 百万年。尽管长石的数值可能偏低，但数值指出三者为同期侵入的，并且代表燕山晚期碱性岩浆活动的一幕。

总结已有年龄资料，可以说我国华北华南中生代的岩浆活动时期，完全可以对比，同时考虑到中生代早期（T_3–J）的岩浆活动及其成矿性与中生代后期的岩浆活动及成矿性的连续性，我们暂时把前者也列入燕山期，因此提出燕山期侵入活动可以划分为四期：①200～180 百万年，可以广东北部贵东、大东山及湖南骑田岭等岩体为代表；②170～150 百万年，可以广东河源、湖南扬桥、江西西华山及北京区周口店、花塔等岩体为代表；③140～130 百万年，可以广东佛岗、江苏苏州及湖南幕阜山诸岩体为代表，北京区八达岭及对臼峪等岩体亦属于这一期；④110～90 百万年，可以云南个旧花岗岩体及大兴安岭一些花岗岩体为代表。

这一划分与波列娃娅[9]等在苏联远东地区所得的资料也基本上可以相对比。说明沿太平洋带造山运动及岩浆活动的共同性。

参 考 文 献

［1］王曰伦等. 地质学报，1962，42（2）：186-197.

［2］王泽九. 地质论评，1963，21（2）：107-108.

［3］Ли Пу（李璞）. и др.，Геохимия，7：570-585.

［4］Li Pu（李璞）. Scientia Sinica XXII. 1963. 7：1040-1048.

［5］李璞等. 地质科学，1964，1：24-36.

［6］李廷栋. 地质学报，1963，43（4）：345-360.

［7］沈其韩等. 地质论评，1959，19（6）：279.

［8］沈其韩等. 地质论评，1963. 21（3）：154-160.

［9］Бодров В А，Полевая Н И，Спринцсон В Д，等. 苏联地质，1963，3：94-112.

［10］屠格林诺夫等. 地质科学，1960. 3：111-121.

［11］Фирсов Л В，Труды Х сессии ком. Опр. Абсолютного возроста геол Форм. АН СССР，1962，

326-340.

[12] 徐克勤等. 地质学报, 1963, 43 (1、2): 1-26, 141-168.

[13] Hsieh C Y (谢家荣). Bull. Geol. Soc. China, XV, 1963, 61-74.

[14] 黄汲清. 中国主要地质构造单位. 地质出版社, 1956, 19-21.

[15] 池际尚等. 中国地质学会第卅二届学术会论文选集. 矿物、岩石和地球化学, 1962, 200-213.

[16] 赵宗溥. 地质论评, 1959, 19 (8): 338.

[17] 程裕淇等. 地质论评, 1959, 19 (4): 186.

[18] Чен ю-й-чи (程裕淇). Science Record, New Series., 1960, 4 (4): 183-198.

[19] 程裕淇等. 地质论评, 1964, 22 (3): 198-209.

[20] Polkanov A A, Gerling E K. The Pre-Cambrian geochronology of the Baltic Shield, Rpt. XXI Session, Intern. Geol. Cong, 1960, Pt. IX. 183-191.

（原文发表于《科学通报》, 1964, 8 月号: 659-666）

西藏希夏邦马峰地区岩石绝对年龄数据的测定

李　璞　　戴橦谟　　张梅英　　洪阿实

　　1964 年 3～5 月参加国家体委希夏邦马登山活动的地质工作者刘东生、王新平及王鸿宝等同志在该区采集了一些变质岩、花岗岩和伟晶岩的标本，对其中七个样品进行了 K-Ar 法年龄测定，所测标本简略的地质情况如下：

　　（1）希夏邦马峰区主要由一套巨厚的变质岩组成，考察队命名为希夏邦马群（刘东生，1964），按岩性本群可分为三部（熊洪德），最下部（1）为眼球状（硅线石）石榴石黑云母片麻岩，出露于 5800m 基地附近，北倾 20°～30°。在希夏邦马峰东南聂拉木以南本层出露较广并向下过渡为条状混合片麻岩；沿聂拉木以南剖面所见本层露头最低高程为拔海 3200m。在希夏邦马峰北坡 5850m 以上眼球状片麻岩过渡为（2）细粒黑云母±（石榴子石）片麻岩，和云母片岩并夹结晶灰岩层。花岗岩和伟晶岩脉在上述两部分都很发育，但在（2）中有更多的层状花岗岩贯入体，沿登山路线自 5850m 以上至峰顶 8012m 都由这部分岩石组成。在希夏邦马峰东南，此层又见于聂拉木北至亚里之间，在希夏邦马峰北坡出现（3）最上部致密板状角质片岩层，岩石极细粒，主要由黑云母、石英片岩及绿帘石角闪片岩互层构成，并夹少量白云母石英片岩薄层。

　　在希夏邦马峰北坡角质片岩层之上为石炭二叠纪板岩所覆盖，在亚里北石炭二叠纪板岩层直接盖在上述第（2）层黑云母片麻岩之上，因此希夏邦马变质岩群的时代肯定要老于石炭纪。

　　（2）年龄测定结果：所测标本包括五个云母、二个长石，另外还测定了雅鲁藏布江北岸拉萨花岗岩中一个黑云母，所得数据见表 1。

　　（3）关于数据的讨论：就已有数据，贯入眼球状片麻岩及其上的黑云母片麻岩中花岗岩及伟晶岩为同期，其年龄为 13～15 百万年（表 1，1～3）。眼球状片麻岩中黑云母及其中长石所得年龄都稍高些，两个长石斑晶的平均年龄值为 35 百万年。

表 1　希夏邦马峰地区岩石绝对年龄数值（包括拉萨北一个样品）

标本编号	矿物	产状	产地	$K^{40}/$ $(10^{-6}\,g/g)$	$Ar/$ $(10^{-6}\,g/g)$	Ar^{40}/K^{40}	年龄[*]/ 10^{6} 年
希绝 1	黑云母	穿入眼球状片麻岩中的花岗岩脉	希夏邦马峰北坡 5800 米野博康加勒冰川左侧	9.03	0.0124	0.0007	13
希绝 2	黑云母	穿入眼球状片麻岩中的伟晶岩脉	希夏邦马峰北坡 5500 米片麻岩巨大漂砾	9.09	0.0129	0.0007	13

续表

标本编号	矿物	产状	产地	$K^{40}/$ $(10^{-6}g/g)$	$Ar/$ $(10^{-6}g/g)$	Ar^{40}/K^{40}	年龄*/ 10^6年
希绝 3	白云母	穿入黑云母片麻岩中的伟晶岩脉	希夏邦马峰北坡 5900 米野博康加勒冰川左侧	10.25	0.0170	0.0008	15
希绝 4	黑云母	眼球状片麻岩	希夏邦马峰北坡 5800 米野博康加勒冰川中羊背山下部	9.14	0.0154	0.001	19
希绝 5	钾长石	眼球状片麻岩中钾长石变斑晶	希夏邦马峰北坡 5800 米野博康加勒冰川中羊背山下部	(1) 12.91 (2) 10.66	0.0294 0.0153	0.0017 0.0021	31 38 } 35
希绝 6	白云母	黑云母片麻岩中层状花岗岩贯入体	聂拉木南太极岭北希夏邦马峰东南	10.48	0.0154	0.0007	13
希绝 7	黑云母	斑状花岗岩	拉萨北 5 公里	9.10	0.0256	0.002	36

* 年龄计算采用常数为 $\lambda_\beta = 4.72 \times 10^{-10}$ 年$^{-1}$，$\lambda_K = 5.57 \times 10^{-11}$ 年$^{-1}$，$K^{40}/$（$K^{39}+K^{41}$）= 0.0122% g/gK。

上述数值所代表的时间范围大致由早渐新世到晚中新世至上新世之间，侵入希夏邦马群下部变质岩中的伟晶岩及花岗岩中的云母年龄，可以比较肯定是在中新世–上新世之间，它可能代表希夏邦马峰地区最晚一次强烈的地壳变动。达尼耳·克鲁玛纳歇（Daniel Krummenacher）1961 年曾发表过尼泊尔东部喜马拉雅山区 15 个 K/Ar 法年龄数据，他认为该区最晚的阿尔卑斯期的变质运动（喜马拉雅运动）是在中新世末期或上新世初期之间，其年龄为 13 百万年左右，我们的数值也证实了这一点。

关于眼球状片麻岩中的长石年龄数值较云母高许多，有可能表示上述这一晚期地壳变动对变质岩原有年龄再造的现象。黑云母经过重新结晶给出重结晶的年龄，而长石斑晶却保留了原有的年龄。根据拉萨花岗岩中云母的年龄值为 36 百万年与希夏邦马峰区眼球状片麻岩中长石年龄一致的事实，也说明本区存在始新世—渐新世之间的一次地壳变动，其时间为 35 ~ 36 百万年。

（原文发表于《科学通报》，1965，10：925 ~ 926）

集宁地区变质岩系的初步划分及其变质相的探讨

李　璞　钟富道

集宁–凉城地区位于内蒙古台背斜中部向南突出部分。本区变质岩系早为我国地质学者划为太古代桑干片麻岩。近年来北京地质学院水文队及内蒙古地质局普查队在本区进行了调查，但尚缺乏完整的地质图，而且对变质岩系的层位划分及其变质相并未进行过系统的研究。我们的工作以研究地质剖面及小区域的 1/5 万制图开始，1962 年夏作者们共同研究了集宁–三岔口及土贵乌拉一带，1963 年夏钟富道、杨学昌等又调查了凉城–卓资县及土贵乌拉南大坝沟的路线及剖面（图 1）。结合室内 400 多个薄片的观察及 12 个岩石、7 个矿物的化学成分的研究，试图对本区变质岩系的地层层序、岩石、矿物组合及变质岩系的变质相做初步的探讨。

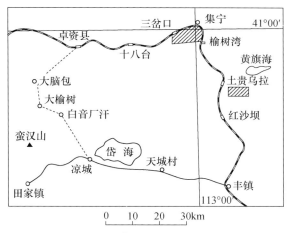

图 1　工作地区交通位置图

1　变质岩系的地层层序

根据剖面测制及区域调查（图 2 ~ 图 4），作者认为本区变质岩系自上而下可初步划分为四组：（4）三岔口组。以长英片麻岩为主夹数十厘米至数米厚度不等的角闪辉石斜长片麻岩，其底部出现大理岩夹层，所见厚度约 1000 余米。（3）玻璃图组。以橄榄石金云母尖晶石大理岩为主，其中常夹纯质大理岩，厚约 250m 以上。（2）赵秀沟组。以硅线榴石正长片麻岩为主，其中常夹形状不规则的浅色麻粒岩，厚约 3000 余米。（1）土贵乌拉组。上部为硅线榴石正长片麻岩及紫苏斜长片麻岩（暗色麻粒岩）互层，下部为厚层状浅色麻粒岩，所见厚度在 1500m 以上。

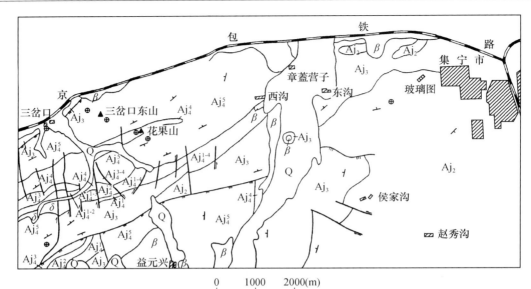

图 2　集宁附近前寒武系地质图

新生界：Q. 第四系；β. 玄武岩；δ. 闪长岩

太古代集宁群：

三岔口组：Aj_4^5. 长英片麻岩夹角闪辉石斜长片麻岩；Aj_4^4. 橄榄石大理岩（第二夹层）；

Aj_4^3. 长英片麻岩；Aj_4^2. 橄榄石大理岩（第一夹层）；Aj_4^1. 长英片麻岩

玻璃图组：Aj_3. 橄榄石白云质大理岩夹纯大理岩

赵秀沟组：Aj_2. 硅线榴石正长片麻岩夹浅色麻粒岩。⊕. 采样点

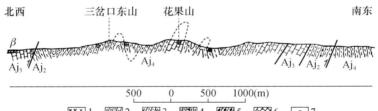

图 3　三岔口东山地质剖面图

Aj_4. 三岔口组；Aj_3. 玻璃图组；Aj_2. 赵秀沟组。

1. 玄武岩；2. 长英片麻岩；3. 角闪辉石斜长片麻岩；4. 硅线榴石正长片麻岩；5. 浅色麻粒岩；6. 大理岩；7. 采样点

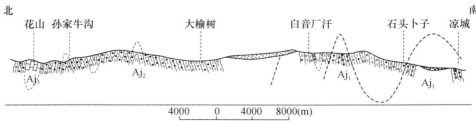

图 4　凉城县–卓资县花山地质剖面图

Aj_3. 玻璃图组；Aj_2. 赵秀沟组；Aj_1. 土贵乌拉组

1. 第四系；2. 流纹岩；3. 硅线榴石正长片麻岩；4. 浅色麻粒岩；5. 紫苏斜长片麻岩；6. 大理岩；7. 采样点

上述（2）、（3）及（3）、（4）两组之间的接触关系皆为逐渐过渡，（1）、（2）两组的接触关系尚不清楚，但岩性及矿物组合表现出比较明显的差别，如在（2）组中不见有紫苏斜长片麻岩，而在（1）组中则甚为普遍，因此把（1）、（2）两组划分为两个单位还是有一定根据的。

本区变质岩系区域走向近东西，（3）、（4）两组褶皱较简单，倾斜一般较平缓，分布在本区北带，大致沿集宁–卓资山铁路两侧出露[①]。（1）组分布在本区南带，东段出露于土贵乌拉南山大坝沟至二窑沟以南，西段出露于凉城南北；（2）组则位于（1）、（3）两组的中间地区。结合北京地质学院水文队凉城–岱海一带的1:20万地质草图看来，可以大致推论北起集宁–卓资山，南到土贵乌拉–凉城构成同相变质岩区。

表1　集宁地区变质岩岩石化学成分

顺序号	编号	岩石名称	SiO_2	TiO_2	Al_2O_3	Fe_2O_3	FeO	MnO	MgO	CaO	Na_2O	K_2O	H_2O^+	H_2O^-	P_2O_5	总量
1	集544	长英片麻岩	78.25	0.44	7.62	3.69	1.28	0.02	痕	0.41	1.45	5.30	0.90	0.42	0.15	99.93
2	化006	长英片麻岩	70.26	0.24	14.16	2.42	1.85	0.03	0.76	1.88	3.65	4.15	0.57	0.18	0.10	100.25
3	剖3-66	长英片麻岩	64.19	0.39	15.41	2.67	1.82	0.07	0.41	2.27	6.60	4.40	0.75	0.62	0.23	99.83
4	集508	浅色麻粒岩	69.28	痕	14.75	1.09	0.91	0.02	0.21	1.14	3.65	5.65	1.08	0.69	0.40	98.88
5	集270	硅线榴石正长片麻岩	59.07	0.84	19.06	3.81	5.63	0.09	2.28	1.52	2.53	3.47	0.88	0.58	0.15	99.91
6	集044	硅线榴石正长片麻岩	58.21	0.84	19.72	3.89	6.28	0.24	2.69	1.14	1.52	2.70	1.68	0.54	0.15	99.60
7	MB-63-6	紫苏斜长片麻岩	51.37	1.65	17.67	2.28	9.28	0.16	5.06	6.76	3.05	1.20	0.71	0.15	0.67	100.01
8	MT-63-3	紫苏斜长片麻岩	50.16	1.65	18.03	4.59	7.26	0.16	4.66	6.76	3.25	2.05	0.75	0.20	0.67	100.19
9	集302	紫苏斜长片麻岩	49.41	1.44	17.82	5.56	6.58	0.12	3.71	5.24	3.66	2.83	2.36	0.34	0.17	99.24
10	集238-2	二辉辉石岩	47.79	0.72	14.53	2.87	11.25	0.18	9.06	11.93	0.97		0.80	0.19	0.08	100.52
11	集100	角闪辉石斜长片麻岩	45.16	1.40	10.84	7.39	8.96	0.24	9.34	12.29	2.15	0.55	1.89	0.25	0.24	100.70
12	剖3-29	角闪辉石斜长片麻岩	43.27	3.30	9.18	11.24	13.64	0.28	5.61	9.43	2.08	0.64	1.35	0.27	0.39	100.68
13	集513	大理岩	17.79	—	1.82	1.30	0.74	0.02	14.32	29.49	0.73	1.08	烧失量 32.00		0.09	99.38

注：采样点位置见图2、3、4、6。集270，集238-2采自土贵乌拉（下同）。

（1）、（3）、（4）三组层状构造都很明显，玻璃图组的大理岩分布稳定，且与上下两组接触部位都由大理岩渐变为夹层大理岩。在（2）组中普遍含有石墨，并有高铝岩石存在

---

①　据长春地质学院张树业称，土贵乌拉东南的浑源窑亦见。

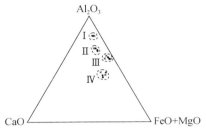

图5　集宁变质岩与其他岩类成分对比图

Ⅰ. 浅色麻粒岩–石英角斑岩；Ⅱ. 长英片
麻岩–长石砂岩；Ⅲ. 硅线榴石正长片麻
岩–页岩；Ⅳ. 紫苏斜长片
麻岩–辉绿玢岩；

●示本文数值　×示引用数值

（石榴石岩或硅线榴石岩）。上述这些特点使作者认为本变质岩系（2）~（4）组主要为沉积变质产物，而（1）组则夹有火山岩变质产物。从岩石化学成分来看（表1、图5），（4）组与长石砂岩成分相当，（2）组与黏土页岩平均成分相当，（1）组暗色麻粒岩接近于辉绿岩成分，浅色麻粒岩接近于石英角斑岩成分，后者类似地槽的辉绿–角斑岩建造。

在各组中都有伟晶岩脉贯入，形成广阔的伟晶岩田，在（4）组中有花岗岩、苏长辉长岩及辉石岩小侵入体，在（2）组中有脉状正长岩，在（1）组亦有基性、超基性岩小侵入体。此外花岗岩化在局部地段有所发育，但大规模的岩浆岩体尚未发现。

2　变质岩岩石学研究

矿物组合及岩石化学成分研究可将本区变质岩划分为六个主要类型（表2）。

表2　集宁变质岩系主要岩类及其矿物组合

主要岩类	矿物组合及其含量								岩石名称
长英片麻岩	1.	Mip	Q	Pl	Mag	Zr	Bi		微长片麻岩
		54.77	41.24	1.36	1.63	0.15	0.98	(24)*	
	2.	Mip	Q	Pl	Hy	Mag	Zr	Bi	紫苏斜长微长片麻岩
		51.58	29.88	12.77	3.96	1.12	0.20	0.5 (7)	
浅色麻粒岩		Orp	Q	Plat	Gar	Sill			
		42.40	44.85	8.36	2.82	1.66 (9)			
硅线榴石正长片麻岩	1.	Orp（Mip）	Q	Gar	Sill	Bi	Ilm+Mag	Hy	硅线榴石正长片麻岩
		36.27	24.39	19.49	13.05	2.67	1.82	0.7	
		Spi	Pl	Grh					
		0.9	0.4	(10)					
	2.	Orp（Mip）	Q	Plat	Bi	Gar	Ilm+Mag	Sill	榴云斜长正长片麻岩
		41.85	25.61	14.17	9.85	4.68	1.77	微量 (7)	
	3.	Orp（Mip）	Q	Plat	Gar	Spi	Sill	Hy Ilm+Mag	紫苏榴云斜长正长片麻岩
		33.78	23.08	22.05	8.15	2.66	2.3	1.68 0.97 (6)	
	4.	Sill	Gar	F	Q	Mag	Spi		硅线榴石岩
紫苏斜长片麻岩（暗色麻粒岩）	1.	Plat	Q	Hy	Ilm+Mag	Bi	Zr	Apa	紫苏斜长片麻岩
		58.46	21.55	13.26	4.87	1.94	0.04	微量 (13)	
	2.	Plat	Orp	Q	Hy	Ilm+Mag	Zr	Apa	紫苏斜长正长片麻岩
		38.7	22.8	16.9	15.4	7.0			透辉方柱斜长片麻岩
	3.	Plat	Q	Scap	Di	Ilm+Mag	Bi	Zr Apa	

续表

主要岩类	矿物组合及其含量						岩石名称
角闪辉石斜长片麻岩	Pl	Hy	Di	Hb	Ilm+Mag	Gar	角闪辉石斜长片麻岩
	43.06	27.72	8.76	21.24	5.72	(9)	
橄榄白云大理岩	1. Cal+Dol	Ol	Spi	Phl			橄榄白云大理岩
	74	23.8	0.9	1.5	(6)		
	2. Cal+Dol						白云大理岩

＊括弧内数字为薄片统计数，余同。

Mip. 微斜（条纹）长石；	Orp. 正长条纹长石；	Plat. 反条纹长石；	Pl. 斜长石（F. 长石）；
Q. 石英；	Sill. 硅线石	Gar. 石榴石；	Hy. 紫苏辉石；
Di. 透辉石；	Hb. 角闪石；	Ol. 橄榄石；	Bi. 黑云母；
Phl. 金云母；	Scap. 方柱石；	Zr. 锆石；	Apa. 磷灰石；
Spi. 尖晶石；	Ilm+Mag. 钛铁矿及磁铁矿；	Cal+Dol. 方解石+白云石；	Grh. 石墨。

（1）长英片麻岩；

（2）浅色麻粒岩；

（3）硅线榴石正长片麻岩；

（4）紫苏斜长片麻岩（暗色麻粒岩）；

（5）角闪辉石斜长片麻岩；

（6）橄榄白云大理岩。

又根据矿物组合及化学成分的变化，各主要类型又可划分一些次要的类型。岩石类型主要决定于原始岩石成分及变质强度，但某些元素的导入及迁出、再次变质及重结晶作用对岩石原有矿物及化学成分发生一定程度的改造。

2.1　长英片麻岩

主要分布于三岔口南山一带，在益元兴东西侧及集宁东南山地也局部出露。三岔口剖面中常含角闪辉石斜长片麻岩夹层。

岩石一般呈浅红色、浅灰色，细粒，片麻状构造清楚，肉眼可见暗灰色石英成凸镜状或不规则的长条状集合体，中粒变种的片麻状构造较不明显。

镜下观察岩石主要由微斜条纹长石或微斜长石、石英及少量斜长石组成，以微斜条纹长石为主，其粒径较其他矿物为粗，平均 $2 \sim 3mm$。有时石英或斜长石含量增加，其粒度也增大，石英含量有时大于长石含量。部分岩石中合粗粒紫苏辉石或少见的单斜辉石，这时斜长石合量亦随之增加，斜长石成分为 An_{22}。微量矿物有磁铁矿、锆石、金红石及磷灰石。岩石结构变化很大，常见有花岗变晶结构（照片1），石英长石接近等粒至不等粒，后者有时过渡为明显的变斑状桔构。长石及石英变斑晶都为全他形，但自形程度有所不同，条纹长石、石英及少量斜长石变斑晶之间关系表现为错综复杂的港湾结构，相互包蓄以至相互包裹。微斜条纹长石变斑晶中斜长石条纹细密，含量可达 $30\% \sim 40\%$；在岩片中可见在一个晶体中条纹稀密粗细不等，有时中间粗而稀，向外变细密至边缘变为稀疏，甚至于不见。在少数岩片中可见沿微斜条纹长石边缘局部出现斜长石环带，造成环斑构造。处于微斜长石边部的斜长石中常出现类似蠕虫状或滴状石英，后者也常在微斜长石变斑晶晶粒之间出现。基质中微斜长石不含条纹，与石英及少量斜长石共生成等粒花岗变晶结构。斜长石一般不具反条纹，但在含紫苏辉石的变种中则有出现。

石英一般较长石更为他形，粒度也较小，其变晶中有时含针状金红石及小的片状黑云母，也常见残留的长石单体或集合体，有时在粗大的石英晶粒之间也夹有长石集合体。上述斜长石环斑构造，条纹长石变斑晶边界有类似蠕虫石出现及石英晶体中有残留的长石存在，都表示在岩石重结晶过程中有 Na_2O 及 SiO_2 的迁移。

这类岩石中有时含紫苏辉石，其最大含量达 6%，单斜辉石很少见；紫苏辉石自形程度较好。有时外缘或局部为棕绿色角闪石所代替。锆英石除极少数具良好的晶形外，大都为圆粒状（在整个变质岩系中都是如此）。岩石中未见硅线石，也很少见到石榴石。

根据矿物组合及矿物含量变化，还可以将这类岩石分为：①微长片麻岩；②紫苏斜长微长片麻岩。

2.2　浅色麻粒岩

分布于土贵乌拉南山紫苏斜长片麻岩两侧，土贵乌拉之北白驼湾及凉城附近，在（1）组下部成层状出现。岩石为灰白色，由暗灰色板状石英及长石组成，除有少量石榴石外不含其他暗色矿物。长石有时全为正长条纹长石，有时亦含斜长石。在正长石中斜长石条纹极其发育，斜长石具反条纹。在（2）组中局部出现粒状浅色麻粒岩，其中石榴石为斜长石磁铁矿集合体所代替。其矿物含量见表 2。浅色麻粒岩的化学成分与微长片麻岩相近，Al_2O_3、K_2O 稍高，铁、镁含量稍低，但具有典型的麻粒岩结构（照片 2）。

2.3　硅线榴石正长片麻岩

分布于集宁–卓资山一带、土贵乌拉附近、土贵乌拉南山及凉城石头卜子一带。常夹榴云斜长正长片麻岩，在土贵乌拉南山及凉城以北与紫苏斜长片麻岩（暗色麻粒岩）成互层，并相互过渡。这类岩石主要由正长条纹长石、石榴石、硅线石、石英及少量斜长石组成。其他矿物为紫苏辉石、单斜辉石、铁铝尖晶石、黑云母，偶见方柱石。微量矿物为磁铁矿、锆英石、金红石及刚玉等。岩石都具明显的片麻状构造（照片 3）。

镜下可见岩石受动力作用强烈，长石、辉石及石榴石等矿物都有碎裂现象，形成碎斑胶结结构。长石碎斑为全他形，被粒度较小的自形同成分的晶体环绕，前者具波状消光，而后者一般未见。钾长石变斑晶为正长石或纳正长石，$(-) 2V = 62° \sim 72°$，条纹不如上述微斜条纹长石中发育，在同一晶体中条纹稀疏程度也不均匀。当正长石变斑晶受压碎重结晶时，钾长石成为微斜长石而位于原有变斑晶之间，正长石变斑晶中常含大量的针状硅线石。斜长石变斑晶为反条纹长石，An40 ~ 42，但重结晶的细粒斜长石则不具反条纹。岩石中石英含量不多，但有些岩石中则较大量出现，甚至成带富集。石英产状有三：呈分散状的小变斑晶存在，呈凸镜状的细粒集合体及呈板状晶体。在同一岩片中可以看到由碎斑胶结结构的硅线榴石正长片麻岩过渡为含典型的板状石英的麻粒岩。因此这种麻粒岩结构的形成过程是岩石在强烈挤压作用下，SiO_2 较其他成分更易于移动，沿着压力减小的方向重结晶成新的晶体。

石榴石变斑晶中含石英及尖晶石包裹体，具筛状结构，有时被压碎或拉长，甚至于解体，在其边缘或裂隙产生黑云母，但岩石中长石类矿物除有受压及重结晶现象外，却没有蚀变现象。

在集宁及卓资山一带的这类岩石与上述岩石比较，其岩性及矿物组合相似，但钾长石除正长石外常有微斜条纹长石出现。石榴石的分解现象只在个别岩片中见到，岩石中普遍含石墨，副矿物中钛铁矿较多，但从化学成分（表1，第5、6号）看来二者完全相当。

根据这类岩石的矿物组合又可以划分为：①硅线榴石正长片麻岩；②榴云斜长正长片麻岩；③紫苏榴云斜长正长片麻岩；④硅线榴石岩。

2.4　紫苏斜长片麻岩

出露于土贵乌拉东南约6km的大坝沟徐家村附近（图6），呈近北东—南西带状分布，宽约1500m，已见长度达6km，其两侧为本区广泛出露的硅线榴石正长片麻岩。本层亦有硅线榴石正长片麻岩夹层。在凉城石头卜子亦有紫苏斜长片麻岩分布，但出露宽度较小，产状与大坝沟所见者相同。岩石新鲜，呈灰黑色、浅绿色及浅灰色，坚硬，中细粒，常具明显片麻状构造。岩石主要由斜长石及紫苏辉石碎斑晶及细粒斜长石、石英及辉石晶体组成。个别地段含正长条纹长石，有时还有少量单斜辉石、方柱石碎斑晶及次要的黑云母、角闪石、钛铁矿和磁铁矿。微量矿物有石榴石、磷灰石及锆石等。岩石呈碎斑胶结结构，因其受压强度及重结晶强度不同，形成一系列过渡的结构形式，受压轻微的仅在其变斑晶边缘或晶隙间出现重结晶的小晶体（照片4），造成网状或链状结构。受压强的而重结晶弱的则保持糜棱岩结构，变斑晶内部破裂，并有新的小晶体充填（照片5）。受压强烈重结晶亦强烈的岩石，粒度变细趋于等粒，仅残留斑晶结构（照片6）。

斜长石碎斑晶为反条纹长石（An42~45），全他形，有的近椭圆，有的呈长形眼球状或凸镜状，粒径2~3mm。碎斑晶受压现象极为显著，具波状消光，扭裂、拉长及弯曲等迹象。反条纹大小、形态，多寡不一，常见者为条状、小凸镜状或板状，其排列方向多平行（010）晶面，但有时与后者斜交。斜长石碎斑晶中钠长石双晶纹细密，但在一个晶体中双晶分布不均，有时局部完全消失。碎斑晶周围被细粒斜长石、少量石英及方柱石等自形或半自形晶环绕，它们都不具波状消光。正长石为正长条纹长石，亦具碎斑状，（－）2V＝54°~64°，条纹产状与上述三类岩石相同。紫苏辉石及少量单斜辉石亦为他形碎斑晶，并见扭裂弯曲及波状消光现象，环绕紫苏辉石碎斑晶有细粒自形辉石晶体，并出现黑云母、磷灰石、磁铁矿及角闪石，或孤立分散存在或由大小不等的晶体联结或成不规则条带状分布，使岩石呈片麻状构造。

黑云母、角闪石、磁铁矿及磷灰石含量不均，有时可见黑云母及角闪石包裹在磁铁矿之中。

岩片研究证明，斜长石、方柱石、辉石及石英等细粒胶结体都属后动力作用岩石重结晶产物，而黑云母、角闪石及磁铁矿等则为紫苏辉石破碎后的次生产物。

除上述以紫苏辉石为主要暗色矿物的岩石类型外，尚发现少量以绿色单斜辉石为主的变种，其中斜长石大部黝帘石化、方柱石化，并有榍石出现。在一处小露头发现绿色钙铁辉石与浅棕色石榴石、斜长石组成的岩石，这种岩石分布不广，与紫苏斜长片麻岩的成因联系尚

图 6 　土贵乌拉南山地质图

1. 砂岩（石炭二叠纪）；2. 浅色麻粒岩；3. 紫苏斜长片麻岩；4. 硅线榴石正长片麻岩；⊕为采样点

不甚明了。此外，在浅色变种中，钾长石（正长石、微斜长石）亦呈大的碎斑晶出现，在暗色变种中有时形成数米宽的条带。

根据矿物成分，上述暗色麻粒岩类可以区分为下列变种：①紫苏斜长片麻岩；②紫苏斜长正长片麻岩；③透辉方柱斜长片麻岩；④钙铁榴石斜长片麻岩。

三个岩石化学全分析表明，除碱金属稍高外，与辉绿岩相成分近似，从矿物组合看来，紫苏斜长片麻岩类似紫苏花岗岩系列的紫苏花岗闪长岩，但石英含量低于后者。

2.5　角闪辉石斜长片麻岩

呈层状夹于（4）组中，岩石呈深绿色，等粒状，有时亦具片麻状构造。由斜长石、紫苏辉石、顽火辉石、单斜辉石及角闪石组成（照片 7）。微量矿物为石榴石（少见）、榍石（少见）、磁铁矿及金属硫化物，当辉石量增高时过渡为辉石岩。这类岩石的特点为不含石英及钾长石。斜长石 An52，不具反条纹。就其产状来看，类似泥灰岩夹层的变质产物。

2.6　大理岩

主要分布于集宁玻璃图、侯家沟北山，经三岔口南山至卓资山一带。化学分析表明含镁较高，大多数含镁橄榄石、金云母及尖晶石与方解石、白云石组成粒状大理岩。

3 变质岩系矿物及变质相

本区变质岩中出现的造岩矿物有钾长石（微斜长石、微斜条纹长石、正长条纹长石）、斜长石及反条纹长石、紫苏辉石、单斜辉石、镁铁榴石、硅线石、石英、石墨、金红石、刚玉、尖晶石、磁铁矿、钛铁矿、榍石、方柱石、黑云母、角闪石、方解石、白云石、橄榄石、锆石、磷灰石、独居石等 23 种。其组合受岩石原始化学成分及变质作用的温度压力条件所决定，再次变质作用及花岗质岩汁的导入对矿物组合发生一些变化。热液交代作用产物不列入变质矿物。

在上述 22 种矿物中对确定麻粒岩相起主导作用的有紫苏辉石、石榴石、硅线石、尖晶石、橄榄石、金红石等。根据我们的工作结果认为钾长石及斜长石的种属也很重要。

我们对紫苏辉石、石榴石、长石等进行了较详细的观察和研究。

3.1 紫苏辉石

紫苏辉石为麻粒岩相中最重要的标型矿物之一，它出现在本区的（1）、（4）两组岩石中。根据 14 个紫苏辉石折光率的测定，$Np' = 1.694 \sim 1.700$，$Ng' = 1.702 \sim 1.716$，紫苏辉石中含 Fs32～37，在（1）、（4）两组中其成分无甚区别，但在（4）组角闪辉石斜长片麻岩中的紫苏辉石，其折光率显著增高，$Np' = 1.710$，$Ng' = 1.725$，Fs44。少数 2V 值测定指出，在（4）组中（–）2V = 49°～50°，与 W. E. 特吕格（Tröger，1952）表中所示折光率数值相适应，但在（1）组中所得（–）2V = 56°～59°，其 Fs 含量稍高于折光率所得成分。与芬兰拉普兰德（Lapland）麻粒岩相中的紫苏辉石比较，集宁麻粒岩相中紫苏辉石的 Fs 较低。

在（1）组中常见紫苏辉石有压碎重结晶的现象，重结晶的矿物仍以紫苏辉石为主，但粒度变细成集合体，代替原有变斑晶或在其周围分布，并与少量的黑云母、透辉石、角闪石及磁铁矿共生。这一作用表明，岩石在再次变质的动力作用下，被压碎的长石中析出的 Ca、Na、K 发生转移，并与紫苏辉石分解出的 Fe、Mg 形成新的矿物：透辉石、黑云母、角闪石及磁铁矿等，角闪石及黑云母的形成得助于晶隙水。

3.2 石榴子石

在本区变质岩中主要分布在（1）、（2）组中，偶尔可在（4）组中见到。一般为褐红色及暗红色，其中常含绿色尖晶石，根据许多学者的研究指出，麻粒岩相中的石榴石以含镁铝榴石分子高为特点，如芬兰拉普兰德麻粒岩相中石榴子石含 Py 分子达 55%（Eskola，1952），阿尔丹地盾为 30%～50%（Другова，1964）。石榴子石中 Py 分子含量增高反映了压力的增大。我们对（1）、（2）组中的石榴子石作了一些研究，其折光率为 1.770～1.783（18 个样品），比重为 3.770～3.928（8 个样品），三个 X–射线粉晶照相所得晶胞大小为 $a_0 = 11.519 \pm 0.005 Å$。五个化学分析（表 3）得出其 Py 分子分别为 28.8、39.8、39.9、43.2

和 46.8，为铁铝-镁铝榴石，符合麻粒岩相中石榴石成分特点。

表 3　矿物化学分析

顺序号	编号	矿物名称	SiO_2	TiO_2	Al_2O_3	Fe_2O_3	FeO	MnO	MgO	CaO	Na_2O	K_2O	H_2O^+	H_2O^-	总量
14	MB-63-6	紫苏辉石	48.00	3.72	2.14	3.75	25.03	0.57	13.77	1.41	0.20	0.15	0.47	0.13	99.87 *
15	集 100-1	角闪石	43.63	0.28	12.45	5.68	8.94	0.35	12.36	11.09	2.70	1.05	1.48	0.25	100.26
16	集 044	石榴子石	40.55	—	19.89	4.91	25.74	0.65	6.22	0.74	Alm	Py	Sp	An	
											67.1	28.8	1.7	2.4	
17	024-a	石榴子石	37.88	—	22.51	6.07	21.17	0.30	8.45	1.10	55.7	39.8	0.7	3.8	
18	MB-35	石榴子石	39.21	—	21.44	3.97	24.83	0.33	9.94	1.06	56.2	39.9		3.2	
19	MT-78	石榴子石	39.86	—	23.11	4.15	21.37	0.15	9.71	0.94	53.6	43.2	0.4	2.8	
20	集 270	石榴子石	40.92	—	21.71	7.13	18.91	0.45	9.75	0.34	50.9	46.8	1.2	1.2	

* 包括 Cr_2O_3 为 0.05；S 为 0.48。

　　在动力压碎下石榴子石解体，并在其边缘出现环带状"反应边"构造。完善的"反应边"可分为三带：内带首先出现斜长石环，向外为紫苏辉石与斜长石组成的后成合晶，其中紫苏辉石呈弯曲的条状，一端垂直于石榴子石晶壁，向外构成第三带的粒状紫苏辉石集合体，再外与任何其他伴生矿物相接。在土贵乌拉南山大坝沟剖面中与这种分解的石榴子石伴生的还有刚玉，并与磁铁矿共生，故推测刚玉亦为石榴子石分解的产物。在三岔口剖面角闪辉石斜长片麻岩中，石榴子石完全为顽火辉石-斜长石后成合晶所代替，在个别情况下仍发现合晶中心保留残余的石榴子石，顽火辉石呈弯曲条状放射状集合体包含于粗粒斜长石之中，故可称包辉合晶。

3.3　硅线石

　　本区硅线石有三种产状：一为细针状嵌于钾长石之中，仅出现于（1）、（2）两组之中；一为独立的粗大变斑晶与石榴石共生，其直径达 3mm，长达 15mm，在（1）组中普遍；另一种为纤维状长达 5~6cm，常出现于局部混合岩化较强烈的地段。镜下观察硅线石晶体（010）解理发育，（+）2V=20°±。有时因受压具波状消光。在（1）组中常见硅线石晶体边部或全部为铁尖晶石-石英后成合晶所代替（照片 8），尖晶石成弯曲条状一端垂直于硅线石晶壁，一端与粒状尖晶石集合体相连，合晶外带常见有尖晶石与磁铁矿共生。此外，细粒尖晶石也常沿受错碎的硅线石大晶体内部裂隙生长，有时整个硅线石晶体为粒状尖晶石和石英所代替。

　　上述硅线石及石榴石后成合晶的出现都不决定于其与何种矿物直接接触，因此不属于真正反应边构造。可以推论它们是在强烈压碎及重结晶的再变质过程中，温度-压力条件有所改变，矿物发生分解并形成新的组合。

3.4　钾长石

本区钾长石有微斜长石、微斜条纹长石、无格微斜条纹长石及正长条纹长石。它们在剖面中的分布有明显的区别。在（4）组中为微斜条纹长石或无格微斜条纹长石，条纹一般细密似薄膜状或发状。微斜条纹长石为（–）$2V = 79° \sim 83°$，无格微斜长石为（–）$2V = 88°$。在（2）组中出现正长条纹长石，有时也有微斜条纹长石（赵秀沟一带）。在（1）组中则完全为正长条纹长石，（–）$2V = 58° \sim 70°$。正长石中条纹在晶体中分布不均，大小粗细不一。粗大的条纹呈细长扁豆状，火焰状或片状，镜下观察认为是由细条纹聚结而成，即钠长石分子扩散聚移的过程。无条纹的微斜长石分布不广，偶尔见于压碎的正长石周围成细粒状，为重结晶产物。

上述钾长石种属随其在剖面中上下位置而呈有规律的变化，显然反映温度压力条件的不同，因此对变质相的划分有一定的重要性。

3.5　斜长石

出现于（1）、（2）、（4）各组之中。在（4）组微长片麻岩中含量极微，为更长石An22～26，在紫苏斜长正长片麻岩中为中长石An36～38；在（2）组中含量亦不甚高，硅线榴石斜长正长片麻岩中为酸性中长石An29–31；在（1）组中则为主要成分之一，其中浅色麻粒岩斜长石为An40～44，有时接近拉长石（An51～52），紫苏斜长片麻岩及紫苏榴石斜长正长片麻岩中为偏基性中长石（An40～46）。此外，（4）组中角闪辉石斜长片麻岩中为An42～49，在个别岩石中接近拉长石An51～54。从上述鉴定结果看来，斜长石的成分主要与原岩成分有密切关系，而不决定于剖面中的位置。但斜长石中反条纹的发育程度却随其剖面中的上下位置有所区别。在（4）组中除在紫苏斜长微长片麻岩中偶具反条纹外，一般都不出现。而在（1）、（2）两组中则主要是反条纹长石，条纹呈片状、小扁豆状或细条状，在同一晶体中分布亦不均匀，可见两组，其一平行于（010），另一组与之斜交。从上述长石成分看来，奥长石中一般不具反条纹，而在中长石及酸性拉长石中则甚发育。但也有例外，如（4）组角闪辉石斜长片麻岩中虽为酸性拉长石但无反条纹。因此可以认为，反条纹的发育主要与岩石在剖面中所处的部位，亦即所处变质深度有关。镜下观察有许多迹象表明，斜长石晶体受压弯曲或断裂的部分反条纹更为发育，重结晶的细粒斜长石虽其成分与前者相同，却不具反条纹。这些现象使我们认为本区反条纹的出现反映了岩石所经受的热动力条件。

其他矿物我们还未仔细研究，但应指出，本区角闪石为棕绿色，角闪辉石斜长片麻岩中的一个角闪石化学分析（表3）表明，其Al_2O_3高达12.45%而贫结晶水，符合麻粒岩相的特征。单斜辉石属于透辉石–钙铁辉石系列，含Hed 20%～35%，个别达54%。黑云母深棕色，主要为再次变质产物。绿色铁铝尖晶石出现于（1）～（3）组中。

根据上述岩石类型、岩石组合及主要矿物等特征，可以进一步肯定本区变质岩属典型的麻粒岩相（图7）。陈江峰研究三岔口组变质岩时曾提出三岔口组属角闪麻粒岩亚相。根据我们的工作也认为上部三岔口组至赵秀沟组可划为角闪麻粒岩亚相，标志矿物为紫苏辉石、棕色角闪石、微斜条纹长石。土贵乌拉组为辉石麻粒岩亚相，其特征矿物为紫苏辉石、铁镁-镁铝榴石、正长条纹长石及属于典型麻粒岩相的板状石英。至于两亚相的分界，可能随地段不同而有所区别，我们初步划在（1）、（2）组之间。

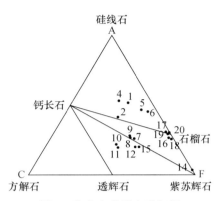

图 7　集宁变质岩变质相图
图中顺序号 12 以前见表 1，14 以后见表 3

4　结论

（1）通过剖面研究及区域调查可将本区变质岩系集宁群自上而下划分为四组，即（4）三岔口组；（3）玻璃图组；（2）赵秀沟组；（1）土贵乌拉组。整个岩系主要为沉积变质产物，第（1）组夹有类似地槽的辉绿角斑岩建造的变质产物。根据矿物组成及化学成分可将本区变质岩划分为六个类型。

（2）着重研究了对本区变质相起主导作用的紫苏辉石、石榴石及长石等矿物的成分特征，结合岩石组合与世界其他地区标准麻粒岩相对比指出，本区变质岩属典型麻粒岩相，其中（2）~（4）组为角闪麻粒岩亚相，（1）组为辉石麻粒岩亚相。认为钾长石的种属对划分变质相也有一定意义。

（3）岩石及矿物的结构、构造的研究指出，本区受到再次动力变质作用，元素的扩散作用在再变质作用中形成新矿物可能很重要。绝对年龄测定结果（李璞等，1964）指出，本区岩石再变质的时期约在 1900 百万年以前，与广泛发育的伟晶岩同期。

室内研究中，吴宗絮、顾芷娟、徐淑琼、桂训唐、卢伟、杨学昌、王冠鑫等同志参加了部分工作，化学分析由中国科学院地质研究所六室完成，作者谨此一并表示感谢。

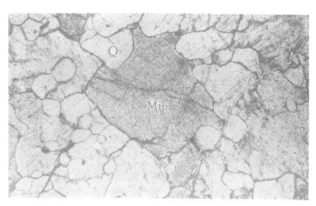

照片 1　长英片麻岩具花岗变晶结构

Mip. 微斜条纹长石；Q. 石英

（正交偏光，×46）

照片 2　浅色麻粒岩

具典型麻粒岩结构，有板状石英（Q）生成

（正交偏光，×15）

照片 3　硅线榴石正长片麻岩

岩石呈明显的片麻状构造

（单偏光，×15）

照片 4　紫苏斜长片麻岩

岩石受压后斜长石产生拆裂、破碎，重结晶的斜长石小晶体沿这些裂隙充填

（正交偏光，×33.5）

照片 5　同照片 4，当受压时造成强烈的破碎

（正交偏光，×15）

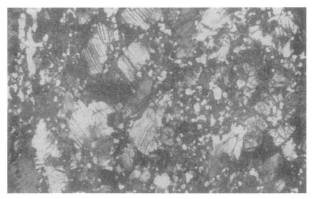

照片 6　同照片 4，受压强烈重结晶也强烈时，结构趋于等粒，仅留残余斑晶

（正交偏光，×15）

照片 7　角闪辉石斜长麻岩具等粒状结构
Pl. 斜长石；Py. 辉石；Hb. 角闪石；Mag. 磁铁矿
（正交偏光，×33.5）

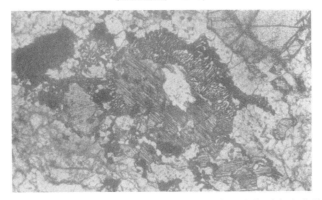

照片 8　硅线石（中部具解理者）为尖晶石（硅线石边缘黑色弯典状细条）–
石英（白色弯曲状细条）后成合晶代替
（正交偏光，×15）

参 考 文 献

［1］Четвериков С Д. Руководство к петрохимическим пересчётам. стр. 1956, 208.

［2］Заварицкий В А. Спилито–кераторировая формация окрестностей месторождения Блявы на Урале. Тр. ин–та Геол. Наук АН СССР, Вып. 1946, 71, стр. 45.

［3］Pettijohn F J. Sedimentary rocks. 1957.

［4］Абовяи С Б. Химические составы изверженных н метаморфических горных пород Армянской ССР. Изд. АН СССР. стр. 1962, 204：341.

［5］sEskola P. On the granulites of Lapland. Amer. Jour. Sci. , 1952, Bowen volume.

［6］Другова Г М, и Бугрова В. Д. Гранаты гранулитовой фации Алданското щита в условиях полиметаморфизма. Зап Всес. Минер. общ. , 1964, вып. I.

［7］李璞等. 钾–氩法测定岩石矿物绝对年龄数据的报导. 地质科学，1964，3.

［8］Tröger W. E. Tabellen zur optischen bestimmung der gesteinsbildenden Minerale. 1952.

［原文发表于《地质科学》，1965，（1）：1～14］

钾–氩法测定岩石矿物绝对年龄数据的报道 II[①]

中国科学院地质研究所绝对年龄实验室

本文发表了我室 1964 年 K-Ar 法绝对年龄测定的部分数据。测定样品来自我国各省区，由各省区地质局、各地地质院校及我所各兄弟室提供的。对此谨表示衷心的感谢。

1 实验方法

熔样全部采用内加热法，实验方法与过去基本相同[1,2]。实验中经常用标准样进行检查，计算年龄采用常数为：$\lambda_k = 5.57 \times 10^{-11}$ 年$^{-1}$，$\lambda_\beta = 4.72 \times 10^{-10}$ 年$^{-1}$，K^{40}（克/克样品）= $1.22 \times 10^{-4} K\%$。

对同一地质体内的长石与云母又补充了一些实验（表 1）。数据表明：内蒙古前寒武纪变质岩中的黑云母与长石偏差都在误差范围内，华南中生代丁字湾伟晶岩中的长石则偏低 16%。但是希夏邦马峰北坡眼球状片麻岩中长石却高出黑云母 0.5～1 倍。此外，对霓石和霞石作了初步的比较实验，霓石较云母偏低 26%，霞石偏低 33%，而同一岩体中长石仅偏低 12%（表 1）。

表 1 长石、霓石、霞石与云母年龄的比较

样品编号	产地及产状	样品名称	年龄值/百万年	偏差/%
MT-63-3	内蒙古土贵乌拉暗色麻粒岩	黑云母	1831	
MT-63-3	内蒙古土贵乌拉暗色麻粒岩	长石	1776	−3
YNG3	云南贾沙街花岗岩	黑云母	72	
G6311	云南贾沙街花岗岩	长 石	67	−7
HNC232-M72	湖南长沙伟晶岩	白云母	117	
C232-M85	湖南长沙伟晶岩	微斜长石	98	−16
LN-6	辽宁凤城碱性岩	黑云母	247	
LN-9	辽宁凤城碱性岩	正长石	218	−12*
LN-6a	辽宁凤城碱性岩	霓石	182	−26*
LN-9b	辽宁凤城碱性岩	霞石	165	−33*
TBS-5-1，2	西藏希夏邦马峰眼球状黑云母片麻岩	长石变斑晶	31～38	63～100
TBS-4	西藏希夏邦马峰眼球状黑云母片麻岩	黑云母	19	

＊辽宁凤城碱性岩云母、长石、霞石、霓石的年龄研究系科技大学陈文寄、夏毓亮完成。

[①] 本文为《地质科学》1964 年第 1 期同题论文年龄数据的继续报道。

2 绝对年龄数据的讨论

数据包括东北地区 5 个，华北 7 个，内蒙古 7 个，西北 13 个，苏、浙、闽共 10 个，湘、赣、皖共 13 个，广东 4 个，川、滇及西藏共 19 个，总计 78 个（表 2、表 3）。

表 2 我国北方岩石绝对年龄数值

编号	样品名称	样品产地及产状	K/%	Ar/$(10^{-6}\mathrm{g/g})$	Ar^{40}/K^{40}	年龄值/10^6年
ST-A$_4$	黑云母	山东泰山傲来山花岗岩化片麻岩	7.37	1.8954	0.2040	2039
LNKW-1	黑云母	吉林桦甸片麻状花岗岩	7.66	1.6899	0.1808	1892
MW-61	白云母	内蒙古乌拉山伟晶岩	7.89	1.8238	0.1877	1939
MW-152	白云母	内蒙古乌拉山伟晶岩	8.24	1.7932	0.1765	1863
MW-144	白云母	内蒙古乌拉山伟晶岩	7.98	1.6982	0.1689	1811
MF-13	金云母	内蒙古丰镇浑源窑辉石金云母磷灰石脉	7.09	1.5607	0.1768	1865
MT-63-3	黑云母	内蒙古土贵乌拉暗色麻粒岩	6.98	1.5478	0.1719	1831
MT-63-3	长石	内蒙古土贵乌拉暗色麻粒岩	9.39	1.9069	0.1639	1776
HP-005	白云母	河北平山县冷泉弯子组下段片麻岩中伟晶岩	8.25	1.7316	0.1716	1830
HL-002	白云母	河北灵寿县台头村阜平群陈庄组白云浅粒岩	9.03	1.8602	0.1676	1802
SS-rQ$_1$	海绿石	山西昔阳高于庄组下部	6.30	0.7312	0.0917	1185
HG227a	海绿石	河北蓟县骆驼岭铁岭组上部	5.49	0.5452	0.0781	1050
H-179	海绿石	河北蓟县骆驼岭景儿峪组中部	6.48	0.4178	0.0502	737
SHS-19	白云母	陕西商南县伟晶岩	7.87	0.2692	0.0259	415
SHS-41	锂云母	陕西商南县伟晶岩	8.29	0.2182	0.0206	338
SHS-02	白云母	陕西商南县石英云母片岩中伟晶岩	8.50	0.3036	0.0213	349
SHS-06	白云母	陕西丹凤县黑云斜长片麻岩中伟晶岩	8.48	0.2157	0.0157	263
SHS-03	黑云母	陕西商南五里铺超基性岩中伟晶岩	7.83	0.1872	0.0181	300
SHS-9	白云母	陕西商南长英岩脉与超基性岩接触带	6.38	0.1724	0.0176	292
KSW-E$_3$	黑云母	甘肃永昌河西堡前震旦纪混合岩中的花岗岩	6.87	0.2639	0.0293	464
KS-1	白云母	甘肃北山黑云母石英片岩中花岗伟晶岩	8.01	0.2628	0.0214	350
KS-3	白云母	甘肃北山红泉角闪石英片岩中花岗伟晶岩	8.41	0.2199	0.0159	266
KS-4	白云母	甘肃北山潘家沟黑云角闪片岩中伟晶岩	8.20	0.1707	0.0122	207
KS-2	白云母	甘肃北山黑云石英片岩中花岗伟晶岩	8.32	0.1158	0.0108	185
MB-101	白云母	内蒙宝格太庙伟晶岩	7.61	0.1482	0.0143	241
SK-42122	黑云母	新疆天山中部片麻状斜长花岗岩	7.04	0.1328	0.0143	241
SK-5235	黑云母	新疆罗布泊东片麻状花岗闪长岩	7.12	0.1232	0.0128	217
LN-6	黑云母	辽宁凤城碱性岩	7.11	0.1396	0.0146	247
LN-9	正长石	辽宁凤城碱性岩	10.41	0.1688	0.0129	218
LN-4	白云母	辽宁旅大市侵入前震旦纪黄泥川组伟晶岩	8.04	0.1702	0.0135	228
LN-5	黑云母	辽宁旅大市复县永宁群中花岗岩	6.67	0.0922	0.0065	114
ST-1	黑云母	山东牟平县胶东群中伟晶岩	6.66	0.0945	0.0076	132

表3 我国南方岩石绝对年龄数值

编号	样品名称	样品产地及产状	K/%	Ar/ (10^{-6} g/g)	Ar^{40}/K^{40}	年龄值/ 10^6 年
KSUA-1	白云母	江苏海州云母磷灰岩	8.79	0.1892 0.1639	0.0146 0.0140	246 236 } 241
KSUA$_b$-1	白云母	江苏锦屏混合片麻岩	8.75	0.1346	0.0121	206
KSUD-1	黑云母	江苏苏州中粒黑云母花岗岩	6.94	0.0965	0.0089	154
KSUD-2	黑云母	江苏苏州钠长石化花岗岩	6.33	0.0693 0.0564	0.0068 0.0067	119 117 } 118
CKH	黑云母	浙江龙泉县花桥石榴黑云斜长片麻岩	6.22	0.1229	0.0137	231
CKR-501	黑云母	浙江昌化河桥花岗岩	6.93	0.0786	0.0085	147
FKP-3	白云母	福建建西伟晶岩	8.38	0.2533	0.0221	361
FKI	黑云母	福建浦城黑云母片麻岩	7.20	0.2389	0.0166	277
FK-2	黑云母	福建南平建瓯群下段黑云粒变岩	7.09	0.1258	0.0120	204
FKAm	黑云母	福建云岗花岗岩	6.74	0.0567	0.0064	112
AG-r	黑云母	安徽九华山花岗岩	6.03	0.1024	0.0124	210
KH-1	白云母	江西武功山宜春伟晶岩	8.04	0.1779	0.0169	282
KHF-1	白云母	江西奉新上府镇二云母花岗岩	8.44	0.1279	0.0153	257
KH-8297	黑云母	江西宁岗黑云母花岗岩	7.50	0.1616	0.0167	279
KH-4661	黑云母	江西萍乡张家坊角闪黑云花岗岩	7.33	0.1595	0.0146	246
KH-5303	黑云母	江西萍乡张家坊侵入松山群斜长花岗岩	7.38	0.1398	0.0148	249
KHD-1	黑云母	江西修水侵入南沱砂岩中斑状黑云母花岗岩	6.35	0.1258	0.0120	204
KH-162	白云母	江西漂塘钨锡矿脉	8.88	0.1176	0.0094	162
KH-11	白云母	江西棕树坑钨矿脉	9.06	0.1135	0.0081	141
KHS	白云母	江西兴国疗坑云英岩	9.39	0.1090	0.0089	154
KHST	白云母	江西兴国桃花礤云英岩	8.56	0.1004	0.0089	155
HNBI	黑云母	湖南丁字湾花岗岩	7.24	0.0904	0.0093	160
HNBII	黑云母	湖南丁字湾花岗岩	7.48	0.0868	0.0084	145
K-826-2	黑云母	广东增城钠长石化花岗岩	7.72	0.0745	0.0076	132
KHABO24	黑云母	广东台山粗粒花岗岩	6.01	0.0834	0.0097	166
KHAK-17	黑云母	广东台山钠长石化花岗岩	7.75	0.1042	0.0079	136
KHCD-028	黑云母	广东台山钠长石化花岗岩	7.67	0.0795	0.0079	136
SCL-1	黑云母	四川会理正长岩	7.16	0.1469	0.0157	263
SC-3	白云母	四川丹巴伟晶岩脉	7.91	0.1437	0.0107	183
SC-5	黑云母	四川丹巴伟晶岩脉	7.45	0.0702	0.0047	83
YNAL-2	黑云母	云南西双版纳允景洪中粒花岗岩	7.59	0.1380	0.0145	244
YND-1	黑云母	云南德钦白马雪山侵入古生代片岩中花岗闪长岩	4.15	0.0732	0.0130	220
YN-2003	黑云母	云南梁河县斑状黑云母花岗岩	6.98	0.1346	0.0098	169

续表

编号	样品名称	样品产地及产状	K/%	Ar/$(10^{-6}g/g)$	Ar^{40}/K^{40}	年龄值/10^6年
YNMY-2001	白云母	云南梁河县伟晶岩	8.45	0.1095	0.0097	167
YN-898	黑云母	云南潞西县似斑状黑云母花岗岩	6.15	0.0566	0.0068	118
YN-959	黑云母	云南陇川县含斑黑云母花岗岩	7.18	0.0544	0.0049	86
YN-2108	黑云母	云南盈江县黑云母花岗岩	5.96	0.0408	0.0046	81
TBS-5-1	长石变斑晶	西藏希夏邦马峰北坡 5800m 眼球状黑云母片麻岩	8.74	0.0275	0.0021	38
TBS-5-2	长石变斑晶	西藏希夏邦马峰北坡 5800m 眼球状黑云母片麻岩	10.58	0.0294	0.0017	31
TBS-4	黑云母	西藏希夏邦马峰北坡 5800m 眼球状黑云母片麻岩	7.49	0.0154	0.0010	19
TBS-7	黑云母	西藏曲水斑状花岗岩	7.46	0.0256	0.0020	36
TBS-3	白云母	西藏希夏邦马峰 5800m 穿入黑云母片麻岩中伟晶岩	8.40	0.0170	0.0008	15
TBS-1	黑云母	西藏希夏邦马峰 5800m 花岗岩脉	7.40	0.0124	0.0007	13
TBS-2	黑云母	西藏希夏邦马峰 5500m 花岗伟晶岩漂砾	7.45	0.0129	0.0007	13
TBS-6	白云母	西藏聂拉木大极岭北片麻岩中层状花岗岩贯入体	8.59	0.0154	0.0007	13
TBS-8	白云母	西藏聂拉木南眼球状片麻岩中伟晶岩	7.61	0.0294	0.0006	11

2.1　前震旦纪的新数据

有关前震旦纪新数据共有 10 个（表2）。山东泰山傲来山花岗岩化片麻岩绝对年龄为 2039 百万年，与泰山二云母微斜花岗片麻岩（混合岩）的年龄[2]一致。太行山地区平山所采伟晶岩和灵寿阜平群浅粒岩中云母的年龄分别为 1830 百万年及 1802 百万年，进一步证实了太行山中段与内蒙古台背斜同样在 1800～1900 百万年前有一次强烈的变质作用及伟晶岩活动。内蒙古土贵乌拉暗色麻粒岩（MT-63-3）与凉城的年龄近似[2]，属同一变质期产物。丰镇金云母磷灰石脉（MF-13）与集宁玻璃图及河北怀安同类的伟晶岩年龄[1]为同期。

2.2　震旦纪的时代问题

包括本文发表的 3 个数据在内，有关震旦纪海绿石绝对年龄共有 9 个（表4）。山西五台下寒武统上部砂岩中的海绿石绝对年龄指出寒武纪下界应老于 520 百万年[3]。云南玉溪县震旦系上部陡山坨组海绿石绝对年龄（642 百万年）[2]属震旦纪晚期，是目前所知我国震旦纪地层最年轻的数值。我们新测定的蓟县骆驼岭景儿峪组中部砂岩中的海绿石年龄约 740 百万年（H-179），再次证明蓟县景儿峪组属于震旦纪地层。北京昌平曾在景儿峪组测定，海绿石的年龄为 521 百万年。但据野外实际工作追索应与其他地方景儿峪组相当，因此该年龄必须重新检查。蓟县骆驼岭的铁岭祖（蓟县统）海绿石新测定的绝对年龄值为 1050 百万年（HG227），与河北平泉何杖子铁岭组含锰层的海绿石年龄（1042 百万年）相吻合，因此铁岭组年龄可以肯定下来。山西昔阳高于庄组底部的年龄为 1185 百万年（SS-rQ1），是目前所知我国震旦纪所取得的最古老的年龄。据地质部华北地质科学研究所一些同志意见，河南渑池县铁矿上砂岩的层位应与昔阳高于庄组相当，其中海绿石的绝对年龄也是一致的，从而表明震旦纪长城统的上界绝对年龄不会小于 1150 百万年。唐山市赵各庄的长山沟砂岩被认为属震旦纪上部地层，需要重新检查。

表 4　我国寒武纪、震旦纪地层绝对年龄*

顺序号	编号	产地	地层	年龄值/百万年	地层划分
1	KP462	山西省五台县殊官寺	下寒武统上部海绿石砂岩	516	$\in_1$
2	Gt-48	北京市昌平长龙山	景儿峪组	521（?）	
3	YNY2-438	云南省玉溪县	震旦系陡山坨组	642	
4	H-179	河北省蓟县骆驼岭	景儿峪组中部	737	Z_3
5	KP186	河北省蓟县景儿峪村	景儿峪组中部	880	
6	S-274	河南省登封县	中、下五佛山群	878	
7	HG227a	河北省蓟县骆驼岭	铁岭组上部	1050	Z_2
8	K_1-1	河北省平泉县何杖子	第四组页岩（铁岭组含锰层）	1042	
9	SS-rQ$_1$	山西省昔阳县	高于庄组下部	1185	Z_1
10	D-01	河南省渑池县	铁矿上之砂岩	1162	
11	Gt-78	河北省唐山市赵各庄	长山沟砂岩	1154（?）	

*除 4、7、9 为本文新发表，3 为 1964 年发表的数据外，其他均引自文献[3]。

　　从上述数据看来，可以初步确定华北震旦纪三个统的大致年龄范围，即 >1150 百万年，1150～1050 百万年及 1050～740 百万年。我国南方所称的震旦系陡山坨组按其年龄值仅相当于华北震旦系的上部。

2.3　古生代岩浆旋回

　　这次新发表的 20 多个古生代绝对年龄数据以西北地区（13 个，表 2）及江西省（5 个，表 3）较为集中。西北地区的数值指出：①该区从加里东期至海西晚期都有频繁的岩浆活动，以海西期更为发育。岩浆活动空间分布广泛，包括天山、祁连山及秦岭等古生代褶皱带和北山块断带。②伟晶岩活动有多期侵入特征：陕西商南地区在加里东期（526 百万年[2]、415 百万年）、海西早期（349 百万年、338 百万年）及海西晚期（263 百万年）都有伟晶岩出现。北山伟晶岩从海西早期（350 百万年）开始，至海西晚期（266 百万年）及燕山早期（207 百万年、185 百万年）。商南两个侵入超基性岩的酸性脉岩年龄值间接指出商南超基性岩侵入的上限在海西晚期。

　　北方其他地区古生代岩浆活动还有内蒙古宝格太庙的海西期伟晶岩（241 百万年）。辽宁凤城碱性岩的云母年龄指出其侵入时期为海西晚期（247 百万年），与云母共生的长石的年龄（218 百万年）也不晚于中三叠世。旅顺老铁山侵入震旦纪黄泥川组的伟晶岩年龄（228 百万年）也位于二叠—三叠纪界限附近。胶辽地区出现海西晚期的年龄数据是值得重视的一个问题。

在我国南方所得古生代绝对年龄数值较分散（表3）。宁岗花岗岩侵入中下奥陶世变质岩中，其上与泥盆纪砂岩成沉积接触，但岩体中黑云母年龄为 279 百万年，数值也比真实值年轻；采自同一花岗岩中副矿物独居石的 U–Pb 法年龄 206/238 与 208/232 值接近（表5），取 Th–Pb 年龄值为 423 百万年，指出岩体属加里东期。萍乡花岗岩也被认为属加里东期，而云母年龄为 246 百万年、249 百万年，估计这些岩体中的黑云母都可能受到后期地质变动的影响，使年龄值降低，都有必要再用岩体中副矿物进行 U–Pb 法检查测定。江苏海州磷灰岩产于前震旦纪变质岩中，但绝对年龄表明其形成时间相当于海西期。对浙江、福建的一些变质岩测定了三个数据，年龄值都比较年轻（231 百万年、277 百万年、204 百万年），而侵入这套变质岩系中的伟晶岩所得白云母年龄则为 361 百万年，显然上述三个变质岩中的云母数值不代表原来变质岩的年龄，或许与后期的断裂破坏或晚期岩浆活动影响有关。对浙闽地区变质岩系的时代问题，有待进一步系统的研究。

表5　江西宁岗黑云母花岗岩中独居石的 U-Pb 法年龄值

含量/%			放射成因铅/%			年龄值/百万年		
U	Th	Pb	206	207	208	206/238	207/235	208/232
0.1295	5.301	0.1127	7.60	0.60	91.8	445	607	423

云南西双版纳花岗岩绝对年龄（244 百万年）表明横断山块断带存在海西晚期岩浆活动，德钦花岗岩（220 百万年）看来也应与该期岩浆活动相当或稍晚些。沿该构造带向南至越南民主共和国奠边府–黑河一带的花岗岩，其绝对年龄为 230～250 百万年[4]，表明它们在岩浆活动的时间上有其共同性。

2.4　中、新生代岩浆旋回

中、新生代岩浆岩绝对年龄数据说明，胶辽地区都有燕山运动的岩浆活动，这在研究该地区古老变质岩系的绝对年龄时，应该充分考虑到它们的影响。

如前所述，云南西部地区除有海西期花岗岩以外，横断山块断带同样是一个中、新生代岩浆活动极其发育的构造带，根据已有数据可初步分出燕山早期及燕山晚期。梁河县斑状黑云母花岗岩及其伟晶岩年龄（169 百万年、167 百万年）是燕山早期岩浆活动的证明；燕山晚期岩浆活动包括陇川、盈江县粗粒黑云母花岗岩（86 百万年、81 百万年）。潞西中粒黑云母花岗岩被认为不整合在二叠纪砂页岩之下，但绝对年龄值为 118 百万年，也属燕山晚期。我国著名的个旧锡矿床主要与燕山晚期岩浆活动有关，可与越南民主共和国东北部的含锡花岗岩相比较[4]，并且有可能在云南发现喜马拉雅期的岩浆活动。此外，四川丹巴伟晶岩中白云母年龄（183 百万年）说明属燕山早期岩浆活动，而另一黑云母年龄（83 百万年）则属燕山晚期，其地质意义尚不清楚。

赣南地区新发表的数据在 141～162 百万年，它们再一次证实了"南岭主要的石英脉型钨矿成矿期属燕山早期"[1]。分布在江苏苏州、广东台山、增城等地的几个花岗岩中云母的绝对年龄分别属于燕山早期和燕山晚期，其中钠长石化作用则与后一时期有关，即苏州的 118 百万年、台山的 136 百万年和增城的 132 百万年。

2.5 希夏邦马峰地区的绝对年龄

我们测定了由希夏邦马峰登山科学考察队刘东生等采集的该地区八个样品，包括希夏邦马峰北坡的希夏邦马群变质岩及聂拉木等地的岩浆岩。希夏邦马峰北坡 5800m 的希夏邦马峰下部眼球状黑云母片麻岩[5]中的长石变斑晶与黑云母的 K-Ar 年龄值有较大的差别。眼球状变斑晶由白色与白色微红的两种微斜长石组成，分别测得为 38 百万年及 31 百万年，均属渐新世时期，而黑云母所得年龄则低得多，为 19 百万年（如以 $\lambda_k = 0.584 \times 10^{-10}$ 年$^{-1}$ 计算，为 17 百万年），属中新世。长石和云母的两个年龄可能表明喜马拉雅褶皱带变质岩系在第三纪受到不止一次的地壳运动的改造：黑云母年龄应表示中新世的地壳变动，而长石年龄可能代表早一次构造变动的遗迹。与这两次构造变动相应的岩浆活动在本区及雅鲁藏布江地区都得到一定程度的反应，如喜马拉雅褶皱带北侧边缘的曲水花岗岩的年龄为 36 百万年，希夏邦马峰地区的花岗岩及伟晶岩年龄为 11～15 百万年（如以 $\lambda_k = 0.584 \times 10^{-10}$ 年$^{-1}$ 计算，为 10～14 百万年），我们所得数据与 D. 克鲁梅纳歇[6]在喜马拉雅南侧尼泊尔境内所测变质岩及花岗岩年龄数据 9.8～17.6 百万年①同属一个时间范围。因此，证实中新世至上新世之间在喜马拉雅南北两侧普遍存在着一次强烈的地壳变动，并伴随了新的变质作用及岩浆活动。

3 结论

（1）长石年龄一般较云母偏低，但希夏邦马峰北坡则出现相反的现象，值得今后注意研究。在华南中生代岩浆活动频繁地区的一些花岗岩中的黑云母年龄常表现出年轻化，为取得更好的结果应配合副矿物的 U-Pb 法年龄测定。

（2）几个海绿石的年龄测定指出有可能利用海绿石划分我国华北震旦纪地层时代。

（3）喜马拉雅褶皱带在第三纪受到不止一次的地壳变动，中新世至上新世时期的一次强烈地壳运动在其两侧都得到年龄证据。

参 考 文 献

[1] 李璞等. 内蒙和南岭地区某些伟晶岩和花岗岩的钾-氩法绝对年龄测定. 地质科学，1963，1.

[2] 李璞等. 钾-氩法测定岩石矿物绝对年龄数据的报导. 地质科学，1964，1.

[3] Полевая Н, И, и Казаков Г, А. Возрастное расчление и корреляция древних немых отложений по отвошению Ar^{40}/K^{40} в глауконитах. Тр. Лабор. Геол. Докембр., 1961, вып. 12.

[4] Полевая Н. И. и др. Абсолютный возраст геолоический формаций. Международный геолорический

---

① D. 克鲁梅纳歇的数据采用 $\lambda_k = 0.584 \times 10^{-10}$ 年$^{-1}$。

конгресс XXII сессия, Докл. Совет. Геол. 1964.

[5] 施雅风, 刘东生. 希夏邦马峰地区科学考察初步报告. 科学通报, 1964, 第 10 号。

[6] Krummenacher D. Determinationsd'âge isotopique faites sur quelques roches de I' Himalaya du Népal par la méthode potassium-argon. Schweiz, Mineral. und Petrogr. Mitt. , Band 41, Heft 2. 1961.

（原文发表于《地质科学》, 1965, 2: 106~112）

辽东半岛岩石绝对年龄研究初步结果

中国科学院地质研究所绝对年龄实验室

提要 本书根据 83 个氩法数据和 9 个铅法数据确定鞍山群和辽河群的变质时期分别为 2400 百万年和 1900 百万年。辽东半岛东南端在燕山期构造岩浆作用影响下变质岩系呈现强烈地退变质现象。年龄数据还证实在半岛中部发育有从古生代晚期到中生代早期的岩浆岩。

1　前言

辽东半岛是我国前寒武纪地层比较发育的地区，同时也是最早开展地质研究工作的地区之一。新中国成立以后随着鞍山钢铁厂的建立，程裕淇等对鞍山地区地层层序和铁矿富矿的成因等方面进行了研究[1,2]。1958 年以后长春地质学院师生在辽东半岛进行了区测工作，对辽东地区变质岩系作了进一步的划分[3]①。李鸿业对鞍山、弓长岭两矿区进行了大量的工作[4,5]。由于变质岩地区地质历史的复杂性，在本区变质岩系层序、时代、岩浆活动和变质作用等方面，目前还存在许多问题。

1964 年中国科学院地质研究所在长春地质学院和有关生产单位的大力支持下，共同组成了辽东半岛前寒武纪地质年龄研究小组。试图通过岩石年龄研究，重点解决几个大的时代问题：如鞍山群和辽河群的时代问题，混合岩化和岩浆活动的时期问题。参加野外工作的人员有地质研究所的李璞、钟富道、范嗣昆、桂训唐、徐淑琼、杨学昌和许荣华等；长春地质学院有李树勋、卢良兆和王世称以及冶金部的张福来、周铭浩等。对一些在地质上有争议的地点进行了实地观察，并且较系统地采集了地质年龄研究样品。在工作中长春地质学院的董申保教授，冶金部的李鸿业同志、赵秀德工程师和赵家骅工程师均给予我们很大的帮助，特此表示深切的谢意。

绝对年龄测定是由中国科学院地质研究所绝对年龄实验室完成的。氩法计算年龄时采用了下列常数：

$$\lambda_K = 0.557 \times 10^{-10} \text{年}^{-1}$$
$$\lambda_\beta = 4.72 \times 10^{-10} \text{年}^{-1}$$

工作地区包括沈大铁路线以东，北至鞍山和辽阳弓长岭矿区，南到庄河，东至岫岩苏子沟，往北东方向延至草河口、连山关一带，而以鞍山区为重点。

绝对年龄测定以氩法为主，并利用一些含放射性元素的副矿物作铀–铅法测定以便进行比较。部分的实际资料是于津生和程学志等在野外采集的。

---

① 张秋生等. 1964. 太古代鞍山群与辽河群的划分和鞍山铁矿层位的隶属问题。

2　绝对年龄数据的讨论

在表1和表4中共列出83个氩法测定数据，基本上集中在下列两个地区（图1）：①鞍山-海城-弓长岭-连关山地区共有数据36个（表1），其中包括伟晶岩5个、混合岩及花岗岩8个、铁矿的近矿围岩5个，其他变质岩类和铁矿的远矿围岩18个。②金县-新金-庄河地区，共有数据47个（表4），其中包括变质岩29个、岩浆岩18个。为了对比起见我们还列出过去已发表的有关本区前寒武纪岩石的绝对年龄数据10个（表2），以做参考。

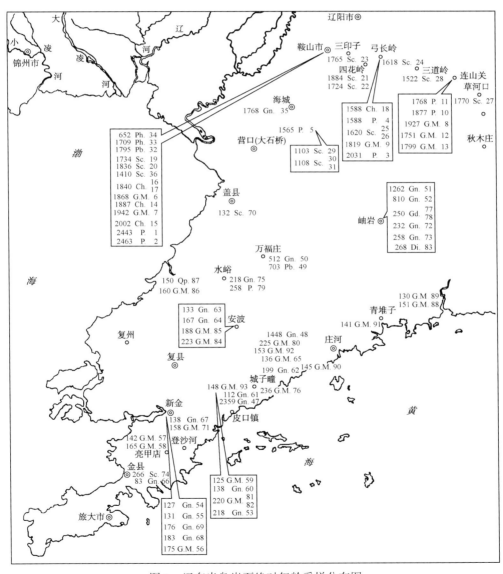

图 1　辽东半岛岩石绝对年龄采样分布图

Ch. 绿泥石云母片岩（铁矿蚀变围岩）；Sc. 片岩；Ph. 千枚岩；Gn. 片麻岩及角闪岩；
Gd. 花岗闪长岩；G. M. 花岗岩及混合岩；P. 伟晶岩；Di. 闪长岩；Qp. 石英斑岩

表1 鞍山、海城、弓长岭地区岩石的绝对年龄

岩类	序号	原编号	岩石名称	样品名称	采样地点	K^{40}/(10^{-6} g/g)	Ar^{40}/K^{40}	年龄值/百万年	取值/百万年
伟晶岩	1	64-L-124	混合岩中伟晶岩团块	白云母	鞍山铧台山西北200公尺	7.78	0.2775	2443	
	2	64-L-121	混合岩中伟晶岩脉	白云母	鞍山樱桃园北一山坑道	9.77	0.2873	2463	
	3	64-L-86	下混合岩中伟晶岩团块	白云母	弓长岭二矿区	10.03	0.2029	2031	
	4	64-L-81	上混合岩中伟晶岩团块	白云母	弓长岭二矿区	9.80	0.1384	1588	
	5	64-L-54	混合岩中伟晶岩	白云母	海城王家圦子	9.59	0.1355	1565	
	6	64-L-96	混合岩中脉状伟晶岩	白云母	鞍山王家堡子二矿六坑	9.85	0.1773	1868	}1910
	7	64-L-110	混合岩中脉状伟晶岩	黑云母	鞍山樱桃园北山坑道	10.90	0.1885	1942	
	8	NO-91	混合岩中脉状伟晶岩	白云母	辽阳三道岭	10.41	0.1862	1927	
混合岩及花岗岩	9	H-Г-5	上混合岩	白云母	弓长岭矿区	10.24	0.1700	1819	
	10	NO-164	莲山关花岗岩中的伟晶岩	白云母	本溪莲山关	9.89	0.1786	1877	1800
	11	NO-152	白岗岩中伟晶岩	白云母	本溪莲山关	10.66	0.1628	1768	
	12	连-31	肉红色花岗岩	白云母	本溪莲山关	10.35	0.1603	1751	
	13	连-17	灰白色花岗岩	白云母	本溪莲山关	10.68	0.1671	1799	
富铁矿的近矿围岩	14	64-L-109	白云母绿泥石片岩	白云母	鞍山樱桃园北三山坑道	9.64	0.1728	1887	
	15	64-L-107	白云母绿泥石片岩	白云母	鞍山王家堡子三矿	7.91	0.1982	2002	}1840
	16	64-L-101	白云母绿泥石片岩	白云母	鞍山王家堡子二矿六坑	10.31	0.1676	1802	
	17	64-L-101	白云母绿泥石片岩	白云母	鞍山王家堡子二矿六坑	10.31	0.1793	1882	
	18	64-L-83	黑云母绿泥石片岩	黑云母	弓长岭二矿区	8.20	0.1384	1588	

续表

岩类	序号	原编号	岩石名称	样品名称	采样地点	K^{40}/$(10^{-6}g/g)$	Ar^{40}/K^{40}	年龄值/百万年	取值/百万年
	19	L-220-3	铁矿下盘的千枚状片岩	全岩	鞍山 对面山	6.10	0.1580	1734	1785
	20	L-220-5	铁矿下盘的千枚状片岩	全岩	鞍山 对面山	4.36	0.1727	1836	
	21	64-L-64	黄绿色千枚状片岩	全岩	鞍山 四花岭	4.68	0.1797	1884	1800
	22	64-L-65	黑绿色千枚状片岩	全岩	鞍山 四花岭	4.07	0.1565	1724	
	23	64-L-66	绢云母石英片岩	全岩	鞍山三印子	1.11	0.1623	1765	
	24	64-L-76	石榴石云母片岩	全岩	老弓长岭	3.06	0.1423	1618	
	25	64-L-80	麻岭混合岩中的千枚状片岩捕掳体	全岩	石门	6.37	0.1407	1606	1620
	26	64-L-80	麻岭混合岩中的千枚状片岩捕掳体	全岩	石门	6.37	0.1443	1633	
其他变质岩	27	64-L-90	石英云母片岩	白云母	草河口大荒沟	11.02	0.1630	1770	
	28	64-L-92	千枚状片岩	全岩	辽阳三道岭	7.82	0.1338	1522	
	29	64-L-53	菱镁矿底盘云母石英岩	全岩	海城下房身镁矿	6.14	0.0833	1103	1100
	30	64-L-52	云母石英片岩	全岩	海城缸窑岭	5.40	0.0792	1061	
	31	64-L-51	云母石英片岩	全岩	海城缸窑岭	5.58	0.0887	1156	
	32	L-209-3	浅绿色千枚岩	全岩	鞍山黑牛庄	9.85	0.1665	1795	1750
	33	64-L-116	浅绿色千枚岩	全岩	鞍山后玫	4.21	0.1545	1709	
	34	64-L-115	砂质千枚岩	全岩	鞍山判甲炉	11.11	0.0433	652	
	35	64-L-50	斜长角闪岩	全岩	海城它山铺董家沟	0.60	0.1627	1768	
	36	64-L-71	云母石英片岩	白云母	鞍山东小寺北山	9.42	0.1166	1410	

表 2　鞍山地区已有的绝对年龄数据

序号	原编号	岩石名称	样品名称	采样地点	$K^{40}/(10^{-6}$ g/g$)$	Ar^{40}/K^{40}	年龄值/百万年	取值/百万年
37	1	下混合岩中伟晶岩团块	白云母	弓长岭二矿区茨沟口	8.86	0.2160	2110	2230[6]
38	2	下混合岩中伟晶岩团块	白云母	弓长岭后台沟	8.13	0.2560	2330	
39	3	混合岩中伟晶岩团块	白云母	鞍山东小寺	10.33	0.2422	2260	
40	4	混合岩中伟晶岩脉	白云母	西鞍山铁矿区	8.81	0.1400	1600	1500[6]
41	5	混合岩中伟晶岩脉	白云母	海城下房身	9.08	0.1153	1400	
42	LN-01	混合岩	白云母	鞍山樱桃园	10.35	0.2635	2372	2400[7]
43	LN-02	白云母绿泥岩	白云母	鞍山樱桃园	10.26	0.2746	2428	
44	LN-4002-1	连山关花岗岩	白云母	本溪连山关	9.47	0.1638	1776[7]	
45	LN-4002-2	连山关花岗岩	白云母	本溪连山关	10.94	0.1389	1592[7]	
46	LN-4004	连山关花岗岩	白云母	本溪连山关	9.36	0.1872	1933[7]	

　　由于辽东半岛地区地质历史的复杂性，现有的绝对年龄数据不可能获得完满地解释，仅就其中几个问题进行初步探讨。

2.1　鞍山群地区混合岩化作用的分期问题

　　辽东半岛和其他前寒武纪地质区一样，岩浆活动和混合岩化作用是比较复杂的、多期的。后期的岩浆活动和混合岩化作用常常使早期已形成的地质建造（混合岩和变质岩）受到深刻的影响，并使这些较老岩石的地质年龄变得年青。

　　采自鞍山炮台山西北200m处和樱桃园北一山坑道附近混合岩中两个伟晶岩的白云母，测得其年龄为2443百万年和2463百万年（表1，序号1~2），这是到目前为止在鞍山地区获得的最高年龄值。在后一地点铁矿层被混合岩化了，并且在混合岩中找到有它的捕房体，因此可以肯定含铁岩系的年龄应大于2400百万年。采自辽阳弓长岭矿区下混合岩中的伟晶岩年龄为2031百万年（表1，序号3），较之同一地区已发表的两个同类岩石数据稍低一些（表2，序号37~38）。在同一矿区上混合岩中的伟晶岩年龄为1588百万年（表1，序号4），这一结果与海城王家坎子伟晶岩的年龄特别相近——1565百万年（表1，序号5）。

　　混合岩的年龄以过去发表过的一个樱桃园的数据为最高——2372百万年（表2，序号42），我们这次获得的最高值是樱桃园北三坑道和辽阳三道岭的混合岩，其年龄值分别为1942百万年和1927百万年（表1，序号7~8）。弓长岭上混合岩一个数为1819百万年（表1，序号9），连山关岩体中一个伟晶岩年龄为1877百万年（表1，序号10），与之有关的白岗岩中的伟晶岩、肉红色花岗岩，以及灰白色花岗岩的年龄值稍低，变化于1751~1799百万年（表1，序号11~13）。

　　对于铁矿的近矿围岩我们分析了四个样品，其中一个样品（64-L-101）进行过重复测定，数据的重现性较好，平均值为1840百万年（表1，序号16~17），王家堡子三矿区白云母年龄较高为2002百万年（表1，序号15），樱桃园北三山坑道的一个样品获得年龄值为1887百万年（表1，序号14）；弓长岭二矿区的黑云母绿泥石片岩的年龄结果与该矿区上混合岩中伟晶岩的年龄完全一致——1588百万年（表1，序号18）。

从上列18个数据并结合已发表的10个数据看来，我们就可以发现许多错综复杂的现象。根据地质观察鞍山本区混合岩、弓长岭混合岩及连山关花岗岩的主体之间有许多共同点：如岩性都很不均一，鞍山及连山关岩石中都有鞍山铁矿的捕虏体；但也有一些不同的地方，特别明显的是接触围岩岩性不尽相同，包括围岩时代的不同，因此三处岩体的关系如何？确实是值得进一步研究的问题。年龄数据表明：①鞍山本区混合岩或其中伟晶岩团块有2400百万年的数值，同时鞍山区与混合岩接触的富矿围岩——白云母绿泥片岩中也有类似的数值，因此鞍山地区应有2400百万年一期的混合岩化，并影响了铁矿围岩。②弓长岭区有两期混合岩存在，通常区别为下混合岩和上混合岩，铁矿层位于其间。下混合岩中三个伟晶岩年龄分别为2031百万年，2110百万年和2330百万年（表1，序号3；表2，序号37～38），其平均值为2156百万年。这表明弓长岭下混合岩的形成时期可能比鞍山区混合岩稍晚。③连山关岩体中尚未发现高于2100百万年的年龄值，已获得的最高值为1933百万年（表2，序号46），其形成时代晚于鞍山混合岩及弓长岭混合岩。④鞍山地区混合岩中伟晶岩有1900～1800百万年的数据；同时近矿围岩也有这组年龄值；弓长岭上混合岩也有一个数据为1819百万年；此外在连山关岩体中一个伟晶岩以及三道岭混合岩均有相近似的年龄值，分别为1877百万年和1927百万年，这些数值都充分说明鞍山–弓长岭–连山关地区有相当于1900～1800百万年这样一期较强烈的岩浆活动。并且说明弓长岭上混合岩晚于下混合岩。⑤在弓长岭地区还有更晚的一期岩浆活动，以石门的麻峪花岗岩为代表，其年龄根据在该花岗岩中已被改造过的捕虏体确定为1620百万年（表1，序号25～26）；在弓长岭上混合岩中也有相当于1588百万年的伟晶岩和铁矿近矿围岩存在。

上述年龄数据说明在同一岩体中有重叠的岩浆活动或混合岩化作用，并各有其被影响的围岩。这种重叠的地质作用使岩体本身复杂化，使一般常用的地质方法难以把它们分开。但根据年龄测定结果可帮助我们辨别这一复杂的历史过程。

综上所述伟晶岩、混合岩、花岗岩及铁矿近矿围岩的年龄值，可将本区前寒武纪岩浆活动及混合岩化作用分为五期。

第一期：2440～2330百万年，以鞍山本区最发育，无论是该区的混合岩，以及发育于其中的脉状、团块状伟晶岩，或者是铁矿的近矿围岩都有其代表。弓长岭的下混合岩也可能属于这一期。鞍山群受到这期混合岩化的影响，因此它的沉积时期应大于2440百万年。

第二期：2260～2110百万年，以鞍山东小寺混合岩中伟晶岩和弓长岭后台沟、茨沟的下混合岩中伟晶岩为代表。从年龄数据来看分布不广，能否成为独立一期尚待进一步研究。

第三期：2031～1820百万年，以鞍山区的混合岩、弓长岭的上混合岩和下混合岩中伟晶岩，以及鞍山区的近矿围岩为代表。海城它山铺董家沟的斜长角闪岩年龄值为1768百万年（表1，序号35），可能是受这期活动的影响。

第四期：1800～1770百万年，以连山关岩体中的肉红色花岗岩、灰白色花岗岩和白岗岩中伟晶岩为代表。

第五期：1630～1590百万年，以弓长岭上混合岩中伟晶岩，海城王家坎子的伟晶岩，石门的麻峪混合岩以及弓长岭区的近矿围岩为代表。

上述五期岩浆活动和混合岩化作用以一、三、四期较为重要，而其中尤以一、三两期分布更为广泛一些。铁矿近矿围岩受各期活动的影响几乎都有其代表性的年龄值，尤以一、三期数据为最多，因此 2400 百万年[①]和 1900 百万年[②]很可能代表两个重要的地质变动时期。

2.2 鞍山群和辽河群的关系问题

根据鞍山富铁矿的近矿围岩及其相邻混合岩的年龄测定结果，如前所述鞍山群的沉积时期应当老于 2400 百万年，并且在沉积后受到数次花岗岩浆作用及混合岩化作用的影响。鞍山地区的鞍山群是否与辽河群下部是一个地层？为了解决这个问题，我们测定了鞍山对面山铁矿下盘的千枚状片岩，得出两个数据分别为 1734 百万年和 1836 百万年（表1，序号 19 ~ 20），平均值为 1785 百万年。三印子混合岩中片岩捕房体的数据为 1765 百万年（表1，序号 23）；四花岭两个千枚状片岩的年龄值分别为 1884 百万年和 1724 百万年，平均值为 1800 百万年。这一结果与对面山铁矿下盘千枚状片岩的年龄值是一致的。此外还对鞍山区黑牛庄和后坟两地不整合于含铁矿层之上的千枚岩进行了测定（表1，序号 32-33），得出 1795 百万年和 1709 百万年，平均值为 1750 百万年。草河口大荒沟一个石英云母片岩得出年龄为 1770 百万年（表1，序号 27）。草河口的片岩一般都认为是标准的辽河群下部地层，从年龄值来看它与后坟、黑牛庄的千枚状片岩很接近。但是判甲炉组千枚岩（表1，序号 34）测得的年龄值仅为 652 百万年。

从上述七处全岩年龄值来看，虽然对面山及四花岭的样品中都出现高于 1800 百万年的年龄，但也出现比它低的数值；在后坟和黑牛庄两处虽然有远远低于 1800 百万年的数据，但也有接近 1800 百万年的年龄值。因此现有全岩数据不能确定鞍山群及辽河群的真实年龄及其确切的分界。但这些全岩的数据可能说明：①四花岭千枚状片岩与对面山铁矿下盘的千枚状片岩应属同一层。②后坟和黑牛庄两处的千枚岩也属同一层位，虽然在年龄值上与四花岭、对面山的数据似乎比较接近，但是由于有明显的不整合存在，其层位应比上述两处的千枚状板岩高。判甲炉的千枚岩年龄值则低很多，也不能与后坟、黑牛庄视为同一层位。③草河口的石英云母片岩如为区域变质产物，则说明辽河群沉积至少是在 1770 百万年之前，但在时间上它与鞍山群沉积时期仍相差甚远，二者不属于同时代的产物。侵入辽河群的连山关花岗岩其早期有 1933 百万年的数值，说明辽河群不仅大于 1770 百万年，也大于 1933 百万年。④至于鞍山群和辽河群的时代分界究竟放在哪一段似可根据所得数据作如下的分析。鞍山群沉积时期>2400 百万年，本区第一期岩浆作用及混合岩化时期为 2400 百万年，可能也是鞍山群第一次受变质时期。本区另一个主要的岩浆作用及混合岩化时期为 1900 百万年，这个时期包括侵入辽河群的连山关早期花岗岩，相当于辽河群第一次遭受变质的时期。这样辽河群与鞍山群的分界>1900 百万年，<2400 百万年。表3 试列出本区前寒武纪几个主要地质历史时期。

---

① 根据 5 个数据取其平均值。
② 根据 10 个数据取其平均值。

表3　辽东半岛岩浆作用、变质作用与沉积时期的关系

年龄/百万年	沉积时期	岩浆作用及混合岩化期	变质作用
650	------判甲炉组沉积期		判甲炉组变质时期
1620	------	麻峪花岗岩及本区晚期的伟晶岩	
1770	？	第三期混合岩化边山关花岗岩晚期侵入边山关花岗岩早期侵入	辽河群主要变质时期鞍山群再变质(?)
1900	------辽河稊沉积时期	第二期混合岩化	
2260	------？	------	
2400	------鞍山稊沉积时期	第一期混合岩化	鞍山群主要变质时期

由于代表 2260～2110 百万年的伟晶岩只见于直接与鞍山群有关的混合岩中，推测辽河群沉积可能开始于 2260 百万年之后。表 1 中还列出几个 1100 百万年左右的数值（表 1，序号 29～31），可能属于另一期地壳变动时期，并形成海城菱镁矿矿床。

2.3　辽东半岛东南部古老变质岩系年龄再造现象

金县亮甲店、温家沟、新金皮口镇、城子疃一带的变质岩系，长春地质学院划为下鞍山群，其岩性有条带状黑云母斜长片麻岩、条带状混合岩、花岗片麻岩、眼球状花岗片麻岩、角闪岩和斜长角闪岩等。我们曾在这一地区系统地采集了各种变质岩标本，希望能得到鞍山群下部的年龄，但是在已测得的 29 个数据中只有新金皮口镇王家屯附近的角闪岩（表 4，序号 47）年龄值高达 2359 百万年，与鞍山区第一期混合岩年龄相当；在新金双塔镇北于家屯的角闪岩仅相当于前寒武纪上部，年龄低至 1448 百万年（表 4，序号 48）。往北至岫岩滚马岭的一个角闪片麻岩根据角闪石测得年龄为 1262 百万年（表 4，序号 51–52），而按黑云母测定仅得 810 百万年。更令我们惊奇的是该地区大多数片麻岩，花岗片麻岩的年龄不但不是前寒武纪，而是晚古生代至中生代，而且更多的是中生代，年龄数值完全与它们所处的古老地层层位不相适应。23 个数据中年龄在 200～266 百万年占 6 个，在 165～180 百万年的有 6 个，在 83～140 百万年之间的占 11 个，总平均值为 165 百万年。出现这种情况既不是实验的系统误差，也不能怀疑样品的不新鲜，因为大多数的样品均取自采石场的人工露头，所用矿物的新鲜程度是不容怀疑的。

表4　新金、金县等地的变质岩和花岗岩的绝对年龄

岩类	序号	原编号	岩石名称	样品名称	采样地点	$K^{40}/(10^{-6}g/g)$	Ar^{40}/K^{40}	年龄值/百万年	取值/百万年
变质岩	47	64-L-27	角闪岩	全岩	新金皮口镇王家屯	0.71	0.2611	2359	
	48	64-L-37	角闪岩	全岩	新金双塔镇北于家屯	1.18	0.1210	1448	

续表

岩类	序号	原编号	岩石名称	样品名称	采样地点	$K^{40}/$ $(10^{-6}g/g)$	Ar^{40}/K^{40}	年龄值/ 百万年	取值/ 百万年
变质岩	49	64-L-146	千枚岩	全岩	盖县万福庄碧流河边	5.10	0.0473	703	
	50	64-L-147	黑云母片麻岩	黑云母	盖县东小锅峪	8.43	0.0327	512	
	51	64-L-135	角闪片麻岩	角闪石	岫岩滚马岭	0.95	0.0998	1262*	
	52	64-L-135	角闪片麻岩	黑云母	岫岩滚马岭	1.45	0.0563	810	
	53	64-L-19	黑云母片麻岩	全岩	新金赵家屯采石场	9.14	0.0128	218	
	54	64-L-2	黑云母角闪石斜长片麻岩	黑云母	金县亮甲店南采石场	9.22	0.0073	127	
	55	64-L-6	黑云母斜长花岗片麻岩	黑云母	金县蚕厂第三采石场	7.99	0.0077	131	
	56	64-L-7	片麻状二云母花岗岩	白云母	金县蚕厂第二采石场	10.50	0.0102	175	
	57	64-L-8	片麻状花岗岩	黑云母	金县温家沟采石场	8.56	0.0086	142	
	58	64-L-9	片麻状花岗岩中暗色残体	角闪石	金县温家沟采石场	1.69	0.0096	165	
	59	64-L-17	条带状混合岩	黑云母	新金宋家炉采石场	8.39	0.0072	125	
	60	64-L-20	黑云母片麻岩	黑云母	新金赵家屯采石场	9.16	0.0080	138	
	61	64-L-26	黑云母片麻岩	黑云母	新金皮口镇王家屯	5.15	0.0064	112	
	62	64-L-29	绿泥石化片麻岩	全岩	新金宋家屯东采石场	4.00	0.0117	199	
	63	64-L-35	黑云母花岗片麻岩	黑云母	新金老粉房	7.17	0.0077	133	
	64	64-L-38	眼球状片麻岩	黑云母	新金聂家屯	6.42	0.0097	167	
	65	64-L-43	条带状混合岩	黑云母	新金瓦房里南	8.76	0.0079	136	
	66	64-L-154	黑云母条带状片麻岩	黑云母	金县宋家屯采石场	6.38	0.0047	83	
	67	64-L-153	黑云母片麻岩	黑云母	新金杨清沟南山	6.10	0.0085	138	
	68	64-L-4	角闪斜长片麻岩中暗色团块	角闪石	金县亮甲店南采石场	1.78	0.0107	183*	
	69	64-L-4	角闪斜长片麻岩中暗色团块	黑云母	金县亮甲店南采石场	5.94	0.0102	176*	
	70	64-L-150	黑云母片岩	黑云母	盖县东6km	8.59	0.0076	132	
	71	64-L-16	片麻状花岗岩	黑云母	新金矿硐子	5.26	0.0092	158	
	72	64-L-128	黑云母角闪石片麻岩	黑云母	岫岩松树咀	7.10	0.0137	232	
	73	64-L-136	黑云母片麻岩	黑云母	岫岩小王家堡子河东	8.86	0.0154	258*	
	74	64-L-156	绿泥石英片岩	全岩	金县大松岚采石场	3.15	0.0159	266	
	75	64-L-152	黑云母花岗片麻岩	黑云母	熊岳水峪杨运中学	8.77	0.0128	218	
花岗岩	76	64-L-25	中粒黑云母花岗岩	黑云母	新金花儿山采石场	7.97	0.0140	236	>240
	77	64-L-126	斑状花岗闪长岩	黑云母	岫岩北五道河	8.14	0.0140	236	
	78	64-L-126	斑状花岗闪长岩	角闪石	岫岩北五道河	1.28	0.0157	263	
	79	64-L-125	二云母花岗岩中伟晶岩团块	白云母	海城-岫岩分水岭	9.87	0.0154	258	
	80	64-L-42	黑云母斑状花岗岩	黑云母	新金刘家屯	6.23	0.0133	225	

续表

岩类	序号	原编号	岩石名称	样品名称	采样地点	$K^{40}/(10^{-6}g/g)$	Ar^{40}/K^{40}	年龄值/百万年	取值/百万年
花岗岩	81	64-L-21	中粒黑云母花岗岩	黑云母	新金孤山子西采石场	8.09	0.0132	223	}240
	82	64-L-21	中粒黑云母花岗岩	黑云母	新金孤山子西采石场	8.09	0.0124	211	
	83	64-L-127	暗灰色黑云母闪长岩	黑云母	岫岩黄岭子	8.58	0.0150	268	
	84	64-L-39	粗粒黑云母片麻状花岗岩	黑云母	新金万莲子沟	8.91	0.0132	223	
	85	64-L-34	细粒花岗岩	黑云母	新金安北汤北石棚子	7.50	0.0110	188	}165
	86	64-L-46	华铜斑状花岗岩	黑云母	复县华铜	9.10	0.0093	160	
	87	64-L-48	石英斑岩	全岩	复县华铜	5.01	0.0087	150	
	88	64-L-145	黑云母角闪石斑状花岗岩	黑云母	庄河东石牌坊采石场	8.59	0.0088	151	
	89	64-L-144	黑云母角闪石斑状花岗岩	黑云母	庄河东石牌坊采石场	7.15	0.0075	130	}145
	90	64-L-44	黑云母斑状花岗岩	黑云母	新金张家栏子北山	8.49	0.0085	145	
	91	64-L-141	黑云母角闪石斑状花岗岩	黑云母	庄河土门子	8.14	0.0082	141	
	92	64-L-41	黑云母斑状花岗岩	黑云母	新金小杨家屯	8.67	0.0089	153	
	93	64-L-24	黑云母斑状花岗岩	黑云母	新金周家屯采石场	8.14	0.0086	148	

* 据张学俊. 1965. 角闪石测定绝对年龄（K-Ar）的适应性。

例如，我们工作较详细的几处——金县亮甲店、蚕厂、温家沟及新金矿硐子、宋家炉等地都采自距地表以下 10～20m 的新鲜露头，显微镜下观察角闪石及黑云母都无任何蚀变或风化迹象。金县亮甲店采石场样品为条带状片麻岩，宋家炉采石场样品也为条带状片麻岩，局部混合岩化现象很明显，从岩石性质来看不会怀疑他们不属古老变质岩系。但前者的黑云母测得年龄为 127 百万年（表4，序号54），后者黑云母年龄为 125 百万年（表4，序号59），其时代相当于白垩纪。金县温家沟采石场样品为片麻状花岗岩，岩石结构很不均匀；新金矿硐子采石场样品岩性与温家沟的相似，但粒度稍细，在岩石结构上也与常见的中生代花岗岩迥然不同。但前者黑云母年龄为 142 百万年，角闪石年龄为 165 百万年（表4，序号57-58）；后者黑云母为 158 百万年（表4，序号71），均属侏罗纪。此外，如新金北老粉房至聂家屯剖面可以称为标准的变质岩系剖面，但是它们测得的年龄值仍然属于中生代（表4，序号63-65），这就不能不考虑到地质上的原因了。

为了弄清这个问题，我们在亮甲店、温家沟、宋家炉、蚕厂、聂家屯等处的片麻岩中选出锆英石进行铀–铅法的年龄测定，同时在金县登沙河自然重砂中选出两个锆英石进行铀–铅法测定，试图找出这些岩石原来的变质年龄。从表5可以看出所列7个锆英石，虽然同一矿物按四组同位素比值计算年龄彼此很不一致，但是其中5个样品根据207/206这对比值求得的年龄却很接近，变化于 1985～2590 百万年，平均值为 2340 百万年。年龄值存在下列不等式：207/206＞207/235＞206/238。我们采用了韦瑟里–阿伦斯（Wecherill–Arens）作图法以求矿物的真实年龄[8]。在 207/235–206/238 组成的直角坐标图（图2）上7个锆英石的点大致可以连成一条直线。按照阿伦斯的解释直线上端与曲线有一个交点代表矿物的真实年龄。在图2中，这个焦点相当于2210百万年。

表5　辽东半岛岩石中锆英石等矿物的绝对年龄

序号	编号	U /%	Th /%	Pb ×10⁻² /%	Pb²⁰⁴ /%	Pb²⁰⁶ /%	Pb²⁰⁷ /%	Pb²⁰⁸ /%	普通铅 /%	年龄值/百万年			
										206/238	207/235	208/232	207/206
1	64-L-2	0.0274	0.0113	1.10	1.11	34.67	19.15	45.07	74.66	517	880	1212	1985
2	64-L-8	0.1198	0.0427	3.31	1.31	24.80	21.00	51.80	87.97	118	376	936	2570
3	64-L-17	0.0533	0.0200	0.62	0.84	40.75	16.95	41.48	56.23	242	673	820	2325
4	64-L-6	0.1223	0.1566	1.98	1.06	31.10	19.50	48.20	71.24	180	622	304	4080
5	64-L-11 白	0.2461	0.0426	1.06	0.66	48.30	16.60	34.50	44.21	124	373	626	2590
6	64-L-11 黄	0.0160	0.0102	0.39	1.02	28.60	17.40	53.40	67.99	233	531	1012	2225
7	64-L-38	0.1380	0.0513	0.48	0.48	63.50	9.70	26.30	68.29	132	112	198	—
8	64-L-88	0.0039	0.0058	0.63	0.98	38.00	18.00	43.00	67.75	2335	2210	1655	2132
9	64-L-42	0.0399	0.0011	0.72	0.78	30.20	18.68	50.20	55.08	183	985	130	3960

注：序号1，编号64-L-2；测定矿物：锆英石；产地：金县亮甲店南采石场；岩石：黑云母角闪斜长片麻岩。

序号2，编号64-L-8；测定矿物：锆英石；产地：金县温家沟第一采石场；岩石：片麻状花岗岩。

序号3，编号64-L-17；测定矿物：锆英石；产地：新金宋家炉；岩石：条带状混合岩。

序号4，编号64-L-6；测定矿物：锆英石；产地：金县蚕厂第三采石场；岩石：黑云母斜长花岗片麻岩。

序号5，编号64-L-11 白；测定矿物：锆英石；产地：金县登沙河；岩石：河谷重砂。

序号6，编号64-L-11 黄；测定矿物：锆英石；产地：金县登沙河；岩石：河谷重砂。

序号7，编号64-L-38；测定矿物：锆英石；产地：新金聂家屯；岩石：眼球状片麻岩。

序号8，编号64-L-88；测定矿物：石榴石；产地：辽阳弓长岭茨沟；岩石：下混合岩。

序号9，编号64-L-42；测定矿物：榍石；产地：新金刘家屯；岩石：黑云母斑状花岗岩。

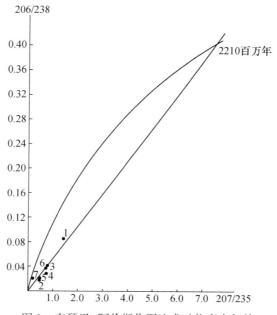

图2　韦瑟里–阿伦斯作图法求矿物真实年龄

按豪特曼斯（Houtermans）等时线法作图在 206/204–207/204 构成的直角坐标系中具有一致的原生铅同位素的点应当落在一条直线上。该直线斜率 $\tan \alpha = (e^{\lambda' t} - 1)/(e^{\lambda' t} - 1)$，即相当于 207/206 的比值，也就是矿物的真实年龄。作图结果其值为 2260 百万年（图 3）。

上述两种作图法求得的锆英石年龄值与实验所得锆英石的平均年龄值很接近。因此，铀–铅法测定锆英石年龄的结果可以初步确定金县、新金一带变质岩及片麻状花岗岩的真实年龄（即原始变质年龄）为 2200～2300 百万年，与同区所得角闪石的年龄值——2359 百万年很接近。锆英石和角闪石年龄与黑云母年龄产生很大的偏差，这显然是由于后期地质变动造成的叠加影响而引起的。

野外观察在新金海滨一带鞍山群退变质现象比较显著，如新金城子疃–皮口镇海滨一线的条带状黑云母（角闪石）片麻岩和部分的斜长角闪岩都表现有强烈绿泥石化，沿麻理方向原岩构造及眼球状长石变斑晶仍有保留。但在变动强烈的地段，整个岩石变成绿泥石片岩，说明本区晚期构造运动是剧烈的。与此同时，在这一带有大量的花岗岩分布。它们都不具片麻状构造，岩性也不类似上述的矿碉子、温家沟的花岗片麻岩；其年龄测定结果属燕山期，而本区大部分片麻岩中黑云母也恰好测得相同的年龄。因此就有理由把本区片麻岩云母年龄变低的原因与燕山期的构造作用和岩浆作用联系起来。在燕山期构造岩浆作用的影响下，不仅使这一地区鞍山群变质岩在矿物成分及结构构造上发生很大的变化，而且也使变质岩中某些矿物特别是云母类矿物的年龄再造。

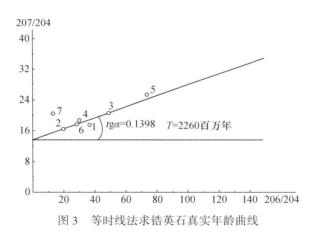

图 3　等时线法求锆英石真实年龄曲线

上述实例在本区具有普遍意义，因此要获得本区变质岩系的真实年龄应采用多方面的研究，包括选择受晚期构造变动弱的地区或地质体、晚期花岗岩不发育的地区以寻找适用于测定年龄的矿物；在变质剧烈或晚期花岗岩发育的地区应选择不同矿物，利用多种研究年龄的方法以作对比。为了弄清楚这一地区复杂的地质历史，这项工作今后有必要加以重视。

2.4　花岗岩体的时代

辽东半岛南部花岗岩的年龄也是很有意思的，根据现有的 18 个数据大都属中生代，或晚期古生代和早期中生代（表 4，序号 76–93）。可以划分为三个期。

第一期：240 百万年（表 4，序号 76–84），本期还可以细分为两组，即 260 百万年和

225 百万年。在这一时期的侵入体中包括粗粒斑状黑云母花岗岩、花岗闪长岩和中粒均粒花岗岩，前者见于岫岩五道河、新金万莲子沟；后者出现在新金花儿山。

第二期：165 百万年，属于这一期的有复县华铜的斑状花岗岩及其中的石英斑岩，新金安北汤北石棚子细粒花岗岩年龄为 188 百万年，也暂划为这一期。在石棚子的细粒花岗岩中见到第一期粗粒斑状花岗岩的捕掳体。

第三期：145 百万年，为粗粒斑状黑云母花岗岩或黑云母角闪石花岗岩（表4，序号88–93）。这种花岗岩常同化混染了角闪片麻岩从而在某些地方角闪石增多，而且普遍地出现榍石，其含量高达百分之几。这期花岗岩分布很广，见于庄河土门子、石牌坊、新金张家栏子、小杨家屯、周家屯等地。其中一部分过去长春地质学院划为混合岩，而年龄结果说明它们是燕山期的花岗岩。

工作中曾获得过第三期花岗岩中一个榍石[①]（表5，序号9）的年龄值，根据 208/232 的比值为 130 百万年，属于中生代的产物。

花岗岩的年龄测定结果说明本区出现在辽河群及鞍山群中的花岗岩大部分是晚古生代和早期中生代的产物。前寒武纪的花岗岩并不如前人所说的那样广泛。从本区中生代花岗岩年龄数值来看，它与我国东南沿海地区中生代的花岗岩年龄有一致性。在我国南方这一时期的花岗岩大都含有丰富的金属矿产，在辽东半岛地区是否也可以找到与我国南方中生代花岗岩中相似的矿床，确实是值得引起注意的问题。

3 结语

上述绝对年龄数据对辽东半岛地质发育史上一些有争论的问题还远远不能完满地解决，但是对过去许多地质上的结论不得不重新加以考虑，寻求新的解释。

（1）鞍山地区出现的鞍山群含铁岩系不是辽河群下部一个组，而是辽东地区目前已知的最古老地层。它经过两次强烈的变质，变质时期分别为 1900 百万年和 2400 百万年。

（2）辽东半岛东南端金县、新金、庄河一带的变质岩系，在燕山期构造岩浆作用的影响下，岩石的年龄有再造现象。其中氩法测得云母的年龄数据全部偏低，副矿物锆英石的铀–铅法测得年龄结果与角闪岩的最高年龄值接近，可能代表其原始变质年龄。

（3）半岛中部庄河以北海城、岫岩一带发育从晚古生代末期到中生代早期的花岗岩，其中尤以燕山期的侵入最为普遍，分布最广。

（4）铀–铅法测定弓长岭茨沟下混合岩中一个石榴石（表5，序号8）的年龄结果，在四组数据中有三种彼此很接近，如 206/238、207/235、207/206 三组比值计算出的年龄值分别为 2335 百万年、2210 百万年、2132 百万年。这一结果与该区的氩法年龄值基本上吻合。对这一矿物是否适用于年龄测定应进行更多的试验。

参 考 文 献

[1] 程裕淇等. 鞍山附近鞍山群的层序和时代. 地质丛刊（甲种），前寒武纪地质专号1963，（1）.

---

① 伍硕. 1965 年，榍石的铀–铅年龄。

[2] 程裕淇. 中国东北辽宁山东等省前震旦纪鞍山式条带状铁矿中富矿的成因问题. 地质学报，1957，32（2）.

[3] 张秋生等. 辽宁东部一带前震旦纪变质岩系、岩浆杂岩系及其成矿作用. 长春地质学院学报，1959，2.

[4] 李鸿业. 鞍山式铁矿十年来勘探工作成就. 地质与勘探，1959，20.

[5] 李鸿业. 鞍山地区前震旦纪花岗岩问题. 地质知识，1957，5.

[6] А. И. 屠格林诺夫等. 关于中国岩石绝对年龄的讨论. 地质科学，1960，3.

[7] 李璞等. 钾–氩法测定岩石矿物绝对年龄数据的报导. 地质科学，1964，1.

[8] Соботович Э В. К вопросу о возможности определения возраста пород по содержанию в них урана，тория и изтопов свинца. Бюллетень Комиссии по опренлению обсолютвого возраста геологических формаций.

（原文刊于《地质科学》，1966，5：95～107）

POTASSIUM-ARGON ABSOLUTE AGES OF MICAS FROM THE PEGMATITES AND GRANITES OF INNER MONGOLIA AND NANLING REGION OF CHINA[①]

Li Pu

In this paper we present some new data on the K-Ar age determinations of the pegmatites of southern part of Inner Mongolia and the granites of the Nanling region of South China.

Pure samples of micas of different species were used for the determinations. The amount of potassium was analysed by flame photometer, and the isotope–determination of argon was carried out on the mass spectrometerМИ–1305.

Duplicate measurements made on several samples show that the errors of reproducibility are between 0. 5–3. 4% for the amount of argon (Table 1), less than 2% for potassium, and less than 5% for isotope–determinations of argon. The K^{40} content of the samples was calculated from the total part by using the abundance ratio: K^{40} (g, g sample) = 1. 22×10^{-6}K (%) . The decay constants employed for age calculations are:

$$\lambda_k = 5.57 \times 10^{-11} \, yr^{-1}$$
$$\lambda_\beta = 4.72 \times 10^{-10} \, yr^{-1}$$

Table 1　Duplicate Experiments showing the Errors of Reproducibility on the Measurement of Argon

No. of Samples	Mineral	Ar/(10^{-6} g/g)	Error/%
MGT 09	Muscovite	1. 849 1. 820	1. 6
MG 11	Biotite	1. 742 1. 678	1. 8
MGT 01	Muscovite	1. 843 1. 853	0. 5
MG 207	Muscovite	1. 873 1. 938	3. 4
MG 6241	Biotite	1. 614 1. 594	0. 6
KH–J–F–18	Biotite	0. 115 0. 114	0. 9
KTZ 24/1	Biotite	0. 077 0. 084	1. 6

① 原文以中文版先发表于《地质科学》，1963，1：1-9。

Standard samples of micas supplied by the Academy of Sciences of Soviet Union were used for control, and our results are in agreement with the average data published by G. D. Afanasiev and others in 1960[1] (Table 2).

Table 2　Experiment for Standard Samples

Mineral	K%	Ar/(10^{-6} g/g)	Age/10^6 y
Muscovite	(1) 8.670±0.27	1.7738	1816
	(2) 8.630±0.17	1.8478	1833
Biotite	(1) 7.780±0.31	1.5931	1814
	(2) 7.700±0.15	1.7875	1820

(1) Average (Г. Д. Афанасьев, 1960)[1].

(2) Obtained by Institute of Geology, Academy Sinica.

Before discussing the results of age determinations, it is necessary for us to give a brief account about the geological background of the studied regions and the aims of our age studies in these two areas.

The southern part of InnerMongolia is an elevated old land composed of chiefly crystalline schists. This old land forms a continuous belt running east-west in direction. It is situated along the southern margin of the Mongolian Geosyncline and it defines the northern boundary of the " North China Plateform".

The studied area covers only the central and the western portion of this old land. The metamorphic series which crops out here, generally belongs to the granulite and amphibolite facies. On top of this metamorphic series lies unconformably a series of weakly metamorphosed calcareous and argillaceous sediments. The latter was assigned by our geologists as Proterozoic in age. So it is undoubted that the strongly metamorphosed basement complex mentioned above may be referred to Archaean.

In the studied area sediments later than the Proterozoic age are only locally developed. Large granitic intrusions are rather rare within the metamorphosed area, but the pegmatitic veins are of regional occurrences.

It is attempted to define the upper limit of the age of the Archaean metamorphosed series by the studies of the absolute ages of the pegmatites.

The geological features of the Nanling region (South Range) are very different from those of the southern part of Inner Mongolia mentioned above. This region is situated between the border regions of the provinces of Kwangtung, Kwangsi, Hunan and Kiangsi in South China. Although it is not a well defined geotectonical unit, its geological position in South China is very important. The basement rocks of the Nanling region are composed of a series of widespread fairly weak metamorphosed rocks, i. e., phyllites, slates, quartzites and gray wackes of enormous thickness. The upper limit of this series, so far as we know, could be definitely put as Silurian, namely, pre-Devonian. Its lowest limit has not been determined, but it undoubtedly includes a part of pre-Cambrian.

The most striking geological feature of this region is the wide occurrences of granitic intrusions, the country rocks of which are various, mostly of pre-Devonian metamorphosed series, less of upper Paleozoic, and rarely of Mesozoic sediments. The exact ages of such intrusions, therefore, have long been a dispute. some of our geologists considered that they are exclusively intruded in the Mesozoic time, so they are often denoted as Yanshanian Granites; but other geologists put much doubts on this question and thought that Caledonian granites might be important within this region. Moreover, the studied area is a country rich in tungsten and tin deposits.

Our age study of these granites aims at defining the age of these intrusions and the time interval during which the tungsten and tin mineralization occurred.

We have made 32 determinations from 26 samples of mica collected from the southern part of Inner Mongolia.

Our results are listed in Table 3. From the figures we arrived at the following conclusions:

(1) The micas from the pegmatites of Inner Mongolia give two age groups: 320-360 m. y. and 1800-1980 m. y. It is necessary to point out that the age studies made by U-Pb method for zircons and monazites which coexist with these micas show similar results. Since only one determination gives the age as 1600 m. y. , we are not able to make sure its geological significance at this moment.

(2) Some of our determinations give a result with a value slightly higher than those published by A. I. Tugarinov in 1960[2], but it is quite certain that these pegmatites are products representing two periods of igneous activity, one is Hercynian-probably Early Hercynian, and the other is Late Archaean.

(3) Judging from the general geological environment and the geological history of the surrounding region, we might draw the conclusion that the age of the Hercynian pegmatites of the studied area might represent a certain period of an early phase of the tectonic movement of the Mongolian geosyncline. The intrusion of the pegmatites of Hercynian age updates the old gneiss which formed the country rocks for these pegmatites.

(4) The obtained age dated as 1890±90 m. y. probably represents the latest episode of igneous activity of Late Archaean in this area. If it is so, the age 1890±90 m. y. might be taken as a milestone for the closing age of the Archaean history of this area.

(5) Comparing the recent data of Inner Mongolia with the data of several pegmatites and granites from other localities of North China, such as 1800±50 m. y. for the granite from Tokechung of Shangtung province [2], 1800±100 m. y. for the pegmatite from Frantze of Shansi[2], 1930 m. y. for the granite from Lianshankwuan of Liaoning province, 1800 m. y. for certain metasomatic phlogopite from Fengcheng, Liaoning, and 1820 m. y. for the metasomatic phlogopite from Tsian, Kirin province, we can say that all these figures are spreading between a time interval of 1800-1980 m. y. So it is certain to say that the absolute age of 1800-1980 m. y. is of great importance either to other parts of North China or to the southern pate of Inner Mongolia.

(6) On the basis of these facts we consider that taking 1800-1900 m. y. as the boundary between Archaean and Proterozoic in North China is probably suitable.

It was pointed out by P. M. Hurley, G. R. Tilton, G. Gastil and others that the absolute age of 1800-1900 m. y. is of great significance in several continents. Our data therefore gives another example to support their important conclusions.

We have made 41 determinations for the granites and other rocks of the Nanling region. The results are listed in Table 4.

The figures listed in Table 4 may be subdivided into five age groups: 690-840 m. y. , 370-410 m. y. , 230-260 m. y. , 150-190 m. y. , and 90-110 m. y. These age assembledges are quite distinct. Therefore it is no doubt that they can be taken as representatives. Besides these, we obtained also single figures like 310 m. y. and 480 m. y. , the former comes from a gneiss, north of Canton and the latter comes from a granitic-gneiss in the northeastern part of Kiangsi province. It is possible that these two figures do not represent the true age of any period of widespread igneous activity;

Table 3　Data of the Absolute Ages Obtained from the Pegmatites of the Southern Part of Inner Mongolia

No. of Samples	Minerals	Locality and Occurrence	$K^{40}/$ $(10^{-6} g/g)$	$Ar^{40}/$ $(10^{-6} g/g)$	$Ar^{40}/$ K^{40}	Age/ 10^6 y
1. MS 36	Muscovite	Pegmatite, Sam-mutaimiao, Ulashan	9.9064	0.1992	0.0194	320
2. MWOA 4	Biotite	Pegmatite, No. 3, Tatungko, Ulashan	8.296	0.2067	0.0223	360
3. MWOA 3	Biotite	Pegmatite-gneiss contact, Tatungko, Ulashan	8.552 / 8.552	0.1871 / 0.1992	0.0216 / 0.0230	350 / 370 } 360
4. MWOA 6	Biotite	Granite gneiss, Tatungko, Ulashan	8.613	0.2164	0.0233	380
5. MBOO 2	Biotite	Pegmatite, Taoerwan, N. of Potao	6.490	0.9247	0.1410	1600
6. MB 3055	Muscovite	Pegmatite, Shiaomiaotze, S. slope, Ulashan	9.870 / 9.870	1.0000 / 0.9251	0.1774 / 0.1691	1870 / 1810 } 1840
7. MWOA 1	Muscovite	Pegmatite, Shiaohsiko, S. slope, Ulashan	9.894	1.8698	0.1879	1940
8. MG 40	Muscovite	Pegmatite, Kinchengwatze, Tsining	10.284	1.8797	0.1808	1890
9. MG 41	Biotite	Granite, Kinchengwatze, Tsining	9.284 / 9.284	1.6140 / 1.5944	0.1729 / 0.1706	1840 / 1820 } 1830
10. MG 03	Muscovite	Pegmatite, Tsahanying, Tsining	10.077	1.8737	0.1842	1910 } 1920
11. MG 22	Muscovite	Pegmatite, Hsiko, Tsahanying, Tsining	10.126	1.9148	0.1856	1920 }
12. MG 08	Muscovite	Pegmatite, Houchiako, Tsining	9.930	1.7320	0.1735	1840 } 1820
13. MG 09	Bitotite	Pegmatite-gneiss contact, Houchiako, Tsining	9.662	1.6140	0.1662	1790 }
14. MG 207	Moscovite	Pegmatite, Chiaoshioko, Tsining	10.052 / 10.052	1.8237 / 1.9386	0.1863 / 0.1909	1930 / 1960 } 1940
15. MG 208	Biotite	Pegmatite, No. 30, Chiaoshioko, Tsining	8.906	1.7782	0.1936	1980
16. MGT 01	Muscovite	Pegmatite, No. 2, TienPishan, Tsining	10.187 / 10.187	1.8430 / 1.8530	0.1791 / 0.1791	1880 / 1880 } 1880
17. MG 02	Biotite	Pegmatite, Hsitukeng, Yiyuanhiang, Tsining	8.210 / 8.210	1.3687 / 1.6689	0.1636 / 0.2022	1770 / 2032 } 1890

Continued

No. of Samples	Minerals	Locality and Occurrence	$K^{40}/$ $(10^{-6} g/g)$	$Ar^{40}/$ $(10^{-6} g/g)$	$Ar^{40}/$ K^{40}	Age/ $10^6 y$
18. MG 18	Biotite	Pegmatite, YiaoTsinko, Yiyuanhsing, Tsining	8. 588	1. 6237	0. 1862	1930
19. MG 11	Biotite	Pegmatite, No. 11, Tungshan, Yiyuanhiang, Tsining	9. 821	1. 7420	0. 1764	1860
20. MG 10	Muscovite	Pegmatite, No. 10, Tungshan, Yiyuanhiang, Tsining	9. 943	1. 8464	0. 1838	1910
21. MGK 01	Phlogopite	Pegmatite, Kangchiako, Tsining	9. 418	1. 7839	0. 1875	1930
22. MG 06	Phlogopite	Pegmatite-marble contact, Politu, Tsining	9. 967	1. 7322	0. 1728	1940 ⎫ 1890
23. MG 14	Phlogopite	Pegmatite-marble contact, Politu, Tsining	9. 491	1. 6824	0. 1740	1840 ⎭
24. MG 23	Biotite	Norite-gneiss contact, Tukweishan, S. of Tsining	9. 223	1. 6239	0. 1728	1840
25. MG 24	Biotite	Gneiss, S. of Tukwei, S. of Tsining	8. 637	1. 4861	0. 1711	1830
26. H-H-1	Biotite	Pegmatite, Hweian, Hopeh	8. 698	1. 5045	0. 1712	1830

Table 4   Data of the Absolute Ages of the Granites from Nanling Region

No. of Samples	Minerals	Locality and Occurrence	$K^{40}/$ $(10^{-6} g/g)$	$Ar^{40}/$ $(10^{-6} g/g)$	Ar^{40}/K^{40}	Age/10^6 y
27. KHE 4	Biotite	Plagiogranite, Shangmahsih, Kweihsi, Kiangsi	4. 965	0. 0426	0. 0051	90
28. KHPe 1/3	Moscovite	Wulframite-quartz vein, Piaotang, Kiangsi	10. 113	0. 1050	0. 0093	160
29. KH 14/12	Biotite	Granite, Takishan, Kiangsi	8. 003	0. 0846	0. 0092	160
30. KH 1	Moscovite	Pegmatite, Hwalungshan, Singtze, Kiangsi	9. 882	0. 1074	0. 0098	170
31. KHE 1	Biotite	Porphyritic granite, Lingshan, Shiangyiao, Kiangsi	7. 124	0. 1013	0. 0098	170
32. KH 10/8	Moscovite	Wulframite-quartz vein, Takishan, Kiangsi	10. 699 / 10. 699	0. 1189 / 0. 1057	0. 0104 / 0. 0097	180 ⎫ 180 / 170 ⎭
33. KHX 6	Moscovite	Wulfranmite-quartz vein, Hwamiao, Kiangsi	9. 833	0. 1021	0. 0102	180
34. KH 18/3	Moscovite	Wulfranmite-quartz vein, Shangping, Kiangsi	9. 894 / 9. 894	0. 1142 / 0. 1159	0. 0105 / 0. 0103	180 ⎫ 180 / 180 ⎭
35. KH-1-1407	Biotite	Gneissic grnite, N. of Anfu, Kiangsi	9. 211	0. 102	0. 0107	180
36. KH 10/9	Moscovite	Diorite Quartz-vein contact, Takishan, Kiangsi	9. 223	0. 1074	0. 0114	190
37. KHT 6	Biotite	Granite, Hsiomeikwan, Tayu, Kiangsi	8. 222	0. 1211	0. 0144	240
38. KHE 5	Biotite	Gneissic plagiogranite, Tzitsu, Kweihsih, Kiangsi	8. 186	0. 2105	0. 0252	410
39. KHC 708	Biotite	Granodiotite, Kaoan, Kiangsi	8. 283	0. 4907	0. 0586	840
40. KTXO 2	Biotite	Granite, Shantaishan, Hoyuan, Kwangtung	7. 405 / 7. 405	0. 0717 / 0. 0695	0. 0093 / 0. 0088	160 ⎫ 160 / 150 ⎭
41. KTZ 24/1	Biotite	Granite Chukwangshan, N. of Janhwa, Kwang-tung	8. 527 / 7. 722	0. 0845 / 0. 0777	0. 0092 / 0. 0096	160 ⎫ 170 / 170 ⎭

Continued

No. of Samples	Minerals	Locality and Occurrence	$K^{40}/$ $(10^{-6}g/g)$	$Ar^{40}/$ $(10^{-6}g/g)$	Ar^{40}/K^{40}	$Age/10^6 y$
42. KTD 6	Biotite	Granite, Talupien, Tatungshan, Kwangtung	8.759	0.1295	0.0104	180
43. KT 6/3	Moscovite	Pegmatite in granite, west end of Kweitung granite, Kwangtung	10.162	0.1226	0.0101	170 } 180
44. KT 6/4	Moscovite	Pegmatite in granite, west end of Kweitung granite, Kwangtung	10.052	0.1158	0.0108	190
45. KT 18/2	Moscovite	Pegmatite, east end of Kweitung granite	9.479	0.1277	0.0113	190
46. KT 49/6	Moscovite	Pegmatite, Niusli, Kwangtung	9.638	0.2057	0.0111	190
47. KT 10140	Biotite	Granite, South. of Nanhsung, Kwangtung	8.503	0.1225	0.0110	240
48. KT 9015	Biotite	Granite, Giaokuho, Hsinhsing, Kwangtung	7.588	0.1125	0.0144	240
49. KT 156	Biotite	Gneiss, N. of Canton, Kwangtung	6.710	0.1735	0.0167	310
50. KT 168	Biotite	Granite, Lianshan, Kwangtung	8.283	0.1680	0.0227	370
51. HNA 001	Lepidolite	Greisenized- granite, Pingkiang, Hunan	10.553	0.0698	0.0063	110
52. HNH 7/1	Biotite	Granite, Kitienling, Hunan	7.527	0.0979	0.0109	190
53. HN 17001	Biotite	Granite, Liengkwantien, Hunan	8.210	0.1124	0.0108	190
54. HNH 25	Biotite	Granite, Pengkungmiao, Hunan	7.430 / 7.420	0.1738 / 0.1856	0.0233 / 0.0242	380 } 390 / 390
55. KS 125	Biotite	Granite-porphyre, Nantan, Kwangsi	8.381	0.0577	0.0052	90
56. KSCK121	Biotite	Granite, Hsinlu, Kuposhan, Kwangsi	8.235	0.709	0.0081	140
57. KSH 18	Biotite	Granodiotite, Changling Hwashan, Kwangsi	8.369	0.0827	0.0095	160
58. KS 01	Biotite	Granite, Henghsien, Kwangsi	8.222	0.179	0.0148	250
59. KW-1-A	Biotite	Lamprophyre, S. of Raishan, Kweichow	7.917	0.0970	0.0118	200
60. KWC-2	Biotite	Lamprophyre, N. of Tsinyuan, Kweichow	8.064	0.2162	0.0247	400
61. KW13-1H	Moscovite	Granite, Toshulin, Fantsingshan, Kweichow	9.857	0.4676	0.0461	690
62. YHG 6	Biotite	Granite, Niospo, Kochiu, Yunnan	9.1012	0.0533	0.0055	100 } 90
63. YHG 3	Biotite	Granite, Kiashakei, Kochiu, Yunnan	7.857	0.0354	0.0041	70

most likely the singularity of the two figures is a result of a later tectonic movement superimposed upon the earlier rocks. The figures 690 m. y. and 840 m. y. are also single, but as their geologic occurrences are clear, they represent true ages of the periods of igneous activity.

The geological significance of the age determinations of this region is as follows:

(1) Comparing our figures with the corresponding period of tectonic movement by using Kulp's geologic time scale as reference [3], we notice that there are at least five periods of igneous activity and tectonic movement in the Nanling region. They are: Late Proterozoic with an age interval 690–840 m. y.; Late Caledonian, 370 – 410 m. y.; or Late Hercynian, 230 – 260 m. y.; Early Yanshanian, 150–190 m. y., and Late Yanshanian, 90–110 m. y.

（2）Our figures 690 m. y. , and 840 m. y. prove further the existence of Late pre-Cambrian tectonic movement in South China as was shown by the age determinations made by A. I. Tugarinov and others on the rocks from Middle Yangtze[2].

（3）The existence of Caledonian granite within the Nanling region has long been a subject in dispute among some geologists. However, our results give positive answer for this important question. Moreover, the obtained figures 370-410 m. y. might be taken as the time interval during which the tectonic movement of Late Caledonian occurred and it is quite probable that the boundary between Silurion and Devonian in this region lies somewhere with the range between 370-410 m. y.

（4）There are no positive evidences of the existence of Hercynian movement through the study of the geological history in this region. But the absolute age of 230-260 m. y. obtained from our age determination just corresponds with the time interval between Lower Triassic and Upper Permain, and it is earlier than the Indosinian proposed by T. K. Hwang. Therefore whether the Late Hercynian movement in the Nanling region is existing or not needs further studies.

（5）The Yanshanian movement is usually taken by our geologists as a period of intense igneous activity in East China. Its time interval has been set in the period ranging from Late-Lower Jurassic to Late Cretaceous and was usually subdivided into four or five phases. Our results point out that the Mesozoic magmatism started in Late Triassic and that it can be subdivided into two main phases, an early phase with the time interval between 150 and 190 m. y. and a later phase between 90 and 110 m. y.

（6）It is quite clear that the Mesozoic granites are closely related to the tungsten-tin mineralization in this part of our county. Our figures indicate that the main wulframite-bearing quartz veins of Nanling Proper is more closely related to the earlier phase of Yanshanian granites and the tin-sulfide mineralization is more closely related to the later phase of Yanshanian granites. With special reference to the granites of the later phase, it is interesting to point out that they are usually distributed outside the region of Nanling Proper, for evidences of such may be drawn from the results of the age determinations of some granites occurring along the southeastern coast of Kwangtung province and the famous tin-bearing granites of Kochiu of Yunnan province. Such granites are 70-100 m. y. in age.

Reference

［1］Афанасьев, Г. Д, и др. Результаты определения аргоновым методом возраста эталонных прод мусковита, биотита и микроклина. Междунар. геол. конгр. , XXI сессия. Докл. советс. геол. 1960, Проб. 3.

［2］屠格林诺夫等. 1960. 关于中国岩石地质绝对年龄的讨论. 地质科学, 1960, 3.

［3］Kulp J L. Geologic time scale. Science, 1961, 133（3459）.

［原文发表于 SCIENTIA SINICA Ser. A, 1963, XII（7）：1041～1048］

GEOCHRONOLOGICAL DATA BY THE
K- Ar DATING METHOD

Li Pu

ABSTRACT

The specimens① supplied by the geological surveys, institutes, and research groups of different provinces were analysed by the K- Ar method. This paper attempts to discuss some problems with respect to the geochronology of the Sinian and pre-Sinian systems in North China as elucidated by the new findings and the materials published previously. For the post-Sinian period, only a few remarks are made.

Over ninety new determinations have been made mainly by the K-Ar method, and the results are listed in the tables.

1 PRE- SINIAN GEOCHRONOLOGY OF THE NORTH CHINA PLATFORM

We have made twelve new determinations from the pre- Sinian rocks. One muscovite collected from the western margin of the Kungchangling granite at Anshan County of Liaoning Province yielded an age of 1909 million years (hereinafter abbreviated as m. y.) (Table 1, No. 2), very close to the age given by the muscovite from Lianshankwan at the eastern margin of the same intrusion (1933 m. y.)[1].

The muscovite occurring along with the enriched magnetite ore-body in the neighbourhood of the Kungchangling granite at Anshan County, yielded an age of 2270 m. y. (Table 1, No. 1), which is considerably older than that of the granite. Our age determinations fail to confirm the viewpoint that the enriched iron ores are genetically related to the Kungchangling granite as thought before.

The biotite from the Hwatien granite- gneiss of Kirin Province yielded an age of 1892 m. y. (Table 1, No. 3), resembling the phlogopites in southern Kirin and Liaoning (1909 and 1914 m. y.)[1] and the gneissic granites from the northern part of the Democratic People´s Republic of Korea (2020 and 1886 m. y.)[2].

---

① The experiments were made in the Laboratory of Age Determination, Institute of Geology, Academia Sinica. The author wishes to express his hearty thanks to all those who made contributions to this work.

The Aolaishan migmatite-granite of Taishan in Shantung Province has an age of 2039 m. y. (Table 1, No. 4); it is very close to the values which we obtained from other migmatites of the same district (2075, 2049, 1967 m. y.)[1]. Consequently, we may set the age interval of migmatization of the Taishan complex (in the restricted sense) at 1970-2070 m. y. It is much younger than the Taishan gneiss series of regional distribution in western Shantung[3].

The age of the pegmatites and that of the granulites of Inner Mongolia and also that of the gneisses of western Hopei are 1937, 1863, 1811, 1865, 1831, 1776, 1830, and 1802 m. y. (Table 1, Nos. 5-12). They are consistent with our measurements[4] in 1963. Age studies give support to the idea that these two regions—southern Inner Mongolia and western Hopei—have a similar geological history during the pre-Sinian time.

Since we find that the ages of 1900± m. y. are so wide-spread over different parts of the North China Platform, it is reasonable to take this age as a turning point, marking the closing of an important epoch and the beginning of another during the process of formation of the North China Platform.

Table 1　K-Ar Ages of Pre-Sinian Formations of North China
Constants: $\lambda_k = 0.557 \times 10^{-10} \mathrm{yr}^{-1}$, $\lambda_\beta = 4.72 \times 10^{-10} \mathrm{yr}^{-1}$

No.	Mineral	Occurrence and Locality	K (%)	Arg/ (g·10^{-6})	Ar^{40}/K^{40}	Age (m. y.)
Pre-Sinian Age						
1	Muscovite	chlorite-muscovite schist along the contact of the enriched iron ore-body, Anshan, Liaoning Province	7.90	2.3898	0.2440	2270
2	Muscovite	Kungchangling granite, W. marginal part, Anshan, Liaoning Province	8.53	1.9484	0.1834	1909
3	Biotite	gneissic granite, intruded into Anshan series, Hwatien, Kirin Province	7.66	1.6899	0.1808	1892
4	Biotite	Aolaishan migmatite-granite of Taishan Series, Taishan, Shantung Province	7.37	1.8954	0.2040	2039
5	Muscovite	pegmatite of Tsining series, Wulashan, Inner Mongolia	7.89	1.8238	0.1877	1937
6	Muscovite	pegmatite of Tsining series, Wulashan, Inner Mongolia	8.24	1.7932	0.1765	1863
7	Muscovite	pegmatite of Tsining series, Wulashan, Inner Mongolia	7.98	1.6982	0.1689	1811
8	Phlogopite	phlogopite-apatite carbonate vein, Fengtsin, Inner Mongolia	7.09	1.5607	0.1768	1865
9	Biotite	dark granulite of Tsining series, Inner Mongolia	6.08	1.5478	0.1719	1831
10	Antiperthite	dark granulite of Tsining series, Inner Mongolia	9.39	1.9069	0.1639	1776
11	Muscovite	pegmatite of Fuping series, Pingshan, Hopei Province	8.25	1.7316	0.1716	1830
12	Muscovite	gneiss of Fuping series, Lingshou, Hopei Province	9.03	1.8602	0.1676	1802
Sinian Ages						
13	Glauconite	lower part of Kaoyuchuang formation (Z_1^4), L. Sinian, Siyang, Shansi Province	6.30	0.7312	0.0917	1185
14	Glauconite	upper part of Tehling formation (Z_2^4), Mid. Sinian, Chihsien, Hopei Province	5.49	0.5452	0.0781	1050
15	Glauconite	middle part of Tsingeryu formation (Z_3^2), Up. Sinian, Chihsien, Hopei Province	6.48	0.4178	0.0502	737
16	Muscovite	plagiogranite intruded into Panhsi series, Yinkiang, Kweichow Province	8.57	0.4227	0.0389	595
17	Galena	galena veinlet cutting through Lower Kunyang series, Tungchuan, Yunnan Province	204 / 1.274	206 / 24.36	207 / 21.73	208 / 52.64 — Age (m. y.) 1163
18	Galena	galena veinlet cutting through upper Kunyang series, Tungchuan, Yunnan Province	1.520	23.96	22.24	52.26 — 1039

We have collected about 70 ages with their values higher than 1800 m. y. and plotted them on the following sketch map (Fig. 1).

In the Liaotung Peninsula we can distinguish two age groups, 1800–1930 m. y. and 2200–2400 m. y. ; the former is pre-dominant.

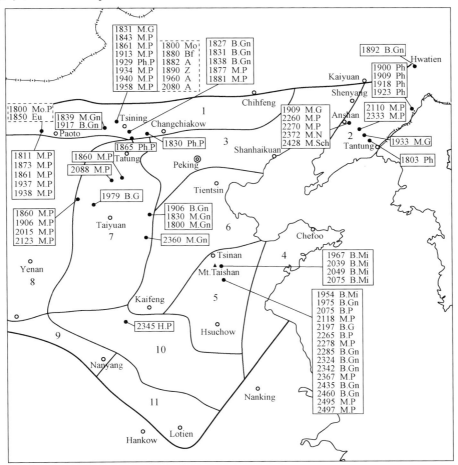

Fig. 1　Distribution of radiometric ages >1800 m. y. in the North China Platform

Geological regions①

1-Inner Mongolian Axis
2-Liaotung Anteklise
3-Yenshan Parageosyncline
4-East-Shantung Shield
5-West-Shantung Anteklise
6-Great North China Sink
7-Shansi Anteklise
8-Ordos Syneklise
9-Tsinling Axis

10-Hwaiyang Shield
11-Yühwai Parageosyncline

$\boxed{1800}$: K-Ar Ages
┊1800┊ : U-Pb Ages
M-Muscovite
B-Biotite
Ph-Phlogopite
Mo-Monazite
A-Allanite

Z-Zircon
P-Pegmatite
G-Granite
Mi-Migmatite
Gn-Gneiss
Sch-Schist
Bf-Betafite
Eu-Euxenite

①　Based upon the geotectonic map of the North China Platform with simplification, Regional Geology of China, 1963, edited by the Faculty of Regional Geology, Peking Geological College.

In western Shantung we find that most ages fall within the range of 2300–2500 m. y. , forming the major group of ages for the pre-Sinian rock system in this particular region, while the remaining ages in this region fall within the range of 1970–2070 m. y. , forming the minor group.

Nearly all the ages in the western part of Inner Mongolia, northern part of Shansi, and northwestern part of Hopei fall between 1800–2000 m. y. with only a few exceptions.

Further south we find two separate regions having rock ages older than 2300 m. y. . As they are too few in number, it is difficult for us to judge at the present moment what geological significance they represent.

From the distribution of rock ages as shown in Fig. 1, two age groups of geological importance, 1850–1950 m. y, and 2300–2500 m. y. , can be well established in the North China Platform. Are there any other rocks older than 2500 m. y. in this part of the country? And if they do exist, where to find them? This is a big problem awaiting more measurements to be carried out.

2 AGE LIMITS OF THE SINIAN SYSTEM IN NORTH CHINA

The Sinian stratigraphy and its subdivisions have been well established in North China, but the age limits of this system remain a question. Three new measurements on glauconites (Table 1, Nos. 13–15), two from Chihsien County, Hopei Province, the type locality of the Sinian system in North China, and one from Siyang County of Shansi Province, may be taken as the keys to the solution of this problem.

Two measurements having been made on the galenas from veinlets cutting through the Kunyang slate series are very encouraging because they provide us with information of the approximate age of these strata.

The occurrences of three measured glauconites are marked in the stratigraphical column in Table 4. Four glauconite ages published previously are also included for comparison.

The three glauconite ages suggest that the approximate age limit of the upper part of the Lower Sinian (Z_1^4) is 1180 m. y. , that the upper part of the Middle Sinian (Z_2^4) is ≤1050 m. y. , and that the upper part of the Upper Sinian (Z_3^2) is ≤740 m. y.

The age limit of the base of the Sinian of the Chihsien section has not been determined up to the present because no proper minerals have been found for dating. Nevertheless, we may tentatively take the age of the rapakivii granite intrusion of Miyun County, northwest of Chihsien, instead. This intrusion cuts through the old gneisses and amphibolites of the Miyun series but not the overlying Sinian formations. An earlier phase of this intrusion shows its maximum age to be 1644 m. y. and a later phase to be 1312 m. y. , so that the base of the Sinian in this region is unlikely to be younger than 1310 m. y. .

As for the age of the Kunyang Series in South China, it has ever remained a question for the geologists of this country to deal with. To the best of our knowledge, this series occurs unconformably below the Tsingkiang sandstone, and the latter provides one sample of glauconite dated as 640

m. y. [1]. If these galenas are formed in place, then the ages of these galenas (Table 1, Nos. 17 – 18) could be taken as approximate ages of the Kunyang Series, and it is presumed that the Upper Kunyang Series correlates with the Middle Sinian of Chihsien and the Lower Kunyang Series with the Lower Sinian of Chihsien. The reliability of this assumption is yet to be proved.

3 THE PERIOD OF PALAEOZOIC IGNEOUS ACTIVITIES IN NORTH CHINA

Taking the age higher than 235 m. y. as of the Palaeozoic igneous cycle, we find that the Hercynian igneous activities cover an extensive area in Northwest China, such as Shensi, Inner Mongolia, North-Kansu, and Sinkiang.

Out of 18 determinations of Northwest China, 10 ages fall within the range of 240 – 350 m. y. (Table 2, Nos. 21 – 30). We consider that they belong to the Hercynian cycle. Two measurements (Table 2, Nos. 19 – 20) belong to the Caledonian cycle and some others fall below or near 200 m. y., suggesting that the Mesozoic igneous activities also affected this area. It is remarkable to notice that the pegmatites of one and the same tectonic unit have quite different ages, namely, the pegmatites of Peishan in Kansu, and the pegmatites of East-Tsinling in Shensi Province.

Two determinations on the slates of the Peiyunobo Series (Table 2, Nos. 31 – 32) which is definitely proved to be Proterozoic geologically, turned out to be Hercynian as a result of strong K-metasomatism by the adjacent granite of the same age.

The syenite from Fengcheng County in Liaoning Province has been usually regarded as a Late Mesozoic intrusion, but the two biotite ages, 246 – 244 m. y. and 225 m. y. (Table 2, Nos. 38 – 39), make us believe that this intrusion may belong to the Palaeozoic igneous cycle rather than to the Mesozoic. Two orthoclases associated with the biotites dated as 218 m. y. and 217 m. y. (Table 2, Nos. 40 – 41) suggest that the age limit of this intrusion is not younger than Middle Triassic.

Rocks of the Mesozoic ages which we have determined mainly came from the Yen–shan district of Hopei Province (Table 2, Nos. 44 – 47). They fall within the range of 180 – 130 m. y., in agreement with what we found previously.

4 MINERAL AGES OF SOUTH CHINA

An appreciable number of ages, older than 230 m. y., have turned out from a wide area of South China, such as northern Kiangsi, southwestern Chekiang, northwestern Fukien, southwestern Hunan, northern Kwangtung, western Szechuan, and southwestern Yunnan. The geological significance of these ages is not the same; some of the biotite ages represent the true ages of the original time of the crystallization of the intrusions; and others may correspond to the subsequent geological events since their formation.

An interesting case has been found from the Ningkang granite of Kiangsi Province. This granite intruded into the Ordovician strata and is overlain by the Devonian sediments unconformably. The biotite age is 279 m. y. (Table 3, No. 52), in contrast with the Pb–U–Th age of a monazite from the same granite, 423 m. y., which is no doubt comparable with the Caledonian age. It seems quite certain that the younger biotite age indicates that some parts of its radiogenic argon were lost, resulting from later crustal movements.

It is thought that similar cases may happen to the Wukungshan pegmatite (Table 3, No, 51), Fenghsin granite (Table 3, No. 54), and the Pinghsiang granite (Table 3, Nos. 55 – 56) of northern Kiangsi, and the Pucheng gneiss (Table 3, No. 53) and the Kiensi pegmatite (Table 3, No. 50) of western Fukien Province. All these radiometric ages are younger than what were shown through regional geological studies.

Table 2　Palaeozoic and Mesozoic Ages in North China

Northwest China

No.	Mineral	Occurrence and Locality	K/%	Ar/ $(g/g \cdot 10^{-6})$	Ar^{40}/K^{40}	Age/ m. y.
19	Biotite	granite intruded into pre-Cambrian migmatites, Yungchang, Kansu Province	6.87	0.2639	0.0293	464
20	Muscovite	pegmatite, shangnan, Shensi Province	7.87	0.2692	0.0259	415
21	Muscovite	pegmatite, Peishan, Kansu Province	8.01	0.2628	0.0214	350
22	Muscovite	pegmatite, shangnan, Shensi Province	8.50	0.3036	0.0213	349
23	Muscovite	pegmatite, shangnan, Shensi Province	8.29	0.2182	0.0206	338
24	Muscovite	pegmatite intruded into ultrabasic body, shangnan, Shensi Province	7.83	0.1872	0.0181	300
25	Muscovite	contact rock between aplite and ultrabasic, shangnan, Shensi Province	6.38	0.1724	0.0176	292
26	Muscovite	pegmatite, Tanfeng, Shensi Province	8.48	0.2157	0.0157	263
27	Muscovite	pegmatite, Peishan, Kansu Province	8.41	0.2199	0.0159	266
28	Muscovite	metamorphosed phosphate formation, Haichow, Kiangsu Province	8.79	0.1892 / 0.1639	0.0146 / 0.0140	246 / 236 } 240
29	Muscovite	pegmatite, Paogetaimiao, Inner Mongolia	7.61	0.1482	0.0143	241
30	Muscovite	gneissic plagiogranite, Central Tienshan, Sinkiang	7.04	0.1328	0.0143	241
31		slate suffered K-metasomatism, Peiyunobo, Inner Mongolia	11.73	0.2318	0.0140	236
32		slate suffered K-metasomatism, Peiyunobo, Inner Mongolia	12.17	0.2501	0.0146	246
33	Muscovite	gneissic granodiorite, Robnor, Sinkiang	7.12	0.1232	0.0128	217
34	Muscovite	gneiss, Kinping, Kiangsu Province	8.75	0.1346	0.0121	206
35	Muscovite	pegmatite, Altai, Sinkiang	8.53	0.3469	0.0119	203
36	Muscovite	pegmatite, Peishan, Kansu Province	8.32	0.1158	0.0108	185
37	Biotite	gneissic granite, Paogetaimiao, Inner Mongolia	6.40	0.0646	0.0069	120

North and Northeast China

No.	Mineral	Occurrence and Locality	K/%	Ar/ $(g/g \cdot 10^{-6})$	Ar^{40}/K^{40}	Age/ m. y.
38	Biotite	syenite, Fengcheng, Liaoning Province	7.11 / 7.11	0.1396 / 0.1356	0.0146 / 0.0145	246 / 244
39	Biotite	syenite, Fengcheng, Liaoning Province	5.59	0.1051	0.0133	225
40	Orthoclase	syenite, Fengcheng, Liaoning Province	10.41	0.1688	0.0129	218
41	Orthoclase	syenite, Fengcheng, Liaoning Province	10.32	0.1702	0.0128	217
42	Muscovite	pegmatite intruded into Sinian formation, Laotêhshan, Tarin, Liaoning Province	8.04	0.1702	0.0135	228

续表

No.	Mineral	Occurrence and Locality	K/%	Ar/ (g/g · 10⁻⁶)	Ar⁴⁰/ K⁴⁰	Age/ m. y.
43	Muscovite	plagioclasite, Chengtêh, Hopei Province	8.05	0.1419	0.0123	209
44		fine-grained diorite, Yiancheng, Peking	2.72 2.48	0.0439 0.0417	0.0092 0.0088	158 152 } 155
45	Biotite	quartz-monzonite, Changping, Peking	7.03	0.0843	0.0084	145
46	Biotite	Hsouwangfen granodiorite, Hsinglung, Hopei Province	7.10	0.0809	0.0074	128
47	Biotite	gabbro xenolith in granite, Hêshantzai, Pekinge	6.82	0.0699	0.0077	133
48	Biotite	pegmatite, Muping, Shantung Province	6.66	0.0945	0.0076	132
49	Biotite	granite, Fuhsien, Liaoning Province	6.67	0.0922	0.0065	114

Furthermore, our new measurements have provided us with more materials for the understanding of the distribution of the Mesozoic igneous activities in South China.

The small granite body of Shipei in northern Kwangtung intruded into the marine Lower Jurassic beds, giving a biotite age as 165 m. y. (Table 3, No. 75), hence the upper age limit of the Lower Jurassic should be a little below 165 m. y.. Since we found a larger number of rock ages falling near this value in Southeast China, it is thought that the age of 165±5 m. y. marks the entrance of earlier Middle Jurassic crustal movement—one of the important periods of igneous activities with tungsten mineralization of the Yenshan cycle in South China.

Successful measurements have been also achieved for dating different phases of intrusions within one and the same granite complex and the post-magmatic alterations occurring in some granite bodies. One example is shown by the Chukwangshan granite complex with a forerunning granodiorite phase determined to be 238 m. y. (Table 3, No. 57), while the main phase crystallized between157−146 m. y. (Table 3, Nos. 72−74). Another example is provided by the granite of Taishan County in Kwangtung Province, showing that the main intrusion dated as 166 m. y. (Table 3, No. 76), but the albitization of this granite dated as 136 m. y. (Table 3, Nos. 77−78).

The granites of southwestern Yunnan Province fall into two age groups: 169−167 m. y. (Table 3, Nos. 88−89) and 118−81 m. y. (Table 3, Nos. 90−92), forming a separate igneous area of the Yenshan cycle apart from East China.

Table 3　Age Determinations in South China

South and Southeast China

No.	Mineral	Occurrence and Locality	K/%	Ar/ (g/g · 10⁻⁶)	Ar⁴⁰/K⁴⁰	Age/ m. y.
50	Muscovite	pegmatite, Kiensi, Fukien Province	8.38	0.2533	0.0221	361
51	Muscovite	pegmatite, Wukungshan, Kiangsi Province	8.04	0.1779	0.0169	282
52	Biotite	granite, Ningkang, Kiangsi Province	7.50	0.1616	0.0167	279
53	Biotite	gneiss, Pucheng, Fukien Province	7.20	0.2389	0.0166	277

续表

No.	Mineral	Occurrence and Locality	K/%	Ar/ $(g/g \cdot 10^{-6})$	Ar^{40}/K^{40}	Age/ m. y.
54	Muscovite	granite, Fenghsin, Kiangsi Province	8.44	0.1279	0.0153	257
55	Biotite	granite, Pinghsiang, Hunan Province	7.33	0.1595	0.0146	246 ⎫ 248
56	Biotite	granite, Pinghsiang, Hunan Province	7.38	0.1398	0.0148	249 ⎭
57	Biotite	granodiorite, southern part of Chukwangshan intrusion, Jenhwa, Kwangtung Province	6.84	0.1264	0.0141	238
58	Biotite	granite, Hsiaotung, Hunan Province	7.37	0.1475	0.0146	246
59	Biotite	granite, Siuswei, Kiangsi Province	6.35	0.1258	0.0120	204
60	Muscovite	quartz-wulframite vein, Piaotang, Kiangsi Province	8.88	0.1176	0.0094	162
61	Muscovite	greisen, Taohwatzai, Kiangsi Province	8.56	0.1004	0.0089	153
62	Muscovite	greisen, Liaokeng, Kiangsi Province	9.39	0.1090	0.0089	153
63	Muscovite	quartz-wulframite vein, Chungsukeng, Kiangsi Province	9.06	0.1135	0.0081	141
64	Biotite	granite, Sihwashan, Kiangsi Province	7.47	0.0934	0.0090	155
65	Biotite	Wanghsiang granite, Changsha, Hunan Province	7.24	0.1475	0.0093	160
66	Biotite	Wanghsiang granite, Changsha, Hunan Province	7.48	0.0904	0.0084	145
67	Biotite	granite, Soochow, Kiangsu Province	6.94	0.0965	0.0089	153
68	Biotite	granite (albitized), Soochow, Kiangsu Province	6.33 6.33	0.0693 0.0564	0.0068 0.0067	119 ⎫ 118 117 ⎭
69	Biotite	Granite, Changhwa, Chekiang Province	6.99	0.0786	0.0085	147
70	Sanidine	rhyolite, Yungkang, Chekiang Province	11.52	0.1364	0.0079	137
71	Biotite	gneissic-granite, Nanhsiung, Kwangtung Province	7.02	0.1024	0.0112	192
72	Biotite	granite, Nanhsiung, Kwangtung Province	8.24	0.1112	0.0091	157
73	Biotite	granite, Nanhsiung, Kwangtung Province	8.04	0.0934	0.0085	146
74	Biotite	granite, Nanhsiung, Kwangtung Province	7.68	0.1131	0.0089	153
75	Biotite	shipei granite, Chunghsin, Kwangtung Province	4.45	0.0641	0.0096	165
76	Biotite	Kwanghai granite, Taishan, Kwangtung Province	6.01	0.0834	0.0097	166
77	Biotite	Kwanghai granite (albitized), Taishan, Kwangtung Province	7.75	0.1042	0.0079	136
78	Biotite	Kweitien granite (albitized), Taishan, Kwangtung Province	7.67	0.0796	0.0079	136
79	Biotite	granite, fine-granite, Taishan, Kwangtung Province	7.08	0.0526	0.0055	97
80	Biotite	Granite, Fukang, Kwangtung Province	5.77	0.0748	0.0082	141
81	Biotite	granite, Tsengcheng, Kwangtung Province	7.72	0.0745	0.0076	132
82	Biotite	granite, Tsengcheng, Kwangtung Province	5.13	0.0889	0.0047	83
83	Biotite	granite, Yangchuan, Kwangtung Province	7.56	0.0462	0.0047	83
84	Biotite	granite, Yangchuan, Kwangtung Province	7.66	0.0514	0.0045	79

续表

No.	Mineral	Occurrence and Locality	K/%	Ar/ $(g/g \cdot 10^{-6})$	Ar^{40}/K^{40}	Age/ m. y.
Southwest China						
85	Biotite	syenite, Kweili, W. Szechuan Province	7.16	0.1469	0.0157	263
86	Biotite	granodiorite, Têchin, N. W. Yunnan Province	4.15	0.0732	0.0130	220
87	Biotite	granite, Yunchenghung, S. W. Yunnan Province	7.59	0.1380	0.0145	244
88	Biotite	granite, Liangho, S. W. Yunnan Province	6.98	0.1346	0.0098	169
89	Muscovite	pegmatite, Liangho, S. W. Yunnan Province	8.45	0.1095	0.0097	167
90	Biotite	granite, Lusi, S. W. Yunnan Province	6.15	0.0566	0.0068	118
91	Biotite	granite, Lungchuan, S. W. Yunnan Province	7.18	0.0544	0.0049	86
92	Biotite	granite, Yingkiang, S. W. Yunnan Province	5.96	0.0408	0.0046	81
93	Orthoclase	granite, Kechiu, S. W. Yunnan Province	10.07	0.0589	0.0038	67
94	Orthoclase	Syenite, Kechiu, S. W. Yunnan Province	9.66	0.0535	0.0035	62

95	Monazite	granite, Ningkang, Kiangsi Province	U	Th	Pb	206	207	208	208/238	208/232
			0.1295	5.301	0.1127	7.60	0.60	91.8	445	423

Table 4　Type Section of the Sinian System of North China[6]

Subdivisions of Sinian System of Chihsien County, Hopei Province			Max. Thickness/m	Ages/m. y.
t_1 Mantao formation				(516) [5]
Z_3	Z_3^2	Tsinge·ryü formation	280 *	737 (873—890) [5]
	Z_3^1	Hsiamaling formation	500	
Z_2	Z_2^4	Tehling formation	300 *	1050 (1042) [5]
	Z_2^3	Hungshuichuang formation	140	
	Z_2^2	Wumishan formation	3000	
	Z_2^1	Yangchuang formation	900	
Z_1	Z_1^4	Kaoyüchuang formation	2300 *	1185 (1162) [5]
	Z_1^3	Tahungyü formation	1000	
	Z_1^2	Chuanlingk formation	1400	
	Z_1^1	Huangaikuan formation	1340	
Pre-Sinian gneisses and schists with rapakivi granite intrusion				(1644—1312) [1]

* Approximate position of the glauconite determined.

REFERENCES

[1] Li Pu et al. Scientia Geologica Sinica, 1964, 1: 24-33 (in Chinese).

[2] Полевая Н И и др. Труды IX сессии комиссии по опр. абс. возраста геол. Формаций стр, 1961, 226-268.

[3] Cheng, Yu-chi, Li Pu. Scientia, 1964, 8: 659-666 (in Chinese).

[4] Li Pu et al. Scientia Geologica Sinica. 1963, 1: 1-9 (in Chinese).

［5］Полевая Н. И. и Казаков А. Г. Труды лаборатории геологии докембрия, вып. 1961, 12, стр. 103-122.

［6］Committee on Stratigraphy of China. Pre-Cambrian System of China. 1962, 16 (in Chinese).

（原文发表于 SCIENTIA SINICA, 1965, Vol. XIV, No. 11）

ОПРЕДЕЛЕНИЯ АБСОЛЮТНОГО ВОЗРАСТА ПЕГМАТИТОВ И ГРАНИТОВ ПО СЛЮДАМ КАЛИЙ А РГОНОВЫМ МЕТОДОМ В РАЙОНАХ ВНУТРЕННЕЙ МОНГОЛИИ И НАНЛИНА (КНР)

Ли Пу

«Известия Академии наук СССР,
серия геологическая»
№ 4, 1965 г.

Ли Пу

ОПРЕДЕЛЕНИЯ АБСОЛЮТНОГО ВОЗРАСТА ПЕГМАТИТОВ
И ГРАНИТОВ ПО СЛЮДАМ КАЛИЙ-АРГОНОВЫМ МЕТОДОМ
В РАЙОНАХ ВНУТРЕННЕЙ МОНГОЛИИ И НАНЛИНА (КНР)

Li Pu

ABSOLUTE AGE OF PEGMATITES AND GRANITES FROM THE
RIGIONS OF CENTRAL MONGOLIA AND NANLYN CHRP, MEASURED
ON MICAS BY POTASSIUM-ARGON METHOD

ИЗВЕСТИЯ АКАДЕМИИ НАУК СССР

Серия геологическая

1965, № 4

УДК 550.93(517)

ЛИ ПУ

ОПРЕДЕЛЕНИЯ АБСОЛЮТНОГО ВОЗРАСТА ПЕГМАТИТОВ И ГРАНИТОВ ПО СЛЮДАМ КАЛИЙ-АРГОНОВЫМ МЕТОДОМ В РАЙОНАХ ВНУТРЕННЕЙ МОНГОЛИИ И НАНЛИНА (КНР)

1. В статье приведены полученные калий-аргоновым методом новые данные о возрасте пегматитов южной части Внутренней Монголии и гранитов района Нанлина, полученные калий-аргоновым методом в лаборатории по определению абсолютного возраста Геологического института Академии наук Китайской Народной Республики. Объектами исследования были пробы различных чистых слюд. Выделение аргона выполнено на установке типа ГЕОХИ 1960 г. № 7, содержание калия определено пламенно-фотометрическим методом, изотопный состав аргона определен на масс-спектрометре типа МИ-1305.

Повторные определения некоторых исследованных проб показали, что относительная ошибка определения аргона находится в пределах 0,5—3,4%, погрешность в определении калия не превышает 2%, а в изотопном анализе аргона меньше 5%. Содержание K^{40} в пробе вычислялось по отношению:

$$K^{40} \ (г/г \ \text{пробы}) = 1,22 \cdot 10^{-6} K \%$$

При вычислении возраста приняты следующие значения констант:

$$\lambda_\text{к} = 5,57 \cdot 10^{-11} \ \text{лет}^{-1}; \ \lambda_\beta = 4,72 \cdot 10^{-10} \ \text{лет}^{-1}.$$

Определения контролировались эталонными пробами слюд, присланными из Академии наук СССР; полученные нами данные совпадают с опубликованными Г. Д. Афанасьевым средними значениями. Результаты повторных определений наших и эталонных проб приведены в табл. 1 и 2.

2. Прежде чем рассмотреть полученные данные возраста, следует кратко охарактеризовать геологическую обстановку изучаемых районов и пояснить цель настоящей работы.

Южная часть Внутренней Монголии (рис. 1) представляет собой древний, поднятый за длительное геологическое время, массив, сложенный кристаллическими сланцами и вытянутый в субширотном направлении. Он располагается на южном краю Монгольской геосинклинали и образует северную границу платформы Северного Китая. Исследования автора статьи ограничились лишь участками центрально-западной части этого древнего массива, где известные метаморфические породы обычно относятся к гранулитовой и амфиболитовой фации. На них несогласно залегают слабометаморфизованные известковистые и глинистые осадочные породы, относимые к протерозою. Поэтому метаморфический фундамент следует, видимо, относить к архею. Послепротерозойские осадочные породы распространены здесь

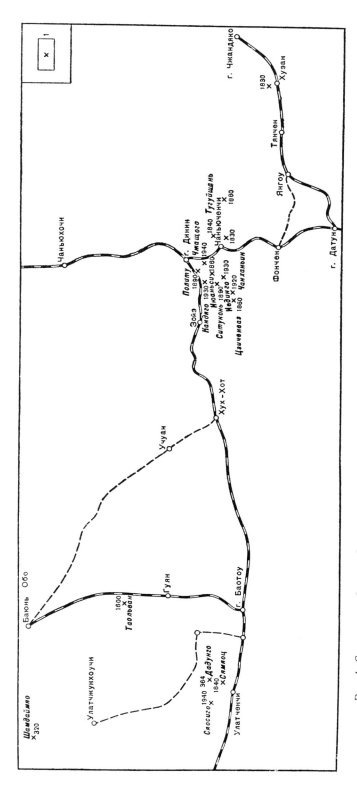

Рис. 1. Схема южной части Внутренней Монголии с местами взятия проб для измерения абсолютного возраста.
X — места взятия проб

ограниченно. Развитие метаморфического комплекса завершается немногочисленными крупными гранитными интрузивами; жилы пегматитов широко распространены. Задачей автора являлось установление верхнего возрастного предела древнего метаморфического комплекса именно по данным абсолютного возраста этих пегматитов.

Таблица 1

Результаты повторного определения аргона

Образец	Ar/(10⁻⁶ г/г)	Относительная ошибка /%	Возраст, млн. лет	
MGГ 09	1.849 1.820	1.6	1883 1867 }	1875±8
MG 11	1.742 1.678	1.8	1862 1889 }	1875±13
MGT 01	1.843 1.853	0.5	1881 1881 }	1881±0
MG 207	1.873 1.938	3.4	1929 1957 }	1942±15
MG 41	1.611 1.594	0.6	1845 1823 }	1834±11
KHIF	0.115 0.114	0.9	177 177 }	177±0
KTZ 24/1	0.077 0.084	1.6	175 161 }	159±2

Геологическое строение второго изученного района — Нанлина (рис. 2) резко отличается от южной части Внутренней Монголии. Нанлин расположен в пограничной области между провинциями Южного Китая Гуандуна, Цзянси, Гуанси и Хунана. Несмотря на то, что он не является самостоятельным геотектоническим элементом, его геологическое положение в Южном Китае имеет важное значение. Здесь в основании залегает широко распространенный слабометаморфизованный комплекс большой мощности. В его состав входят филлиты, аспидные сланцы, кварциты, а также граувакки и т. д. Возраст предела этого комплекса определен как силурийский, т. е. додевонский; нижний предел его пока не установлен, но он, несомненно, включает в себя часть докембрия. На этом комплексе несогласно залегают средневерхнепалеозойские, иногда мезозойские осадочные толщи. Описываемый район характеризуется широким распространением гранитных инт-

Таблица 2

Результаты определения возраста минералов эталонных проб Советского Союза

Проба	K/%	Ar/(10⁻⁶г/г)	Возраст, млн. лет
Мусковит	8.670±0.27* 8.630±0.17	1.7738 1.8478	1816 1833
Биотит	7.780±0.31 7.700±0.15	1.5931 1.7875	1814 1820

* Первая строка — среднее значение по Г. Д. Афанасьеву и др. (1960), вторая строка — определения в Геологическом институте АН КНР.

рузивов, вмещающими породами которых в большинстве случаев являются додевонские слабометаморфизованные породы, иногда палеозойские толщи, реже мезозойские осадочные породы. В связи с этим вопрос о точном возрасте этих интрузивов для геологов Китая остается дискуссионным. Некоторые исследователи склонны отнести эти интрузивы к мезозою, т. е. к яньшанскому возрасту. Другие считают, что в этом районе имеются и каледонские граниты. Кроме того, следует напомнить, что к этой территории приурочены богатые вольфрамовые и оловянные месторождения. Таким образом, изучение гранитных интрузий направлено на определение их возраста, с одной стороны, и на установление интервала времени в оруденении вольфрама и олова, с другой.

3. Для 26-ти проб слюды из пегматитов, собранных из южной части Внутренней Монголии, произведено 32 определения, результаты которых приведены в табл. 3.

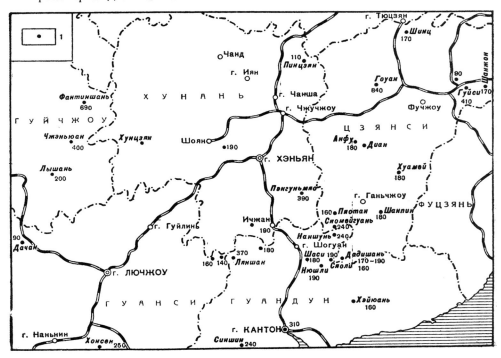

Рис. 2. Схема района Нанлина с местами взятия проб для.измерения абсолютного возраста.

1 — места взятия проб

На основе этих данных можно прийти к следующим предварительным выводам.

(1) Пегматиты данного района делятся на две возрастные группы: 320—360 и 1800—1980 млн. лет; этому же соответствуют и значения возраста, полученные методом по циркону и монациту; вследствие того, что возраст 1600 млн. лет подтверждается лишь в одном случае, это значение пока трудно принять за окончательное.

(2) Несмотря на некоторое завышение отдельных цифр по сравнению с данными, опубликованными ранее А. И. Тугариновым (1960), все же можно утверждать, что эти пегматиты относятся к двум этапам магматической деятельности — герцинскому (возможно, раннегерцинскому) и позднеархейскому.

(3) По геологическим условиям и развитию геологической истории смежных районов можно предположить, что полученные значения возраста для герцинских пегматитов относятся к ранней орогенической фазе Монгольской геосинклинали; они объясняют факт **омоложения** древних, непосредственно соприкасающихся с ними гнейсов, происходившее, по-видимому, в результате внедрения герцинских пегматитов.

(4) Полученное значение возраста 1890±90 млн. лет, возможно, относится к последней стадии магматической деятельности архея для данного района; если такое объяснение правильно, то воз-

Таблица 3

Абсолютный возраст пегматитов Внутренней Монголии

Образец	Минерал	Местонахождение пробы	K^{40} $(10^{-6}г/г)$	$Ar/$ $(10^{-6}г/г)$	Ar^{40}/K^{40}	Возраст, млн. лет
MS36	Мусковит	Пегматит, Улашань, с. Шамдаймяо	9.9064	0.1992	0.0194	320
MWOA4	Биотит	Пегматит № 3, Улашань, Дадунго	8.296	0.2067	0.0223	360
MOA3	»	Контакт пегматитов с гнейсами, Дадунго	8.552	0.1871 / 0.1992	0.0216 / 0.023	350 / 370 } 360
MOA6	»	Гранито-гнейс, Дуданго	8.613	0.2164	0.0233	380
MBO02	»	Пегматит, г. Баотоу, Таольван	6.49	0.9247	0.141	1600
MB3055	Мусковит	Пегматит, Улашань, Сяомяоц	9.87	1.0000 / 0.9251	0.1774 / 0.1691	1870 / 1810 } 1840
MWOAI	»	Пегматит, Улашань, Саосиго	9.894	1.8698	0.1879	1940
MG40	»	Пегматит, г. Динин, Цзиченваз	10.284	1.8797	0.1808	1890
MG41	Биотит	Гранит, г. Динин, п. Чзиченваз	9.284	1.614 / 1.5944	0.1729 / 0.1706	1840 / 1820 } 1830
MG03	Мусковит	Пегматит, г. Динин, Чанханьин	10.077	1.8737	0.1842	1910 } 1920
MG22	»	Пегматит, г. Динин, п. Чаханьин Сиго	10.126	1.9148	0.1856	1920
MG08	»	Пегматит, г. Динин, Хоудяго	9.930	1.732	0.1735	1840 } 1820
MG09	Биотит	Контакт пегматитов с гнейсами, Хоудяго	9.662	1.614	0.1662	1790
MG207	Мусковит	Пегматит, г. Динин, Чжаощого	10.052	1.8737	0.1863	1930 } 1940
MG208	Биотит	Пегматит № 2, г. Динин, Чжаощого		1.9386	0.1909	1960
MGT01	Мусковит	Пегматит № 2, г. Динин, Тянпишань	8.906	1.7782	0.1936	1980
MG02	Биотит	Пегматит, г. Динин, с. Июаньсин Ситуконь	10.187	1.843 / 1.853	0.1791 / 0.1791	1880 / 1880 } 1880
MG18	»	Пегматит, г. Динин, с. Июаньсин Иёдинго	8.210	1.3687 / 1.6689	0.1636 / 0.2022	1770 / 2030 } 1890
MG11	»	Пегматит № 11, г. Динин, с. Июаньсин Дуошань	8.588	1.6237	0.1862	1930
MG10	Мусковит	Пегматит № 10, г. Динин, с. Июаньсин Дуошань	9.821	1.742	0.1764	1860
MGK01	Флогопит	Пегматит, г. Динин, Кандяго	9.943	1.8464	0.1838	1910
MG06	»	Контакт пегматитов с мрамором, г. Динин, Политу	9.418	1.7839	0.1875	1920
MG14	»	То же	9.967 / 9.491	1.7322 / 1.6824	0.1278 / 0.174	1940 / 1840 } 1890
MG23	Биотит	Контакт норита с гнейсами, г. Динин, Тугуйшань	9.223	1.6239	0.1728	1840
HG24	»	Гнейс, Тугуйшань	8.637	1.4861	0.1711	1830
M—H—1	»	Пегматит, уезд Хузан, провинция Хэбэй	8.898	1.5045	0.1712	1830

раст 1890 ± 90 млн. лет может служить признаком завершения развития геологической истории изучаемого района в архее.

5) Таким образом, новые значения возраста данного района, а также известные ранее значения возраста для данного района и других районов Северного Китая следующие: для пегматитов Улашана — Внутренней Монголии 1800 ± 100 млн. лет, для пегматитов уезда Фаньси провинции Шаньси 1800 ± 100 млн. лет, для пегматитов с. Таокечжуана провинции Шандуна 1800 ± 50 млн. лет., для гранитов Ляньшангуана провинции Ляоняна 1930 млн. лет, для флогопита метасоматического

Таблица 4

Абсолютный возраст гранитов Нанлина

Образец	Минерал	Местонахождение пробы	K⁴⁰/ (10⁻⁶ г/г)	Ar/ (10⁻⁶ г/г)	Ar⁴⁰/K⁴⁰	Возраст, млн. лет
КНЕ 4	Биотит	Плагиогранит, Цзянси, уезд Гуйси, Шанмаш	4.965	0.0426	0.0051	90
КНРЕ 1/3	Мусковит	Кварц-вольфрамитовые жилы, Цзянси, уезд Пяотан	10.113	0.105	0.0093	160
КН 14/12	Биотит	Гранит, Цзянси, Дадишань	8.003	0.0846	0.0092	160
КН 1	Мусковит	Пегматит, Цзянси, с. Шинц Хуалуншань	9.882	0.1074	0.0098	170
КНЕ-1	Биотит	Гранит, Цзянси, г. Шанжо, Линшань	7.124	0.1013	0.0098	170
КН 10/8	Мусковит	Кварц-вольфрамитовые жилы, Цзянси, Дадишань	10.699	0.1189 / 0.1057	0.0104 / 0.0097	180 / 170 } 180
КНХ 6	»	Кварц-вольфрамитовые жилы, Цзянси, с. Хуамей	9.833	0.1021	0.01	180
КН 18/3	»	Кварц-вольфрамитовые жилы Цзянси, г. Шанпин	9.894	0.1142 / 0.1159	0.0105 / 0.0103	180 / 180 } 180
КН-1-1407	Биотит	Гнейсовидный гранит, Цзянси, севернее г. Анфу	9.211	0.102	0.0107	180
КН 10/9	Мусковит	Контакт диоритовых жил, Дадишань	9.223	0.1074	0.0114	190
КНТ 6	Биотит	Гранит, Цзянси, уезд Дюай	8.222	0.1211	0.0144	240
КН6-5	»	Гнейсовидный гранит, Цзянси, уезд Гуйси	8.186	0.2105	0.0252	410
НЕС- 708	»	Гранодиорит, Цзянси, Гоуан	8.283	0.4907	0.0586	840
КТХ 02	Биотит	Гранит, Гуандун, уезд Хэйюань	7.405	0.0717 / 0.0695	0.0093 / 0.0088	160 / 150 } 160
КТZ 24/1	»	Гранит, Гуандун, Чжугуаншань	8.527	0.0845	0.0092	160 } 160
	»	То же	7.722	0.0777	0.0096	170
КТД 6	»	Гранит, Гуандун, Дадуншань	8.759	0.1295	0.0104	180
КТ 9015	»	Гранит, Гуандун, уезд Синцин	7.588	0.1125	0.0114	240
КТ 6/3	Мусковит	Пегматит, западный край Гуйдунского гранитного массива	10.162	0.1226	0.0101	170 } 180
КТ 6/4	»	То же	10.052	0.1158	0.0108	190
КТ 18/2	»	Пегматит, восточный край Гуйдунского гранитного массива	9.479	0.1277	0.0113	190
КТ 49/6	»	Пегматит, Гуандун, уезд Жешуй, Нюшли	9.638	0.2057	0.0111	190
КТ 10/40	Биотит	Гранит, Гуандун, уезд Наншунь	8.503	0.1225	0.014	240
КТ 156	»	Гнейс, Гуандун, северная окрестность г. Контона	6.71	0.1735	0.0167	310
КТ 168	»	Гранит, Ляншанский (Тэйбоский) массив	8.283	0.168	0.0227	370
НNА 001	Лепидолит	Грейзен, Хунан, уезд Пинцзян	10.553	0.0693	0.0053	110
НNН 7/1	Биотит	Гранит, Хунан, Читяньлинь	7.527	0.0979	0.0109	190
НNН 17001	»	Гранит, Хунан, Рингуанден	8.21	0.1124	0.0108	190
НNН 25	»	Гранит, Хунан, Пэнгуньмяо	7.43 / 7.42	0.1738 / 0.1856	0.0233 / 0.0242	380 / 390 } 390

Таблица 4 (продолжение)

Образец	Минерал	Местонахождение пробы	$K^{40}/$ $(10^{-6}$ г/г)	$Ar/$ $(10^{-6}$ г/г)	Ar^{40}/K^{40}	Возраст, млн. лет
KS 125	Биотит	Гранитовый порфир, Гуанси, уезд Нандан, Дачан	8.381	0.0577	0.0052	90
KSCK 121	»	Гранит, Гуанси, Гупуошань, Синлу	8.235	0.0709	0.0081	140
KSH 18	»	Гранодиорит, Гуандун, Хуашань, Чанлинь	8.369	0.0278	0.0095	160
KSO 1	»	Гранит, Гуанси, уезд Хонсен, Сицзин	8.222	0.179	0.0148	250
KW-1-A	»	Лампрофир, Гуйчжоу, Лышань	7.917	0.097	0.0118	200
KWC-2	»	Лампрофир, Гуйчжоу, уезд Чжэньюань, Юнси	8.064	0.2162	0.0247	400
KW13-1H	Мусковит	Гранит, Гуйчжоу, Фантиншань, Таошулинь	9.857	0.4676	0.0461	690
YHG 6	Биотит	Гранит, Юньнань, Кочиу, Нюняопоу	9.1012	0.0533	0.0055	100 } 80
YHG 3	»	Гранит, Юньнань, г. Кочиу, Дяшаде	7.857	0.0354	0.0041	70 }

происхождения на уезде Диана провинции Тилина и уезда Куандэна провинции Лясна 1920 и 1800 млн. лет. Все цифры не выходят за предел 1800—1930 млн. лет, поэтому можно быть уверенным в важности их не только для Внутренней Монголии, но и для других районов Северного Китая; по-видимому, можно принять возраст 1800—1900 млн. лет за границу протерозоя и архея для Северного Китая.

П. М. Хартли, Дж. Р. Тилтон, Дж. Кастиль и другие исследователи уже давно указали, что цифры возраста 1800—1900 млн. лет имеют широкое значение для отдельных континентов мира. Полученные нами данные еще раз подтверждают этот вывод.

4. Для гранитов района Нанлина мы получили 41 определение возраста. Проанализированные пробы были взяты из провинций Цзянси, Гуандуна, Хунана, Гуанси, Гуйчжуо и других. Результаты определения приведены в табл. 4. Эти данные можно объединить в пять возрастных групп: 690—840, 370—410, 230—260, 150—190 и 90—110 млн. лет. Интересно, что эти числа сгруппировались естественно; таким образом, есть основание для геологической интерпретации. Кроме того, мы получили еще два независимых от перечисленных выше пяти возрастных групп значения 310 и 480 млн. лет; первое — по образцу, взятому из гнейса северной окрестности г. Кантона, второе — из гнейсовидного гранита северо-восточной части провинции Цзянси. Эти данные, по-видимому, не устанавливают возраст этапа какой-то магматической деятельности, но отражают влияние более поздних орогенических движений на более древние породы. Что касается значений 600 и 840 млн. лет, то они не вызывают сомнения ввиду ясного геологического положения пород, из которых взяты образцы для определения возраста.

На основании имеющихся возрастных значений для района Нанлина можно сделать следующие выводы.

1. Сопоставляя значения возраста с соответственными периодами тектонических движений, можно прийти к выводу о том, что в данном районе было по крайней мере пять магматических или орогенических фаз, приуроченных к таким периодам, как позднепротерозойский (690—840 млн. лет), позднекаледонский (370—410 млн. лет), позднегерцинский или индо-синийский (230—260 млн. лет), раннеяньшанский (150—190 млн. лет) и позднеяньшанский (90—110 млн. лет).

2. Полученные значения возраста 690 и 840 млн. лет подтверждают возникновение поздних докембрийских движений в южной части страны. Это было отмечено А. И. Тугариновым и другими в их работе по определению возраста (600—900 млн. лет) гранитоидов среднего течения р. Янцзы.

3. Вопрос о времени внедрения каледонских гранитоидов в районе Нанлина остается пока дискуссионным для китайских геологов. Наши возрастные данные совпадают с мнением Сюй Кэ-цина и других (1957—1962) о присутствии каледонских гранитов в данном районе. Но для окончательного решения этого вопроса требуется накопление большего количества возрастных данных. Полученные значения 370—410 млн. лет можно предварительно принимать как интервал позднекаледонских движений для Южного Китая, а граница между силуром и девоном совпадает, по-видимому, с интервалом времени 370—400 млн. лет.

4. Геологические наблюдения показывают, что не существует прямого доказательства широко развивавшихся в районе Нанлина герцинских движений. В противоположность этому наши значения 230—260 млн. лет как раз соответствуют времени между верхней пермью и нижним триасом. По-видимому, этот интервал должен был несколько предшествовать времени развития индо-синийских движений, определявшемуся Хуан Ди-цином. Существование позднегерцинских движений в изучаемом районе можно будет доказать путем получения многочисленных новых данных по определению абсолютного возраста.

5. Китайские геологи предполагают, что цикл яньшанских движений в восточной части страны приурочен к периоду интенсивного магматизма. Однако время продолжительности яньшанских движений обычно ограничивается пределами от поздней нижней юры до позднего мела и разделяется на четыре или пять фаз, а исследования автора показывают, что мезозойская магматическая деятельность начинается с периода позднего триаса и что по имеющимся данным ее можно разделять только на две фазы — раннюю и позднюю, с интервалом времени 190—150 и 110—90 млн. лет.

6. Район оруденения вольфрама и олова находится, очевидно, в тесной связи с мезозойскими гранитами. Полученные нами данные их возраста также подтверждают, что образование кварц-вольфрамитовых жил в центральной части Нанлина связано с ранними, а сульфидно-касситеритовое оруденение — с поздними яньшанскими гранитами.

Геологическое местоположение поздних гранитов во внешнем поясе главной части Нанлина подтверждается имеющимися возрастными данными гранитов в приморском районе провинции Гуандуна и в районе Кочиу провинции Юннань; возраст их должен колебаться в пределах 70—100 млн. лет.

Геологический институт АН КНР,
Пекин

Статья поступила в Редакцию
27 марта 1964 г.

（原文发表在《苏联科学院院报地质学卷》，1965 年，第 4 期）

附录 I　李璞先生年谱简编

1911 年 7 月 11 日（农历辛亥年六月十六日），李璞出生于山东省文登县的一个富裕农民家庭，父亲李锡之，他是这个家庭中的第二个男孩。

1918～1937 年：读书成长过程

1918～1923 年
李璞在本村及邻村读初小和高小。

1924～1925 年
李璞在本村读私塾。

1926 年
母亲去世，家境衰败，夏天辍学，秋天到牟平县姜格庄任小学教员一年半。

1927 年
在牟平县姜格庄任小学教员至冬天。

是年冬，经大哥李志纯（李志纯，长李璞两岁，考取公费生，就读于东北大学教育学院，1931 年毕业）的同学介绍，李璞到辽宁营口盐场工作。

1928 年
李璞在辽宁营口盐场工作到次年春。

1929～1931 年
1929 年春，经大哥的同学介绍，李璞进入东北大学图书馆当工友，管理杂志室，工作到 1931 年秋。这期间李璞利用业余时间自学英语、数学和物理等课程，阅读新文学作品等。1931 年夏，李璞到天津参加南开高中招生入学考试，并被录取。

1931～1932 年
1931 年秋，李璞因经济困难和"九一八"事变迟到入学，冬季随同学到南京请愿，要求抗日，后滞留南京。在金陵大学文化研究所做事，边工作边上夜校读法文和英文。1932 年夏，李璞返回南开高中，受叶修直同学父亲资助每年学费到高中毕业。

1932～1935 年
在天津南开中学学习期间，李璞认识了张锋伯，他是国文教师兼初中部主任（中共地下党员），除正常课程学习外，李璞还参加过长城抗战慰劳和救护工作，曾到过香河一带，抬过廿九军伤兵，深刻认识到日寇法西斯的残暴罪行。这件事对他的人生轨迹产生了决定性影响，李璞酷爱文学，原想在文学方向发展，为此他改变了主意，决定报考清华大学地质学专业，为寻找矿产、发展实业作贡献。

1935～1937 年

1935 秋，李璞入清华大学地质系学习，直到 1937 年夏 "七七" 事变爆发。此期间学习生活费仍由叶修直父亲资助。

在入学当年初冬爆发的 "一二．九" 运动中，李璞参加了每一次的游行示威，参加了学生会的工作，参加了民族解放先锋队，从此他的心中增加了革命这个新思想。在大游行那天，他担任了交通联络员，骑自行车多次往返于学校和西直门之间，后来李璞还赴南开中学宣传，向同学介绍北京学生运动情况。

运动高潮过后，又投入到原来的学习中。在清华大学，他理解了科学的精神，认识到了知识的力量，树立以知识为祖国奋斗的理想。

1937～1940 年：参加抗日战争

1937 年 "七七" 事变后，全面抗日战争爆发，李璞离开了清华园，经张锋伯介绍，他被安排在冯玉祥所属第三战区司令部任中尉书记官两三月。不久李璞离开军队，南下长沙，准备进入由清华、北大、南开三所大学组建的 "国立长沙临时大学" 读书。战争形势严峻，"临时大学" 继续南迁，李璞投笔从戎，奔赴陕西省长安县大吉村，追随张锋伯在他老家开展抗日群众工作。

1938 年春，张锋伯调任陕西省临潼县县长，李璞等十几名爱国青年随同前往，他们分别担任县政府里的科员、股员等职务，专门训练抗日干部、发动群众、组织农民抗日武装等工作，李璞负责日常具体工作，在这里工作近半年。

1938 年 5 月，李璞入抗日军政大学（抗大）第五期学习，被编在第一大队第九中队，大队政委胡耀邦。是年冬季，李璞在延安加入了中国共产党。在延安抗大，他们学习了马列主义理论和军事课程，参加了开荒大生产，听到了毛泽东、朱德、周恩来和彭德怀等党的领导人关于形势和政治的报告。

1939 年 5 月，李璞等在抗大毕业，按党的指示，李璞等人去蒲城中学教书，李璞任训育主任，为便于工作，经组织同意，李璞等加入了三青团。10 月李璞赴西安与张锋伯女儿张远征结婚。

1940 年 3 月，张远征病重于岐山，李璞前去处理后事，离开蒲城。妻子病故后，因被特务追踪，李璞不能回到蒲城，遂失掉组织关系。后组织决定，李璞、李明、涂光炽等回西南联大复学。

1940～1947 年：西南联合大学复学

1940～1942 年

1940 年 5 月，李璞进入西南联合大学地质地理气象学系复学，1942 年夏毕业。

1942～1943 年

大学毕业后，李璞入昆明云南地质调查所工作，调查云南省的铜矿资源。

1943～1945 年

1943 年，李璞回西南联大读研究生（师从孙云铸教授，从事古生物学研究），兼云南大学矿冶系助教，1945 年获硕士学位。毕业后，在中央研究院云南工作组工作。

1946～1947 年

1946 年 5 月，李璞与同系校友池际尚女士结为伉俪，不久夫人留学美国。随后西南联大迁回北京，李璞继续在云南地质组工作，并在云南师范大学兼任教授，此期间在昆明参加了政府招考留学生考试，并考取。

1947 年 4 月，李璞到南京参加教育部举办的留学生训练班（为期一个月），6～8 月住在南京地质调查所，曾到浙江调查莹石矿。8 月底由上海启程赴英国留学。

1947～1950 年：赴英国留学

1947 年 9 月开始，李璞在剑桥大学岩石矿物学系学习，1950 年 10 月获剑桥大学哲学博士学位（论文为角闪石矿物研究）。三年学习期间写了 2 篇论文，一是苏格兰南部一个火成岩体的变质带研究，另一篇是区域的火成岩及变质岩的矿物化学成分的研究。

1948 年 8 月 25 日至 9 月 1 日，第 18 届国际地质大会在英国伦敦召开，李璞参加了这次会议。

李璞留学期间的前两年学费由国民政府发的留学经费支付，每月 40 镑；后一年靠当助教和从学校贷款解决，最终还欠剑桥大学 50 镑未还；回国费用获得中国科学院补助。

留学期间，李璞参加了剑桥大学中国学生会及科协，并担任剑桥分会主席。

1950 年 12 月，李璞回到了阔别四年的祖国。

1951～1953 年：领导西藏工作队

李璞回国后，由李四光副院长介绍入中国科学院工作，在中国科学院副院长办公室任李四光秘书，工作至次年 6 月。

1951 年 6 月，中央人民政府文化教育委员会指令中国科学院组织西藏工作队，包括自然科学和社会科学，随军进藏做各方面科学调查与研究，为政府提供参考资料。工作队共 57 人，分五个组，李璞任队长，并兼任地质组组长，其中地质组 9 人。

1953 年 9 月工作队返回北京，历经 28 个月，李璞领导工作队开创了我国西藏雪域高原综合科考的先河，为了解真实的西藏提供了第一手宝贵资料。

西藏工作队回京后解散，由李璞负责地质组后续研究工作和资料总结工作。发表介绍西藏的自然与资源的文章两篇，科普著作一册，发表了"西藏东部地质的初步认识"一文，为西藏地质研究的开创性文献。由李璞执笔的调查总结报告《西藏东部地质及矿产调查资料》专著于 1959 年出版。

1954～1965 年：中国科学院地质研究所岩石矿床地质综合研究

1954 年，李璞从中国科学院院部调到中国科学院地质研究所，在岩石矿床研究室工作。

李璞调到地质所后，在岩矿室成立了铬矿组，后扩展到与基性–超基性岩石有关的铬、镍、钴、铂、金刚石等国家急缺矿产研究，建立了研究团队，李璞为总负责。

1954 年秋，李璞团队开始在内蒙古、宁夏、阿拉善、祁连山等地区进行区域地质调查，研究超基性岩和铬铁矿矿产资源。

1956 年 12 月，李璞发表《中国已知的几个超基性岩体的观察》论文，获得中国科学院三等奖。

1956 年 12 月由涂光炽等人介绍，李璞重新加入了中国共产党，出席全国先进工作者大会。

1956 年春，中国科学院地质研究所成立祁连山队，李璞参与组织领导祁连山地区的地质综合调查。

1956~1958 年，在祁连山地质调查研究中，路线地质调查共完成 15 条，李璞参加了 5 条，具体负责：酒泉西南白杨河口—希里沟路线、天峻—高台元山子路线和大通河—扁都口三条路线地质调查研究，另外他还参加 3 个专题研究。

1959 年，在三年野外考察基础上，进行综合分析，祁连山地质调查全部研究成果刊载于《祁连山地质志》第一卷（1960），第二卷第一分册（1963）与第二分册（1962）。

1958~1961 年，李璞组织并指导岩石矿床室的岩石学研究队伍，对全国超镁铁岩及有关的铬、镍、铂及湘黔地区金伯利岩与金刚石进行考察，提出了"关于如何寻找超基性岩和基性岩及有关铬、镍等矿床的一些意见"（1959）的报告，在艰苦条件下做出了堪称基性-超基性岩岩石学和成矿学的奠基性工作，并指导本室青年科技人员合作撰著了全国基性-超基性岩及铬镍矿的专著，即 1963 年内部出版的国家科委科学技术研究报告第 0003 号。

1961~1965 年，李璞担任地质所铀矿地质研究的业务领导之一。

1962 年年底，李璞与侯德封、涂光炽和叶连俊等考察我国南方铀矿地质，提出南方三二〇铀矿与硅岩地层有关。

1965 年夏，李璞与叶连俊赴西南和西北考察铀矿，在川西北五一〇地区，发现与南方三二〇矿相似的铀矿化，提出优先工作建议，经勘探证实五一〇地区一矿段为大型工业铀矿。

1956~1968 年：创建同位素地质实验室

1956 年

"地质绝对年龄测定"列入国家《1956-1967 年科学技术发展远景规划纲要》，李璞受命负责在中国科学院地质研究所创建同位素地质年龄实验室，当年开始派遣技术人员出国学习。

1957 年

继续派遣技术人员出国学习，李璞亲赴苏联科学院地球化学与分析化学研究所等机构绝对地质年龄测定实验室考察学习。

1958 年

李璞正式受命创建我国第一个同位素地质研究室，全面开展筹建同位素地质年龄实验室工作。除继续派遣人员前往苏联学习外，在所内成立临时性小组，组织人员试制质谱仪，没有成功。

1959 年

李璞与苏联专家屠格林诺夫讨论苏联测定的中国地区的绝对年龄问题，并共同撰写论文。年底，苏联专家波列娃娅和萨巴多维奇两位专家来华援建 K-Ar 体积法实验室和 U–Pb 法年龄测定方法，因技术条件不具备未获成功。年底成立临时性第十三研究室，成为同位素地质研究室的前身。

1960 年

春天，中国科学院地质研究所正式成立同位素地质研究室，简称一室，李璞任主任。建室之初，李璞提出并实施了"多学科专业杂交、互教、互学、互相渗透"的培养计划。在此后两年多的时间里，按需按专业排课，不同专业人员轮流讲课，其他人员学习。李璞主讲岩石学。要求地质人员掌握年龄测定方法，技术人员了解地质样品情况。

冬天，北京出现电荒，李璞带领全室人员自己发电，保证实验室工作照常进行。

1961 年

从苏联进口 МИ-1305 质谱计，于当年 5 月调试成功。李璞根据我国对质谱计的战略需求，向中国科学院提出自主研制质谱仪器，中国科学院地质所和科学仪器厂、原子能所联合仿制 ZHT-1301 固体质谱计项目于次年开始实施。

1962 年

李璞提议与冶金工业部矿山研究院共建稳定同位素实验室，共同开发德国进口的 CH4 型质谱计功能，共同研究，共同培养干部。从这年 8 月至 1966 年 3 月，李璞领导联合实验室建成了硫同位素分析方法，并开展了若干硫化物矿床的硫同位素地球化学研究，创造了兄弟单位联合共建实验室的佳话。

李璞领导一室率先在国内建成了 K-Ar、U-Pb 同位素年龄实验室，制定了分选测定年龄单矿物样品的方法和严格分选程序，确立了我国自己的 K-Ar 年龄标准样，相继做了大量年龄样品的测定工作。

李璞领导组织一室同仁编写我国首部《地质绝对年龄测定讲义》，他具体负责地质部分编写，并由各章节的主要编写者亲自到中国科学技术大学为稀有元素和地球化学系同位素地球化学专业 58 级学生授课，开创了我国同位素地球化学教学的先河。

李璞撰写的"地质绝对年龄研究与地质科学"论文发表，这是汉语界对同位素地质年龄研究的基本问题和学科发展方向的首次系统论述。

1963 年

ZHT-1301 固体质谱计仿制项目，经两年紧张工作，于是年制造成功，投入使用。

李璞等发表了我国第一篇基于自测数据的同位素地球化学研究论文《内蒙古和南岭地区某些伟晶岩和花岗岩的钾–氩法绝对年龄测定》，引起世界瞩目。

完成《地质绝对年龄测定讲义》修订，成为我国同位素地球化学教材的滥觞。作者亲自给中国科技大学 59 级学生讲授，经过两年授课示范，完成培养同位素地质专业大学师资任务。

接受中国科技大学来实验室实习的 58 级学生，李璞亲自指导学生做毕业论文。

1964 年

李璞脱产参加中国科学院院部组织的社会主义教育运动工作组。

李璞带领人员到辽东半岛进行野外地质调查。

1965 年

李璞在河南参加四清，用自己的工资为生产队购买生产工具、化肥，为年轻人购买书籍等。

李璞等发表了《西藏希夏邦马峰地区岩石绝对年龄数据的测定》文章，为西藏地区同位素年代学的研究奠定了基础。

李璞分别用英文和俄文撰写中国同位素地质研究论文，在中国科学院主办的英文期刊和苏联科学院期刊上向国际同行介绍我国研究成果。

1966 年

原中国科学院地质研究所一分为二，分出的部分与其他机构人员合并，在贵阳成立了中国科学院地球化学研究所。李璞任中国科学院地球化学研究所副所长和同位素地球化学研究室主任，随同新所迁至贵阳。

李璞等以中国科学院地质研究所绝对年龄实验室名义发表了《辽东半岛岩石绝对年龄研究初步结果》论文，提出了该地区年代学框架。

1968 年

李璞被审查，剥夺工作权利，停发工资，每月只发 15 元生活费。

李璞在他的集体宿舍中召集研究人员，介绍中子活化技术定年的新文章，鼓励大家完成任务。

4 月 26 日，李璞含冤辞世，享年 57 岁。

附记

1978 年 10 月 26 日，中国科学院、中共贵州省委批准，在贵阳举行追悼大会，为李璞彻底平反昭雪，恢复名誉。

1988 年 4 月 25 日，在李璞逝世 20 周年之际，中国科学院地球化学研究所举行李璞先生学术成就讨论会。

1996 年在李璞诞辰 85 周年之际，制作肖像牌匾悬挂于中国科学院广州地球化学研究所同位素楼门厅，举行李璞学术成就展览，《地球化学》期刊出版纪念李璞专辑（1997 年第二期）。

2004 年李璞先生等创建的实验室被正式批准为"中国科学院同位素年代学和地球化学重点实验"。

2011 年 10 月，经科技部批准中国科学院同位素年代学和地球化学重点实验成为国家重点实验室（筹）；11 月 30 日举行同位素地球化学国家重点实验室（筹）揭牌仪式暨李璞先生诞辰 100 周年纪念会。

2014 年 7 月，同位素地球化学国家重点实验室建设通过科技部验收。

（曹裕波编撰，经李璞贤子李池先生审阅并同意发表）

附录 Ⅱ 李璞先生论著目录

程裕淇，李璞. 1964. 关于我国地质年代学研究的一些成果的讨论. 科学通报，（8）：659～666

冯景兰，李璞. 1943. 路南县地质矿产报告. 地学集刊，（1）

李璞，戴橦谟，邱纯一，等. 1963. 内蒙古和南岭地区某些伟晶岩和花岗岩的钾-氩法绝对年龄测定. 地质科学，（1）：1～9

李璞，戴橦谟，邱纯一，等. 1964. 钾-氩法测定岩石矿物绝对年龄数据的报导. 地质科学，（1）：24～34

李璞，戴橦模，张梅英，等，1965. 西藏希夏邦马峰地区岩石绝对年龄数据的测定. 科学通报，（10）：925～926

李璞，解广轰，李锡林，等. 1962. 祁连山的岩浆活动及变质作用：喷出岩. 见：中国科学院地质研究所等. 祁连山地质志（第二卷第二分册）. 北京：科学出版社. 81～149

李璞，李连捷，钟补球，等. 1959. 西藏综合考察. 见：中国科学院编译出版委员会主编. 十年来的中国科学综合考察 1949-1959. 北京：科学出版社. 85～109

李璞，刘若新，侯珍清. 1962. 祁连山的岩浆活动及变质作用：超基性岩和基性岩. 见：中国科学院地质研究所等. 祁连山地质志（第二卷第二分册）. 北京：科学出版社. 7～51

李璞，刘若新. 1960. 祁连山路线地质（Ⅷ）：天峻—高台元山子. 见：中国科学院地质研究所等. 祁连山地质志（第一卷）. 北京：科学出版社. 158～174

李璞，王秀芳. 1960. 祁连山路线地质（Ⅹ）：民乐扁都口—共和罗汉堂；大通河—扁都口. 见：中国科学院地质研究所等. 祁连山地质志（第一卷）. 北京：科学出版社. 212～215

李璞，钟富道. 1965. 集宁地区变质岩系的初步划分及其变质相的探讨. 地质科学，（1）：1～14

李璞. 1954. 富饶的西藏. 北京：中华全国科学技术普及协会出版

李璞. 1954. 富饶的西藏高原. 科学大众，（1）：18～20

李璞. 1954. 康藏高原自然情况和资源的介绍. 科学通报，（2）：47～54

李璞. 1956. 中国已知的几个超基性岩体的观察. 地质集刊，（1）：69～96

李璞. 1958. 中国若干超基性岩体及铬铁矿矿床的基本特征. 全国第一届矿床会议文件

李璞. 1959. 第二届全苏岩石学会议. 科学通报，（2）：63～64

李璞. 1959. 访苏见闻之二. 地质科学，（3）：96，封三，67

李璞. 1959. 访苏见闻之一. 地质科学，（1）：30～32，5

李璞. 1959. 甘肃玉门红柳峡第三纪火山颈的报导. 地质科学，（11）：341，封二

李璞. 1959. 关于如何寻找超基性岩和基性岩及有关铬镍等矿床的一些意见. 地质科学，（3）：71～72

李璞. 1960. 祁连山路线地质（VI）：酒泉西南白杨河口—希里沟. 见：中国科学院地质研究所等. 祁连山地质志（第一卷）. 北京：科学出版社. 105~131

李璞. 1962. 地质绝对年龄研究与地质科学. 科学通报，（10）：16~26

李璞. 1962. 祁连山的岩浆活动及变质作用：小引. 见：中国科学院地质研究所等. 祁连山地质志（第二卷第二分册）. 北京：科学出版社. 1~6

屠格林诺夫 A·И，兹可夫 C·И，程裕淇，等. 1960. 关于中国岩石绝对年龄的讨论. 地质科学，（3）：111~121

西藏工作队地质组（报告执笔人：李璞）. 1955. 西藏东部地质的初步认识. 科学通报，（7）：62~71，52

尹赞勋，陈庆宣，李璞，等. 1958. 祁连山区地质研究的新收获. 科学通报，（4）：113~115

中国科学院地质研究所绝对年龄实验室. 1965. 钾-氩法测定岩石矿物绝对年龄数据的报道II. 地质科学，（2）：106~112

中国科学院地质研究所绝对年龄实验室. 1966. 辽东半岛岩石绝对年龄研究初步结果. 地质科学，（2）：95~107

中国科学院西藏工作队地质组（报告执笔人：李璞）. 1959. 西藏东部地质及矿产调查资料. 北京：科学出版社

Li Pu（李璞）. 1965. Geochronological data by the K-Ar dating method. Scientia Sinica（Geology），XIV（11）：1663~1672

LiPu（李璞）. 1963. Potassium-argon absolute ages of micas from the pegmatites and granites of Inner Mongolia and Nanling Region of China. Scientia Sinica（Ser. A.），XII（7）：1041~1048

Misch P. 1947. 丽江地质志. 李璞译. 北京：北京国立大学

ЛиПу. 1965. Определения Абсолютного Возраста Пегматитов и Гранитов по Слюдам Калий–Агоновым Методом в Районах Внутренней Монголии и Нанлина（КНР），Известия Академии Наук СССР，Серия Геологическая（4）：27~34

（曹裕波搜集整理）

附录Ⅲ　已发表的纪念李璞先生的文章

梅厚钧，陈毓蔚，于津生，等. 1988. 李璞教授逝世二十周年祭. 矿物岩石地球化学通报，（1）：74～75

于津生. 1991. 李璞（1911–1968）. 中国地质，（10）：33

《地球化学》编辑部. 1997. 前言. 地球化学，（2）：2

涂光炽. 1997. 缅怀学长、挚友李璞同志——一位真正的科学工作者. 地球化学，（2）：3～5

涂光炽. 2010. 我学地质的引路人. 见：涂光炽口述，涂光群访问整理，成忠礼编定整理.

涂光炽回忆与回忆涂光炽. 长沙：湖南教育出版社. 18～20

曹裕波. 2012. 从岩石矿床学家到我国同位素地球化学奠基人——李璞先生生平及科学成就. 矿物岩石地球化学通报，（2）189～194

胡霭琴. 2013. 李璞. 见：钱伟长，孙鸿烈. 20世纪中国知名科学家学术成就概览·地学卷·地质学分册（一）. 北京：科学出版社. 544～554

（曹裕波搜集整理）

后　记

　　李璞先生（1911～1968 年）是我国基性-超基性岩石学和成矿学的奠基者之一，青藏地质学研究的开拓者，我国同位素地球化学学科的奠基人。在李璞先生诞辰 100 周年之际，中国科学院广州地球化学研究所暨同位素地球化学国家重点实验室在广州举行了隆重的纪念活动。

　　由于李璞先生学术和人格方面的双重感染力，在与他共事过的人们心中留下了不可忘怀的记忆。纪念活动征文通知发出后，得到了广大同仁的积极响应和热情支持，截止到 2011 年 11 月 30 日，收到纪念文稿 51 份。应会议交流之需，将来稿初步编辑，印制成内部资料，取名《从岩石矿床地质学家到我国同位素地球化学奠基人——李璞先生诞辰 100 周年纪念文集》。这本纪念资料得到了与会者的广泛好评，并有人不断索取。为将李璞的事迹和成果长久保存，发扬李璞精神，方便后人参考查阅，决定编辑《从岩石矿床地质学家到我国同位素地球化学奠基人——纪念李璞先生 100 周年诞辰文集》，并由科学出版社出版发行。

　　这部缅怀李璞先生的文集共分照片和图片、纪念文章和李璞撰写的学术论文三部分。第一部分是李璞本人及纪念李璞活动等照片及书信影印件，主要按时间顺序排列。李璞酷爱摄影，他拍摄过许多精美的专业、风景和生活照片，但无情的岁月和特殊的时代环境，今天我们能看到的实在是太少了。遗憾之余，我们还是可以通过这些劫后余生的 60 余张照片，再现李璞先生生前的英姿和风貌以及后人对他的怀念和敬仰之情。照片中的人物，我们尽力标注姓名，实在做不到的，请相关人员谅解。第二部分是李璞先生诞辰 100 周年纪念文集，这部分共收入 53 位作者的 51 篇文章，根据文章内容按综述介绍文章和个人回忆纪念文章分开编排。综述文章排在前面，主要以综合介绍李璞先生的生平事迹和学术成就为主，便于读者把握李璞先生的生平事迹和学术贡献的全貌和重点。个人回忆纪念文章放在后边，按作者姓名拼音字母顺序排列。纪念李璞先生的文章，除个别文字和数字讹误在编辑校对时进行修正外，基本保留作者文体风格。第三部分为李璞学术论文选集，这部分选择了 17 篇代表性论文，中文论文在前，外文论文在后，以发表时间先后排列。对于这些论文，原文中的繁体汉字一律更改为简体汉字，名词术语、计量单位和符号保留原貌，参考文献标引按原文格式规范，标题体例进行了统一化处理。对原文中个别明显的文字和符号讹误进行了更正。论文原发表期刊和年份等文献信息在论文末尾注明。

　　此外，我们还编制了三个附录，一是李璞先生年谱简编，因资料所限，这个年谱相当简略；二是李璞先生发表论著目录，可能存在少许遗漏；三是此前已经发表的有关李璞生平与贡献的介绍文章的题名和作者名录，以方便读者了解和查阅。

　　在收集李璞先生的相关资料和文集编辑过程中，得到了李璞先生生前的同事和亲属等的广泛支持。杨学昌先生提供了李璞先生两本著作副本和书信手稿，他保藏的李璞本人及纪念照片成为文集照片的重要来源；李璞先生的贤子李池提供了李璞书法作品和多张珍贵照片；

胡霭琴提供了一篇在网上无法查到的李璞先生发表的英文论文抽印本；于津生提供了他珍藏的李璞发表的俄文论文抽印本和扫描件，并对李璞先生年谱提出了修改建议；陈民扬贡献出了李璞给他等四位留苏同学的亲笔回信手稿原件；成都理工大学张倬元先生寄来了他刚刚撰写的西藏科考回忆材料；中国地质大学校史馆陈宝国先生，慷慨惠赠李璞夫妇的多张珍贵合影照片扫描件；宋云华女士积极帮助搜集照片并贡献出自己珍藏的照片，以及帮助编辑加工部分文稿；成忠礼先生帮助复制了李璞档案材料；安三元夫人叶剑女士寄来了她丈夫安三元先生纪念李璞的诗词遗稿；戴橦谟提供了多张李璞生前照片及纪念李璞百年诞辰活动的照片；刘秉光、刘菊英、刘永康、谢鸿森、赵崇贺、赵大升、赵树森、张玉泉等提供了他们收藏的珍贵照片；高伟拍摄了李璞诞辰 100 周年纪念活动的照片，并对多张质量欠佳的李璞照片和图片进行翻拍，提高了照片的质量；刘强和解广轰等提供了李璞照片的出处；陈毓蔚、戴橦谟、朱正强等提供了李璞书信原件；朱炳泉提供了他拍摄的李璞书法作品的照片。

　　胡霭琴先生帮助校对李璞纪念文章，对李璞代表论文的文字录入稿进行了细致的修改和校对，并对编辑工作提出了宝贵的意见和建议。张玉泉先生、戴橦谟先生、陈毓蔚女士、于津生先生和解广轰先生审校了李璞论文和纪念文章，并提出宝贵的修改意见。《大地构造与成矿学》编辑部彭冰霞女士对纪念李璞的文章进行了校对。同位素地球化学国家重点实验室党支部江小英、曹俊和钱生平等 10 余位研究生们将李璞先生 PDF 版论文转换成 WORD 格式文档。广州地化所魏大任和阚小凤分别帮助扫描李璞相关照片和转换纪念文章的文本。

　　广州地化所曹裕波研究员参与了本文集从策划到出版的全过程工作，从李璞先生纪念文章的征集、李璞论著和生平等资料的搜集与整理、图片的搜集与编辑到李璞论文的编辑与制表等方面做了细致的工作。责任编辑韩鹏先生、宋云华女士以高度敬业的作风对文集作了多轮的信息核对和编辑加工。

　　欧阳自远院士在百忙中为本文集作序；谢先德院士以李璞姓氏命名其团队发现的新矿物并提供照片和说明；徐义刚所长全面指导本文集编辑出版工作，并撰写前言；何宏平、夏萍、张海祥等所领导及徐文新主任对本文集编辑出版工作给予了大力支持。

　　对凡为本文集编辑出版工作做出各种贡献的上述同志，以及未提到姓名的为本文集编辑出版默默付出的同志，一并致以诚挚的谢意。

　　2011 年年底，中国科学院广州地球化学研究所和科学出版社已经开始了本文集的编辑工作，不巧的是，研究所和出版社两边工作人员先后遭遇健康问题，耽误了文集的正常编辑出版进程，在此特向期待早日见到本文集的有关人员深表歉意。

《纪念李璞先生 100 周年诞辰文集》编辑委员会

2016 年 6 月 18 日